여행사 경영실무

서철현 · 이현동 공저

남두도서

남두(南斗) : 남두육성(南斗六星)

은하의 중심인 사수자리에 있는 국자모양의 여섯 개의 별로서, 인간의 탄생을 결정하는 별로 알려져 있다.

머 리 말

오늘날 빠르게 변화하는 사회현상과 더불어 국민소득의 증가와 교통수단의 발달, 주5일 근무제로 인한 여가시간의 확대는 여행산업을 촉발시켜 국가경제에서 핵심산업으로 성장하였다. 또한 여행에 대한 사회적 요구가 커지면서 많은 국민들이 국내외 여행에 참여할 뿐만 아니라 여행에 대한 가치관도 변화하고 있다.

이러한 변화에 대처하기 위해서는 관광학을 연구하는 학생들의 지식수준 또한 한 단계 높여야 하는 것은 당연한 과제이다.

특히 여행분야는 관광 전분야의 지식을 포괄적으로 취급하여 하나의 상품이 만들어지기 때문에 항상 변화 속에 새로운 지식과 정보의 습득이 필요하므로 기초이론과 실무를 위한 지침서로서 활용되기를 기대하면서 이 책을 쓰게 되었다.

이 책은 여행사 경영의 포괄적이고 방대한 내용을 나열하는 것을 지향하고, 저자들의 다년간 여행사 경영을 통한 실제적인 경험과 다년간 대학 강의자료로 사용하였던 내용들을 보다 쉽게 이해할 수 있도록 간단명료하게 서술하였다. 또한 이 책은 저자가 그 체계나 내용을 독자적으로 연구한 결과물이라기보다 연구자들의 여행업 관련서적들의 내용을 재구성한 것이다.

이 책의 구성은 첫째로 여행의 기초개념인 여행자행동과 여행현상을 이해하고, 둘째로 여행업의 발전과정에 따른 여행업의 기능과 역할을 이해하고, 셋째로 여행상품의 개념과 더불어 여행상품의 기획 및 가격결정 · 유통과정을 살펴본다. 넷째로 여행사의 설립에서부터 조직관리, 업무관리, 수익관리, 인사관리 등 운영에 관한 업무를 이해한다. 다섯째로 국외여행의 증가로 인한 여행사의 업무 중 가장 기초적인 주요 수속업무(여권 · 비자 · 출입국 수속) 내용을 습득하고, 여행사 상품구성의 핵심재료가 되는 관광교통업무(항공 · 육상 · 해상) 및 관련업무(숙박 · 선택관광, 관광기념품)들을 이해함으로써 향후 여행상품의 수배 · 기획 · 판매에 관한 능력을 배양하는 기초가 될 수 있도록 구성하였다.

부족하고 미비한 점은 앞으로 계속 연구하여 점차 보완해나갈 것을 약속드리며, 어려운 출판환경에도 불구하고 이 책을 흔쾌히 출판해주신 남두도서의 남승우 사장님과 편집부 여러분께 감사의 마음을 전한다.

공저자 씀

차 례

제1장

여행의 기초개념

제1절 여행과 인접개념의 이해

1. 여 행

여행(travel)이라는 단어는 순수 우리말이 아닌 한자어이기 때문에 여행의 어의(語義)인 한자를 이해할 필요가 있다.

여행(旅行)이란 무엇일까?

여(旅)란 방(方)자와 인(人)자를 결합시킨 문자로 방(方)자는 방향을 가르키고 인(人)자는 사람을 나타내므로 "사람이 어느 방향으로 움직인다"라는 의미를 갖는다. 행(行)이란 "가다, 걷다"를 의미하므로 여행이라는 말은 "사람이 어느 방향으로 간다"라고 풀이할 수 있다.

한자어로 여행의 개념은 보고, 즐기고, 사귀기 위하여 인간이 어느 방향으로 움직이는 것을 여행이라고 풀이할 수 있다.

영어에서의 여행의 어원은 'Travel' 'Tour'에서 찾을 수 있다. 'Travel'의 어원은 'Travail'로서 이는 곧 고생·노고·진통·곤란 등의 뜻을 가진 개념에서 유래되었다고 하여 "정주지를 떠나 장소를 이동한다"는 뜻을 가지고 있다.

'Tour'의 어원은 라틴어의 'Tornus'에서 유래된 말로 'Tornus'는 "여러 곳을 두루 다닌다"라는 뜻을 가지고 있으며, 단기간의 여행을 뜻한다. 다시 정리해보면 다음과 같이 설명할 수 있겠다.

첫째, 여행은 이동을 전제로 하고 있다. 즉 한 곳에서 다른 곳으로 이동행위 자체를 말한다.

둘째, 비일상성을 전제로 이루어지고 있다.

셋째, 동기나 목적이 없어도 된다. 즉 위락적 목적이 아닌 그냥 떠나는 것 그 자체를 말할 수 있다. 즉 일상생활과 관련 없이 주거지를 이탈하여 다시 주거지로 돌아올 동안의 체험과정을 말한다.

2. 관 광

(1) 관광의 어원

중국 ≪오경(五經)≫ 가운데 하나인 ≪주역≫에서 "관광지광 이용보우왕(觀光之光 利用賓于王)"이란 구절 가운데 '관광지광(觀光之光)'에서 유래된 말로서 다른 나라의 실정을 시찰하여 견문을 넓히는 것을 뜻하고 있다.

영어의 관광이란 용어로 사용되는 있는 'Tourism'은 짧은 기간의 여행을 뜻하는 Tour에서 파생된 단어이고, 'Tour'란 말은 라틴어 'Tornus'에서 발전된 것으로 "여러 곳을 순회 여행한다, 혹은 돌아다닌다"는 뜻으로 풀이한다.

(2) 학술용어로서 관광

1911년 슐레른(H. Schulern)이 사용한 것이 처음으로 "관광이란 일정한 지역·주 혹은 타국에 여행하여 다시 돌아오는 외래객의 유입·체재 및 유출이라는 형태를 취하는 모든 현상과 그 현상에 직접 결부되는 모든 일, 특히 경제적인 모든 일을 나타내는 개념"이라고 정의하고 있다.

(3) 관광의 정의

1) 오락성

관광은 위락(recreation)을 목적으로 한 여행이라는 점이다.

2) 귀환성

귀환이 예정되어야 한다. 즉 일시적 이동행위로 반드시 귀환을 전제로 하는 점에서 이주(migration)와 다르다.

3) 비영리성

비영리적 행위가 전제되어야 한다. 관광자는 관광목적지 또는 여행일정에서 경제적 소비행위를 할 뿐 영리적 행위를 해서는 관광이라 할 수 없다.

4) 비거주성

일상생활권을 벗어나야 한다.

5) 개방적 체계

관광자(tourist), 배출지(tourist generating), 경유지, 목적지, 관광기업체 등과 상호 연관되어 광역적 체계 안에서 운용되고 있다

3. 여 가

여가(Leisure)는 인간의 생활시간을 생활필수시간, 노동시간, 자유시간 등으로 구분할 때 생활필수시간과 노동시간 등 구속되는 시간을 제외한 자유시간을 의미한다.

여가의 의미는 다음과 같다.

첫째, 구속시간을 제외한 자유시간을 의미한다.

둘째, 노동이나 의무적인 일로부터 해방되어 긴장을 풀고, 기분전환을 하고, 사회적 성취를 이루며, 자신의 발전을 위해 사용할 수 있는 시간이다. 현대산업사회는 노동보다 여가를 중시하는 경향이 있다. 그리고 노동은 여가를 즐기기 위한 수단으로 생각하는 경향이 있다.

셋째, 자유시간에 만족을 추구하기 위해 스스로 선택해서 행하는 여러 활동을 의미한다.

또한 여가의 기능은 ① 육체적 기능 : 휴식의 기능, 노동이나 일상생활에서의 육체적·정신적 피로를 회복시키는 기능이다. ② 정신적 기능 : 기분전환의 기능이다. 반복되는 일상생활의 갈등, 스트레스, 불만, 불안감, 의욕감퇴, 권태로부터 벗어나게 해준다. ③ 교육적 기능 : 자기계발의 기능, 기계적인 일상의 사고나 행동을 폭넓고 깊이있는 삶의 추구를 가능하게 한다.

여가의 증대가 관광에 미치는 영향을 살펴보면 ① 자유로운 시간을 갖기를 원하는 젊은이들의 출현으로 신세대의 사고의 변화가 관광에 미치는 영향이 크다.

② 여성들의 직장 진출이 증가하였다. ③ 물질문명의 발달에 의한 가사시간의 단축과 주부들의 사회적 진출과 활동이 증가하였다.

1990년대 이후 신세대의 사고의 변화에 따라 여가생활은 변화하고 있는 것을 알 수 있다. 신세대들은 여가의 패턴은 모험과 체험 추구형이며, 오락지향성이 강하고, 자기발견과 자기발전형의 여가패턴으로 변화하고 있다. 특히 분위기나 제품 디자인을 중시하고, 외국음식 선호도가 높은 것으로 나타나고 있으며, 다양한 취미와 여가활동을 추구하고 있다.

4. 위 락

위락(recreation)의 의미는 무엇일까? 레크리에이션, 즉 위락은 본래 라틴어의 레크레티오(recretio)에서 유래된 말로 '새로운 것을 창조하는' '새로워지는' '회복과 재생'을 의미한다. 여가가 시간이라면 위락은 활동이다. 위락은 여가와 더불어 자유시간을 기초로 하고 있으나 위락은 활동적인 측면을 더 강하게 지닌다.

앤더슨(J. Anderson)은 "스스로 활동을 선택하고 그 활동으로부터 맛볼 수 있는 직접적인 기쁨을 위해서만 참가하며, 건강과 마음을 풍족하게 할 수 있는 모든 활동"이라고 주장함으로써 위락적인 개념을 활동개념에 추가하여 설명하고 있다.

다시 정리하면 다음과 같다.

- 여가시간 내에서 이루어지는 활동이다.
- 자발적이며 즐거움을 수반하는 활동이다.
- 사회적으로 인정할 수 있어야 한다.
- 참가자에게 만족을 준다. 만족은 활동에 대한 흥미와 욕구에 의해 결정되고, 또한 할 만한 가치가 있어야 생겨난다. 즉 본인이 만족해야 한다는 것이다. 그리고 활동에 참가함으로써 발생하는 심리적인 변화를 의미한다.

5. 놀 이

놀이의 의미는 갈증을 의미하는 라틴어 플라가(plaga)와 독일어 스피엘(spiel)에서 유래된 말로 인간의 본능적이며 무조건적인 요구를 반영하는 행동을 의미하고 있다. 놀이 행위의 본질은 재미와 진지함의 두 요소, 즉 자유와 질서에 있다고 해야 할 것이다. 즉 놀이는 자유롭고 자발적인 활동이며 그 자체에 몰입한다는 것과 고유한 법칙성이 존재한다는 것이다. 또한 비일상성과 사회성 · 상징성이 있다는 점이다. 이와 같은 이유에서 놀이는 여행자에게 매우 중요한 요소이며, 여행수요를 창출하는 기폭제 역할을 한다.

놀이의 의미를 정리해보면 다음과 같다.

첫째, 즐거움을 추구하는 것으로 자유의사에 의한 활동이며, 질서 · 규칙 · 전통이 있다.

둘째, 어떤 고정된 시간과 공간의 한계 안에서 수행되는, 그리고 자유롭게 받아들여진, 그러나 규칙에 따라 수행되는 자발적인 행위로서 놀이 자체의 긴장감과 즐거움이 따르며, 일상생활과는 다르다는 의식을 갖는다.

놀이의 특성은 ① 자발적이다(자유로운 활동), ② 물질적 이해관계가 없이 단순히 즐기는 것이다(비생산적 활동), ③ 시간과 공간의 한계를 갖는다. 즉 놀이 공간이 필요하다, ④ 질서와 놀이 규칙이 존재한다(규칙이 있는 활동), ⑤ 허구적인 활동이라 할 수 있다.

제2절 여행자행동의 이해

1. 여행자행동의 개념

개인의 관광행동을 이해하기 위해서는 여행자를 하나의 의사결정자(decision-maker)로 보는 것이 유익하다. 사람들은 집을 떠날 때 여행과 관련된 많은 결정을 해야 한다. 무엇보다도 여행할 것인가를 우선적으로 고려하게 된다. 그 다음에는 어디로 갈 것인가, 가서 무엇을 할 것인가, 얼마만큼의 비용을 쓸 것인가, 며칠간 여행을 할 것인가, 어디서 숙박을 할 것인가, 어디서 식사할 것인가, 누구와 함께 여행할 것인가 등을 결정하여야 한다.

이처럼 여행행동은 여행자의 지각·감정·기억·동기 등을 중심으로 여행자의 행동과 심리과정을 연구하는 심리학, 개인과 개인, 개인과 집단, 집단과 집단 및 개인이나 집단의 환경과의 상호작용의 종합개념인 사회현상을 연구하는 사회학, 그리고 문화라고 불리는 형식화되고 학습화된 인간의 행태를 연구대상으로 삼는 문화인류학 등으로 접근을 시도하는 것이 바람직할 것이다.

여행자행동을 정의해보면 "여행자행동이란 여행자 자신을 포함한 개인·집단·조직이 여행상품 및 그밖의 여행소재를 구매하고 이용하며, 또 여행 후에 얻은 경험을 통해서 나타내 보이는 행동이나 과정 및 사회적 관계"라 할 수 있다.

그러나 여행행동에 관한 문제는 개개인의 행동으로서 생각하지 않으면 분명히 처리할 수 없으며, 또한 여행행동을 이해하는 것은 여행 전체를 이해하기 위한 기초를 이루는 것이라고 말할 수 있다. 왜냐하면 여행자가 여행의 주체이기 때문에 여행행동에 관해 이를 포괄적으로 이해하고 파악하려면 여행자의 욕구와 여행동기를 이해하여야 한다.

2. 여행욕구와 여행동기

(1) 여행욕구와 여행동기

인간은 누구나 동기유발 전에 생체적·생리적 안정을 깨지지 않기 위해 요구(needs)를 한다고 한다. 여행자의 여행동기를 이해하기 위해서는 우선 사람들이 어떠한 요구를 가지고 있으며, 이 요구가 어떻게 충족되는지를 알 필요가 있을 것이다. 왜냐하면 여행자가 여행상품 구매를 위해서는 여행자의 요구를 만족시키지 않으면 안 되기 때문이다.

요구가 구체적 대상을 원하는 욕구(wants) 또는 욕망(desire), 갈망으로 변한다. 욕구·욕망·갈망이 활동을 강하게 하여 그것이 동기가 되어 현실로 나타난다. 즉 동기로 현실화되지 않으면 욕구불만·스트레스·상사병이 생기게 되어 이것이 사회적 범죄를 유발한다는 것이다. 이들은 성장과정을 통해 심리적으로 형성되어 있는 것이며, 관광동기는 관광욕구에 어떤 자극이 가해졌을 때 형성되는 심리상태를 말한다. 관광의 동기는 유인요인(pull factor)과 추진요인(push factor)의 개념으로 볼 수 있다.

유인요인이란 이성적 동기(rational motivation)로 여행자의 내적·심리적 상황에서 동기가 유발되기보다는 여행지의 특정한 유인 대상물(attraction)에 발생되는 요인을 말한다. 예컨대 수용지역의 관광적 매력, 친구나 친척의 방문, 스포츠에의 참가 및 관전 등의 '매력적 요인'을 말한다.

추진요인이란 정서적 동기(emotional motivation)를 추진요인으로 보고 있는 개념이다. 여행자의 사회심리적인 요인에 의하여 여행동기가 발생되는 것으로서, 예컨대 일상생활이나 직장의 환경 및 도시의 오염이나 교통혼잡 등의 이유에서 탈출하고 싶다는 '위기적 요인'을 일컫는다.

(2) 매슬로우의 욕구단계와 여행동기와의 관계

매슬로우(A.H. Maslow)는 임상적 경험에 근거하여 모든 인간은 욕구가 결핍된 존재이고, 충족된 욕구는 더이상 행동을 일으키는 동기(motive)가 되지 못하며, 인간의 욕구는 중요도에 따라 계층을 이룬다는 욕구의 단계를 주장하였다. 그는 인간의 욕구를 다섯 단계로 구분하였고, 각 욕구는 저급의 욕구가 충족되어야 고급의 욕구로 이행한다고 하였다.

1) 생리적 욕구

생리적 욕구(physiological needs)란 의·식·주·수면·성 등 인간의 생명을 유지하고 보존하기 위한 가장 기본적인 욕구들로서 본능적인 욕구라고 볼 수 있다. 즉 여행권에 속해 있지 않으며, 최하급 단계의 관광이다.

2) 안전의 욕구

안전의 욕구(safety needs)란 육체적 위험으로부터의 보호, 고통의 회피, 경제적 안정, 질서 있고 예측할 수 있는 환경 등에 대한 추구로 가장 기초적인 욕구충족 후 그런 안정된 생활이 지속되기를 바라는 욕구이다. 즉 안내원(T/C, 에스코트 투어)을 동반한 여행으로 정치적·군사적으로 불안한 곳을 기피하는 등 후진국보다 안전한 선진국으로 관광하기를 선호하는 것이다.

3) 사회적 욕구, 소속과 애정의 욕구

사회적 욕구, 소속과 애정의 욕구(love and belonging needs)란 가족과 같이 있고, 친구들과의 우정, 집단에 대한 소속감, 이성간의 사랑 등 인간이 혼자가 아니라 함께 사는 의미를 찾으려 하는 욕구이다. 이것은 가족여행, 친구들과의 우정(졸업여행), 집단에 대한 소속감(기업연수, 인센티브 투어) 이성간의 사랑(신혼여행), 단체관광(대인관계의 기회, 여행 후 상호 정보교환 및 소속팀의 단합 결성) 등에서 나타난다.

4) 자존의 욕구

자존의 욕구(esteem needs)란 자신이 남들로부터 존경받고, 책임감을 가지며, 존재가치를 인정받고자 하는 욕구로 명예와 권력추구로 표현되는 욕구를 말한다.

5) 자아실현의 욕구

자아실현의 욕구(self-actualization needs)란 인간의 최종적 바람으로 자신의 잠재적 능력을 최대한 발휘하여 성취감을 얻고자 하는 욕구로 완성될 수 없는 것이다. 즉 개개인의 욕구충족을 위한 철저한 여행준비, 추억이 될 수 있는 여행을 하고자 하는 것이다.

6) 지적 욕구

지적 욕구(intellectual need)란 호기심·탐구·학습욕구·이해욕구 등이다. 이는 관광의 목적과도 매우 밀접한 관련을 가지고 있다.

7) 심미적 욕구

심미적 욕구(aesthetics need)란 아름다움의 추구로서 인간은 앞의 모든 단계를 추구하고 나면 아름다운 장소나 아름다운 경치, 아름다운 마음을 가진 사람이 있는 곳 등 미적 추구를 하게 된다는 것이다.

제3절 여행 의사결정과 상품 구매의사 결정과정

1. 여행 의사결정 과정

여행 의사결정이란 일정한 목표를 설정하고 그 목표를 효과적으로 달성하기 위한 몇 가지 대안(alternative) 가운데 가장 유리하면서도 실행 가능한 대안을 선택하는 합리적인 인간행동이라고 정의할 수 있다. 즉 의사결정(decision making)이란 효과적인 목표달성을 위해서 대체 가능성이 있는 다양한 활동과정 중에서 하나의 특정한 활동과정을 선택하는 것이라고 할 수 있다.

이와 같이 의사결정이란 본래 두 개 이상의 대체적 선택요소 가운데 그 중요성에 따라 어느 하나를 선택하는 것으로 크게 두 가지의 의미를 가지고 있다.

광의의 의사결정은 문제의식 단계에서 시작하여 특정한 대안을 채택 또는 수행하는 것까지를 포괄하는 복잡한 과정이지만, 협의의 의사결정은 선택(choice)과 같은 의미로, 이는 광의의 결정과정의 한 단계로 국한되어 여러 여행대안의 선정과 평가 후에 하나를 선택하는 것이다. 여행의사 결정은 인간의 행동이기 때문에 으레 의사결정 과정이 있게 마련이다.

일반적으로 의사결정 과정에는 ① 문제의 명확화와 해결목표 설정단계, ② 대체안 작성의 단계, ③ 대체안 평가와 선택의 단계로 이루어진다. 여행자는 합리적인 행동을 하면서도 한정된 정보에 의해 행동하며, 최고의 여행을 추구하기보다도 오히려 만족감을 추구한다고 생각할 수 있다.

따라서 다음의 여행 의사결정 과정을 보다 쉽게 이해하기 위해 여러 학자들의 연구모형을 살펴보고자 한다.

(1) 매티슨과 월의 모형

매티슨과 월(A. Mathieson & G. Wall)은 ① 여행욕구 혹은 여행의 필요성, ② 정보수집 및 평가, ③ 여행 의사결정, ④ 여행준비 및 경험, ⑤ 여행 후 평가

혹은 여행의 만족도 평가 등 5단계 과정으로 이루어지고 있다고 제시하였다. 물론 이러한 의사결정 과정에는 여행자 상황, 여행사의 지각, 여행형태, 여행목적지의 특징이라는 제변수가 작용하고 있음을 밝히고 있다.

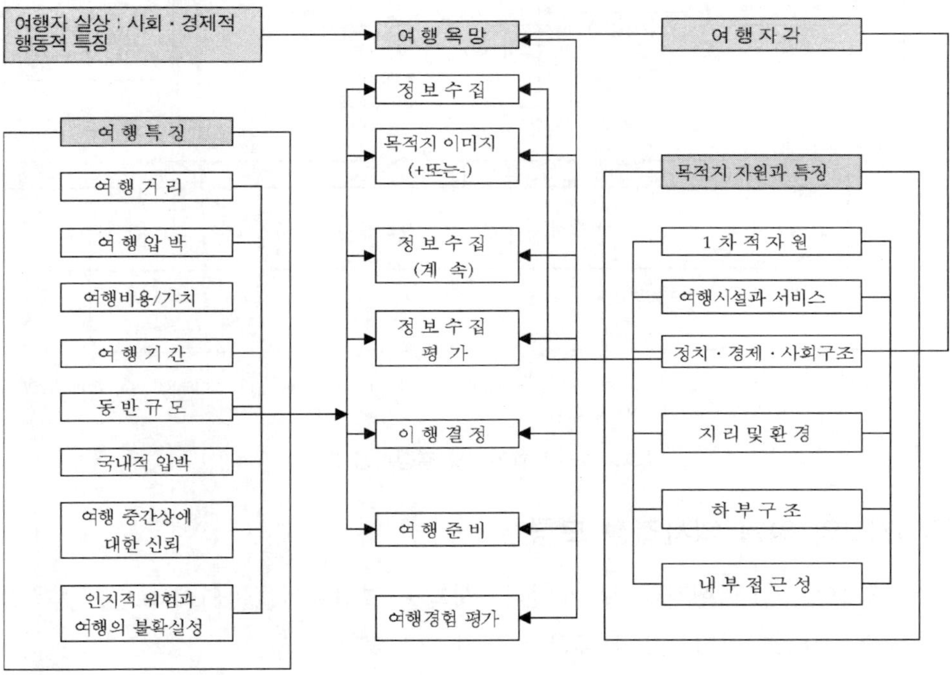

※ 자료 : Alister Mathiesonanc Geoffrey Wall, *Tourism : Economic, Physical and Social Impact*(N.Y. Longman Inc.), 1984, p.29.

[그림 1-1] 여행자의 여행 의사결정 과정

(2) 프랑켄 모형

프랑켄(Franken) 모형은 ① 일반적 결정, ② 정보획득, ③ 공동의사 결정, ④ 휴가활동, ⑤ 만족 · 불만족의 5단계로 구성되어 있다.

프랑켄 모형에서는 여행자들이 시간과 노력을 들여 휴가목적지, 휴가형태, 체재기간, 여행방법, 여행비용 등에 관한 결정을 내리는데 이들 요소들이 여행자의 행동 및 경험의 주요 단계를 이루는 기본 틀을 제공해주고 있다.

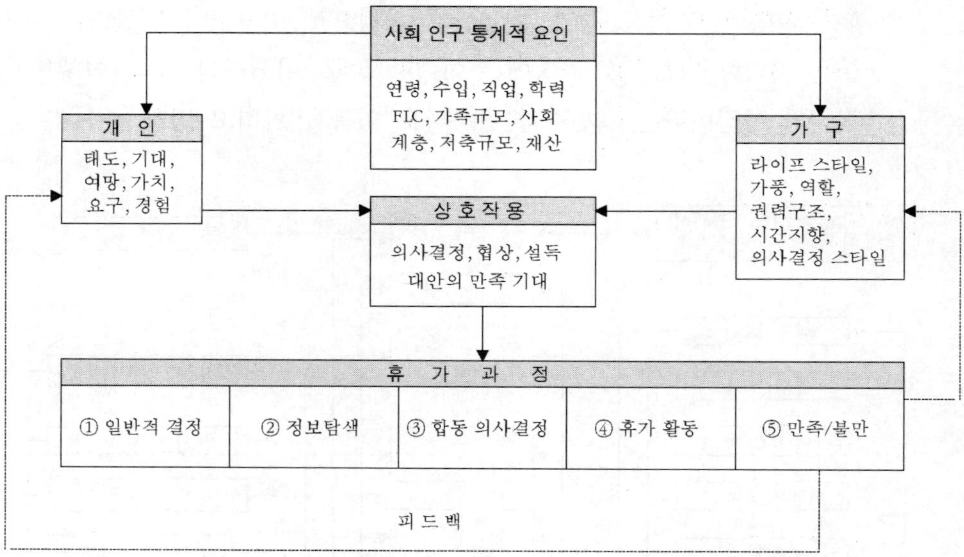

※ 자료 : W.F. van Raaij, D.A. Francken, "Vacation Decisions, Activities and Satisfaction", *Annals of Tourism Research,* Vol. II, No. I .

[그림 1-2] 휴가의사 결정과정 모형

(3) WTO의 여행 의사결정 모형

WTO는 ① 여행자극, ② 개인적 · 사회적 결정요인, ③ 외적 요인, ④ 목적지에서의 서비스 성격으로 분류하고 있다.

분야 I : 잠재여행자에 대한 외부자극을 줌으로써 여행동기 유발효과를 얻을 수 있는 분야로서 방송, 인쇄광고, 친척의 의견, 여행업자의 추천 등을 들 수 있다.

분야 II : 개인의 개성, 사회경제적 특질, 기타 일체가 되어 고객의 목표결정을 좌우하는 의향 · 가치관 등으로 구성된다. 구체적으로 여행을 필요로 하는 사정이나 희망의 강도, 여행에 기대하는 것, 혹은 여행에 수반된 어떤 종류의 위험에 대한 지식이나 주관적인 불안 등이다.

분야 III : 잠재여행자가 여행 의사결정에 있어 고려하는 외적 요소로 예를 들면 이미지, 과거의 여행경험, 비용이나 시간 등의 속박 등이다.

분야 IV : 여행 의사결정이나 그 결과에 좌우하는 개개의 여행목적지나 서비스 기업의 성격 및 특징 등이다.

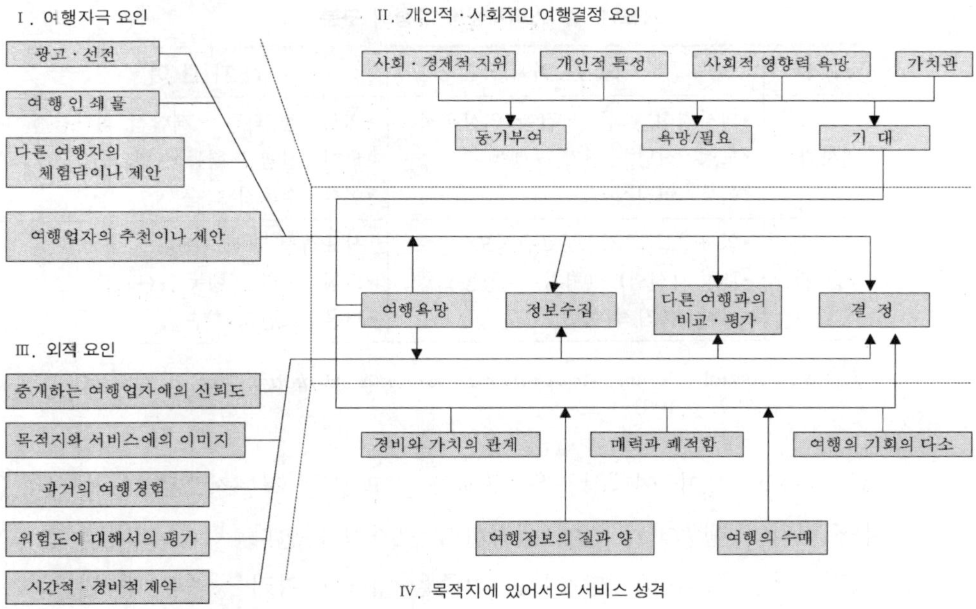

[그림 1-3] WTO의 여행 의사결정 모형

2. 여행상품 구매의사 결정과정

구매의사 결정의 유형은 일반적으로 관여도에 따라 고관여 결정과 저관여 결정이 있고, 구매의 빈도 내지는 구매의 신규성에 따라 본격적 문제 해결, 제한적 문제 해결, 일상적 의사결정으로 나누어볼 수 있다. 그렇다면 먼저 여행상품을 구매하는 소비자들의 행동유형은 어떠한지를 살펴볼 필요가 있을 것이다.

여행상품을 구매하는 소비자행동은 첫째, 의사결정의 정도로서 본격적인 의사결정이냐 아니면 습관적이냐 하는 것이다. 즉 정보탐색과 여러 상표의 평가라는 인지적 사고과정을 통한 구매결정인가, 아니면 특정상표가 마음에 들면 계속 그것을 사는 경우처럼 습관으로 구매하는 것인가이다.

둘째, 관여도의 정도라는 두 가지 측면에 따라 그 유형을 도식화하면 〈표 1-1〉과 같이 복잡한 의사결정(complex decision making), 상표충성도(brand loyalty), 관성(inertia), 제한적 의사결정(limited decision making)으로 구분된다.

〈표 1-1〉 소비자행동 유형의 구분

구 분	고 관 여	저 관 여
의사결정	•의사결정 과정 : 복잡한 의사결정 •모형 : 신념 → 평가 → 행동 •이론 : 인지적 학습	•의사결정 과정 : 제한적 의사결정 •모형 : 신념 → 행동 → 평가 •이론 : 수동적 학습
습 관	•의사결정 과정 : 상표충성도 •모형 : (신념)→(평가) → 행동 •이론 : 조작적 학습	•상표결정 과정 : 관성 •모형 : 신념 → 행동 → (평가) •이론 : 고전적 학습

※ 자료 : Assael, Hemry, *Comsumer Behavior & Marketing Action*, 4th ed., pws-kent, 1992, p.100.

〈표 1-1〉과 같이 여행상품을 구매하는 과정은 전통적으로 인정되는 견해로서 소비자가 행동하기 전에 생각한다는 가정을 한다. 즉 소비자는 적극적으로 여행정보를 탐색하고 평가하는 기준을 이용해 여러 상품을 평가한다.

소비자의 구매행동은 일회적인 것이 아니라 연속적으로 반복되며, 먼저 행해진 구매행동이 그 이후의 구매행동에 영향을 미치기 때문에 구매의사 결정과정은 유기적이면 순환적인 과정으로 이해되어야 한다.

[그림 1-4]의 자극은 2가지 유형으로 구분될 수 있다.

첫째 유형은 마케팅 자극으로서 4Ps, 즉 제품 · 가격 · 경로 및 촉진이다.

둘째 유형은 환경자극으로서 구매자의 거시적 환경을 구성하는 주요한 요인으로서 경제적 · 기술적 · 정치적 · 문화적 요인이다.

이 모든 자극은 구매자의 블랙박스 속으로 들어가는데 여기에서 오른쪽에 보이는 구매자의 구매결정이 나타나게 된다는 것이다.

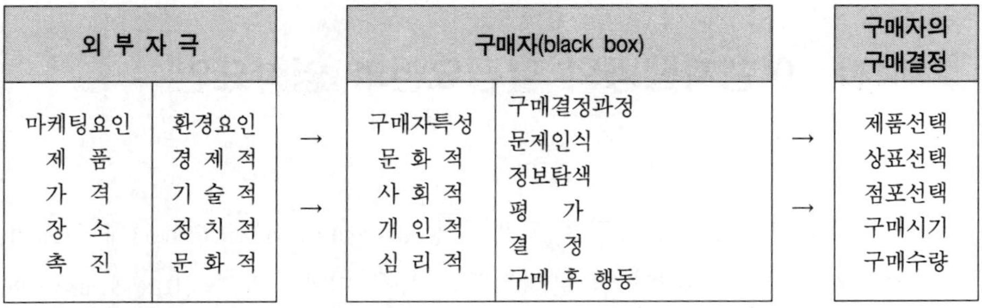

※ 자료 : P. Kotler, *Marketing Management*, 8th ed., Prentice Hall Inc., 1994, p.174.

[그림 1-4] 기본적인 소비자행동 모델

※ 자료 : P. Kotler, *Marketing Management*, 8th ed., Prentice Hall Inc., 1994, p.174.

[그림 1-5] 구매의사 결정과정

이러한 소비자의 구매의사 결정에는 여러 가지 요인들이 영향을 미치게 되는데, 상기에서와 같이 관여의 정도는 각각의 구매의사 결정 단계별로 서로 다른 영향을 미치게 된다. 여기에서 관여도는 주어진 상황에서 특정대상에 대한 개인의 중요성, 지각 정도나 관심도, 혹은 주어진 상황에서 특정대상에 대한 개인의 관련성 지각 정도를 말하며, 이러한 관여도는 개인·제품·상황에 의하여 결정된다. 그러므로 마케팅 관리자는 각 단계별로 나타나는 소비자행동의 특징을 바탕으로 마케팅 믹스를 개발할 수 있게 된다.

예를 들어 관여 수준이 높은 여행상품을 구매하는 경우에 소비자는 보다 많은 정보를 수집하려고 하며 구체적인 기준을 이용하여 여행상품을 평가하므로, 고관여 여행상품을 취급하는 여행사에서는 광고 제공자에게 구체적인 제품 설명을 하고 다양한 매체를 이용하여 광고하는 것이 효과적이다.

제4절 여행자행동의 결정요인과 영향요인

"현대 기업경영의 목적은 고객의 창조(creation of customer)에 있으며, 이를 실현하기 위해 수행해야 할 본질적인 기능은 마케팅과 혁신(innovation)에 있다"라는 드러커(P.F. Drucker)의 말처럼, 기업은 고객창출을 위해서 표적시장을 한정하고 충족되지 못한 욕구가 무엇인지 확인함으로써 매력적인 기회에 자사의 모든 재원을 활용하여 최적의 상품을 균형있게 제공하여야 한다. 또한 서비스 및 프로그램을 결정하여 최상의 시장위치를 점하도록 집중하여야 한다.

그렇게 하기 위해서는 소비자의 구매의사 결정과정에 미치는 제 영향요인을 살펴볼 필요가 있는데, 구매의사 결정은 구매자의 문화적 · 사회환경적 · 개인적 및 심리적 요인들에 의해 크게 영향을 받는다.

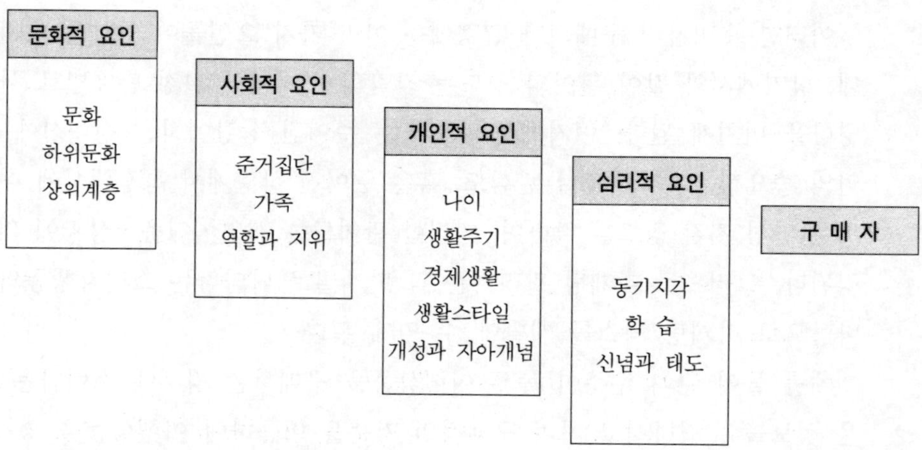

※ 자료 : P. Kotler, *Marking Management*, 8th ed. Prentice Hall Inc., 1994

[그림 1-6] 소비자행동에 영향을 미치는 세부적인 모델

대부분 이들 요인들은 마케팅 관리자들이 통제할 수 없는 것이지만, 반드시 고려되어야 한다.

1. 내적인 영향요소(개인적 영향요인)

여행자의 개인에 국한하여 여행 의사결정 과정에 영향을 주는 요인에는 크게 ① 동기(motivation), ② 성격(personality), ③ 지각(perception), ④ 태도(attitude), ⑤ 학습(learning) 등이 있다.

(1) 동기와 관광행동

관광동기(motivation)는 관광욕구에 어떤 자극이 가해졌을 때 형성되는 심리상태를 말한다. 여행지의 특정한 유인 대상물(attraction)에 의한 자극으로 인한 행동으로 수용지역의 관광적 매력, 친구나 친척의 방문, 스포츠의 참가 및 관전 등의 '매력적 요인'에 대한 동기와 정서적 동기(emotional motivation), 즉 여행자의 사회심리적인 요인에 의하여 여행동기가 발생된다.

예컨대 일상생활이나 직장의 환경 및 도시의 오염이나 교통혼잡 등의 이유에서 탈출하고 싶다는 '위기적 요인'으로 인하여 동기를 유발하여 여행행동에 영향을 준다는 것이다.

(2) 성격과 관광행동

성격(personality)이란 어떤 개인의 특징적인 행동 또는 체험의 기반이 되는 특성으로서 학습·지각·동기·감정과 역할의 복합적 현상이라고 할 수 있다. 성격은 사람마다 다르다. 즉 특성이 다르기 때문이다. 성격은 한번 형성되면 일관적·지속적·안정적인 속성으로 변화하지 않는다.

1) 심리적 요인

내분비선(호르몬)과 인체화학적 요인으로 인하여 호르몬에 따라 인간 성격의 내성적·외향적·흥분·협동성을 좌우한다. 체격과 건강에 따라 신체가 건강한 사람은 마음도 건강하다. 즉 건강한 사람이 자신감, 적극적, 합리적인 사고를 가지고 있으므로 관광행동에도 적극적이다. 마음이 편해야 만물이 좋게 보이고 관광행동을 유발한다는 것이다.

2) 환경요인

자연환경, 가정 및 사회환경, 문화적 환경, 교육환경, 경제상태에 따라 성격이 형성되고, 또한 그것이 여행행동에 영향을 미친다는 것이다.

(3) 지각과 관광행동

인간은 주어진 상황에 대한 주관적 판단을 한다. 이런 주관적 판단에 영향을 미치는 요소 중의 하나가 지각(perception)이다. 지각이란 인간 주변의 사물・사건・인간행동을 이해하는 과정으로 볼 수 있다. 즉 개인이 자극물의 선택(보고, 비교하고, 이용하고, 이해하고, 판단하여 선택)하고 조직화・분석하여 개인에게 맞는 모습으로의 전환과정을 의미한다.

사람이 살아가면서 지각(perception)하고 인지(cognition)하고 사고(thinking)하고 감정・느낌(feeling)을 거쳐 인간의 행동에 영향을 미친다.

지각은 외부의 자극에 대한 해석이나 의미로서 개인에 따라 같은 자극에도 각각 다른 지각을 갖는다.

감각은 외부의 사물을 느껴지는 그대로 받아들이지만 지각은 감각기관을 통해 들어온 자극에 개인의 가치・경험・욕구 등을 통해서 얻어진다. 그러므로 여행행동은 지각의 과정을 통해서 여행 의사결정이 이루어진다. 즉 지각의 과정은 선택적 관심, 이해, 선택적 기억의 과정을 거치게 된다.

(4) 태도와 관광행동

태도(attitude)란 특정한 대상에 대해 한 개인이 나타내는 느낌이나 평가적 반응을 말한다. 태도의 기본요소는 인지적 요소, 감정적 요소, 선입관 요소로 구성되어 있다.

태도란 일반적으로 행동의 선입관, 즉 개인이 어떤 대상(여행사・여행상품)에 대해 호의적 또는 비호의적으로 기울고 있는지의 여부를 반영하는 "심리적 느낌의 표현"이라고 할 수 있다. 따라서 여행자의 태도는 여행상품이나 서비스에 대해 생각하고 느끼고 행동하려는 것이기 때문에 여행행동의 의사결정에 매우 중요한 역할을 한다.

여행자의 여행대상물에 대한 호의적, 비호의적 태도는 여행목적지의 선택, 여행요금, 여행서비스의 내용, 여행시설의 질 등에 많이 나타나고 있다.

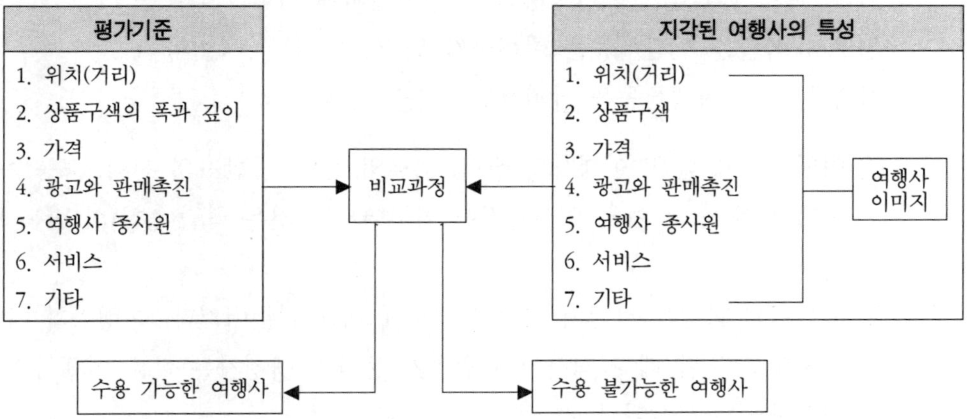

[그림 1-7] 여행사 이용자의 지각과정과 여행사 선택

여기에서 태도의 기본요소들을 살펴보면 다음과 같다.

1) 인지적 요소

개인이 자신의 환경 내에 있는 다른 사람・장소・사건・생각・상황・경험 가운데 어떤 측면에 대해 가지고 있는 신념이나 의견이다. 이성적인 면을 구성하고, 긍정・부정・우호적 등의 평가적인 특성을 보인다.

2) 감정적 요소

어떤 대상에 대한 개인의 정서적 판단이다. 이것은 좋다, 이것은 나쁘다의 정적인 면을 의미한다.

3) 선입관 요소

어떤 상징・대상, 어떤 측면을 호의적・비호의적으로 평가하는 개인의 선입관이라고 할 수 있다.

(5) 학습과 관광행동

학습(learning)이란 강력히 인식된 경험, 특정 자극, 상황에 대한 행동의 반복이다. 여행자의 학습은 여행행위의 경험 결과에 의해 나타나는 비교적 영속적 행위로서 학습은 인간행동을 이해하기 위한 기본적 과정이다.

학습을 통한 여행행동을 살펴보면 다음과 같다.

① 여행목적지 선택, 여행사의 선택, 호텔의 선택, 동반자의 선택, 교통수단의 선택 등에 쉽고 빠른 의사결정이 이루어지는 것은 학습(경험)의 반복 때문이다.

② 여행자의 학습은 사전의 경험과 정보에 의해 이루어진다. 여행자가 여행을 개시하고자 할 때 경제사정에 변화가 온다면 여행자는 다른 여행목적지를 선택하도록 학습된다.

③ 여행자의 행동은 개인적으로 느끼는 환경에 의한 학습결과로 나타난다. 건전하고 합리적인 소비를 위해서 학습이 되어야 한다.

④ 소비자는 각종 정보를 수집하고 분석하는 과정을 통해서 가장 유리한 조건의 상품을 선택하고, 합리적인 행동은 여행상품, 서비스의 평가, 새로운 상품, 가격 등 정보를 이용, 자신의 소득과 지위에 맞는 선택이 될 수 있도록 학습을 통해 합리적 소비형태가 되도록 유도해야 한다.

(6) 관광행동에 따른 관광자들의 심리적 특성

1) 탈일상성 · 기분전환

관광자는 자신이 거주하는 일상의 생활권을 벗어나 다른 환경을 접하고자 하는 심리가 내재되어 있다.

2) 환대성 · 친절성

관광자는 자신이 금전적 지불을 하는 만큼 그에 상응하는 대우를 받기를 원한다. 그래서 자신을 과시하기도 하고, 종업원의 작은 실수에도 민감하게 반응하여 불평을 하기도 한다.

3) 개방성 · 익명성

관광자가 관광지 안에 있는 동안은 익명성이 보장된다. 동시에 관광자는 심리적으로 유흥, 사행, 성적 방종, 리미노이드의 추구 등 자신의 거주지에서 제한받을 수밖에 없는 행동을 하고자 하는 욕구가 강하게 나타난다.

4) 직접 접촉

관광객은 단순히 감상하는 관광을 좋아하지 않는다. 직접 접촉 · 경험 · 체험하기를 원하는 경향이 강하다. 그래서 최근에는 도자기 굽기, 남대문시장 쇼핑, 탈춤 참여, 태국의 코끼리 트래킹, 뗏목 투어, 번지점프, 패러글라이딩, 스노쿨링, 모터보트, 윈드서핑, 골프투어, 전통 마사지 등을 선호하고 있다.

5) 호기심

관광자는 강한 호기심을 가진다. 관광의 원천적 동기 또한 강한 호기심 때문이고, 호기심을 갖는 것은 인간의 원초적 본능이므로 당연한 것이다.

6) 기념성

관광자는 자신의 행동을 아름다운 추억 · 기념으로 간직하고 싶은 심리가 있다. 자신의 경험을 남에게 보여주려는 목적이 강하다.

7) 영역감

모든 생물은 그것이 존재하는 일정한 영역을 자신의 것으로 생각한다. 관광자 역시 관광지를 일시적으로 자신의 영역으로 생각하고 활동한다.

2. 외부환경의 영향요소(사회적 영향요인)

여행행동에 영향을 미치는 사회적 영향요인으로는 가족 · 사회계층 · 준거집단 등이 있다.

(1) 가 족

가족(family)은 인간사회에서 가장 기본적인 사회단위로서 여행행동에 가장 광범위하고 지속적으로 영향을 주는 소집단이다.

가족의 기능은 경제적 욕구를 충족시켜주고 가족구성원에게 심리적·신체적·사회적 안정을 제공해준다. 또한 어린이에게 사회화의 기회를 제공하고, 문화와 일치하는(사회적응) 가치관·행동양식을 학습하며 사회에 적응할 적합한 기술·지식·태도의 변화를 도와주는 기능을 한다.

가족의 여행 의사결정 과정은 부부의 상대적 영향력에 따라 다르게 나타나며, 의사결정의 단계도 다르게 나타난다. 또한 가족의 생활주기(family life cycle)에 따라서도 다르게 나타날 수 있다. 예를 들면, 신혼 초의 공동 의사결정은 시간이 지남에 따라 전문화·분업화되는 경향이 강하다. 가족환경이 인간사회의 기본적인 단위이지만 여행 의사결정에는 상당한 영향을 미치게 된다.

현대사회는 핵가족화와 여성의 사회진출 등으로 인한 가족환경의 변화가 여행행동에 영향을 주는 요인이다. 그 요인들을 살펴보면 다음과 같다.

1) 여가시간의 증가

주당 노동시간의 감소(44시간~40시간)로 여가시간이 증가되고 있다. 가족오락의 증가와 보람있고 즐거움을 제공해주는 상품 수용의 증대, 특히 여성을 위한 여행수요가 증대되고 있다.

2) 교육수준의 향상

교육이 소비자의 의식수준을 높여준다. 신뢰성있는 상품수요가 증대되고, 개인주의, 자아를 충족시켜주는 상품, 즉 서비스의 수요가 증가하고 있다.

3) 여성취업의 증가

여성의 취업으로 가계소득의 증대로 평소 구매하지 못했던 상품의 구입과 부부의 공동 의사결정의 빈도가 증대되고, 책임의 분담, 경비의 분담, 소가족 위주의 여행이 증대되고 있다.

4) 평균수명의 연장

소득의 증가로 생활수준의 향상, 의료기술의 발달, 건강에 대한 관심의 증대로 고령화 사회로 접어들었다. 노령인구가 총인구의 구성비(60년 2.9% ⇒ 70년

3.4% ⇒ 80년 3.8% ⇒ 90년 5.0% ⇒ 00년 7%)에서 증가하고 있고, 평균수명(90년 71.3세⇒ 2000년 74.3%)도 늘어나고 있어서 노년층을 위한 건강 · 오락 · 취미 관련상품과 서비스상품의 수요증대를 위한 실버관광이 성행하고 있다.

5) 핵가족화

자녀 수의 감소, 자녀교육, 개인주의, 집단이기주의, 가족우선주의, 단체관광에서 가족관광의 형태로 변화(자녀유학, 자녀체험관광)하고 있다.

6) 여권신장

여성의 사회참여 기회 증가, 여성취업, 여성소득의 증가로 남편우위에서 남녀공동결정, 여성의 결정으로 변화하고 있다. 그래서 여성을 대상으로 하는 상품이 증가되고 있다.

(2) 사회계층

사회계층(social class)은 소득이나 사회적 지위와 직업, 교육수준과 관련하여 살펴보면 생활양식의 차이라고 할 수 있다. 사회계층과 여행행동과의 관련성은 다음과 같이 5가지로 제시할 수 있다. 사회계층과 여행행동과의 관련성을 살펴보면 다음과 같다.

1) 사회계층에 따라 여행할 수 있는 기반이 다르다

계층에 따라 휴일의 분포, 휴가시기 선택의 자유, 금전적 여유의 차이가 있으며, 상류층은 활동적이며 단기여행을 자주 한다는 것이다.

2) 사회계층은 여행현상 지각에 강력한 영향을 미친다

① 중류층

사고방식이 비물질적, 추상적, 미래지향적, 자기확신과 모험심이 강해서 여행에 큰 가치를 부여한다.

② 하류층

사고방식이 구체적, 감각적, 현재중심적, 과거지향적이며 여행에 흥미가 없다.

3) 사회계층에 따라 자녀의 여행경험에 대한 가치부여 정도가 다르다

① 중류층 이상의 부모

자녀들이 역사·정부·과학에 관해 중요한 것을 배운다. 그러므로 박물관·예술관, 문화나 유적여행 등의 여행경험을 하기를 원한다.

② 하류층 부모

사냥·낚시·자연에 관한 경험을 중시하고 있으며, 계층에 따라 여행목적지, 여행대상에 대한 의사결정이 다르다.

4) 사회계층에 따라 여행태도에 차이가 발생한다

① 상류층

여가활동 중 여행과 외식에 많은 비용을 투입한다. 여행목적지는 황야와 같은 모험적인 장소를, 날씨보다는 장소를 선호한다. 그리고 개인여행을 주로 하고, 여행지의 고유특징을 중요시하는 경향이 많다.

② 중하층

여행목적지로 바다를 선호한다. 장소보다는 날씨에 많은 관심을 보이고 있으며, 자신감이 적고, 소극적인 행태를 보인다. 단체여행에 의존하는 경향이 많다. 이들은 여행지의 특징보다는 숙박, 음식, 여행의 기본시설에 치중하는 경우가 많다.

5) 사회계층에 따라 여행동기가 다르게 나타난다

① 중상류층

교육·문화적 동기에 영향을 받는다.

② 중하류층

사회적 우월성에 의한 동기가 크게 작용한다. 이와 같이 사회계층을 여행행동과 관련해서 생각할 때는 동일한 사회계층에 속해 있는 사람들은 동일한 가치와 태도·규범 등과 같은 형태의 상품과 서비스에 대한 매력으로 이어지기 때문이다.

(3) 준거집단

준거집단(reference group)을 정의한다면, 첫째, 한 개인이 소속되고자 하는 집단을 말하며, 둘째는 한 개인이 어떤 판단이나 평가를 할 때 기준으로 삼는 집단이다. 준거집단은 인간의 행동에 가장 강하게 미치는 집단이다. 개인이 비록 그 구성원은 아니더라도 귀속의식을 갖거나 귀속하기를 희망하는 집단을 말한다.

또한 준거집단에는 규범적 준거집단과 비교적 준거집단이 있다. 규범적 준거집단은 한 개인이 인정되기를 바라고, 계속해서 구성원으로 남아 있기를 바라도록 동기화된 집단으로 학교단체・직장단체 등이 있다. 비교적 준거집단은 한 개인이 그와 다른 사람을 평가하는 데 있어서 준거점이 되는 집단을 말한다.

〈표 1-2〉 준거집단이 개인의 행동에 끼치는 영향력 요인

집 단 요 인	개 인 요 인	제 품 요 인
① 집단 응집력 ② 집단구성원간의 유사경험 ③ 집단압력의 정도 ④ 집단의 크기	① 집단구성원들의 태도, 집단에 대한 매력 ② 다른 구성원 행위에 대한 지식 ③ 자신감・자기존경심 ④ 규범관련성의 지각 정도 ⑤ 기타 성격변수	① 제품의 현시성 ② 제품에 관계된 인지도 ③ 제품의 사회적 몰입 수준

여행용어 해설

❒ Actual Flying Time : 항공기의 실제 비행시간

❒ Local Time : 현지시간

❒ A/D(Agent Discount) : 항공사에서 계약을 체결한 여행사대리점 할인

❒ Add-ON : 관문도시(Gateway City)와 해당도시간에 설정된 부가운임(Add-On)은 해당국가의 통화로 지불된다.

❒ Admission Fee : 여행객이 지불하는 여행지의 입장료

❒ Adult Fare : 성인운임을 기준으로 12세 이상 여행자에게 적용되는 국제선 항공운임(국내선은 만 13세 이상을 적용)

❒ Agency Commission : 여행사와 공급업자(항공사 · 호텔 등)간에 판매대리점 체결 후 판매로 인하여 공급업자가 여행사에게 주는 소정의 수수료

❒ Agent : Travel Agent, Travel Agency, 여행업자

❒ Air-Carrier : 항공운송사업자

❒ Airport Service Charge : 국가별로 징수하는 공항이용료

❒ APIS(Advance Passenger Information System) : 출발지 공항 항공사에서 예약 · 발권 · 탑승 수속시 승객에 대한 필요한 정보를 수집, 미국 법무부나 세관당국에 통보하여 입국심사를 단축하기 위한 미국 입국 탑승객에 대한 사전 입국심사제도

❒ Approach : 고객을 상대로 "교섭을 시작한다"는 의미이며, 항공사에서는 "항공기가 공항에 착륙할 때의 진입"을 말한다.

❒ ASP(Advance Seating Product) : 항공편 예약시 좌석을 미리 배정해주는 사전 좌석배정제도(F/C class의 경우 비행기 탑승 24시간 전에 가능하다)

❒ ATB(Automated Ticket and Boarding Pass) : 여행자가 구입하는 탑승권 겸용 항공권

❒ Aisle Side : 통로편의 좌석(aisle seat)
Window Side : 창측의 좌석
Forward, Middle, Rear : 앞쪽의 좌석, 중앙좌석, 뒤쪽의 좌석
Port Side : 기내에서 보아 왼쪽≠Starboard Side : 기내에서 보아 오른쪽

제1장 Exercise & Role playing

01___ 관광의 정의에 대해 설명하시오.

02___ 여행과 관광의 관계에 대해 비교 설명하시오.

03___ 위락과 관광의 관계에 대해 비교 설명하시오.

04___ 매슬로우(A. Maslow)의 욕구단계에 대해 설명하시오.

05___ 여행상품에 대한 소비자의 구매의사 결정과정에 대해 설명하시오.

06____ 개인 여행자의 여행 의사결정에 영향을 주는 요인에 대해 설명하시오.

07____ 성격(personality)과 관광행동에 대해 설명하시오.

08____ 관광행동에 따른 관광자들의 심리적 특성에 대해 설명하시오.

09____ 가족환경의 변화가 여행행동에 영향을 주는 요인에 대해 설명하시오.

10____ 사회계층과 여행행동과의 관련성에 대해 설명하시오.

제2장

여행의 구성요소와 여행현상

제1절 여행의 구성요소와 종류

1. 여행의 구성요소

여행의 구성요소는 여행중에 일어나는 기본적인 여러 활동을 말한다. 예를 들면 교통(transportation), 숙박(lodging), 식사(dining), 관광(sight-seeing, guide service), 여행자원(attractions), 쇼핑(shopping) 등을 들 수 있다. 여기에서 여행의 구성요소를 설명하기 전에 관광의 구조를 살펴보도록 하겠다. 관광의 구조는 관광의 주체와 객체, 그리고 관광의 매체로 구분할 수 있다.

(1) 관광주체

관광객, 즉 관광욕구에 따라 관광행동을 유발하는 수요자 · 소비자를 말하며, 관광수요시장 형성의 주체적 요소이다.

(2) 관광객체

관광객이 보고, 이용하고, 즐길 수 있는 대상체, 즉 관광자원으로서 관광시설, 관광목적물, 관광행동의 목표가 되는 것을 의미한다.

(3) 관광매체

관광의 주체와 객체를 연결해주는 매개역할을 담당함으로써 관광사업 발달의 기초가 된다.

- 공간적 매체 : 교통기관, 도로, 항만, 운송시설
- 시간적 매체 : 숙박시설, 휴식시설, 오락시설
- 기능적 매체 : 여행업(관광알선, 관광안내, 관광홍보)

2. 건의 여행의 구성요소

건(Clare A. Gunn)의 여행의 구성요소는 다음과 같다.

(1) 여행자

여행자(traveler)란 관광의 주체이며 여행의지와 욕구를 가진 사람으로 직접 여행에 참여하는 자로 여행의 수요자, 즉 소비자가 되며, 여행수요시장을 구성하는 중요한 요소이다.

(2) 여행자원

관광의 객체로서 관광객이 보고, 이용하고, 즐길 수 있는 대상체, 즉 관광자원, 관광시설, 관광목적물, 관광행동의 목표가 되는 것이나 여행자가 여행을 하는 목적물, 즉 여행대상을 의미한다. 다시 말해 유형적인 것(건축물 · 명승지), 자연적 자원(산지 · 하천 · 해안 · 온천 · 동굴 · 경승지), 무형적인 것(언어 · 습관 · 풍습 · 관습 등 전통자원)까지 여행자의 여행욕구를 충족시켜줄 수 있는 모든 것이 여행자원(tourist resources)이다.

(3) 교 통

교통(transportation)이란 여행출발지에서 목적지까지 공간적으로 접근시키는 역할을 하는 중요한 매체로서 도로교통(전세버스 · 택시 · 리무진), 철도교통, 해운시설, 항공교통 등의 공간적 매체를 말한다.

(4) 정 보

여행자의 여행동기를 자극하는 통신 · 정보(information) 및 여행자원 운영자(관광청), 여행시설에 대한 정보를 제공하여 호텔 등 숙박시설 · 휴식시설 · 오락시설 등을 이용, 체류기간을 연장함으로써 시간적 매체역할을 하고, 여행자간에 의사소통이 될 수 있는 표시나 정보가 필요할 것이다.

(5) 여행알선 및 편의시설

여행사를 이용한 편리한 정보판단력, 시간절약, 염가구매(단체항공권 제공, 사전예약 할인), 안정성, 편리성과 여행정보센터와 같이 관광안내·관광홍보 등의 편의시설이 있다.

3. 여행의 종류

〈표 2-1〉 여행의 종류

분류기준	여행종류	세부항목	구체적 내용
여행목적	소용(所用)여행	공용여행	공무출장을 포함한 시찰, 회의 출석
		사용(私用)여행	사적인 출장, 경조사, 연구, 방문, 가족방문 등
관광목적	관광여행	유람여행	풍물감상, 견학, 수학여행 등
		요양여행	휴양, 보건
여행규모	개인여행	9명 이하 여행	개인요금 적용
	단체여행	10명 이상 여행	단체요금 적용
여행기획자	주최여행	여행사 주최	여행사 기획에 의한 일반모집 형태
	공동주최여행	공동주최	여행사와 항공사, 이벤트사와의 공동주최 여행
	주문여행	여행자의 주문	고객의 주문에 따라 기획한 여행
안내조건	IIT	구역별 안내원	관광지 이동은 고객이 하면서 안내원을 요청
	ICT	전용안내원 동행	일정의 시작부터 끝까지 T/C가 동행하는 여행
여행경비	호화급	deluxe class	호텔·항공·식사·여행 서비스가 호화급
	우등급	superior class	호텔·항공·식사·여행 서비스가 우등급
	표준급	standard class	호텔·항공·식사·여행 서비스가 표준급
	보통급	economy class	호텔·항공·식사·여행 서비스가 보통급

분류기준	여행종류	세부항목	구체적 내용
판매형태	기획여행	ready made	여행사의 사전 기획상품에 의한 모집
	주문여행	order made	고객의 주문에 따른 여행상품의 제작
	조립여행	half made	여행 기본상품만 제공, 그 외는 고객이 해결
체재기간	숙박유무	당일여행	당일에 여행을 시작하여 종료함
		숙박여행	장·단기 숙박여행
교통기관	자전거여행		자전거여행 등의 여행
	자동차여행		각종 자동차에 의한 여행
	철도여행		열차를 이용한 여행
	선박여행		선박을 이용한 크루즈 여행
	항공기여행		비행기를 이용한 여행
출입국수속	기항지상륙	shore excursion	일시상륙허가(72시간) 후 기항지 주변 여행
	통과상륙	over land tour	통과상륙허가를 얻어 실시하는 여행
	일반관광	pleasure tour	입국허가를 얻어서 실시하는 여행(15일 내)
여행형태	포괄여행	package tour	기획여행, 주최여행의 형태. 비교적 단기간의 여행
	연속여행	series tour	동일 목적·기간·형태의 정기적으로 실시하는 여행
	관광선여행	cruise tour	호화유람선에 의한 여행
	국제회의	convention tour	국제회의 참가자를 대상으로 한 여행
	전세여행	charter tour	대절 항공기를 이용한 여행
	포상여행	incentive tour	상품제조원에서 판매증진으로 한 포상여행
	인터라인	interline tour	항공사가 각 대리점을 초대하는 여행
여행방향	국내여행	domestic tour	내국인의 국내여행
	국외여행	outbound tour	내국인의 국외여행
	외국인여행	inbound tour	외국인의 국내여행

제2절 한국관광의 역사와 여행현상

1. 한국의 관광역사

1960~1970년대 특권층만이 관광을 목적으로 해외로 출국하던 시절에서 현재 오늘날까지 전국민 누구나가 관광을 목적으로 해외여행을 할 수 있는 지금까지의 한국관광의 역사에 대해서 간단히 살펴보면 다음과 같다.

우리나라는 1960~1970년대까지는 주로 국가경제 발전을 위한 외화획득의 목적으로 관광객 유치(inbound) 위주의 진흥정책(이 당시 inbound는 다다익선, outbound는 적을수록 좋다)을 추진하여왔으나 1980년대 들어와서 안으로는 경제수준의 향상, 여가시간의 증대, 서울올림픽 개최, 밖으로는 국제환경의 변화(우루과이 라운드) 등으로 1989년 1월1일부터 국민의 해외여행을 전면 자유화하게 되었다.

(1) 1961년 : 관광사업진흥법 제정

이 법에서는 관광사업의 육성을 위해 관광사업의 종류를 확실히 명시하고, 또 이들 사업에 대해 정부가 재정적・행정적으로 지원책을 마련해줌으로써 관광사업이 국가의 주요 외화획득 산업으로 입지하게 되는 계기가 되었다.

(2) 1962년 : 국제관광공사(현 한국관광공사)법의 제정

국제관광 진흥을 목적으로 국제관광공사를 설립하여 국제관광을 지원・육성하는 제도적 기반을 마련하게 되었다. 그러나 이 당시의 국제관광 진흥이란 인바운드만을 의미한다.

(3) 1965년 : 한・일 국교정상화

한・일 국교정상화는 관광에 있어서 역사적인 전환점이라고 할 수 있다. 1965년 이전에는 대부분의 미국관광객이 우리나라를 방문하였는데, 이 사건을 계기로 오늘날까지 방한 외래관광객은 일본사람들이 주류를 이루게 된다. 1964년도에 우리나라를 방문한 전체 외래관광객은 24,953명, 1965년도에는 33,464명(전년대비 34.1% 성장), 1966년도에는 67,965명으로 전년대비 103.1%가 성장하였다. 한·일 국교정상화와 같은 정치적인 영향이 관광에 미치는 영향이 얼마나 큰지를 알 수 있는 실제 사례이다. 이렇듯 관광은 정치뿐만 아니라 경제·사회·문화 등 사회전반의 흐름에 매우 민감하게 반응하는 분야이다.

(4) 1971년 : 경주관광종합개발계획 확정

경부고속도로가 완공됨으로써 교통과 관광과의 관계는 불가분의 관계로 국내교통체계의 확대로 관광은 급속도로 발달하게 되었다. 물론 교통체계가 확대되지 않았으면 관광은 발달할 수 없었다. 그리고 국제관광이 가장 급속히 성장했던 시기가 제2차 세계대전 후이다.

(5) 1972년 : 관광진흥개발기금법의 제정

관광진흥개발기금이 설치·운영됨으로써 관광사업체에 대한 금융지원이 시작되었다.

(6) 1974년 : 국제관광공사의 해외지사 설치

한국관광의 해외홍보 강화와 외래객 유치를 위한 교두보의 역할을 수행하게 되었다. 관광산업을 국가전략산업으로 지정하였다.

(7) 1978년 : 최초로 외래관광객 100만 명 유치, 경주보문단지 개장

1980년대에는 국제관광 진흥 위주의 정책에서 탈피하여 국제관광과 국민관광의 진흥을 동시에 추진하게 되었다.

(8) 1982년 : 친지초청에 의한 해외여행 가능

아시아에서 제일 마지막으로 시행(공산국가 제외)되었으며, 해외거주 친지들의 초청장에 근거한 여권발급과 해외여행을 허가하는 아주 제한적인 조치였다. 또한 국제여행알선업을 허가제에서 등록제로 변경하였다.

(9) 1983년 : 해외여행 자율화(50세 이상)

국제환경의 변화에 대응하고 국민의 해외여행 욕구를 만족시킬 발판을 마련하게 되었다.

(10) 1986년 : 아시안게임 개최

외래관광객 유치에 크게 기여하였다.

(11) 1987년 : 제1차 해외여행 자유화의 확대(45세 이상)

연령을 낮춤으로써 해외여행 기회를 확대하게 되었다.

(12) 1988년 : 서울올림픽 개최

한국관광의 이미지를 해외에 구축하는 좋은 기회가 되었고, 당해연도 200여만 명의 외래관광객을 유치하는 데 기여하였다. 제2차 해외여행 자유화 확대(40세이상), 7월 1일부터 30세 이상으로 확대하였다.

(13) 1989년 : 해외여행 전면 자유화 조치(연령제한 폐지)

일본의 해외여행 자율화는 1964년부터 시행되었는데 비해 무려 25년 뒤에 실시한 조치였다.

❐ 해외여행 전면 자유화 이유

① 한국이 구체적으로 '개방무역과 해외여행 자유화'의 길로 나설 수밖에 없었던 것은 국토공간의 협소와 인구조밀, 부존자원의 빈곤 등으로 대외지향과 상호의존의 이점을 추구해야만 하는 한국의 현실과 조건이었다.
② 관광은 전세계적으로 외화벌이 수단이었고, 우리나라의 해외여행 자율화는 선진국 외화보유의 수단이 되었다. 또한 선진국의 압력도 작용하였다고 볼 수 있다. 즉 역대 올림픽 개최국 중 해외문화를 대폭 개방하지 않았던 나라는 없었다.

(14) 1990년 : 1994년 '한국방문의 해'로 선포

1991년(준비작업시작)	1994년(목표)	결 과	1994년도(outbound)
320만 명	450만 명	358만 명	315만 명
34억 원	50억 원	38억 원	41억 원
결과적으로 한국인 출국의 해로 됨			

(15) 1991년 : 관광을 소비성 서비스업(소비성 향락산업)으로 분류

관광호텔업·여행업 등 관광사업에 각종 금융적·세제적 제재를 부과하기 시작하였다.

- **금융적 제재** : 여신규제, 즉 금융기관 및 정부차원에서 관광사업에 금융대출 및 지원을 금지시켰다.
- **세제적 제재** : 영세율 폐지. 영세율이란 말 그대로 세금이 제로인 것을 말한다. 예를 들면 호텔 객실요금에는 부가가치세(10%)를 받지 않아 다른 나라에 비해 가격 경쟁력이 있었지만 영세율 폐지 후 가격 경쟁률이 떨어지게 되었다. 손비처리를 불인정함으로써 공무원·기업인들은 해외여행 비용을 손비처리하지 못했다. 이는 세제 신고시 해외여행 금액을 지출항목에 포함시키지 않음으로써 제재를 가한 것이다.

(16) 1993년 : 대전EXPO 개최

엑스포 전후기간 중 일본인 관광객에 무사증 입국을 허용함으로써 일본인 관광객의 국내유치에 일조하였다.

(17) 1994년 : 제43회 PATA 연차총회

1965년에 14회 PATA 총회가 3월 26일부터 4월 2일까지 서울에서 개최되었다. 이는 워커힐호텔과 같은 규모가 큰 수용시설이 있었기 때문에 가능하였다. 45회원국 관계자 1,350명이 참석하여 한국관광에 대한 이해도를 높이는 데 기여하였으며, 이후에도 PATA총회는 서울에서 1979년, 1982년, 1994년에 다시 유치하게 되었다.

국제회의가 관광산업에서 중요한 부분이었다. 국제회의산업이 가져다주는 경제적 파급효과와 홍보효과는 엄청났다. 그 후 관광산업을 소비성 서비스산업에서 제외하였고, 또한 한·중 국교수교로 인한 한·중 정기 항공노선이 개설되었다. 중국은 세계적으로 큰 잠재시장으로 향후 한국관광의 제2의 전환점이 되었다.

(18) 1998년 : 중국인 단체관광객 제주도 무비자 입국

1998년 6월 1일 비자(VISA) 완화 및 면제 조치로 한국 무비자 불허 대상국 31개국 중 쿠바와 마케도니아를 제외한 모든 국가의 여행객이 미국·일본·캐나다 비자를 소지한 자가 한국을 경유시 15일간 무비자로 입국을 허용하였다. 단 출국항공권 소지자에 한해서 실시함으로써 IMF을 극복하는 데 일조를 하였다. 그리고 관광수입의 중요성을 자각한 정부에서는 한국을 본격적으로 홍보하기 시작하였고, 대통령과 유명 연예인들이 대거 출현한 CF광고를 제작하여 해외각국에 방영하게 되었다.

2. 여행의 증가요인

OECD(경제협력개발기구)에서 1965년 국제여행의 촉진을 위하여 행정상의 편의 제공에 관하여 이사회에서 결정함으로써 정식으로 국제관광이 시작되었고, 1967년 UN(국제연합)에서 국제관광의 해로 지정하면서 본격화되었다. 또한 1980년에 마닐라 선언에서 관광의 자유를 인간의 기본권 보장에서 인정할 것을 주장하였고, 이에 따라 관광권의 구체화가 되기 시작하였다.

여행의 증가요인을 구체적으로 살펴보면 법률적·경제적·사회적·문화적·정치적 요인으로 구분하여 설명할 수 있다.

(1) 법률적 요인

1) 여행을 할 수 있는 권리를 입법화

한국은 1989년 해외여행 자율화를 보장함으로써 누구나 여행을 할 수 있는 권리가 주어졌다. 1948년에 UN의 세계인권선언에서 “사람은 누구나 자국을 포함한 어떤 국가에도 갈 권리 및 자국에 돌아올 권리를 가진다”고 규정하였으며, 1980년에 마닐라 선언에서 관광의 자유를 인간의 기본권 보장에서 인정할 것을 주장함으로써 관광권의 구체화가 논의되기 시작되었다.

즉 국가간 상호이해를 도모하고 국제관광을 함으로써 세계평화와 국가간의 경제적 격차가 해소된다는 것을 전제로 여행의 자유 보장을 인간의 기본권으로 인정하고, 국제관광자원을 공동 개발함으로써 국가간의 균형있는 여행발전을 도모할 수 있다고 주장하였다. 또한 휴일에 대한 개인의 권리를 인정하고, 출입국 절차(CIQ-Customs, Immigration, Quarantine)를 간소화하자고 주장하였다.

2) 유급휴가제도 실시

1937년에 ILO(국제노동기구)가 사회제도를 공식 채택 후 여행수요가 증가되었다.

3) 법정 근로시간의 도입

근로자보호법이 제정되어 하루 8시간의 노동이 법제화되어 여가시간이 확보됨으로써 여행이 증가되었다.

(2) 경제적 요인

1) 국민소득의 증가

국민소득의 증가로 여행이 증가되고 보편화되었다.

2) 국제교역의 확대

국제화・개방화로 상용여행자 수요의 증가하고, 무역박람회, 전시회, 상품교역전, 대규모 국제행사를 유치함으로써 국가・지역간 경제교류와 관광교류가 증가되었다.

3) 생활수준의 향상

가처분소득(세금과 필수품을 제외한 소득)의 증가로 문화성 소비가 증가하였다. 즉 의식주 비용보다 교육비, 외식비, 여행 중의 소비가 증가되었다.

4) 환율의 변화

여행송출국 입장에서는 내국의 소비보다 화폐의 가치를 상당히 증감시킨다. 환율의 변화가 여행에 미치는 영향을 살펴보자.

① 환율의 변화와 관광

환율은 국제관광시장에 영향을 주는 주요 요인 중의 하나로서 목적국가에서의 생활비이다. 관광수용국에서는 환율의 변동에 따라 관광수입의 증감에 상당한 영향을 미친다는 것을 알 수 있다.

IMF 이전의 한국 → 1일 체재비 : 407,274원(929원)=U$437.9
IMF 이후 98년 10월 → 1일 체재비 : 407,274원(1,640원)=U$248

결론적으로 외국인들의 1일 체재경비가 낮아짐으로써 외국인 관광객 수는 증가하였다. 반대로 내국인들은 해외여행 경비가 높아짐으로써 여행에 불참하거나 감소하였다.

② 인플레이션과 관광

- 관광사업은 교통비 · 숙박비 · 식사비 등 기본적인 체재경비가 높으면 관광에 불참하는 경우가 많다.
- 선진국의 전인구의 약 50%가 관광에 참여함으로써 인플레이션에 민감하다.
- 관광시기의 집중화(하계 · 동계)로 항공 및 숙박지의 한정으로 인플레 현상이 일어나고, 지역주민의 이동을 억제함으로써 식품 및 음식 값 등 물가상승의 요인이 된다.
- 관광산업은 인적 서비스 산업으로 노동비용이 증가하므로 기업의 고정비 지출이 증가한다.
- 제조업체의 종사원이 서비스업으로 전환, 제조업체의 인력난이 일어날 수 있다.
- 관광사업이 성장하면 개발지역의 토지가격이 상승되어 지역주민이 세금의 증가로 지역을 떠나는 현상이 생긴다.

③ 미국의 유명 관광전문지인 〈비즈니스 트래블뉴스〉지의 자료

〈표 2-2〉 세계 100대 도시의 1일 체재비(1999년 자료)

	1일 체재비		1일 숙박비		1일 3식 식사비
순위	도 시	순위	도 시	순위	도 시
1	홍 콩(583)	1	뉴 델 리(420)	1	모스크바(147)
2	런 던(573)	2	런 던(399)	2	취 리 히(144)
3	몬테카르로(564)	3	홍 콩(394)	3	홍 콩(137)
4	모스크바(556)	4	몬테카를로(369)	4	서울(134-76) 65위
5	뉴 델 리(546)	5	모스크바(354)	5	헤 이 그(124)
6	파 리(490)	6	봄 바 이(354)	6	런 던(123)
7	부에노스(471)	7	헝가리(335)	7	밀라노(122) 이탈리아
8	산티아고(466)	8	마 닐 라(334)	8	뮌 헨(118)
9	봄 바 이(463)	9	부에노스(328)	8	파 리(118)
10	마 닐 라(461)	9	파 리(328)	10	베 이 징(115)
12	도 쿄(456)	11	도 쿄(323)	11	뉴 욕(112)
14	베 이 징(443)	19	베 이 징(287)	12	상 하 이(107)
16	서울(438-248) 85위	21	서울(265-150) 86위	12	로 마(107)
20	뉴 욕(420)	27	자카르타(248)	19	오 사 카(103)

④ 2006 Corporate Travel Index

〈표 2-3〉 세계 100대 도시 체재비 순위(2006.2일 기준)

2006 RANK	CITY	COST (US$)	LOCAL CURRENCY	EXCHANGE RATE	2006 RANK	CITY	COST (US$)	LOCAL CURRENCY	EXCHANGE RATE
1	MONTE CARLO	$732	625	0.8543	52	LISBON	$366	313	0.8543
2	PARIS	623	532	0.8543	53	HELSINKI	365	312	0.8543
3	SEOUL	567	590,417	1041.3000	54	ST. PETERSBURG	363	10,466	28.8670
4	LONDON	560	322	0.5746	55	LJUBLJANA	362	74,065	204.6000
5	TOKYO	541	63,819	117.9650	56	SYDNEY	360	492	1.3650
6	WARSAW	537	1,850	3.4442	57	SINGAPORE	356	607	1.7039
7	SAO PAULO	531	1,148	2.1616	58	JAKARTA	352	3,514,281	9987.0000
8	MOSCOW	528	15,242	28.8670	59	LIMA	350	1,174	3.3565
9	HONG KONG	521	4,041	7.7562	60	THE HAGUE	346	296	0.8543
10	COPENHAGEN	520	3,313	6.3704	61	OSAKA-KOBE	345	40,668	117.9650
11	GENEVA	512	673	1.3140	62	GLASGOW	341	196	0.5746
12	DUBAI	510	1,872	3.6731	63	MEXICO CITY	338	3,608	10.6785
13	FRANKFURT	509	435	0.8543	64	CALGARY	333	397	1.1908
14	BRUSSELS	496	424	0.8543	64	OSLO	333	2,206	6.6200
15	LUXEMBOURG	490	419	0.8543	66	TAIPEI	322	10,763	33.4725
16	ZURICH	481	632	1.3140	67	MELBOURNE	318	434	1.3650
17	ROME	478	408	0.8543	68	RIYADH	316	1,185	3.7504
18	KUWAIT	476	139	0.2920	69	CARACAS	315	889,951	2825.2400
19	ATHENS	473	404	0.8543	70	BUENOS AIRES	306	908	2.9693
20	MANAMA	465	175	0.3767	71	KHARTOUM	304	70,981	233.3300
21	AMSTERDAM	454	388	0.8543	72	NEW DELHI	302	13,780	45.5550
21	GRAND CAYMAN	454	376	0.8282	73	MONTREAL	299	356	1.1908
23	KIEV	446	2,246	5.0350	74	BEIJING	296	2,394	8.0856
24	CASABLANCA	444	4,130	9.3120	75	JOHANNESBURG	292	1,976	6.7600
25	MILAN	432	369	0.8543	75	NAIROBI	292	22,014	75.5000
26	TORONTO	430	512	1.1908	77	BRATISLAVA	285	9,466	33.2433
27	HAMILTON	427	427	1.0000	78	PERTH	283	386	1.3650
28	MADRID	424	362	0.8543	79	AUCKLAND	280	408	1.4569
29	SAN JUAN	421	421	1.0000	80	BANGKOK	277	11,408	41.1350
30	BIRMINGHAM	419	241	0.5746	81	HAVANA	271	271	1.0000
31	DUBLIN	416	355	0.8543	82	BOGOTA	270	615,897	2285.0000
32	MUSCAT	410	158	0.3850	83	KARACHI	268	16,043	59.7600
33	LYON	407	348	0.8543	84	SANTIAGO	262	137,737	526.3500
34	BEIRUT	403	605,709	1503.0000	85	HANOI	260	4,138,100	15894.0000
34	DUSSELDORF	403	344	0.8543	86	SAN SALVADOR	257	257	1.0000
34	STOCKHOLM	403	3,290	8.1646	87	BOMBAY	255	11,611	45.5550
37	JERUSALEM	402	1,897	4.7200	88	PANAMA CITY	249	249	1.0000
37	NASSAU	402	402	1.0000	89	QUITO	246	246	1.0000
39	BERLIN	399	341	0.8543	89	SAN JOSE	246	120,939	491.8000
39	PRAGUE	399	9,969	24.9861	91	DAMASCUS	241	12,583	52.2100
41	VIENNA	398	340	0.8543	92	KINGSTON	232	14,898	64.2250
42	BUCHAREST	397	1,230	3.0977	93	CAIRO	213	1,229	5.7588
42	BUDAPEST	397	85,281	214.7020	94	AMMAN	205	146	0.7107
44	RIO DE JANEIRO	395	854	2.1616	95	COLOMBO	184	18,737	101.8250
45	SHANGHAI	393	3,174	8.0856	95	KUALA LUMPUR	184	695	3.7787
46	TEL AVIV	390	1,841	4.7200	97	TEHRAN	183	1,661,106	9062.5000
47	MANILA	372	20,237	54.4000	98	GUATEMALA CITY	167	1,275	7.6200
48	EDINBURGH	369	212	0.5746	99	LA PAZ	161	1,295	8.0200
49	ISTANBUL	368	502	1.3647	100	PORT-AU-PRINCE	155	6,517	42.1500
50	BARCELONA	367	314	0.8543					
50	MUNICH	367	314	0.8543		AVERAGE	$370.89		

※ 미국 〈Business Travel News〉에서 발표하는 '2006 Corporate Travel Index(비즈니스 여행지수)'의 세계 100대 도시 체재비는 특1급 호텔에서 거주하는 미국인 비즈니스맨을 기준으로 1인 하루 숙박비, 음식비, 세탁비 등을 합쳐 계산한 것이다.

(3) 사회적 요인

1) 여가시간의 증가

법정 근로시간 도입과 기계의 자동화 · 산업화로 주당 168시간 중 1981년도에는 노동시간 54시간, 여가시간 44.7시간으로 나타났다.

1996년도에는 노동시간 42.5시간, 여가시간이 53시간으로 또한 세계적인 추세에 따라 주5일 근무제의 도입 등으로 점차적으로 여가시간이 늘어남으로써 여행은 증가할 수밖에 없는 추세이다.

2) 교통수단의 발달

항공교통수단의 대형화와 고속화로 심리적 거리를 단축시켜줌으로써 여행이 더욱더 활성화되었다.

3) 인구의 도시화

인구의 도시화로 환경오염 · 소음공해 · 교통체증으로 도시인의 탈도시 욕구를 자극하여 여행이 활성화되는 계기가 되었다.

4) 행동양식의 변화

1997년 한국관광공사의 〈국민 해외여행 실태조사〉 자료를 살펴보면, 여가시간과 경제적 여유가 주어지면 여행을 가겠다는 사람이 70%에 달하였다.

(4) 문화적 요인

- 교육 수준의 향상
- 대중전달 수준의 발달
- 다양한 지역문화축제의 개최
- 광범위한 여행정보 요인
- 종교적 요인 : 성지순례 여행의 증가
- 대규모 스포츠대회의 개최 : 올림픽, 아시안게임, 월드컵

(5) 정치적 요인

1) 여행송출국의 정치적 요인

- 국민의 국외여행 자유화 조치
- 국가관광기구(NTO)의 역할
- 국가 또는 지방자치단체의 여행산업에 대한 개입 여부
- 관광진흥을 위한 지역단위의 역할과 권한
- 출입국 절차의 완화 : 비자(VISA) 완화 및 면제, 세관, 출입국관리, 검역의 간소화

2) 여행수용국의 정치적 요인

- 사회주의 국가의 여행에 대한 문호개방
- 관광에 대한 국방 및 치안
- 국가관광기구(NTO) 대표의 정치적 영향력 정도
- 관광산업에 대한 외국의 투자를 확대하기 위한 법적·제도적 조치
- 국가간 긴밀한 협력관계 및 관광협정의 체결
- 항공노선 운영에 대한 규제의 완화
- 사증 발급의 완화 및 사증면제제도의 확대시행

3. 여행의 억제요인

의식주가 해결되면 누구나 인생을 어떻게 하면 즐겁게 행복하게 건강하게 살아갈 것인가를 생각하면서 여행은 시작된다. 물론 시간적·경제적 여유가 되는데도 불구하고 여행을 할 수 없었던 때도 있었다.

여행의 억제요인을 살펴보면 다음과 같다. 법적·제도적인 여행에 대해 제한을 하는 국가정책, 여행서류 발급조건이나 절차가 까다로울 때, 출입국관리법, 여권법, 입국사증(VISA), 출입국카드(E/D), 신원서류, 체류기간의 제한, 언어장벽 등이 여행의 억제요인이다.

(1) 입국사증

입국사증(VISA)은 발급국이 입국 내지 통과시켜도 좋다고 인정하는 서류를 말한다. 그러나 입국 허가여부는 입국시 출입국 담당심사관이 결정하기 때문에 비자 소지자라 하더라도 자국에 피해를 입힐 수 있다고 판단되면 입국을 거부 및 체류기간을 허가하지 않을 수 있다.

입국비자(entry VISA)의 종류(방문목적에 따라)는 다음과 같다.

- 관광비자(tourist VISA)
- 상용비자(commercial VISA)
- 유학비자(study VISA)
- 취업비자(employment VISA)
- 이민비자(emigration VISA)
- 통과, 경유비자(transit VISA)
- TWOV(transit without VISA) : 통과관광비자 일시적 체류

(2) 기업적 요인

- 외국인 투자나 공동참여상의 제한 및 자본의 이동 또는 전환상의 제약이다.
- 외국인의 자국 내 지사나 자회사 설립에 대한 제한이다.
- 여행전문업 운영상 외국인에게 직접 운영하게 함으로써 부수되는 애매한 자격기준의 요구된다.
- 경영자격(licence) 획득이 곤란하다. 상대방 국가의 자격에 대한 인식부족이 그 원인이라 할 수 있다.

(3) 교통요인

- 자국소유가 아닌 외국항공사 · 자동차 · 철도 · 유람선 등에 대한 제한
- 착륙수수료, 각종 세금, 공항이용료의 차등적용으로 인한 차이

〈표 2-4〉 여행 억제요인

자국에서의 제한	여행자 수용국에서의 제한
• 여행서류 발급조건, 절차 • 통화제약, 자국 화폐가치 저하 • 휴대품 허용량에 대한 제한 • 국외여행에 대한 제한 • 방문을 꺼리는 정치구조 • 국가간의 국교단절 • 국가간의 반한 감정고조 • 경기침체, 초대여행 감소 • 언어장벽	• 통화의 제한 • 입국사증(VISA), 출입국카드(E/D), 신원서류, 체류기간의 제한 • 자동차, 유람선, 교통기관을 통한 입국절차 • 운전면허증, 자동차보험 • 영리적 활동에 제한 • 외국인 여행자에게 부과되는 세금 • 물가상승, 여행경비 상승

여행용어 해설

- ATR(Air Ticket Request Agent) : 여객대리점 중 담보능력의 부족으로 항공권을 자체적으로 보유하지 못하고 승객으로부터 요청받은 항공권을 해당 항공사 발권 카운터에서 구입하는 항공권 판매대리점
- Attendant : 동반자, 어린이 동반, 장애자 동반 50% DC
- Baggage : 여행자가 여행할 때 소지한 짐
  Checked Baggage : 붙이는 짐
  Hand Carry Baggage : 여행자가 들고 들어가는 짐
- Baggage Claim Tag : 여행자가 화물을 부친 후 받는 위탁수하물표
- Baggage Through Check-In : 단일 항공편으로 여정이 끝나지 않고 접속 항공편을 이용하는 여행자의 경우 수화물을 최종 목적지까지 부치는 것
- B&B(Bed and Breakfast) : 객실에 컨티넨털 블랙퍼스트(continental breakfast)를 포함하는 호텔요금 체제로 영국과 유럽 등에서 사용되고 있다.
- Block : 항공기의 좌석, 호텔의 객실 등을 한꺼번에 예약하여 확보해두는 것을 말한다. 성수기에는 이러한 블록(block)을 확보할 수 있는 능력이 여행사의 영업과 밀접한 관련을 갖게 된다.
- Boarding Bridge : 비행기의 승객이 승・하기시 터미널과 항공기를 연결하는 탑승교
- Boarding Pass : 탑승수속시 항공권과 교환하여 여행자에게 주는 탑승표로서 항공편명, 여행자성명, 좌석번호, 목적지, 탑승시간, 탑승 게이트 등이 기재되어 있는 탑승권
- Booking Reservation : 항공좌석 예약
- BSP(Bank Settlement Plan) : 다수의 항공사와 다수의 여행사간에 발행되는 항공권 판매에 관한 제반업무, 즉 항공권 불출, 판매대금 정산, 매표보고 등을 간소화하기 위해 은행이 관련업무를 대행하는 은행 집중 결재방식의 제도

제2장 Exercise & Role playing

01___ 관광의 구조에 대해 설명하시오.

02___ 여행의 구성요소에 대해 설명하시오.

03___ 여행의 종류에 대해 구체적으로 설명하시오.

04___ 우리나라 관광역사의 흐름에 대해 설명하시오.

05___ 여행의 증가요인 중 법률적 요인에 대해 설명하시오.

06___ 여행의 증가요인 중 경제적 요인에 대해 설명하시오.

07___ 여행의 증가요인 중 사회적 요인에 대해 설명하시오.

08___ 여행의 억제요인에 대해 설명하시오.

09___ 환율의 변화가 관광에 미치는 영향에 관해 설명하시오.

10___ 인플레이션이 관광에 미치는 영향에 관해 설명하시오.

제3장

여행업의 정의와 발전과정

제1절 여행업의 개념

여행업은 사회경제적 요인과 맞물려 등장된 것으로 보고 있다. 즉 제2차 세계대전 이후 경제가 발전함에 따라 생활수준이 향상되었고, 개인의 가처분소득의 증가와 이에 따른 엥겔지수의 저하, 노동자의 근로여건 개선 및 생산수단의 향상에 기인한 여가시간의 증대, 교통수단의 발달에 의한 시간 및 심리적 거리의 단축 등으로 인해 여행을 할 수 있는 여건이 조성되었다.

또한 교육수준의 향상 및 매스컴의 발달 등으로 인한 사회문화적 가치관의 변화 등이 종래의 근로찬미형의 생활의식에서 여행이라는 활동을 통해 휴식과 기분전환 및 재생산력의 창출을 가져오게 되어 오늘날의 여행은 어느 특정인만이 누릴 수 있는 것이 아니라 국민의 생활과정(life cycle)의 하나로 정착하고 있다.

현대에는 국제화·세계화와 글로벌화가 진행되면서 국가간의 여행이 급증하고 있으며, 관광에 관한 관심이 날로 높아지고 있다. 그에 따라 여행업의 범위도 방대해지면서 여행업도 다양한 의미로 정의할 수 있게 되었다.

우선 여행업에 대한 일반적인 개념을 살펴보면, 여행자에게 관광관련 사업자(principal)를 알선하고 일정한 수수료(commission)를 받는 것과 관광관련 사업자의 사용권(principle)을 판매해주고 일정한 수수료를 받는 것을 포함한다. 또한 여행상품이라는 여행사 고유의 상품을 생산판매하는 3차산업의 하나로서 독립된 사업이라 할 수 있다.

법률적 개념으로는, 우리나라 관광진흥법 제3조에 의하면 관광사업의 종류를 여행업, 관광숙박업, 관광객이용시설업, 국제회의용역업, 관광편의시설업, 카지노업으로 구분하고 있다.

여행산업이란 여행업을 포함하여 교통·숙박·음식업을 비롯 여행과 관련되는 각종 위락을 제공하는 기업 및 시설을 총칭한다. 또한 관광진흥법 제3조에 의하면 여행업은 "여행자 또는 운송시설·숙박시설, 기타 여행에 부수되는 시설의 경영자 등을 위하여 당해시설 이용의 알선이나 계약체결의 대리, 여행에 관한 안내, 기타의 편의를 제공하는 업"이라 정의하고 있다.

제2절 여행업의 정의

1. 한국관광공사의 정의

관광진흥법상의 여행업은 "여행자를 위하여 운송시설·숙박시설, 기타 여행에 부수되는 시설이용의 알선, 기타 여행의 편의를 제공하는 업", 즉 관광의 주체인 관광객에게 관광의 객체인 관광자원이나 대상지역을 홍보하여 관광의 매체인 항공 및 교통시설과 숙박시설을 연결 수배하여 여행자에게 관광안내 및 편의를 제공함으로써 일정률의 수수료를 받아 기업을 경영하는 업이다.

(1) 관광진흥법상의 여행업

1) 일반여행업

일반여행업(inbound tour+outbound tour)이란 국내 또는 국외를 여행하는 내국인 및 외국인을 대상으로 하는 여행업을 말한다. 따라서 일반여행업은 국내여행업무와 인바운드 업무, 그리고 아웃바운드 업무를 행할 수 있으므로 내·외국인을 상대로 여행상품의 개발과 판매가 가능하며, 이에 따른 지상수배, 안내업무 등을 할 수 있다.

- 자본금 : 3억5천만 원 이상
- 사무실 : 소유권 또는 사용권이 있을 것(96.4.17. 규제평수 폐지)
- 등록관청 : 문화관광부 장관

2) 국외여행업

국외여행업(outbound tour)이란 국외를 여행하는 내국인을 대상으로 여행상품을 개발, 판매업무를 수행하는 여행업으로 각종 알선 및 국제선 항공권, 철도승차권, 호텔 쿠폰 등을 대매하는 여행업으로서 해외여행(아웃바운드) 업무만을 행할 수 있다.

- 자본금 : 1억 원 이상
- 사무실 : 소유권 또는 사용권이 있을 것(96.4.17. 규제평수 폐지)
- 등록관청 : 서울, 부산(관할구청), 기타지역 관할시청, 도청

3) 국내여행업

국내여행업(domestic tours)이란 국내를 여행하는 내국인을 대상으로 여행상품을 개발, 판매업무를 수행하는 여행업으로 각종 알선 및 국내선 항공권, 철도 승차권, 호텔 쿠폰 등을 대매하거나 전세버스 업무도 취급할 수 있는 여행업으로서 국내여행 업무만을 행할 수 있다.

- 자본금 : 5천만 원 이상
- 사무실 : 소유권 또는 사용권이 있을 것(96.4.17. 규제평수 폐지)
- 등록관청 : 주 사업장 소재 군수, 구청장

❒ **지상수배업자**(land operator)

내국인이 국외를 여행할 때 현지의 호텔·관광·식사·현지안내 등의 업무를 담당하는 업자로 최근에는 일반서비스업에 포함시켜 하나의 사업체로로 인정하고 있다.

- 서울특별시장, 광역시장, 도지사에게 증명서류 제출신고
- 서류 ① 외국여행업자의 본사의 여행업 증명서류
  ② 외국여행업의 연락사무소임을 증명할 수 있는 서류
  ② 사무실의 소유권 또는 사용권을 증명할 수 있는 서류

2. 미국의 여행업

미국의 여행업은 1850년 헨리 웰스(Henry Well's)에 의해 아메리칸 익스프레스사(AmericanExpress Co.)가 설립되면서부터 비약적인 발전을 이룩하였다. 아메리카 익스프레스사는 현재 영국의 토마스 쿡사와 함께 세계 여행산업의 역사를 주도하고 있는 세계적인 여행업체이다. 1858년에 아틀랜틱 로열기선회사(Atlantic Royal Steamship Co.)의 예약대리점으로 여행업무를 시작하였고, 1895년

에는 아케리칸 익스프레스사가 파리에 사무실을 개설하였으며, 1896년에는 런던에 사무실을 개설하여 수화물과 운행업무에 치중하였다. 그 후 1909년부터 숙박시설과 교통시설의 수배업무를 하게 되었다. 현재 아메리칸 익스프레스사는 전세계 1,000개 이상의 영업소를 확보하고 있으며, 주요업무는 여행·금융 및 운영에 관한 것으로 대별할 수 있다.

(1) 미국여행업자협회(ASTA)의 Travel Agent의 정의

미국여행자협회(American Society of Travel Agents)는 여행사를 "여행관련 업자를 대신하여 제3자와 계약을 체결하고, 또한 이것을 변경 내지 취소할 수 있는 권한이 부여된 자, 즉 1개 이상의 Principal로부터 대리위임을 받아 여행관련 서비스를 파는 개인 또는 법인"이라고 칭하였다. 여기에서 Principal이란 다음과 같다.

- 교통수단(항공사, 선박회사, 전세버스업, 철도청)
- 숙박시설(호텔업, 모텔업, 여관업)
- 요식시설(레스토랑, 식당)
- 관광대상 목적물(모든 대상물)
- 기념판매점 · 면세점
- 여행서비스를 대신해서 계약을 체결, 이를 변경 · 취소할 수 있는 권한이 부여된 자를 말한다.

(2) Travel Agent의 종류

1) Tour Operator(Wholesaler)

여행도매업으로 Principal과 계약 하에 여행상품을 개발하여 이 상품을 직판 또는 Retailer(여행소매업자)에게 대신 판매하게 하는 여행업자를 말한다. 여행도매업자는 모집 후 직접 관광안내를 하는 업자를 말한다.

2) Retailer

여행소매업으로 Principal과 계약 하에 Principal의 상품을 소비자에게 판매 또는 Tour Operator(여행도매업자)의 상품을 대신 판매하는 여행업자를 말하며, 판매에 대한 일정한 수수료를 받는다.

3) Land Operator

지상수배업자로 Outbound Tour에 해당하며, 국내에서 해외로 여행할 국가의 현지 수배를 담당하는 여행업자를 말한다.

4) Ground Operator(Inbound Agent · Receiving Agent)

자국을 여행하는 관광객을 대상으로 국내 지상수배업자로 Inbound Tour에 해당하며, 외국의 Tour Operator와의 계약 하에 국내 교통 · 숙박 · 위락시설을 수배하는 여행업자를 말한다.

3. 일본의 여행업

일본의 여행업은 1978년에 철도의 보급에 따라 교통과 숙박의 두 가지 조건이 갖추어지면서 발달하게 되었다. 1893년 일본교통공사의 전신인 귀빈회가 설립되면서 여행업무가 추진되었고, 1905년 일본 최초의 여행사인 일본여행이 창업되었다.

1906년 러일전쟁 순회관광을 실시하였고, 1907년에는 영국의 토마스 쿡사(Thomas Cook Co.)가 요코하마의 뉴그랜드호텔에 지점을 개설하는 등 여행업이 활기를 띠었다. 1912년에는 일본교통공사가 설립되어 외래관광객의 유치와 편의를 도모하였으며, 이후 40여 년간 독점운영을 하였다. 1952년 관광알선업법이 제정되었고, 그 후 3년간에 1955년에 일반여행사 19개사, 국내여행사 1,111개사의 여행업체가 등록되었다. 1965년에 일본은 국민의 해외여행 자유화를 실시하여 일본인의 해외여행은 대중화를 이루었으며, 오늘날에 이르고 있다. 일본의 여행업태는 일반여행업 · 여행대리점업 · 국내여행업으로 구분되어 있으며, 여행업의 업무범위에 따라 1종, 2종, 3종 여행업대리점으로 나누어져 있다.

(1) 1종 여행업

해외여행이나 국내여행 모두를 취급하며, 여행상품의 기획 및 판매를 할 수 있고, 다른 여행업자의 주최여행 상품을 대매할 수 있다.

(2) 2종 여행업

국내여행의 기획판매 및 해외여행의 판매업무만을 할 수 있고, 또한 다른 여행업자의 주최여행 상품을 대매할 수 있다.

(3) 3종 여행업

국내여행 및 해외여행의 판매업무만을 할 수 있으며, 또한 다른 여행업자의 주최여행 상품을 대매할 수 있다.

(4) 여행업대리점

소속 여행업자(1종 · 2종)의 주최여행 상품을 판매하고, 이들 여행사의 수배여행을 취급할 수 있다. 또한 소속 여행업자가 수탁계약을 하고 있으면 그 범위 내에서 다른 여행업자의 주최여행 상품을 대매할 수 있다.

4. 영국의 여행업

영국은 여행업의 대부라고 일컬어지는 토마스 쿡이 여행업을 창시한 이래 괄목할 만한 성장을 가져왔다. 무엇보다도 영국은 민간항공기를 이용한 여행이 보편화되어 있다. 1964년 이후에는 여행도매업자들이 전세항공기를 이용한 여행상품의 개발에 박차를 가했으며, 이를 통해 저렴한 여행상품의 개발이 활기를 띠게 되었다. 또한 비즈니스 전문 여행업체와 인센티브 전문 여행사들이 활성화되어 단체할인요금을 통한 저렴한 패키지여행 상품을 대량으로 공급하고 있다.

영국의 여행업은 여행도매업과 소매업이 명확히 구분되어 있는 것이 특징이라 할 수 있다. 여행소매업자는 여행상품을 기획 · 수배를 할 수 없는 반면, 여행도매업자의 여행상품만을 판매하는 것을 주요 업무로 한다.

(1) 여행도매업자

여행도매업자(tour operator)란 영국여행업협회(ABTA)에 가입하여 여행상품을 개발하여 이 상품을 직판 또는 Retailer에게 대신 판매하게 하는 여행업자를 말한다. 즉 포괄여행(package tour) 상품을 기획・수배・주최하는 여행업체로 관청의 허가가 필요없다.

(2) 여행소매업자

여행소매업자(retailer)란 여행소매업으로 여행도매업자의 패키지 투어(package tour) 상품을 대신 판매하는 여행업자로 여행도매업자의 계열사 또는 소규모 여행사들이다.

〈표 3-1〉 한국의 지역별 여행업체 현황

(2006년 3월 1일 기준)

업종별 / 지역별	국외여행업	국내여행업	일반여행업	합 계
서울시	2654	1076	551	4281
부산시	393	303	34	730
대구시	185	185	4	374
인천시	74	78	7	159
광주시	124	122	10	256
대전시	172	166	4	342
울산시	47	52	3	102
경기도	429	517	33	819
강원도	99	124	14	237
충청북도	89	116	11	216
충청남도	95	142	0	237
전라북도	150	169	4	323
전라남도	117	149	6	312
경상북도	117	149	5	271
경상남도	190	252	7	449
제주도	41	159	39	239
총 계	4976	3799	732	9507

제3절 여행업의 발전과정

1. 한국의 관광정책과 여행업의 발전과정

한국의 관광정책과 여행업의 발전과정을 살펴보면 다음과 같다.

- 1921.7.15 : 부산철도호텔의 개관으로 일본여행업협회 한국지사가 설치됨으로써 시작되었다.
- 1555.2.7 : 교통부 육운국에 관광과 설치로 관광행정의 시작되었다.
- 1961.8.22 : 관광사업진흥법의 제정공포로 여행알선업 · 통역안내업 · 관광호텔업 · 관광시설업법이 공식 제정되었다.
- 1963.3.5 : 토산품판매업, 관광교통업의 추가, 관광사업자의 요금 · 가격신고제, 호텔종사원 자격증제도 실시, 관광지 지정제도가 도입되었다.
- 1967.2.28 : 여행업이 분류 · 개편되었다. 업종 : 국제여행알선업, 국내여행알선업.
- 1971.1.8 : 국제여행알선업(자본금 5천만 원), 국내여행알선업(자본금 1천만 원), 허가기준 : 관광안내원 3인~5인 보유조건, 관광지 관람료 · 이용료를 징수, 금지행위법, 관광호텔 등급제 등이 신설되었다.
- 1972 : 관광진흥개발기금법 제정, 1973년 2억 원, 1982년 40억 5천만 원 기금 출연.
- 1975.12.31 : 관광사업진흥법을 관광기본법과 관광사업법으로 분리하였다. 관광사업법에서 관광사업의 종류를 ① 여행알선업, ② 관광숙박업, ③ 관광이용시설업으로 구분하고 통역안내업, 관광교통업, 관광삭도업을 폐지하였고, 관광휴양업을 관광객이용시설업으로 명칭이 개정되었다.
- 1981.4.11 : 여행알선업을 허가제에서 등록제로 전환하였다. 여행대리점업 신설. 국외여행안내원(T/C : Tour Conductor) 제도 신설.
- 1982 : 여행업을 등록제로 전환함으로써 친지초청에 의한 해외여행이 가

능해졌다. 즉 해외거주 친지들의 초청장에 근거한 여권발급과 해외여행을 허가하는 아주 제한적인 조치였다.

〈등록기준〉

구 분	국제여행알선업	여행대리점업	국내여행알선업
자 본 금	2억5천만 원	5천만 원	2천~3천만 원
안 내 원	15명	–	3~7명
사무실 평수	100㎡	100㎡	50~70㎡

- 1983 : 해외여행 일부 자율화(50세 이상)
- 1986.12.31 : 관광사업진흥법을 관광진흥법으로 개명, 관광단지개발촉진법을 흡수 통합하였으며, 여행업의 구분을 현재의 일반여행업, 국외여행업, 국내여행업으로 구분하였다. 보험 및 공제금액을 일반 3,000만 원 이상, 국외 2,000만 원 이상, 국내 1,000만 원 이상을 사고시 대비 공제금액으로 확정하였다.

❐ 국외여행안내원(outbound), 통역안내원(inbound) 자격을 관광통역안내원 자격증으로 통합하여 단일화, 관광종사원의 자격・교육기준을 1개월 이상에서 폐지하였다.

- 1987 : 여행업 분류개편, 제1차 해외여행 자유화의 확대(45세 이상)
- 1988 : 서울올림픽 개최. 제2차 해외여행 자유화 확대(40세 이상). 7월1일부터 30세 이상으로 다시 확대되었다.
- 1989 : 해외여행 전면 자유화 조치로 연령제한 폐지(일본의 해외여행 자율화는 1964년 동경올림픽 후 시행되었다)
- 1991 : 관광을 소비성 서비스업(소비성 향락산업)으로 분류하였고, 금융기관 및 정부 차원에서 관광사업에 금융대출 및 지원 금지조치를 내렸다. 세제적 제재로는 영세율 폐지와 기업의 관광지출 비용을 경비처리를 인정해주지 못하도록 한 것이었다.

- 1993.12.27 : 기획여행 실시
- 1996.4.17 : 여행업 등록시 사무실 규제평수 제한이 폐지되었다.
- 1997.7.1 : 관광진흥개발기금법에 의해 정부출연금, 민간부담금 및 운용수입 등 2,363억 원의 기금을 조성하였으며, 국외여행 내국인 대상 관광진흥개발기금(출국세) 부과로 1조 원 조성목표로 시행하였다.
- 1998.2.1 : 여행업종별 영업보증보험 한도를 상향조정, 일반여행업은 3천만 원에서 5천만 원으로, 국외여행업은 2천만 원에서 3천만 원으로, 국내여행업은 1천만 원에서 2천만 원으로, 기획여행업(패키지 상품 판매업체)은 보증금 1억 원에서 5억 원으로 상향조정되었다. 1차 위반시 개선명령, 2차 위반시 등록취소 처분을 받는다.
- 1998.6.1 : 출입국 절차시 비자 완화 및 면제 조치. 한국입국 불허 대상국 31개국 중 쿠바·마케도니아를 제외하고 무비자 입국을 허용. 미국·일본·캐나다 비자 소지자 중 한국을 경유시 15일간 무비자 입국을 허용키로 하였다. 중국인 단체관광객 제주도 무비자 입국을 허용하게 되었다.

〈등록기준〉

구 분	일반여행업	국외여행업	국내여행업
자 본 금	3억5천만 원	1억 원	5천만 원
사무실 평수	없음(소유권·사용권)	없음	없음

2. 한국의 연도별 관광입출국 동향

〈표 3-2〉 한국의 연도별 입 · 출국 및 관광수지 현황

[(　)=성장률(%)]

연도 Year	입국자 수 Visitor Arrivals	출국자 수 Korean Departures	관광수입 Tourism Receipts	관광지출 Tourism Expenditures
	단위 : 명	단위 : 명	(US$ 1,000)	(US$ 1,000)
1964	24,953 (13.1)	20,486 (72.7)	15,704 (201.3)	2,381 (4.6)
1965	33,464 (34.1)	19,796 (-3.4)	20,798 (32.4)	1,662 (-30.2)
1966	67,965 (103.1)	35,095 (77.3)	32,494 (56.2)	3,193 (92.1)
1967	84,216 (23.9)	40,374 (15.0)	33,817 (4.1)	8,396 (163.0)
1968	102,748 (22.0)	67,381 (66.9)	35,454 (4.8)	10,487 (24.9)
1969	126,686 (23.3)	72,311 (7.3)	32,809 (-7.5)	10,964 (4.5)
1970	173,335 (36.8)	73,569 (1.7)	46,772 (42.6)	12,424 (13.3)
1986	1,659,972 (16.4)	454,974 (-6.0)	1,547,502 (97.3)	612,969 (1.2)
1987	1,874,501 (12.9)	510,538 (12.2)	2,299,156 (48.6)	704,201 (14.9)
1988	2,340,462 (24.9)	725,176 (42.0)	3,265,232 (42.0)	1,353,891 (92.3)
1989	2,728,054 (16.6)	1,213,112 (67.3)	3,556,279 (8.9)	2,601,532 (92.2)
1990	2,958,839 (8.5)	1,560,923 (28.7)	3,558,666 (0.1)	3,165,623 (21.7)
1991	3,196,340 (8.0)	1,856,018 (18.9)	3,426,416 (-3.7)	3,784,304 (19.5)
1992	3,231,081 (1.1)	2,043,299 (10.1)	3,271,524 (-4.5)	3,794,409 (0.3)
1993	3,331,226 (3.1)	2,419,930 (18.4)	3,474,640 (6.2)	3,258,907 (-14.1)
1994	3,580,024 (7.5)	3,154,326 (30.3)	3,806,051 (9.5)	4,088,081 (25.4)
1995	3,753,197 (4.8)	3,818,740 (21.1)	5,586,536 (46.8)	5,902,693 (44.4)
1996	3,683,779 (-1.8)	4,649,251 (21.7)	5,430,210 (-2.8)	6,962,847 (18.0)
1997	3,908,140 (6.1)	4,542,159 (-2.3)	5,115,963 (-5.8)	6,261,539(-10.1)
1998	4,250,216 (8.8)	3,066,926(-32.5)	6,865,400 (34.2)	2,640,300(-57.8)
1999	4,659,785 (9.6)	4,341,546 (41.6)	6,801,900 (-0.9)	3,975,400 (50.6)
2000	5,321,792 (14.2)	5,508,242 (26.9)	6,811,300 (0.1)	6,174,000 (55.3)
2001	5,147,204 (-3.3)	6,084,476 (10.5)	6,282,500 (-7.8)	6,886,900 (11.5)
2002	5,347,468 (3.9)	7,123,407 (17.1)	5,918,800(-7.1)	9,037,900 (38.0)
2003	4,752,762(-11.1)	7,086,133(-0.5)	5,343,400(-9.7)	8,248,100(-8.7)
2004	5,818,298(22.4)	8,825,442(24.5)	*5,696,900(6.6)	*9,498,800(15.2)

여행용어 해설

- ❐ Cabin Service : 비행기 내에서의 여객서비스를 담당하는 직원이 하는 각종 서비스 (사무장 : purser, 보조사무장 : assistant purser, 승무원 : steward, stewardess)
- ❐ Charter Flight : 대절항공기, 전세항공기
- ❐ Check-In : 탑승수속
- ❐ CIQ(Customs Immigration Quarantine) : 해외 출·입국시 승객 및 수화물에 대한 정부기관의 확인·관리 절차로 세관(customs), 법무부(immigration), 검역(quarantine)으로 세관, 출입국관리, 검역을 말한다.
- ❐ Class : 항공 좌석의 등급
- ❐ Circle Trip : 출발지와 도착지가 동일지점으로 항로가 중복되지 않고 돌아오는 여행
- ❐ Collect Call : 수신자 부담으로 전화를 거는 방법으로 이 경우 전화 수신자의 요금 지불에 대한 승인이 반드시 있어야 통화가 가능하다.
- ❐ Confirmation : 예약의 확인
- ❐ Reconfirmation : 예약 재확인(항공기 출발 72시간 내)
- ❐ Connecting Rooms : 복도를 거치지 않고 바로 방과 방이 연결되어 있는 호텔의 객실로 주로 가족이 함께 여행시 이용하는 경우가 많다.
- ❐ Connection Time Interval : 여객의 여정에 연결편이 있을 경우 연결지점에서 다음 목적지까지 가기 위한 연결 항공편을 갈아타는 데 필요한 시간
- ❐ CRS(Computerized Reservation System) : 항공사가 사용하는 예약전산 시스템으로 예약뿐만 아니라 각종 여행정보 및 대고객 서비스를 위한 컴퓨터 예약 시스템

제3장 Exercise & Role playing

01___ 한국관광공사(KNTO)에서 정의한 여행업에 대해 설명하시오.

02___ 우리나라 관광진흥법상 여행업의 분류와 사업범위에 대해 설명하시오.

03___ 지상수배업자(land operator)에 대해 설명하시오.

04___ 미국여행업자협회(ASTA)에서 정의한 여행업에 대해 설명하시오.

05___ ASTA(American Society of Travel Agents)의 여행업의 종류에 대해 설명하시오.

06___ 일본의 여행업의 업태와 업무범위에 대해 설명하시오.

07___ 미국 · 영국의 여행업에서의 Tour Operator와 Retailer의 차이점을 비교 설명하시오.

08___ 한국에서 관광사업진흥법을 공식적으로 제정공포한 연도는 언제인가?

09___ 기획여행이 실시된 연도는 언제인가?

10___ 한국에서 해외여행 전면 자유화가 실시된 연도와 그 배경을 설명하시오.

제4장

여 · 행 · 사 · 경 · 영 · 실 · 무 · 론

여행업의 기능과 역할

제1절 여행업의 기능

여행업의 업무내용은 아주 다양하게 구성되어 있으나, 이를 여행사의 수입원의 성질과 관련지어 접근한다면 크게 대리업무기능, 판매업무기능, 서비스업무기능으로 대별할 수 있다.

대리업무기능은 여행사가 항공사·철도·버스회사·렌터카·호텔·음식점 등의 시설업자의 이용을 대리·알선하는 기능이며, 판매업무기능은 여행사가 자체적으로 시장조사를 통해 여행자의 욕구를 파악하여 적합한 상품을 개발하고 이것을 판매하는 기능을 말한다. 그리고 서비스업무기능은 여행사가 갖고 있는 인적·물적 서비스상품을 고객에게 직접 제공하는 기능으로서 여행과 관련된 각종 정보를 제공하고, 여행에 따른 제반 수속과 여행시 안내를 수행하는 각종 서비스를 제공하는 것이다.

구체적으로 정리한다면 여행업은 여행자를 위하여 시설의 알선, 기타 여행의 편의를 제공하는 업이다. 여행사는 여행상품을 생산·판매하고 관광자를 안내하며, 관광자와 관광 관련업자를 위하여 상호 알선하고, 관광관련업자의 이용권을 매개하며, 기타 관광에 필요한 업무를 수행하는 기능을 갖고 있다.

이를 좀더 세분화하여 설명하면 여행사업자 측면과 고객 측면, 매개체적 측면으로 구분지어 설명할 수 있겠다.

1. 여행사업자 측면에서의 기능

(1) 여행정보 제공 및 상담기능

여행상품, 목적지, 여행일정, 소요경비, 기후, 음식, 화폐, 출입국 수속절차 등에 관한 정보를 제공하고, 소비자가 원하는 패키지 여행상품과 항공사·선박회사·철도회사·호텔, 기타 관련업체의 상품에 대한 상담하는 기능이다.

일반적으로 여행에 대하여 충분한 지식이 없는 여행객에게 필요한 각종 정보를 제공하며, 여행의 상담을 접수하고, 상품설명 등 여행객의 요구에 대해 코스설정이나 여행요금의 견적을 해주며, 여행객에게 필요한 각종 서비스를 제공하는 기능이다.

(2) 예약 · 수배기능

항공좌석 · 호텔객실 · 식당 · 관광지 · 선택관광 등을 신속 · 정확하게 예약하고, 예약된 항공권 및 쿠폰을 발권하며, 또한 지상수배업자를 통한 현지의 호텔 · 식당 · 관광지 등 각종 수배를 하는 기능이다.

수배기능은 여행에 필요한 각종 서비스의 예약과 그것의 변경 · 취소 등을 행하는 기능이다. 여행사에서 고객이 주문한 상품을 현지에서 지상수배를 할 경우 지상수배업체에 수배를 의뢰하거나 그것을 취소할 수 있다. 여행상품의 품질은 수배의 정확성 여부에 따라 결정될 수 있다.

(3) 여행상품 판매기능

여행도매업체의 패키지 여행상품의 판매 및 기획 · 개발한 상품 판매를 주로 하며, 판매대리점으로 계약된 Principal의 상품의 판매를 하는 기능이다.

영업사원이 고객을 방문하여 직접 판매하는 아웃 세일(out sale), 여행사의 카운터에서의 판매하는 카운터 세일(counter sale), 그리고 광고, DM, 카탈로그 등에 의한 미디어 판매, 인터넷 등 온라인을 이용한 판매 등을 주로 하는 기능이다.

(4) 수속 대행기능

여행자를 대리하여 여행에 필요한 제반수속을 여행사가 대행해주는 것으로, 국외여행시 여권(passport), 사증(VISA)의 취득수속, 여행자보험 가입, 출입국수속, 세관수속 등 여행에 관련된 모든 수속을 대리하는 기능이다.

(5) 발권기능

예약에 부수되는 업무로서 항공사・선박회사・철도회사・호텔・관람지 등에 이미 예약된 각종 항공권, 철도승차권・선박권・호텔숙박권・쿠폰 등 각종 권류를 직접 발권하는 기능이다.

(6) 여행일정 관리기능

국내외여행의 인솔 및 안내서비스로서 여행코스, 여행기간, 방문지역, 항공편수, 출발시간, 도착시간, 관광지 관람 내역, 식사조건, 숙박호텔, 여행조건, 여행요금 등을 포함한 여행일정(travel itinerary)을 예정대로 원활히 진행하기 위해 관리하는 기능이다.

관광객의 안전한 여행과 계약된 여행일정을 관리하기 위해 직접 동행인솔, 또는 안내서비스를 함으로 불편함이 없이 여정을 관리해주는 기능을 말한다.

(7) 정산기능

여행관련업체의 상품구입에 따른 사전 여행상품 견적서, 또는 예비정산서에 의해서 여행대금의 청구 및 항공료・선박료・숙박료・관람료・식사대 등 행사를 집행 또는 지불을 하고, 행사 종료 후 불참가자가 있을 경우 여행요금 환불 및 항공권 환불 등을 정리하고, 예비정산서에 근거한 결과를 비교하여 본 정산을 함으로써 손익계산을 하는 기능이다.

2. 고객 측면에서의 기능

(1) 편리성

여행객들이 여행을 떠나기 전에 숙박지・교통편에 관한 사전예약은 필수적이다. 최근에는 인터넷상에 정보가 풍부하여 여행객이 직접 예약하는 것이 충분히 가능하다. 그러나 정보를 수집하기엔 시간이 많이 소요되고, 적정한 가격과 현지 관광지의 정보를 수집하려면 결코 쉬운 일은 아니다. 그러므로 여행사에 신청하면 시간절약과 직접 예약하는 것보다는 저렴한 경비뿐만 아니라 개인 예약에 대한 불확실성을 해결할 수 있다.

여행사는 소비자를 위한 모든 정보를 제공하며, 원스톱 서비스를 가능하게 하는 편리성이 여행사의 가장 큰 역할이다.

여행상품의 특성 중의 하나는 무형성과 인적 의존도가 높다는 점이다. 여행객이 여행에 필요한 모든 사항을 사전예약 없이 여행한다면 여행객은 심리적인 불안감을 느껴 만족한 여행을 할 수 없을 것이다. 따라서 여행사가 진행하는 철저한 예약과 완벽한 인적 서비스 업무를 통해 여행객은 여행출발 전에 안도감을 줄 수 있고, 또한 여행종료 후 최고의 만족감을 느낄 수 있으며, 향후 여행객은 여행사를 신뢰하기 때문에 재수요 창출에 도움이 될 것이다.

❒ 미국여행업자협회(ASTA: American Society of Travel Agents)의 "소비자들의 여행상품구매"에 대한 설문조사 결과의 내용을 살펴보면 〈표 4-1〉과 같다.

〈표 4-1〉 ASTA의 설문결과 내용

여행계획시 가장 어려운점		여행사를 선택하는 이유	
* 가격에 대비 높은 만족도	60%	* 가격에 대비 높은 만족도	82%
* 저렴한 상품 구입	55%	* 저렴한 가격	73%
* 현지 여행정보 수집	33%	* 사람과의 접촉	57%
* 일정짜기	37%	* 편리함	47%
* 방문지 정하기	28%	* 전문가의 추천	44%

※자료 : ≪여행신문≫ 〈소비자들의 여행상품구매 ASTA 설문결과〉, 1999.1.29.

(2) 종합 서비스화

여행일정을 종합화한 것이 패키지 상품이다. 패키지 상품으로 인하여 소비자에게 저렴한 요금으로 제공하는 것은 물론이고, 소비자는 경비만 준비하면 모든 것을 여행사에서 해결해줄 수가 있다.

여권·비자·보험·호텔·항공뿐만 아니라 원하는 모든 상품을 제공할 수 있으며, 외국어를 구사하지 못해도 쉽게 외국여행을 할 수 있도록 종합적인 서비스를 한다.

(3) 제안력

현대인의 핵가족화로 인한 여행의 형태가 단체여행에서 개인여행(FIT)으로, 그리고 단순히 눈을 보고 관람하는 관광에서 체험관광 · 모험관광의 형태로 변화하고 있으며, 그에 따른 여행사의 상품 또한 다양화 · 특수화되는 것은 당연하다.

여행시 필요한 여행상품을 획일적으로 갖추고 있다면 그 백화점식 상품으로는 여행사의 미래가 밝지 않을 것이다. 그러므로 고객이 원하는 주문식 여행상품을 갖추고 있어야 한다. 소비자의 감성에 맞는 여행이 될 수 있도록 제안력과 조성력이 무엇보다도 중요하다.

(4) 염가성

가격은 여행 의사결정을 하는 데 가장 민감하고 중요시되는 요소 중의 하나이다. 패키지 여행의 보급과 단체요금의 할인 등으로 자신이 수배하는 것보다 저렴하기 때문에 소비자는 여행사를 이용하는 것이다. 그러므로 여행상품의 비중을 가장 많이 차지하는 항공요금과 호텔요금의 결정에 따라 고객의 여행선택이 결정된다고 할 수 있다.

여행사는 여행관련 시설업자로부터 대량의 구매를 통하여 경쟁력있는 가격을 제공받을 수 있다. 따라서 여행객은 여행사를 통하여 보다 저렴한 여행상품을 구매할 수 있다.

(5) 정보의 제공

여행의 대중화에 따른 대중매체, 즉 TV나 인터넷 등 각종 여행에 관한 정보가 제공되고 있지만 한정적일 수밖에 없다. 반면 여행사는 전세계에 걸쳐 정보수집 능력을 보유하고 있고, 동시에 어느 한정된 지역에 관해서는 관광지 · 관광시설 · 호텔 등 여행자가 알고 싶은 정보를 풍부하게 가지고 있다. 또한 고객이 요구한 그 시점에서의 현지의 기후, 이벤트 개최 등 동태정보로서 소비자에서 정확하게 정보를 제공할 수 있다.

관광정보와 광고는 TV · 신문 · 잡지 · 인터넷 등에서 얼마든지 여행객은 손쉽게 접할 수 있게 되었으나, 관광에 대한 정보의 홍수로 인해 오히려 자신에게 유효한 정보를 선택하려면 신중한 판단력이 요구된다. 그러나 여행사는 여행객의 입장에서 전문적인 지식과 경험적인 노하우를 활용하여 여행객을 돕고 직접적인 상담으로 자신에게 가장 유효한 정보만을 제공할 수 있다.

3. 매개체 측면에서의 기능

(1) 관광주체 대리인 기능

관광의 주체는 관광객이다. 즉 관광욕구에 따라 관광행동을 유발하는 수요자이자 소비자를 말하며, 관광수요시장 형성의 주체적 요소이다. 그러므로 여행객의 욕구를 충족시켜줄 수 있는 대리인 역할을 하는 것이 여행사인 것이다.

관광행동을 구체화시키고, 여행에 관한 예약·수배·정보제공·일정관리·안전관리, 나아가서는 여행에 관한 만족감을 제공해야 하는 기능이다.

(2) 관광객체 대리인 기능

관광의 객체는 관광객이 보고, 이용하고, 즐길 수 있는 대상체, 즉 관광자원으로서 관광시설·관광목적물·관광행동의 목표가 되는 것을 의미한다. 관광대상이 되는 여행소재를 종합하여 여행상품을 기획, 즉 관광사업자가 제공하는 각종 서비스 재료의 유통을 촉진하고, 각종 관광소재를 조합하여 최적의 상품을 만들어 관광객을 유치함으로써 관광대상 사업자의 판매촉진을 위한 대리인의 기능을 하는 것이다.

(3) 관광매체 대리인 기능

관광주체와 관광객체를 연결시켜주는 것으로 관광객에 대한 여론형성과 관광행동의 조언, 관광기반시설 조성과 관광자원 개발을 위한 조언의 기능이다.

다시 말하면 관광객에게 관광사업자, 즉 ① 교통기관(항공사·선박회사·전세버스업·철도청), ② 숙박업체(호텔업·모텔업·여관업), ③ 요식업체(레스토랑·식당), ④ 관광대상 목적물, ⑤ 기념판매점·면세점을 대신해서 여행서비스에 대해 계약을 체결하거나 이를 변경·취소할 수 있는 권한을 부여받아 매개체 역할을 하는 기능이다.

제2절 여행업의 특성

여행업의 특성은 다양한 측면에서 이해할 수 있지만, 이 책에서는 여행업의 경영적 특성, 구조적 특성, 사회현상적 특성으로 분류하고자 한다.

여행사는 일반기업에서 발견하기 어려운 경영적 특성을 가지고 있다. 여행사가 생산하여 고객에게 제시하는 상품은 인적인 서비스가 대부분이다. 물론 약간의 부수적인 재화와 서비스가 부가되어 있으나 주된 것은 인적 서비스로 구성되어 있는 상품이다.

여행객은 본질적으로 여행서비스를 구매하는데 여행객이 여행을 마치고 출발지로 귀환할 때에는 그들이 지불한 여행비용에 상응하는 유형재는 아무것도 남지 않는다는 뜻이다.

여행상품의 서비스는 생산되는 순간에 소비되지 않으면 상품으로서 가치는 소멸된다. 예를 들면 항공좌석은 당해 운항편에 모두 판매되지 않으면 판매되지 않은 여석은 상품으로서의 가치를 상실하게 되고 만다. 이것은 생산과 소비가 동시에 이루어지며, 재고판매가 존재할 수 없다. 이러한 여행상품의 특성은 서비스의 수용적 특성이기도 한 시간적 집중성 및 비연속성과 어우러져 서비스업의 과잉수요, 또는 과잉공급 현상을 초래시킨다. 이에 따라 여행업은 제조업과는 상이한 구조적 특성을 형성하게 된다.

1. 여행업의 경영적 특성

(1) 회사설립의 용이성

관광진흥법 시행령에 따라 여행업을 일반여행업 · 국외여행업 · 국내여행업으로 구분된다. 여행업의 자본금의 규모는 각 3억5천만 원, 1억 원, 5천만 원으로 여행사 창업이 항공업 · 숙박업 등 타 업종과 비교해서 고정자본의 투자액과 비용투자가 적어 최소한의 위험 부담률을 갖는다. 따라서 여행사의 설립이 용이하다.

(2) 위험부담이 적다

여행업은 타 업종에 비해 자본투자가 적어 회사의 설립이 용이하며 위험부담이 적다는 것이다. 항공좌석과 호텔객실 취소시 책임한계가 적고, 상품생산을 위해 선투자하거나 재고가 발생하지 않는 안전한 영업을 할 수 있다.

그러나 최근에는 다양해져가는 여행수요에 대처하기 위해 주문생산이 아닌 기획생산 체제로 변화함으로써 항공좌석 확보, 상품광고비, 항공권 예약 발권을 위한 판매보증보험 예치금과 컴퓨터 시스템의 설비투자 등의 부담이 증대되고 있다.

(3) 자본금 대비 영업매출 규모가 대규모적이다

소자본 투자에 비해 영업규모는 대규모적이고, 고객으로부터 미리 받은 항공권 판매대금, 여행상품 판매계약금 등을 관광수탁금 계정에 예치함으로써 단기간의 자금으로 운영하고 있다. 그러므로 여행경비는 관련업자에게 행사 후 지불하기 때문에 단기간 수탁자금이 자본금을 초과할 경우도 있다.

특히 은행정산제 취급대리점(BSP Agent)은 판매일에 따라 15일~45일 후에 대금을 결제함으로써 단기간의 자금운용이 가능하다.

(4) 다품종 대량생산의 시스템산업

여행의 대중화로 시장규모도 커지고 있으며, 여행상품의 생산방식이 주문생산에서 기획생산으로 변화하고 있다.

기업의 창의성과 판로개척으로 여행목적지가 전세계를 대상으로 하기 때문에 매우 다양한 상품이 등장하고 있고, 상품의 생산과정과 판매과정, 판매관리 등이 개인 위주의 업무에서 조직 위주의 분업화된 업무와 다품종 대량생산 시스템화가 실현되고 있다.

(5) 신용의 산업

여행상품은 무형의 상품이다. 즉 여행상품은 생산과 소비가 동시에 이루어짐으로써 단순히 여행일정표, 브로슈어 및 호텔의 팸플릿 정도로 여행을 결정할 수도 있다.

가장 중요한 것은 회사의 신용도이다. 따라서 신용은 여행사의 사업성공과 실패를 좌우할 수 있는 중요한 요소이다. 그러므로 신용도를 높이기 위해 양질의 서비스를 제공하고, 소비자와의 약속한 여행조건을 정확히 지키는 것이 무엇보다도 중요하다 하겠다.

여행관련 소재업자의 선정에 있어 신뢰성을 바탕으로 공급량을 적절히 조절할 필요가 있다. 또한 기업의 이미지를 위한 적극적인 광고활동으로 자사상품의 브랜드(brand) 상표 전략화가 필요할 것이다.

2. 여행업의 구조적 특성

(1) 입지적 특성

여행사의 사무실은 고객이 접근하기 용이하고, 고객의 눈에 잘 띄는 곳에 있어야 한다. 따라서 여행시장은 대도시에 집중되어 있다.

항공권 예약과 발권이 용이한 항공사 밀집지역, 여권 · 비자 수속이 용이한 시청 · 구청 · 외국대사관 밀집지역, 무역회사, 상권지역, 교통의 요충지, 주차가 용이한 지역 등의 유인력을 유지해야 한다. 여행사의 위치 · 규모에 따라 신용도를 좌우할 수도 있다는 점을 명심해야 할 것이다.

(2) 노동집약적 특성

여행업은 노동의 투자가 자본의 투자보다 높은 노동집약적 산업이라 할 수 있다. 여행업은 소비자의 욕구나 여행형태가 매우 다양하여 기계화가 불가능하다.

여행사의 항공 예약 · 발권을 위한 CRS의 업무도 전문직원에 의해 이루어지므로 기계적인 설비는 보조수단에 지나지 않는다. 여행서비스란 기능적 요소보다는 서비스를 제공하는 직원의 태도와 같은 정신적인 요소가 더욱 중요시된다.

(3) 인간 위주의 경영

여행사경영은 여행사 직원의 전문성 및 경험에 의한 서비스의 제공에 달려 있기 때문에 인적 요소가 중요시된다. 여행상품을 기획하고 생산하여 판매하는 주체가 사람이라는 점과 기업을 운영하거나 조직을 관리하는 주체가 사람이기 때문이다. 여행에 필요한 사전준비부터 여행종료까지 수반되는 고객과의 접촉, 여행상품의 상담, 일정표의 작성, 여행안내에 이르기까지 인적 서비스가 모든 업무의 중심이다.

여행상품의 질은 접객태도, 예약의 신속성과 정확성, 서비스의 자세, 고객의 욕구와 취향에 적합한 상품의 제시와 완벽하고 친절한 안내에서 결정된다. 고객관리에 리피트 세일즈(repeat sales), 즉 고객과의 어떠한 인간관계를 형성하느냐에 달려 있다 하겠다. 그러므로 여행사업은 인간관계 사업(human business)이다.

(4) 과당경쟁의 특징

여행사는 타 여행관련업에 비하여 비교적 소규모 자본에 의해서도 운영이 가능한 사업이므로 여행사를 경영하고자 하는 사람은 누구든지 쉽게 창업할 수 있기 때문에 경쟁업체 수가 증가할 수밖에 없다. 또한 허가제가 아니라 등록제이기 때문에 과당경쟁을 야기하고 있다.

특히 여행상품은 여행사 상품, 브랜드명이 특허권으로 인정되지 않기 때문에 모방이 쉽고, 여행상품을 단기간에 생산·제조할 수 있어 특화된 상품이나 서비스 품질로 경쟁을 하지 못하는 것이 과당경쟁의 요인이 되고 있다.

3. 여행업의 사회적 특성

(1) 계절 집중성

여행수요는 계절에 따라, 요일에 따라 시간적 요인으로 집중현상이 심하여 성수기와 비수기의 구별이 심하다. 주말·연휴·여름방학·겨울방학의 휴가철에 집중현상이 심하게 나타나고 있다. 그러므로 차별화된 여행상품과 여행조건, 여행안내를 통하여 성수기·비수기, 계절성과 관계없는 차별화된 독창적인 여행상품 개발과 경영전략이 필요할 것이다.

(2) 저장 불가능성

여행상품의 소재인 Principal은 교통기관을 통하여 이동하거나 행동하지 않으면 소비되지 못하므로 여행상품은 생산과 소비가 동시에 이루어지는 무형의 공간상품이다. 따라서 동시에 여러 가지의 상품을 소비하지 못하고, 재고 판매가 불가능하다. 즉 저장이 곤란하다.

(3) 독자적인 상품조성 곤란

여행업이 매체의 역할을 하므로 Principal을 조립하여 여행상품을 생산하지만 독자적인 상품을 만들지 못한다. 또한 상품에 대한 평가가 최종적으로 소비자 개인의 만족도나 효용도에 따라 달리 측정됨으로써 표준화된 상품을 만들어낼 수 없다는 특성이 있다.

(4) 제품 수명주기의 단명성

여행상품은 모방이 용이하므로 장기간 독점생산하거나 판매할 수 없다. 또한 상품의 수명이 짧기 때문에 지속적으로 자사의 상품을 개발·기획하고, 독특하고 강한 상품의 이미지 전략을 강구해야 한다.

(5) 공익성

여행업은 단순한 영리사업이 아니라 자국의 이미지를 부각하거나 손상시킬 수 있는 가능성을 가지고 있다. 여행사는 관광대상지가 전세계이므로 이들 나라와 경영활동을 하고 있어, 여행객들의 방문국 여행지에서의 행동 하나하나가 개인뿐만 아니라 해당국가의 이미지와 연결되어 평가된다.

제3절 여행업의 역할

여행업은 여행 그 자체를 판매하는 것이 아니라 어떤 서비스를 추가하여 이를 상품화하여 판매에 연결하는 업으로서 그 서비스를 추가하는 역할을 담당하는 것은 여행사라고 말할 수 있다. 즉 서비스란 여행객의 입장에서 여행객을 도와주는 것으로서 여행에 관한 필요한 제반행위를 대행해주는 것이 곧 여행사의 역할이고, 여행객이 여행사를 이용함으로써 얻게 되는 이점이라 할 수 있다.

여행업의 기본적인 역할은 여행객을 위하여 관광매력물, 운송시설업체나 숙박시설업체 및 여행시설업체의 예약으로 여행일정표 작성 및 여행에 관한 정보수집과 여행에 필요한 각종 행위를 여행객을 대신해서 필요한 제반행위를 대행해주는 것이다. 즉 여행자에게 편의제공을 위해 여권·비자 취득을 위한 수속, 항공 예약·발권, 숙박예약, 전반의 업무를 대행함으로써 여행자는 경비만 지급하고 안심하고 안전한 여행할 수 있게 모든 편의를 제공받는 것이다.

여행사의 역할을 좀더 구체적으로 여행객 측면, 경제적 측면, 사회적 측면에서 살펴보면 다음과 같다.

1. 여행객 측면

(1) 신뢰성 확보

여행상품의 특성 중의 하나는 무형성과 인적 의존도가 높은 것이다. 여행객이 여행에 필요한 모든 사항을 사전예약 없이 여행한다면 여행객은 심리적인 불안감을 느껴 만족한 여행을 할 수 없을 것이다.

따라서 여행사가 진행하는 철저한 예약과 완벽한 인적 서비스 업무를 통해 여행객은 여행출발 전에 안도감을 느낄 수 있고, 또한 여행종료 후 최고의 만족감을 느낄 수 있으며, 향후 여행사를 신뢰하게 됨으로써 재수요 창출에 도움이 될 것이다.

(2) 정보 판단력

여행객은 관광정보와 광고를 TV · 신문 · 잡지 · 인터넷 등에서 얼마든지 손쉽게 접할 수 있게 되었으나, 관광에 대한 정보의 홍수로 인해 자신에게 유효한 정보를 선택하려면 판단력이 요구된다. 그러나 여행사는 여행객의 입장에서 전문적인 지식과 경험적인 노하우를 활용하여 여행객을 돕고 직접적인 상담으로 자신에게 가장 유효한 정보만을 제공할 수 있다.

(3) 시간과 비용의 절약효과

여행객 자신이 여행관련 시설업자와 직접 예약과 수배를 할 수 있으나 여행사에 모든 사항을 의뢰하게 되면 시간과 비용의 절약은 물론 예약 · 수배에 대한 확실성을 보장받을 수 있으며, 전문가의 여행정보와 상담내용을 기대할 수 있다.

(4) 여행요금의 염가성

여행사는 여행관련 시설업자로부터 대량구매를 통하여 경쟁력있는 가격을 제공할 수 있다. 따라서 여행객은 여행사를 통하여 보다 저렴한 여행상품을 구매할 수 있다.

2. 경제적 측면

(1) 국제수지 개선의 효과

국제수지란 보통 1년간 자국의 외국에 대한 지출과 외국으로부터 수취한 화폐액 총계(관광수지)를 말한다. 무역외 수지 중 관광수입은 무형의 수출로서 관광 외화획득은 외화가득률이 평균 91.8% 이상이다. 일반적인 원자재를 수입하여 가공 수출하는 상품의 외화가득률은 65.2%인데 비하면 상당히 높게 평가된다. 즉 관광객의 수용은 바로 수출의 효과를 가지며, 외화의 획득 효과에 지대한 영향을 미친다고 할 수 있다.

특히 후진국이나 개발도상국은 자원의 부족, 기술의 부족, 자본의 부족으로 수출이 어렵다. 그러므로 후진국이나 개발도상국의 관광객 수용은 자연경관 · 문화자원 등 특별한 투자 없이 비교적 쉽게 외화수입을 얻을 수 있는 방법이다.

〈표 4-2〉 관광수지의 항목

수 취 항 목	지 급 항 목
외래관광객 소비	자국민의 국외관광 소비
관광상품 수출	원자재의 수입
국제 운송료(항공·운임)	국제 운송료
국내 관광산업에 투자	해외 관광산업에 투자
해외 관광산업 투자에 대한 수입	해외자본에 대한 지불
관광광고 등에 따른 수입	관광광고 등에 따른 해외지출

(2) 자원절약의 효과

관광산업은 관광자원에 직접적인 손상을 일으키지는 않는다. 물론 일부 관광지 개발을 할 경우는 예외이다. 1, 2차 산업처럼 공해를 초래하지 않고, 자연 그대로를 보여주는 것으로 자원의 소모나 상실이 없다.

(3) 고용의 효과

외국관광객 수요증가로 관광수입이 증가됨으로써 파생되는 연관업체 수입이 증가되므로 관련기업들의 대량고용 증대의 효과가 있다. 즉 교통업·요식업·식품생산업은 인적 자원과 서비스 자원 증대에, 호텔업·종합레저업·국제회의업은 건설업 및 관련업체의 고용증대 효과가 지대하다고 할 수 있다.

여행산업은 노동집약적 산업으로 미숙련 노동까지 다양한 인력을 수급함으로써 고용이 증대된다. 또한 인적 서비스 산업으로 고용인력의 다변화와 인적 산업으로 대량고용 증대에 크게 기여하고 있다. 고용증대로 국가의 세수가 증가되고, 정부는 충분한 재정이 확보됨으로써 다시 관광업체 및 기반산업에 재투자를 할 수 있다.

(4) 국민소득 창출의 효과

관광업체가 획득한 외화수입으로 외화보유액을 높이고 재투자 자원을 창출한다. 관광업체의 필요한 재화를 국내 민간업체에서 구입함으로써 관련기업의 매출증가에 따른 소득의 창출효과와 종사원의 소득의 증대효과가 있다. 관광수입의 국민소득에 대한 승수효과는 3.2%~14%로 매우 크다.

(5) 재정수입의 효과

관광객 입국 후 국내에서 체재기간이 길수록 관광객의 소비규모가 크다. 관광소비, 즉 수입(숙박비·유흥비·기념품구입비·관광교통비)에 각종 세금을 부과함으로써 안정된 재정수입원을 확보할 수 있다. 재정수입의 확보로 정부와 공공단체가 관광기반시설에 투자를 함으로써 관광산업 활성화에 기여하는 효과가 있다.

3. 사회적 측면

(1) 홍보의 효과

외국관광객이 자국을 방문하여 관광자원·문화자원과 모든 분야의 참모습을 직접 보고, 들음으로써 그 나라를 재인식하게 되며, 귀국하여 그 나라 국민에게 소개·선전하게 된다. 막대한 홍보비를 지불하지 않고 자국을 홍보할 수 있는 좋은 기회가 될 수 있다.

(2) 국제친선의 효과

내국인과 외국인 또는 지역주민과 관광객의 접촉은 서로의 이해 증진과 친선도모, 그리고 화합의 길로 통하는 것이다. 이와 같은 교류는 과거 적대관계의 국민들과의 이해촉진은 물론 상호 오해와 편견을 해소할 수 있다.

(3) 균형된 지역개발의 효과

낙후된 지역이나 미개척지역이 관광개발을 통해 지역발전을 촉진하고, 공업·농업 등 발달되지 않는 곳에서 관광개발과 외래관광객의 방문은 그 지역발전에 크게 기여한다. 그 나라의 균형있는 지역사회 발전에도 이바지하고, 도시에 집중된 인구를 지방으로 분산시킴으로써 과밀인구 해소에 도움을 주고 있다.

여행용어 해설

- Day Use or Day Rate : 낮 시간 동안에 객실을 이용하는 고객에게 적용되는 특별 객실요금으로 통상 정상요금의 1/2 수준이다.
- Delay : 항공기의 지연
- DEPO(Deportee) : 합법 또는 불법을 막론하고 일단 입국한 후 관계당국에 의해서 강제로 추방되는 승객
- Deposit : 여행사가 항공사에 좌석의 확보를 위해 미리 예치하는 예치금, 또는 여행약관상 여행상품을 구매하고 계약서를 작성한 후 일정액의 예약금을 받는 것
- DEST(Destination) : 항공권 상에 표시된 여정의 최종 도착지
- DFS(Duty Free Shop) : 세금이 포함되는 않은 물건을 파는 면세점
- Diversion : 목적지의 기상불량 등으로 다른 비행장에 착륙하는 것으로 목적지 변경
- Divide One Transaction : 단체로 예약된 경우 그 중 한 명 또는 일부를 분리해내는 것. 단체로 여행을 하면서 여행자 중 일부가 친지방문이나 개인적인 일로 돌아오는 일정이 달라 분리해서 예약하는 것
- Double Booking : 항공좌석이나 여행상품의 중복예약
- Down Grade, Up Grade : 좌석등급의 변경. 상위에서 하위등급으로 Economy Class(E, Y) 이등석 First(F, C) 일등석, 하위에서 상위등급으로 변경하는 것
- DSR(Daily Sales Report) : 항공권 판매에 관한 일일판매 보고서. 항공사 대리점(여행사)에서 판매한 항공권에 대한 보고서
- Duplicated Booking(DUPE) : 이중예약(duplicate reservation). 동일인, 동일노선 1회 여행에 대하여 두 번 이상 중복예약하는 것을 말하며, 항공예약시 이중예약이 되면 자동으로 취소가 되므로 주의해야 한다.

제4장 Exercise & Role playing

01____ 여행사업자 측면에서의 여행업의 기능에 대해 설명하시오.

02____ 고객 측면에서의 여행업의 기능에 대해 설명하시오.

03____ 매개체 측면에서의 여행업의 기능에 대해 설명하시오.

04____ 여행업의 경영적 특성에 대해 설명하시오.

05____ 여행업의 구조적 특성에 대해 설명하시오.

06___ 여행업의 사회적 특성에 대해 설명하시오.

07___ 여행자 측면에서 여행업의 역할에 대해 설명하시오.

08___ 여행업의 경제적 측면에서의 효과에 대해 설명하시오.

09___ 여행업의 사회적 측면에서의 효과에 대해 설명하시오.

10___ 현재 외래객 입국현황과 내국인 출국현황에 대해 조사하시오.

제5장

여 · 행 · 사 · 경 · 영 · 실 · 무 · 론

여행상품의 이해

제1절 여행상품의 개념
제2절 여행상품의 분류
제3절 여행상품의 기획

제1절 여행상품의 개념

1. 여행상품의 정의

여행상품은 제조업의 상품과는 다른 여러 가지 특성을 지니고 있다. 여행상품은 상품의 하위개념으로서 여행객들의 욕구대상이 되고 여행을 만족시키는 데 관련된 유형·무형의 모든 대상이라고 할 수 있다. 즉 여행상품은 여행업체가 생산하는 모든 재화와 서비스를 말하며, 여행자가 일정한 장소나 목적지에서 여행을 즐길 수 있도록 여행사가 만드는 여행코스와 일정이라고 할 수 있다.

여행상품은 여행관련 소재, 즉 숙박기관·교통기관·관광기념품 등의 결합에 의해서 만들어지고 있다. 단순한 유형재의 상품만이 아닌 서비스와 같은 무형재의 상품을 가미하여 상품화하는 것이다.

WTO(World Tourism Organization : 세계관광기구)에서는 여행상품을 "여행목적·숙박·교통수단·보조서비스와 관광매력을 결합시킨 것"이라고 정의하고 있다.

다시 말하면, 여행상품(travel product)이란 "여행자의 범주에 해당하는 여행객들이 이용할 수 있는 제반 상품 및 여행사가 상품으로서 판매하는 여행"이라고 정의할 수 있겠다. 또한 여행객이 일정한 장소나 목적지에서 관광을 즐기도록 여행업자가 만들어놓은 여행일정이라고 정의할 수 있다.

2. 여행상품의 특성

여행상품은 교통기관이나 숙박시설을 조립한 것으로 정해진 시간의 경과와 함께 가치가 없어지는 시간형의 상품특성을 가지고 있다.

여행사가 직접 여행소재를 생산하지 못하고 타 관광사업자로부터 소재를 매입함으로써 조립한 형태의 상품이라고 할 수 있다. 즉 여행상품은 타 상품과는 달리 시간과 공간적인 제약을 받으며, 비가시적인 속성을 가지고 있다. 더욱이 여행상품은 무형상품이므로 여행객이 상품을 선정할 때에는 지각 위험도가 높으며, 일반상품과는 달리 생산과 소비과정의 동시성을 가지게 된다는 점에서 여행객과 관광기업간에 보다 많은 상호작용 문제가 큰 도전으로 등장한다.

여행상품은 저장 불가능성과 계절집중성이라는 성격을 띠고 있어 여행객과 시설업자는 이용과 판매과정에서 자주 어려움에 직면한다. 이에 따라 시설업자는 성수기와 비수기 문제의 해결방안으로 차등요금을 적용하고 있다.

여행상품의 일반적 특성을 살펴보면 다음과 같다.

(1) 무형성

여행상품은 구체적 형태가 없고 비가시적이다. 즉 형태와 견본이 없으므로 여행 전에 이용해볼 수도 없다. 또한 자신이 직접 여행을 해보기 전에는 여행지에 관한 모든 것을 확인할 수가 없다.

이러한 무형성(intangibility)의 특성 때문에 여행객에게 여행상품을 구매하도록 설득하거나 상품내용을 설명하기가 곤란하다. 그러므로 여행객은 여행상품에 대한 정보를 인터넷 · 팸플릿 · 신문광고를 통해 얻거나 이미 경험한 여행사 직원을 통해 여행상품에 대한 정보를 얻는 경우가 많다.

특히 여행객은 여행상품을 구매하기 전에 여행사의 광고보다는 여행경험이 있는 다른 사람들의 구전에 크게 비중을 두게 된다. 그러나 여행에 대한 효용과 만족은 여행객 자신이 직접 여행을 경험한 후에 평가될 수밖에 없다는 것이다.

경험자의 설명이나 광고에 의해 여행 전의 가졌던 기대와 여행 후의 경험 사이에서 부정적인 차이가 발행될 소지가 있을 수 있다.

(2) 생산과 소비의 동시성

일반상품은 생산에서 소비까지 시간적 · 공간적 거리가 있는데 비해 여행상품은 먼저 판매되고, 소비는 생산과 동시에 일어난다는 것이다. 왜냐하면 상품이 있는 장소에 직접 방문하지 않으면 소비가 일어나지 않기 때문이다. 이것이 생산과 소비의 동시성(simultaneous production and consumption)이다.

그러므로 여행상품은 생산과 소비, 공급과 수요 같은 장소가 성립되므로 재고판매가 불가능하다. 이러한 이유로 여행상품은 초과예약(over booking)을 하거나 할인판매를 하는 경우가 있다.

(3) 이질성

동일가격에 동일한 일정의 여행을 하더라도 고객의 욕구와 감정상태는 개인의 성향에 따라 다르게 평가될 수 있다. 이는 여행상품에 대한 가치와 효용은 객관적 기준으로 판단하기가 어렵다.

여행상품은 서비스 질에 따라 상품의 질이 각기 다르게 느껴질 수 있기 때문에 상품의 차별화가 어렵다. 그러므로 이러한 이질성(heterogeneity)을 극복하기 위해서는 여행서비스 품질의 일관성을 유지하는 것이 중요하다.

(4) 수요의 계절성

여행상품은 계절에 따라 성수기(on-season)와 비수기(off-season)로 구분이 된다. 즉 여름방학 · 겨울방학 · 휴가기간 · 연휴기간에 따라서 여행수요의 증감의 폭이 크다. 이러한 수요의 계절 집중화 현상은 여행사의 수급조정을 원활하게 맞추지 못해 항공좌석 예약이나 호텔 예약을 어렵게 하는 원인이 된다.

(5) 결합성

세계관광기구(WTO)에서는 여행상품을 "여행목적지 · 숙박 · 교통수단 · 보조서비스와 관광매력을 결합시킨 것"이라고 정의하였다.

여행상품은 여행소재의 결합(package)에 의해 생산된다. 즉 여행사 서비스, 호텔, 항공사, 전세버스, 관광지, 식사, 선택관광, 쇼핑 등의 결합으로 상품이 구성되므로 여행소재 제공업자의 서비스 품질의 일관성 또한 중요한 요소 중 하나이다.

(6) 모방성

특정여행사가 여행상품을 개발하여 상품을 판매하려면 신문광고나 인터넷을 통하여 상품내용을 공개하게 된다. 이러한 까닭에 누구나 쉽게 모방(parity)할 수가 있다.

여행상품은 여행사가 직접 상품을 생산하는 것보다는 여행관련 제공업자로부터 단일 여행소재를 제공받아 자체의 인적 서비스를 제공하여 조립 · 구성해 여행상품으로 만들기 때문에 자사의 독창성을 살려 차별화된 여행상품을 개발하기가 곤란하다. 그러므로 타사에서 모방하기가 쉬우므로 자사의 인적 서비스 품질관리와 세심한 고객관리가 무엇보다도 중요하다 하겠다.

(7) 소멸성

여행상품은 일반상품과는 달리 여행기간을 정해서 이용하기 때문에 사용일시, 즉 당일이나 해당시간이 경과하면 상품가치가 소멸된다. 따라서 여행상품은 저장이 불가능하다. 호텔의 객실, 항공좌석, 철도좌석 등의 여행상품들은 당일 판매하지 못하면 그 상품의 가치는 사라지는 것이다.

이러한 소멸성(perishability) 때문에, 즉 항공사의 항공좌석이나 호텔의 객실이 당일 판매되지 않으면 그 상품의 가치는 없어지기 때문에 여행상품 관리자는 각종 특혜를 제공하거나, 또는 여행업자간의 각종 협조체제를 구축하여 소멸성에 대한 위험부담을 최소화하려고 다소 무리하면서도 초과예약(over booking)을 함으로써 손실을 줄이려고 노력하고 있다.

3. 여행상품의 구분

(1) 국내여행 상품

〈표 5-1〉 국내여행 상품 구분

Retailer	Tour Operator
• 교통의 이용권 (항공 · 철도 · 선박 · 전세버스) • 호텔의 숙박권 및 상품 • 타 여행권의 패키지 상품	• 여행사가 기획 조정한 것(planning tour) －여행사가 개발한 쿠폰 －개인용으로 판매하는 패키지 투어 상품 －단체용으로 판매하는 레디메이드(ready made) 상품 －정기여행(daily tour) • 고객의 주문에 의해 조성한 것(주문생산상품) －개인의 주문 －단체의 주문 －전세버스(charter bus)의 판매

(2) 국제여행 상품

〈표 5-2〉 국제여행 상품 구분

Retalier	Tour Operator
• 교통의 이용권 (항공 · 철도 · 선박 · 전세버스) • 호화유람선(cruise tour) • 기타 패키지 투어	• 여행사가 기획 조정한 것(planning tour) －여행사가 개발한 쿠폰. 개인용으로 판매하는 패키지 투어 상품 －단체용으로 판매하는 레디메이드 상품 • 고객의 주문에 의해 조성한 것(order made) －개인의 주문 －단체의 주문

(3) 국외여행 상품

〈표 5-3〉 국외여행 상품 구분

Retalier	Tour Operator
• 교통이용권 (항공권 · 철도 · 선박 · 버스) • 호텔이용권 • 기타 패키지 투어 상품	• 여행사가 기획 조정한 것(planning tour) －개인용으로 판매하는 패키지 투어 상품 －단체용으로 판매하는 주문생산 상품 • 외국여행사 또는 고객의 주문에 의해 조성한 것 (order made. 외국여행사의 요구, 개인의 요구)

4. 해외여행 상품의 속성

(1) 관광지 속성

- 매력성(관광자원, 관광행위, 관광동기, 충족대상 등)
- 편의성(관광편의성, 편리성, 쾌적성, 안전성 등)
- 근접성(관광 근접성, 거리비용, 거리시간 등)

(2) 숙박(hotel) 속성

- 이미지(유명도 · 평판 · 건축미)
- 편의성(쾌적성 · 안정성)

- 시설관리 상황(객실 및 욕실상태, 부대시설, 화려함 등)
- 서비스(서비스의 질과 특성, 식음료 및 기타 서비스 상태 등)
- 가격문제(가격과 가치관계, 등급, 가격정책 등)

(3) 교통 속성

- 이미지(유명함 · 선입관 · 평판 · 특성 · 분위기)
- 편의성(편리함, 쾌적함, 정확한 발착, 연결편 상태)
- 서비스(친절함 · 식음료 · 안내 · 영업방법 등)
- 안전성(안전함, 편안함, 즐거움, 경관효과, 현지감각이 좋음)
- 운임(가격)(적절하다, 가치가 있다, 할인을 받았다, 가격의 느낌)

(4) 관광활동 속성

- 문화적 관광활동(견학 · 종교행사 · 견문확대 등)
- 사회적 관광활동(친목회 · 신혼여행 · 가족여행 · 연수여행)
- 스포츠 관광활동(체육행사 참관, 골프, 낚시 등)
- 경제적 관광활동(전시회 · 국제회의 · 엑스포 · 출장 등)
- 보양적 관광활동(온천 · 해수욕 · 휴양 · 휴식 · 보양 등)
- 정치적 관광활동(역사적 유적, 국제회의 참가, 시찰 등)

(5) 식사 속성

- 특수성(현지 식도락, 유명식사)
- 편의성(편리한 식사, 합리적, 무난함, 한식 제공 여부)
- 환경성(분위기 · 조명 · 음악 · 쇼 · 서비스 방법 등)
- 적절성(가치관계 · 질 · 서비스 · 팁 등)

(6) 쇼핑 속성

- 특수상품(디자인, 품질, 고유 기념품 등)
- 유명상품(유명상표 · 평판 · 선입관)

- 비교상품(가격, 품질의 비교 우위성 등)

(7) 선택관광(option tour) 속성

- 현지 유명 탈거리 상품
- 현지 유명 볼거리 상품

(8) 여행사 속성

- 신용성(예약과 수배, 불안감 해소 등)
- 정보성(여행정보의 제공, 지식의 제공, 여행의 효율성 제공)
- 경제성(할인요금, 여행의 합리성, 여행준비 시간의 절약 등)
- 시간성(여행준비 시간의 절약, 일정의 효율화·합리화)
- 안전성(불확실성에 대한 안전감 제공, 전문적 서비스의 제공, 안내로 위험도 최소화)

제2절 여행상품의 분류

여행상품을 취급하고 있는 판매점에서는 다양한 종류의 상품이 판매되고 있다. 그렇지만 여행상품을 분류하려는 많은 노력이 있었음에도 불구하고 아직까지 체계적인 분류가 나와 있지 못한 실정이다.

윤대순은 ① 여행사여행상품, ② 숙박상품, ③ 교통이용권, ④ 식사, ⑤ 매물(쇼핑), ⑥ 기타 상품으로 분류하였다.

이장춘은 여행상품을 ① 자원상품, ② 시설상품, ③ 서비스상품, ④ 환경상품, ⑤ 특수상품으로 분류하였다. 하헌국 · 조문식 · 김영규는 ① 여행방식, ② 여행형태, ③ 여행목적, ④ 참가형태, ⑤ 기획여행, ⑥ 목적지, ⑦ 판매품목, ⑧ 자사주최 타사주최, ⑨ 유통경로에 의해 분류하였다.

〈표 5-4〉 여행상품의 분류

분류방법	상품의 종류	분류방법	상품의 종류	분류방법	상품의 종류
여행방식	시찰형 상품 체험형 상품 고급형 상품 염가형 상품	여행형태	주유형 상품 체제형 상품 출발지형 상품 도착지형 상품 그룹형 상품 개인형 상품 SIT형 상품 일반형 상품	여행목적	관광여행 상품 시찰여행 상품 국제회의 상품 비즈니스 상품 연수여행 상품
참가형태	단체조직형 상품 개인참가형 상품 FIT형 상품	여행업법	주최여행 상품 수배여행 상품	목적지	국내여행 상품 해외여행 상품 국제여행 상품
판매시장	일반모집형 상품 인센티브형 상품 유연단체형 상품 유통판매형 상품	자사주최/ 타사주최	자사주최 상품 타사주최 상품 청부여행 단순대매 자사주최 상품의 타사판매	참가자층	신혼여행 상품 중년여행 상품 노인여행 상품

정찬종은 ① 기본적, ② 참가형태, ③ 상품조성, ④ 판매시장, ⑤ 여행목적, ⑥ 참가자층, ⑦ 여행형태, ⑧ 여행업법, ⑨ 항공운임에 따라 분류하였다.

이 책에서는 이들의 분류를 토대로 재구성하여 소개하기로 한다.

1. 여행방식에 의한 분류

(1) 시찰형 상품

시장조사나 공장방문을 목적으로 한 여행(technical visit) 상품이다. 이 상품은 관광여행 상품과는 달리 성·비수기의 영향을 덜 받는데다 고부가가치 여행이기 때문에 그에 따른 업무기술이나 노하우(know-how)가 필요한 상품이라 할 수 있다.

(2) 체험형 상품

여행지에서 단순히 보는 데 그치지 않고 자신이 직접 체험하면서 이용하는 형태의 상품으로 레저스포츠나 축제, 이벤트의 참가 등의 상품이다. 또한 유명관광지를 여행하는 것이 아니라 잘 알려지지 않은 곳을 여행하기도 한다.

(3) 고급형 상품

고품질의 여행상품으로 여행요금에 관계하지 않고 만든 고품격 여행상품이다. 최고등급의 호텔과 화려한 객실, 수준 높은 식사, 일등석 및 비즈니스 항공좌석 등을 이용하여 만든 상품이다.

(4) 염가형 상품

일반단체에서 이용하는 상품으로 통상요금보다 저렴하게 만든 여행상품을 말한다. 여행사마다 저가상품을 대량으로 판매할 목적으로 만드는 상품이다.

2. 여행형태에 의한 분류

(1) 주유형 상품

복수의 목적지를 순회하는 여행상품이다. 이 여행상품은 한 번의 여행으로 다수의 나라나 도시를 방문하는 경우가 많고, 장거리 여행은 이러한 경향이 많다. 즉 한 번의 여행을 통하여 여러 곳의 지점을 항공기나 철도 등 운송수단으로 이동하면서 각 도시를 관광하는 여행상품으로서 유럽, 미국 서부, 캐나다의 코치투어(coach tour) 등은 주유형 상품의 대표적인 것이다.

(2) 체제형 상품

주유형에 대비하여 한 곳에 체재하는 여행상품이다. 대도시에 체재하는 '도시체제형 상품'과 휴양지에 체재하는 '리조트형 상품'으로 나눈다. 여행을 많이 한 경험자(repeater)는 주유형에서 체제형으로 바뀐다.

(3) 출발지형 상품

출발지부터 여행이 시작되는 것을 출발지형 여행상품이라 하는데, 여행사에서 판매하는 여행상품은 출발지형이 대부분이다.

(4) 도착지형 상품

도착 지점부터 여행이 시작되는 것을 도착지형 여행상품이라 한다.

(5) 그룹형 상품(Group Independent Tour : GIT)

여행의 구성인원이 10명 이상으로 여행중의 이동이 그룹단위인 것을 그룹형 여행상품이라 한다. 단체여행은 그룹형 여행이고, 개인으로 참가하는 패키지 투어도 기본적으로 현지에서 그룹으로 행동하는 여행상품이다. 인솔자가 동행하면서 하는 여행이다.

(6) 개인형 상품(Foreign Independent Tour : FIT)

여행구성 인원이 9명 이하인 소그룹으로 개인이나 소인원으로 이동하는 것을 개인형 상품이라 한다. 인솔자 없이 하는 개인여행의 형태이다.

(7) SIT형 상품

Special Interest Tour의 약자로 개인적인 흥미요소가 되거나 특별한 목적 등 테마를 가진 여행상품을 말한다.

(8) 일반형 상품

불특정다수를 대상으로 개개인을 모집하는 일반적인 관광형태의 상품이다.

3. 여행목적에 의한 분류

(1) 관광여행 상품

관광을 목적으로 한 여행상품으로 국내·국외를 불문하고 가장 일반적인 여행의 형태이다. 해외여행 상품의 대부분이 관광여행 상품이라고 할 수 있다. 관광여행에도 유적지관광, 스포츠관광 등의 목적으로 한 각각의 형태가 있다.

(2) 시찰여행 상품

시장조사나 기업의 공장방문 시찰 등을 목적으로 한 여행상품이다. 일반적으로 특정단체의 의뢰를 받아 실시하지만 여행사가 주최하고 일반 모집하는 경우도 있다.

(3) 국제회의 여행상품

세계화·국제화 시대에 따라 국가간의 각종 행사가 급증하고 있고 국제회의도 빈번하게 발생하고 있어 이에 참가하는 여행자도 날로 증가하고 있다.

국제회의 여행상품은 부가가치 면에서 다른 여행상품보다 높은 것으로 평가되고 있다. 국제회의 여행상품에는 회의 전 여행(pre-convention travel)과 회의 후 여행(post-convention travel)으로 나누어진다.

(4) 비즈니스 여행상품

상담이나 협의 등의 업무출장을 목적으로 한 상품이다. 상용여행 상품이라고 한다.

(5) 연수여행 상품

연수·교육·기술훈련을 목적으로 한 여행상품이다. 대표적인 상품은 어학연수 프로그램이다. 여행사가 상품을 만들어 단독으로 모집하는 경우도 있지만, 유학단체나 어학학교 등에서 연수여행을 기획하는 방법이 일반적으로 되어 있다.

4. 참가형태에 의한 분류

(1) 단체조직형 여행상품

기업이나 법인 및 각종 단체·협회 등을 모체로 하여 조직된 여행이 단체조직형 여행상품의 형태이다. 이 상품의 특색은 참가자끼리 여행에 참가하기 전에 어떤 관계가 있는 것으로 여행사는 그러한 관계의 중심에 있는 여행조직자(travel organizer)와 접촉하여 단체여행 상품을 판매한다.

일반 모집형태의 시장이 형성되기까지 안정적인 여행시장이었으며, 지금도 단체판매 형태로 활발하게 진행되고 있다.

(2) 개인참가형 여행상품

여행사가 설정한 여행에 개인으로 참가하는 단체여행 상품으로 국내에서는 회원여행이라고도 한다. 이 상품의 특징은 여행객이 불특정다수라는 점이다. 참가형식은 개인이지만 여행상품 자체는 단체여행 상품이기 때문에 참가자의 동일행동이 원칙이다.

개인참가형 상품의 대표적인 것이 패키지 여행이다. 미디어 판매 등 카운터 영업으로 판매되는 여행은 주로 개인참가형 여행상품이라 할 수 있다.

(3) FIT형 상품

Foreign Independent Tour의 약어이다. 개인이 여행을 기획하고 현지에서의 행동도 개인단위가 되는 여행상품이다. 여행자들의 탈 단체여행의 형태의 하나로 향후 여행의 형태가 단체조직형 여행상품에서 개인참가형 여행상품으로 증가하고, 또한 이것이 FIT형 상품으로 이동하고 있음을 알 수 있다. 그러므로 여행사는 FIT 여행자에 대응할 수 있는 상품을 지속적으로 만들어야만 한다.

5. 여행업법에 의한 분류

(1) 주최여행 상품

여행사가 사전에 미리 정한 여행일정에 따라 운송·숙박 등의 여행소재를 대량으로 구입하여 상품을 만들어놓고 여행자가 구입하도록 하는 여행상품이다. 대표적인 것이 포괄여행(package tour)이다. 국내에서는 이것을 기획여행 상품으로 취급하고 있으며, IMF 이전에는 기획여행이 무분별하게 판매되어왔고, 또 여행업간의 과당경쟁으로 여행업계의 질서를 파괴한 경우가 많았다. 그래서 1998년 2월 여행업종별 영업보증보험 한도를 상향조정하였다.

일반여행업자 3천만 원에서 5천만 원, 국외여행업자은 2천만 원에서 3천만 원으로 조정되었으며, 기획여행 상품 판매업자의 보증보험보증서는 1억 원에서 5억 원으로 상향조정되었다. 이를 위반시 1차 개선명령, 2차 등록취소 처분을 받게 하여 지금까지 실행하고 있다.

(2) 수배여행 상품

여행자의 위탁에 의해 여행사가 여행자를 대리·알선 또는 위탁매매를 함에 따라 여행자가 운송기관이나 숙박시설 등이 제공하는 운송·숙박, 기타 여행 전반의 서비스를 제공하는 상품이다.

6. 목적지에 의한 분류

(1) 국내여행 상품(domestic tour)

국내여행을 내국인을 대상으로 취급하는 여행상품을 말한다.

(2) 해외여행 상품(outbound tour)

국외여행사와 일반여행사가 해외를 여행하는 내국인과 국내에 거주하는 외국인에게 취급하는 여행상품이다.

(3) 국제여행 상품(inbound tour)

일반여행사가 국내를 여행하는 외국인과 해외거주 교포를 대상으로 취급하는 여행상품을 말한다.

7. 판매시장에 의한 분류

(1) 일반모집형 상품

불특정다수를 일반 모집하는 기본적인 형태이지만 회원조직 등 불특정다수를 모집하는 경우도 있다. 포괄여행 상품이 이에 해당되는 여행상품이다.

(2) 인센티브형 상품

여행을 인센티브(incentive), 즉 포상 · 보상 등 판매촉진을 위해 사용하는 경우로 단체조직형 여행상품의 한 형태이다. 그러나 미국 · 영국 · 일본의 여행사에서는 인센티브 상품을 넓게 산업관계의 여행으로 인식하고 있다.

(3) 유연단체형 상품

여행목적이 아닌 회원조직 · 단체를 모체로 한 단체조직형 여행상품의 한 형태이다. 이는 비영리적인 단체로 노인회 · 의사회 · 약사회 · 부인회 등의 각종 사회단체(YMCA. YWCA, JC, ROTARY, LIONS 등)를 위주로 한 여행상품이다.

(4) 유통판매형 상품

여행이 일상생활화함에 따라 일반모집형 여행상품이 점점 증가하여 단체조직형 상품이 어려움을 겪게 되었다. 이에 새로 개발된 여행상품이 집객력이 있는 각종 채널을 통해 여행을 일반 모집하는 방법 중 하나로서 신용카드회사, 백화점, 금융기관 등과 제휴함으로써 회원들에게 우대차원에서의 협력상품을 개발하여 판매하는 형태의 상품이다.

8. 자사주최와 타사주최에 의한 분류

(1) 자사주최 상품

자사에서 주최하고 자사에서 판매하는 기획상품이 자사주최 상품이다. 패키지 투어나 단체기획 상품 등을 기획하여 판매한다.

(2) 타사주최 상품

타사가 주최하여 만들어놓은 상품을 대리 판매하는 것을 말한다.

(3) 단순대매

교통기관・숙박시설을 대리로 판매하는 것으로 주로 항공권・승선권・철도승차권・숙박권 등의 여행소재를 상품으로 판매하는 것을 말한다.

(4) 자사주최 상품의 타사판매

자사의 주최상품을 타사에 판매하는 경우로 타사판매만을 행하는 홀세일러(wholesaler) 여행상품이다.

9. 참가자층에 의한 분류

(1) 신혼여행 상품

결혼을 기념하는 여행상품으로 여행상품 중 가장 부가가치가 높은 여행상품 중 하나이다. 국내여행업은 신혼여행 상품 판매에 주력하고 있으며, 여행사마다 신혼여행 시장에 치열한 경쟁을 하고 있다.

(2) 중년여행 상품

중년 여행객은 인생의 황금기로 어느 정도의 경제적 능력과 주5일 근무제로 인하여 시간적 여유를 가지고 있어 여행사로서는 관심을 집중시키는 상품이다.

(3) 노인여행 상품

국민의 생활환경의 개선과 의료기술의 발달, 건강에 대한 관심의 증대 등으로 인구의 고령화가 진전되고 있는 현상으로 볼 때 향후 개발가능성이 가장 큰 상품으로 평가되고 있다. 노령인구가 총인구의 구성비(60년 2.9% → 70년 3.4% → 80년 3.8% → 90년 5.0% → 00년 7%)에서 증가추세에 있고, 평균수명(90년 71.3세 → 2000년 74.3%)이 늘어나고 있어 노년층을 위한 건강 · 오락 · 취미관련 상품과 여행서비스 상품의 수요가 증대되고 있다.

제3절 여행상품의 기획

1. 여행상품의 기획

(1) 여행상품의 계획의 의의

여행사의 상품화 계획은 장기적 비전을 가지고 계획되어야 한다. 그런데 상품계획에 앞서 전제가 되는 것은 상품계획을 위한 시장조사, 즉 여행상품 판매실적, 상품의 객관적 평가, 경쟁실태 조사, 판매방안 및 방법, 여행자가 추구하는 것, 상품의 다양성, 마케팅 활동, 점포의 상황 등을 고려하여 그에 따른 전문인력이 확보되지 않은 상황에서는 원활한 진행과 판매가 이루어지지 않을 것이며, 또한 수많은 여행사들간의 경쟁에서 살아남기 어려울 것이다.

지금까지의 여행상품 담당자들은 여행시장의 동향과 수요를 예측하여 여행상품을 기획·제작하여왔다. 아니면 판매담당자로부터 의뢰된 단체에 대해 수배, 여행일정의 작성, 숙박·식사 등을 선정하여 여행비용을 산출하였다. 그러나 최근의 업계에서는 마케팅 전략을 도입, 개개의 상품기획보다는 장기적으로 폭넓은 상품계획 입안의 업무가 요구되는 실정이다.

여행사 상품계획은 항공기의 좌석 확보와 호텔 객실의 확보 등이 선행되어야 하고, 동시에 주문여행 분야에서도 사전에 확보된 항공기의 좌석이나 호텔 등의 블록(block)을 가지고 있는가에 따라 영향을 미치게 되는 상황에 처해 있다고 할 수 있다.

상품계획은 여행사경영 계획에 있어서 매우 중요하다. 지금까지 해외여행 자유화에 따른 시장의 자연성장에 힘입어 미래의 계획을 안일하게 생각해온 여행사도 상당수 존재하고 있다. 그러나 여행사의 난립과 여행사들 사이의 경쟁상황이 날로 치열해진 상황에서 한 여행사의 시장 전체의 점유율도 전반적으로 낮아지고 있는 것이 현실이다. 이것은 분명 상품계획의 결여와 경영전략의 모순에 기인한 결과라고 생각된다.

그러므로 상품계획은 시장조사에 입각하여 사전에 입안과 동시에 판로대책, 홍보, 광고활동, 판매촉진 활동과 판매관리를 포함한 전반적인 계획과 연결시키지 않으면 안 된다.

(2) 여행상품의 개발

여행사의 지속적인 성장을 위해서는 관광환경의 변화에 대처할 수 있는 새로운 여행상품 개발을 끊임없이 해야만 한다.

여행상품 개발은 여행사의 시장점유율의 확대는 물론이고, 새로운 시장의 개척으로 인한 수요의 창출을 촉진하게 되므로 매우 중요하다 하겠다. 이러한 관점에서 현대의 여행업의 역할과 기능 중 가장 중요시되는 것은 고객의 욕구에 부응할 수 있는 다양한 신상품의 개발이라고 하겠다. 특히 여행사간의 치열한 경쟁 속에서 독창성을 부각시키기에는 너무나도 어려운 현실임에 틀림이 없다.

그러나 여행상품의 개발이라는 것이 패키지 투어(package tour)만을 가리키는 것은 아니다. 즉 여행사에서 여행자에게 제공하는 유・무형의 서비스를 포함한 모든 상품이라 할 수 있으며, 이러한 요소들 또한 새로운 상품 개발의 중요한 대상이 된다.

여행상품의 개발과정을 살펴보면 다음과 같다.

1) 시장조사

시장조사는 시장의 특성과 문제점을 규명하여 새로운 경영활동의 창출과 개선・평가・성과를 추정하고 통합하는 과정에서 정보를 파악함이 그 목적이라고 할 수 있다. 따라서 시장조사는 신상품의 기획과정에서뿐만 아니라 경영활동의 전반에 걸쳐 이루어져야 한다.

시장조사에는 소비자의 새로운 욕구의 변화와 기존상품에 대한 특성과 시장점유율, 이에 대한 소비자들의 태도와 의견, 그리고 잠재적인 상품속성의 소구력파악, 상품별 주요시장의 파악, 기존상품의 과제 및 보완대책에 관한 사항도 검토되어야 한다. 또한 경쟁기업과 잠재고객의 동향 분석도 함께 이루어져야 한다.

2) 수요예측

여행시장의 동향 분석에 기초하여 미래 수요의 규모를 측정하여 시장조사의 결과치와 비교·분석할 필요가 있다.

시장조사는 전체적인 고객의 욕구성향과 기존상품의 과제를 중심으로 한 정성적 분석의 성격이 강한 반면에 수요예측은 수요의 규모를 적절한 통계방법에 의한 정략적 분석이 강한 것이 특징이라 할 수 있다.

3) 타당성 분석

경영목적, 경영전략, 실제적인 공급 및 생산의 가능성을 검토하는 단계라고 할 수 있다. 타당성 분석은 다음과 같은 관점에서 이루어져야 한다.

첫째, 시장성 분석이다. 즉 비용과 편익의 관점에서 나름대로의 적절한 이윤의 창출이 가능한가를 판단하는 것이다

둘째, 영속과 장래성 분석이다. 즉 여행자·여행시장·여행환경에 대한 정확한 미래 예측과 미래 동향을 판단해야 한다.

셋째, 현재의 기업의 내부여건, 즉 생산 가능성에 대한 분석이다. 이는 기업 내부의 준비성을 검토하는 것이라 할 수 있다.

4) 상품의 개발

이러한 분석과 예측을 기초로 하여 실제 생산과 판매를 위한 상품을 구체화하는 과정이라 할 수 있다. 물론 이러한 과정을 거쳐 개발된 상품이라 할지라도 일정기간 테스트 과정을 거쳐야 비로소 시장에 판매할 수 있는 상품이 되는 것이다.

(3) 여행상품 개발의 전제조건

여행시장의 조사와 여행수요의 예측과 타당성 분석을 통해 새로운 여행상품을 개발하기 위해서는 여행상품에 대한 고객의 대상과 구체적인 테마와 여행상품의 구성요소와의 적절한 결합 등 소비자의 구매경향에 알맞게 개발하여야 할 것이다.

여행상품 개발에 있어서 주목해야 할 조건을 다음과 같이 제안하고자 한다.

- 여행상품에 대한 구매가치가 있어야 한다. 상품의 존재가치보다 그 상품을 직접 경험하고자 하는 방문자와 구매자가 있을 때 상품으로서의 가치가 있어야 한다. 즉 이벤트성이 있어야 한다.
- 여행상품의 가치는 유인력에 있다. 상품의 가치는 찾아오는 관광객의 수에 의해 결정(구매수요가 측정)되며, 상품의 주제, 개성, 차별화된 서비스로 유인력을 높일 수 있다.
- 유인력이 없는 상품은 자연도태된다. 즉 관광객이 찾지 않는 상품은 가치가 없다.
- 여행상품의 유인력은 홍보에 의해서도 좌우된다. 아무리 좋은 상품이라도 관광객이 알지 못하면 상품의 가치가 없다. 상품의 가치는 홍보, 광고, 구매수요의 증가로 인한 재구매 홍보효과로 가치증대를 가져온다.

(4) 여행상품이 갖추어야 할 기능

- 구매가치를 창출할 수 있는 상품, 즉 방문할 만한 가치를 잠재고객에게 인식시키고, 상품의 주체가 인정되는 상품이라야 한다.
- 방문의 동기를 부여해주어야 한다. 상품의 특색, 주제(이벤트)가 있는 상품으로 구매와 방문동기를 심어주어야 한다.
- 시장 침투력을 갖는 상품이라야 한다. 시장 다양화로 인하여 수요를 발생시키는 지역상품, 국내상품, 국외상품, 지리적 시장, 연령별 시장, 이벤트행사별 시장, 종교적 시장 등 다양화된 상품을 만들어야 한다.
- 다양한 수요발생 시기 : 하루 중 시간대, 주중과 주말상품, 계절상품보다는 꾸준히 이용할 수 있는 시기에 구애받지 않는 상품이 좋다.
- 체류기간을 연장할 수 있는 프로그램 개발 : 체류기간의 연장이 가능한 상품을 개발해야 한다. 상품 경험에 필요한 소요시간을 연장시키는 참여·체험 프로그램이 있어야 한다.
- 독특한 매력을 보유할 수 있는 상품의 개발 : 독특한 개성, 그곳이 아니면 볼 수 없고 체험할 수 없는 상품의 개발이 필요하다.

(5) 여행상품 개발의 문제점

1) 근본적 문제

- 불확실하고 비효율적인 생산계획
- 대량생산의 이점을 살리기 어렵다.
- 품질관리 및 객관적 측정이 곤란하다.
- 원가관리가 곤란하다.
- 여행자 위험과 불평다발 문제
- 마케팅 조직상의 문제점

2) 현상적 문제

- 인적 서비스 산업으로 기계화의 한계가 있다.
- 여행상품에 대한 법률적 보호장치가 없다.
- 사회적 인식의 낙후성, 산업정책 면에서 과소비 향락산업으로 인식하는 경우가 있다.
- 선불계약 및 취소에 관한 문제

(6) 우리나라의 관광상품 개발상의 문제점

- 상품과 수요자를 연결시키는 마케팅이 부족하다.
- 관광객에 대한 고정관념이 있다.
- 집중적 방문유도가 용이한 여행사의 의지에 따라 상품가치가 좌우된다.
- 수도권 위주의 관광이 주가 되고 있다.
- 관광상품 다양화를 위한 사고의 혁신이 부족하다.
- 해설기능이 약하다.
- 핵심상품과 보조상품의 구분이 없다.

2. 여행일정 작성업무

여행일정표는 국내여행(domestic tour), 국외여행(outbound tour), 국제여행

(inbound tour)에 따라 약간의 형식이나 양식에 차이가 있을 수 있으나 근본적으로는 비슷하다 할 수 있다. 이 책에서는 국외여행 일정에 대해서 소개하고자 한다.

여행사에서의 시각적으로 보이는 상품이 바로 여행일정표라 할 수 있다. 이는 여행사에서 무형의 여행현상을 유형의 상품으로 구체화시킨 것으로서 여행업과 관련된 Principal, 즉 숙박업·교통업(항공교통·육상교통·해상교통), 레저산업, 유·무형의 관광지의 상품을 가장 잘 조화롭게 구성한 여행일정표가 유형의 상품으로 만들어지는 것이라 할 수 있다.

여행일정은 크게 여행의 조건에 영향을 받고, 여행상품의 주체가 여행사인지, 여행자의 주문에 의해 만들어진 것이냐에 따라 그 작성에 있어서도 다수의 차이가 있을 수 있다.

작성된 여정에 따라 여행사의 이미지와 직결되며, 여행자들이 여행상품 구매시 제일 먼저 일정표를 보고 비교하므로 여행계획의 성패를 좌우할 수 있다 하겠다. 그러므로 여정작성 업무는 여행업 업무 중에서 기본적이면서도 가장 중요한 업무 중의 하나이다. 특히 해외단체 관광상품은 여행일정의 기획에서부터 고객이 희망하는 조건과 적합한 여정을 작성하여야 하고, 그들의 욕구를 충족되고 만족감을 느낄 수 있도록 정확하고 유용한 여정으로 작성되어야 한다.

여정의 작성은 기획여행일 경우와 주문여행일 경우에 따라 작성에 차이가 있다 하겠다.

(1) 기획여행 상품의 경우

여행사가 미리 여행소재를 대량 구입하여 기획·생산하는 주최상품으로 지속적으로 일정기간 동안 해당지역에 송객하는 기획여행 상품, 즉 패키지 투어(package tour) 상품을 말한다.

여행사의 본래의 임무는 여행객이 원하는 여행목적지·숙박시설·운송기관을 예약·수배해주고, 그들에게 여행정보를 제공하는 일이었다. 그러나 오늘날의 여행사는 여행관련 부품업자(principle)로부터 여행소재를 대량 구입함으로써 원가절하가 가능해졌고, 그것은 여행경비를 대폭 절감시켜 여행객들에게 저렴한 가격조건을 제시하게 함으로써 여행상품 생산체계를 이른바 기성상품(ready made) 체제로 전환시키게 되었다. 그 결과 여행상품의 판매가 크게 신장되어 대량판매가 가능해지자 여행사가 항공사의 발권대리자라는 종속적 개념에서 탈피하여 항공사는 이제 여행사의 선택의 대상이라는 인식으로 주도권이 여행사로 이양된 경향을 보이게 된 것이다.

이러한 여행상품 개발이 확정되면 여정을 가장 먼저 작성하게 된다. 이때 여정은 여행상품의 무형성이기 때문에 여행자들이 상품 구매시 눈으로 비교·검토할 수 있는 유일한 것이다. 그러므로 일정표에는 여행이 어떻게 진행될 것인가를 일목요연하게 상상할 수 있을 정도로 상세하게 명시되어야 한다.

(2) 주문여행 상품의 경우

15명 이상의 단체가 형성될 때 여행객의 주문에 의하여 상품을 생산·판매하는 맞춤여행 상품으로 상품기획 및 수배 등이 다소 다양하고 복잡할 수 있다. 이는 개인 또는 단체를 불문하고 여행객의 희망에 따라 일정을 작성하고, 이 일정에 의해서 여행조건과 여행비용을 제시하여 총비용이 얼마인가 하는 형식으로 일정을 주문맡아서 시행하는 여행을 말한다.

주문여행은 여행자가 가장 효율적이고도 경제적이며, 편리한 여행을 하기 위해 여행사를 방문, 자신의 희망과 조건에 적합한 여정을 작성해주도록 의뢰하게 된다. 이때 여행사는 고객과의 충분한 의사교환을 통해서 여행자들이 가장 희망하는 중점사항을 확인하고, 고객들의 욕구를 충족시켜 줌으로써 만족감을 느낄 수 있는 여정이 되도록 해야 한다.

가장 훌륭한 여정이란 절대적인 관점에서가 아니라 여행자의 요구조건·기호·특성·여행목적·여행경비 등을 고려한 상대적 관점에서 접근되어야만 한다.

3. 여행일정 작성과정

- 여행목적지, 여행시간과 일수, 여행비용 등에 대한 충분한 의사교환을 하고, 희망사항을 파악한다.

- 대상고객의 선호·목적에 따라 원가계산서를 작성하여 상품의 가격을 결정한다. 즉 여행시기, 출발일자, 단체인원 수의 결정에 따른 항공사별 항공요금 및 현지 지상비, 각종 수속비용을 구분하여 예비정산서를 작성한다.
- 항공사의 항공일정 및 좌석상황 판단, 항공요금, 랜드사의 지상경비, 지방은 국내선 항공 좌석 및 시간 파악 등 예비수배를 한다.
- 고객이 원하는 여행조건에 맞는 여행일정표를 작성한다.
- 여행조건서·여행일정표를 제시, 상호협의 후 수정보완 후 승낙을 받는다.
- 고객과의 충분한 의사교환을 통해서 여행자들이 가장 희망하는 사항을 확인하고, 그들의 욕구가 충족됨으로써 만족감을 느낄 수 있는 여행일정을 확정한다.

4. 여행일정 작성시 협의사항

여정을 작성하기 전에 여행객과 충분하게 협의하여 그들의 욕구를 정확히 파악한 후 여정을 작성해야 한다. 여정 작성시 고객으로부터 사전에 알아보아야 할 기본적인 사항은 다음과 같다

(1) 여행목적이 무엇인가?

- 어떤 목적의 여행인가에 따라 여행목적지 선택이 달라질 수 있다. 고객은 목적지의 정보에 대해서 정확하게 알지 못할 경우가 있기 때문에 여행목적에 따라 목적지를 추천해줄 경우도 있다.
- 여행목적은 순수관광(효도관광·신혼여행 등), 사업목적, 연수참가, 친지방문 등으로 분류할 수 있다.
- 협의 담당자는 여행목적지에 폭넓은 정보와 다양한 지식, 그리고 풍부한 경험을 바탕으로 협의하여야 한다.
- 고객이 원하는 특정장소에 대한 분명한 이유가 있는가?
- 여행목적지가 그 단체고객들의 유형에 잘 맞는지, 그리고 목적지가 고객의 욕구를 충족시킬 수 있는 조건이 되는가를 판단해야 한다.

(2) 여행시기와 일수는 언제 어느 정도의 기간을 원하는가?

- 여행시기와 일수는 여행경비의 산출과 여행일정을 결정하는 데 중요한 요소이다. 왜냐하면 여행일시가 성수기와 비수기에 따라 단 하루간이라도 항공요금·숙박요금의 달라지기 때문이다.
- 어느 시기에 얼마 정도의 기간으로 여행하느냐에 따라서 여행일정은 조정될 수밖에 없으므로 여행시기와 여행기간이 명확해야 한다. 또한 고객이 원하는 기간 내의 항공스케줄과 일치해야 하므로 담당자는 항공사별 스케줄을 늘 염두에 두어야 한다.
- 일수(시간)에 제한이 있는 경우에는 특히 주말이나 성수기에는 항공좌석 상황, 항공요금, 숙박요금 등은 대체로 비싼 요금이 적용된다.
- 일수(시간)에 제한이 없는 경우에는 비수기의 주중요금, 예약상황이 원활하고 저렴한 요금이 적용된다.

(3) 여행비용은 얼마 정도를 예상하는가?

- 여행경비는 지불능력과 경제력의 표시이기 때문에 여행을 결정짓는 중요한 요소의 하나이다.
- 여행객이 여행에 대해 얼마의 경비를 예상하고 있는지를 정확하게 파악해야 한다. 여행일수·여행조건·여행목적지에 따라 요금에 차이가 있기 때문이다.
- 여행요금에 제한이 있는 경우와 금액에 제한이 없는 경우에 따라 여정을 달리 작성할 수 있다. 즉 타사와 비교하여 가격경쟁력을 갖추어야 하기 때문이다.

(4) 여행경험의 유무

- 여행경험의 유무에 따라 여행목적지의 선정·여행내용·여행형태 등에 대한 선호도가 달라질 수 있기 때문에 중요한 요소가 된다.
- 여정 작성시 여행객의 여행경험 유무를 염두에 두어야 한다.

5. 여행일정 작성시 유의사항

(1) 일반적인 유의사항

- 여행자들의 구성원의 성향을 잘 파악하여 구매취향에 잘 맞는 여행일정을 작성하여야 한다.
- 여행자들이 희망하는 출발시각과 현지 도착시간을 정확하게 확인하여 능률적인 수배로 가급적 비용을 저렴하게 책정해야 한다.
- 조기출발, 심야도착은 가급적 피하는 것이 좋다.
- 여행중 다양한 교통기관을 병행해서 이용할 때 고객이 가장 선호하는 교통기관을 선정한다. 교통기관 선정시 환승시간을 여유있게 배정해야 한다.
- 여행의 최종일은 가능한 한 편안한 일정으로 편성하는 것이 좋다.
- 호텔선정에 신중을 기해야 하며, 객실의 고급화보다는 호텔의 고급화, 특히 로비라운지나 프런트데스크가 넓은 호텔을 택하는 것이 유리하다.
- 식사계획은 메뉴가 다양화해야 한다. 특히 조식은 호텔 내에서 하는 것이 좋고, 아니면 호텔에서 가까운 곳에 위치한 식당을 선정하는 등 불필요한 이동은 피하는 것이 좋다.
- 무리한 스케줄은 피하는 것이 좋다. 하루 최대 관광시간은 10시간을 초과하지 않도록 한다.
- 적절한 쇼핑과 적절한 자유시간을 할애해주어야 한다.
- 계절과 시간을 고려해야 한다.
- 여행 성수기에 만원인 때를 대비하여 제2교통편이나 적절한 호텔에 대한고객의 희망을 문의해두는 것이 좋다.
- 여정은 가능한 한 관광자원이 풍부하고 주변경관이 아름다운 코스를 선택하고, 목적지 도착에 편안하고 효과적이어야 한다.
- 볼 것과 할 것 등을 적당히 배합하는 것이 좋다. 가능한 한 실제로 직접 경험할 수 있는 체험관광을 최근에는 선호한다.
- 고객이 원하는 일정에 무리, 또는 모순이 있을 가능성이 있을 때는 주저

하지 말고 사전에 납득시켜 일정을 변경하여 출발하는 것이 좋다.

(2) 고객 형태별 유의사항

1) 가족여행일 경우

- 특별한 요구사항이 없는 한 가장 연소자와 연로한 고객을 기준으로 편안한 여정을 작성해야 한다.
- 연령에 따라 숙박요금이나 운임의 차이가 있으므로 어린이를 동반할 때는 반드시 연령을 확인해야 한다.
- 호텔의 선정은 가족에 알맞은 객실(연결된 방 : connecting room)이 있는지, 호텔 내의 시설도 가족이 이용할 수 있는지 확인하여야 한다.

2) 단체여행일 경우

- 운송기관을 이용할 때 일어날 수 있는 접속시간과 환승시간에 충분한 여유를 두어야 한다.
- 방 배정을 위해서 사전에 성별을 구분해서 확인해두어야 한다.
- 단체의 특성에 맞는 볼 것과 할 것 등을 충분히 고려해야 한다.

3) 신혼여행일 경우

- 결혼할 장소의 위치 확인과 결혼식 시간 및 피로연 종료 예정시간을 반드시 확인하고, 교통기관을 결정할 것.
- 특히 1일째는 별도의 희망이 없는 한 밤늦게 호텔에 체크인하지 않도록 배려할 것.
- 가능한 한 그들만의 시간을 많이 가질 수 있도록 하고, 객실은 조용하고 전망이 좋은 룸을 배정할 것.
- 가능하면 무리한 스케줄은 삼가고, 추억에 남을 만한 관광지를 선정해 주며, 사진 촬영시간을 많이 할애할 것.
- 신혼여행이니 만큼 여유있게 그들만의 시간을 가질 수 있도록 자유시간을 충분히 할애할 것.

6. 여행일정 작성의 실제

(1) 여행일정표의 구성요소

여행일정의 구성요소로 여행기간·여행구간·교통편·숙박시설·식사조건·관광일정 등을 들 수 있다.

- 여행기간과 일시
- 교통편
- 식사조건
- 여행목적지 및 여행구간
- 숙박시설
- 관광일정

(2) 여행일정표의 기입방법

- 일자란은 출발일을 제0일~제0일으로 기입하고, 일자란의 날짜는 현지의 실제 월, 일, 요일을 기입해야 한다.
- 행선지 지역란은 해당국가의 지역을 교통편의 일정과 행사일정 시간의 내용에 맞추어 기재해야 한다.
- 교통편은 이용하고자 하는 교통기관·편명·전용버스·유람선·철도 등을 나타내며, 교통편과 행선지와 행사일정 시간에 맞추어 기재한다.
- 시간란은 현지 국가의 실제 출발시간~일정시간~도착시간으로 구분하여 기재하고, 알아보기 쉽게 오전, 오후, 전일로 표시하기도 한다.
- 일정란은 현지국가에서 실제로 이동 순서대로, 일정을 가능하면 상세하게 나타내는 것이 좋다.
- 식사란은 식사의 종류를 B-Breakfast, L-Lunch, D-Dinner 또는 호텔식·현지식·한식·기내식으로 구분한다. 특별식이 있을 경우 수끼, Sea Food 등으로 나타내며, 만약에 식사가 없을 경우에는 자유식 등 식사제공에 대해 명확하게 표기하여 오해가 없도록 한다.
- 숙박란은 행사일정에 따라 숙박하는 호텔 명칭과 등급을 기재하고, 기차

나 항공기 · 선박 내에서 숙박할 시에는 차내숙박 · 기내숙박 · 선내숙박 등으로 반드시 표기해야 한다.

〈표 5-5〉 여행일정표(사례1)

단 체 명	OO대학교 관광경영학과 일본문화탐방 PTY
여행기간	0000년 00월 00일 ~ 00월 00일 (3박 5일)
여행지역	나가사키-아소-쿠마모토-벳부

날짜	행선지	교통편	행 사 일 정	식 사
1일째 ( )	부 산 후쿠오카 나가사키	KOBEE001 0915/1210 전용버스	부산국제여객터미널 1층 관광카운터(07:45) 집결 하카다항 도착 입국수속 후 나가사키로 이동 원폭자료관, 평화공원 관광 후 호텔로 이동 석식 및 휴식	L:현지식 D:호텔식
			HTL : 리조트(4-8인) 또는 동급호텔	
2일째 ( )	나가사키 운 젠 시마바라 쿠마모토 아 소	전용버스 페 리 전용버스	호텔 조식 후 운젠으로 이동, 운젠 지옥관광 시마바라로 이동, 미즈나시혼진 화산피해마을 관광 후 시마바라항 / 쿠마모토항(선편 이용) 쿠마모토 도착 후 쿠마모토성 관광 아소로 이동 호텔 체크인 후 휴식 및 온천욕	B:호텔식 L:현지식 D:호텔식
			HTL : 아소청소년의 집(합숙) 또는 동급호텔	
3일째 ( )	아 소 벳 부	 전용버스	호텔 조식 후 세계최대의 칼데라식 복식화산인 아소산 분화구 관광(편도 로프웨이 이용), 벳부로 이동 명소 관광 (야생원숭이공원, 바다지옥, 유노하나) 호텔 체크인 후 석식 및 온천욕	B:호텔식 L:현지식 D:호텔식
			HTL : 스미요시하마 리조트(4-8인) 또는 동급호텔	
4일째 ( )	벳 부 후쿠오카 부 산	KOBEE004 1245/1540	호텔 조식 후 후쿠오카로 이동 베이사이드 프레이스 관광 후 하카다항으로 이동 하카다항 출발 / 부산 도착	B:호텔식 L:현지식

☞ 상기 일정 및 호텔은 현지사정에 의해 변경될 수도 있습니다.

〈표 5-6〉 여행일정표(사례2)

단 체 명	OO대학교 관광경영학과 PTY
여행기간	0000년 00월 00일 ~ 00월 00일 (3박 5일)
여행지역	하와이

날짜	행선지	교통편	시 간	행 사 일 정	식 사	호 텔
제1일	인 천 호놀룰루	KE052 전용버스	19:30 09:00 (오전)	인천국제공항 집결 인천 출발 호놀룰루 향발 --------(날짜 변경선을 지나서)------------ 호놀룰루 도착 후 레이 증정 및 입국수속 바람의언덕, 펀치볼, 이올라니궁전, 이승만 동상, 주정부 청사 등 시내관광 후 호텔 투숙 후 자유휴식	B:현지식 L:현지식 D:한 식	Deluxe Class Hotel
제2일	호놀룰루	전용버스	08:00 전 일	호텔 조식 후 전일 오하우섬 일주관광(다이아몬드 헤드, 가하라 고급주택가, 한국지도마을, 하나우마베이, 자연분수, 일출봉, 모자바위, 폴리네시안 민속촌, 사탕수수농장, 진주만 등 관광 후 호텔 투숙 후 자유휴식	B:호텔식 L:현지식 D:한 식	Deluxe Class Hotel
제3일	호놀룰루 마 우 이 호놀룰루	 전용버스 (항공편)	08:00 전 일 18:00	호텔에서 조식 후 아름다운 낭만의 와이키키 해변에서 해수욕 및 자유시간 **** 희망시 선택관광(힐로섬, 마우이섬 등) 석식 및 호텔 투숙	B:현지식 L:현지식 D:한 식	Deluxe Class Hotel
제4일	호놀룰루	KE 051	08:00 10:20	조식 후 공항으로 이동 출국수속 후 호놀룰루 출발 인천 향발(한국 PM 5:20) -------(날짜변경선 통과)---------------	B:현지식 L:현지식 D:한 식	기 내 1 박
제5일	인 천	KE 1517	16:00	인천 도착 후 자유해산		

※ 상기 일정은 항공 및 현지사정으로 인하여 변경될 수도 있습니다.

여행용어 해설

- E/D(Embarkation / Disembarkation) Card : 여행자가 출입국시 자신의 신상과 여행목적 등을 기록한 출입국카드
- Economy Class(Y) : 항공 및 배의 좌석의 등급으로 2등석
- Embargo : 항공사가 특정구간에 있어 특정 여객 및 화물에 대해 일정기간 동안 운송을 제한 또는 거절하는 경우
- Embarkation Tax : 외국으로 나갈 때 지불하는 출국세
- ENDS(Endorsement) : 항공회사간의 항공권의 권리를 양도하기 위한 이서, 또는 배서를 말한다. 즉 항공권에 지정된 항공사가 아닌 타 항공사로 여행이 가능하다는 것을 의미한다.
- ETA(Estimated Time Arrival) : 비행기의 도착 예정시간
- ETD(Estimated Time Of Departure) : 비행기의 출발 예정시간
- Excursion Fare : 특별할인요금으로 이는 특정구간에만 적용되는 요금으로 통상요금보다 저렴하게 구입할 수 있으나 여러 가지 제약도 있다.
- Extra Flight : 비행기의 임시 항공편
- Extra Section Flight : 항공사의 정기편 이외의 부정기편
- Fam Tour(Family Tour = Familiarization Tour) : 관광기관, 관광단체, 항공회사, 홀세일(wholesale) 등이 신규노선, 관광루트, 관광시설, 관광대상 등을 홍보하기 위해 무료 또는 특별할인요금으로 여행시켜주는 것
- Final Itinerary : 모든 여행의 일정으로 예약하고 출발 전에 마지막으로 예약과 여정을 확인한 후의 최종 여행일정
- Firming : 항공사에서 예약되어 있는 여행자에 대하여 그 예약을 사용할 의사의 유무를 확인하는 절차로 노쇼(no-show)를 최대한 억제하기 위한 작업
- First Class(F/C) · Economy class(E/Y) : 1등석 · 2등석
- First Boarding Point : 여정중에서 가장 먼저 탑승한 지점
- FIT(Foreign Independent Tour) : 인솔자 없이 하는 개별여행자
- Flight(FLT) Coupon : 항공권의 일부로서 여행자가 탑승하는 구간을 표시되어 있으며, 탑승수속시 공항에서 탑승권과 교환한다.
- FOC(Free Of Charge) Ticket : 항공사에서 지급되는 무료 항공권

- Galley : 항공기 내의 주방(각종 식음료를 보관하고 서비스하는 곳)
- GAP : 여행자의 여정중 항공 이외의 교통수단을 이용하여 여행하는 부분. 즉 하기 지점과 다음 탑승지점이 동일하지 않게 되는 경우
- Gate : 승객이 비행기를 타기 위한 탑승구
- Gate Lounge : Immigration을 통과한 공항 내의 탑승구로 여객대합실
- GIT(Group Inclusive Tour) : 그룹 전체인원이 전 여정동안 동일한 일정으로 여행하고 동일한 비행기로 왕복여행을 하는 것을 전제로 항공사가 특별할인요금을 제공하는 단체포괄여행

제5장

Exercise & Role playing

01___ WTO(World Tourism Organization)의 여행상품에 대한 정의를 설명하시오.

02___ 여행상품의 특성을 설명하시오.

03___ 국내여행상품(domestic tour), 국제여행상품(in bound tour), 국외여행상품(out bound tour)의 구성요소에 대해 설명하시오.

04___ 여행형태에 의한 여행상품의 분류에 대해 설명하시오.

05___ 여행업법에 의한 여행상품의 분류에 대해 설명하시오.

06___ 여행상품 개발의 전제조건에 대해 설명하시오.

07___ 여행상품이 갖추어야 할 기능에 대해 설명하시오.

08___ 여행일정 작성시 협의사항에 대해 설명하시오.

09___ 여행일정 작성시 일반적인 유의사항에 대해 설명하시오.

10___ 패키지 여행사의 여행상품에 대한 대표적인 사례를 찾아 분석하시오.

제6장

여 · 행 · 사 · 경 · 영 · 실 · 무 · 론

여행상품의 가격 및 판매

제1절 여행상품의 가격 및 요금구성

1. 가격결정의 의의

가격은 상품에 대한 수요수준에 영향을 끼칠 뿐 아니라 그 여행사가 판매하고 있는 것을 고객에게 제시하는 지표로서 여행자의 여행사 선택에 많은 영향을 미친다. 가격은 기초가격 · 가격변경 · 가격조건 · 할인 등의 결합에 의해 형성되며, 여행업의 수입에 직접적인 영향을 미치므로 여행업 경영에 있어서 중요한 전략요소의 하나이다.

여행상품 가격의 중요성은 상품과 고객의 형태에 따라 달라진다. 여행자는 가격(price)을 상품의 구매대가로 지급하는 단순한 화폐적 개념 이외에도 상품이 가진 품질, 기능, 감각적 가치 및 긍지 등을 포함한 종합가치의 구매대가 개념으로 지각하고 있다. 그러므로 여행업에서는 객관적 가격보다는 여행자가 가격을 보고 정당한 가치가 있다고 진심으로 믿도록 이미지를 형성하는 것이 중요하다.

2. 가격결정 요인

여행상품의 가격결정 요인은 이미지를 포함한 호텔 · 교통기관 · 식사 등의 기본요인과 여행시장의 수요와 공급의 원칙에 따른 시간, 참가인원 등의 수급원칙 요인과 이미지를 포함한 서비스 · 신뢰 · 실적 등 간접적 척도에 따른 요인 등을 말한다.

(1) 1차적 요인(기본적 요인)

1) 호텔조건

호텔별 가격차가 크다. 호텔의 위치(시내 · 시외), 등급(deluxe, superior first,

first, second, tourist), 객실유형(single, twin, double, triple, suit room), 이용시기(성수기 · 비수기), 인원(그룹 · 개인) 등에 따라 다양한 요금이 산출된다.

2) 교통기관

각종 교통기관의 이용료, 즉 항공기 · 선박 · 철도 · 버스 등의 운임으로 지불하는 요금이다. 가장 비중을 많이 차지하는 것이 항공료 부문으로 전체 경비의 50% 이상을 점하고 있다.

3) 식사의 비용

여행일정 중에 제공되는 식사의 종류, 식사 수와 식사의 제공장소에 따라 식사비(meal charge)는 다르다.

(2) 2차적 요인(수급원칙 요인)

여행시장의 수요와 공급의 원칙에 따라 가격결정 요인이 다르다.

1) 시 간

여행시기는 성수기와 비수기에 따른 수요와 공급의 원칙에 따라 성수기 요금과 비수기 요금이 구분된다. 또한 주중요금과 주말요금에도 차등을 두어 가격을 결정한다.

2) 계 절

여름 · 겨울(성수기), 봄 · 가을(비수기)에 따라 다르다.

3) 참가인원

4명 이상~9명 이하 : 소그룹 요금, 15명 이상 : 그룹 요금

(3) 3차적 요인(간접적 척도에 따른 요인)

간접적 척도에 따른 요인으로 이익 목적보다 기업 이미지를 위하여 가격을 결정한다. 여행요금은 객관적 가격보다는 여행자가 가격을 보고 정당한 가치가 있다고 진심으로 믿도록 이미지를 형성하는 것이 중요하다.

실제로 책정된 가격보다는 지각하는 여행자의 주관적인 가격인지(價格認知), 심리적 가격의 신뢰성 등이 여행사 선택과 여행상품 선택에 많은 영향을 미치게 된다. 그러므로 때때로 이미지를 비롯한 서비스 · 신뢰 · 실적을 목적으로 여행상품의 가격을 결정하는 경우도 있다. 이는 서비스 목적으로 원가의 가격으로 여행상품을 판매하여 여행사를 알리고 차후에 일어날 여권 · 비자 · 항공권 판매 및 가족의 신혼여행 · 효도관광 유취를 목적으로 하는 경우와 여행사의 실적을 목적으로 대형 학생단체 등을 유치함으로써 여행상품 판매의 목적보다는 항공사의 항공실적을 높임으로써 향후의 항공 블록(block)을 받거나 항공운임에 있어 좋은 조건을 유지하기 위한 경우도 있다.

3. 여행요금의 구성요소

여행요금은 여행조건에 따라 달라질 수 있으므로 이를 고려해 여행요금을 결정한다. 여행조건이란 여행목적지로서 동남아시아 · 유럽 · 미주 등 여행참가자의 수로서 그룹 또는 개인, 여행시기와 일수로서 비수기 · 성수기 및 단기 · 장기 교통편으로서 항공 · 철도 · 선박 · 버스 · 여행 서비스의 품질수준 및 여행의 구성내용 등을 포함한 것을 말한다.

여행요금의 원가 구성요소 항목은 운임(transportation), 지상경비(land fee), 그리고 기타 경비로 구분할 수 있다. 즉 여행요금은 운임(교통기관)+지상비(현지수배비용)+기타 비용(공항세 · 출국세 · 보험료 · 출장비 등)+이윤을 포함한 것이다.

원가 구성요소를 좀더 자세히 살펴보면 다음과 같다.

(1) 운 임

- 출발국과 여행목적지와의 왕복이동에 필요한 교통기관(항공기 · 선박 · 철도 · 버스)의 운임(transportation)이다.
- 운임이 차지하는 비율이 높기 때문에 항공사와의 항공운임에 대한 가격 절충 및 좌석확보 능력에 따라 여행요금 산출의 관건이 된다.
- 항공운임은 여행조건, 인원, 여행목적지와 시기, 여행객의 신분과 연령,

항공권 사용기간, 여행경로(직항 · 경유), 이용항공사 등에 따라 복잡하고 다양하며 많은 차이가 있기 때문에 숙련된 전문요원이 담당하여야 한다.

(2) 지상경비

지상경비란 Land Fee라고 하는데 현지 관광목적지 내에서 여행관련 시설을 이용하고 제공받는 모든 서비스 비용, 즉 각 지역의 관광에 포함되는 모든 경비를 포함한다.

1) 숙박비

여행객이 관광중에 머무르는 호텔 등의 체제비로 지불하는 요금이다. 숙박비(accommodation charge)도 항공료와 같이 여러 조건에 따라 요금의 차이가 있다. 즉 호텔의 위치(시내 · 시외), 등급(deluxe, superior first, first, second, tourist), 객실유형(single, twin, double, triple, suit room), 이용시기(성수기 · 비수기), 인원(그룹 · 개인) 등에 따라 다양한 요금이 산출된다. 또한 호텔은 요금 운영방식에 따라 요금이 산출된다.

- 호텔의 객실요금 체제
  - European Plan : 객실요금만을 포함하는 요금의 형태
  - American plan : 객실요금에 2식이 포함되는 요금의 형태
  - Continental plan : 객실요금에 조식이 포함되는 요금의 형태

2) 식사비

- 식사비(meal charge)는 여행일정중에 제공되는 식사의 종류, 식사 수와 식사의 제공장소에 따라 다르다.
- 관광단체의 식사의 종류는 호텔식 · 현지식 · 한식으로 구성되어 있으며, 여행지역에 따라 차이는 있으나 적절한 식사의 종류를 배분할 필요가 있다. 특히 여행중 기내식을 할 경우가 있으므로 항공시간표의 기내식 제공 여부를 확인해야 한다.

3) 지상교통비

지상교통비(ground transportation charge)란 목적지의 교통수단(버스·기차·선박·렌터카) 등의 경비를 말한다. 단체여행객들은 전세버스를 이용하는 경우가 대부분이다. 하지만 목적국가에서 다른 지역으로 이동시 항공편·기차편·선박편이 있을 때 포함 여부를 반드시 확인해야 한다. 특히 트랜스퍼 비용(transfer charge)의 포함 여부를 반드시 확인해야 한다. 공항·기차역·부두에 도착한 후 호텔 등 다른 장소로 이동할 시에 소요되는 운송비용의 포함 여부(수하물만을 이동하는 경우가 있다)를 반드시 확인해야 한다.

4) 관광비용

관광비용(sightseeing charge)이란 현지관광지를 여행할 때 소요되는 비용으로 관광지의 입장료, 관람료, 가이드요금 등이 해당된다. 유료관광지 내의 가이드의 포함 여부, 시찰이나 회의참석 및 견학 등과 같은 특수목적의 여행인 경우 전문통역원의 동행 여부 등을 확인하여야 한다.

5) 포터비

포터비(porterage)란 공항·부두·역 등과 숙박하는 호텔에서 손님들이 짐을 들지 않고 포터를 통하여 운반시키는 데 소요되는 비용을 말한다. 대부분 포터리지 비용은 별도로 하는 경우가 많다.

6) 세 금

여행중에 부과되는 각종 세금(tax)으로 각국의 공항세(airport tax), 공항사용료(airport facility), 통행세, 유흥음식점세(숙박, 식당, 나이트 입장, 극장 입장) 등의 포함 여부를 확인해야 한다.

7) 팁

현지가이드, 버스기사, 호텔 및 식당의 종사원 등에게 주는 팁(tip)의 지불 여부를 말한다. 팁의 지불 대상이나 인원 수를 고려하여 팁의 액수를 사전에 정해놓고 여행객 부담으로 할 것인지, 아니면 지상경비에 포함할 것인지를 사전에 구분해두어야 한다. 팁은 대부분 별도로 하는 경우가 많다.

(3) 기타 비용

기타 비용(miscellaneous expenses)이란 운임이나 지상비 이외에 지출되는 여행경비를 말한다. 여기에는 여행경비에 포함되는 것과 포함되지 않는 경우로 구분할 수 있다.

1) 여행요금에 포함되는 비용

① 국외여행인솔자(tour conductor)의 항공운임과 공항이용료, 출장비

- 국내선 항공료, 공항이용료, 출국납부금 등을 말한다.
- 15명 이상일 경우에는 T/C 항공운임은 포함되지만 그 이하일 경우에는 할인율을 파악하여 참가인원에 따라 분할해서 책정하여야 한다.
- 4~9명 소그룹 : 항공사별 규정에 따라, 10~14명은 50% 할인, 15~29명 1명 FOC(Free Of Charge), 30~44명은 2명 FOC

② 해외여행자보험료

사고시 보상금액과 여행기간에 따라 차등적으로 적용되는 여행자보험은 반드시 납부하여야 한다. 통상적으로 1억 원의 보상금액 보험에 가입한다.

③ 공항이용료 및 관광진흥개발기금(출국납부금)

- 공항이용료는 국제공항별로 요금이 다르므로 반드시 현지 공항에서 공항이용료를 확인해야 한다. 최근에는 항공요금에 공항이용료가 포함되어 있는 경우가 많다.
- 관광진흥개발기금(출국납부금) : 10,000원

2) 여행요금에 포함되지 않은 비용

- 여권수속 비용 및 비자발급수속 비용
- 개인비용으로 식사시 추가주문한 음료, 주류대금, 세탁비, 전화사용료, 초과수하물, Pay TV 시청료 등을 비용이다.
- 현지에서의 선물비와 기념품비 등
- 그밖의 여행 출발시 및 귀국시에 공항까지 운송에 소요되는 교통비(sending, pick-up), 광고·선전·홍보·인쇄비, 기타 배기지 태그

(baggage tag) 등을 기타 비용으로 간주하지만 통상적으로 이러한 비용은 원가에 포함시키지 않는다.

(4) 이 윤

- 이윤의 결정은 여행사 자체 이익 계획상의 이윤을 가산한다. 단체의 종류에 따라 회사의 가격결정 방법에 따라 다소 차이가 있다. 통상적으로 여행요금 원가에서 10% 정도로 측정한다.
- 이윤의 측정은 가격결정 방법에 따라 다르다. 즉 가격결정은 ① 경쟁여행사 수, ② 경쟁여행사와의 가격경쟁, ③ 기존상품과 제공상품간의 차이 유무, ④ 기존 패키지 상품의 가격과 유사, ⑤ 상품의 수명주기의 각 단계에 의해서 설정되는 가격은 다르다고 할 수 있다.

해외여행 조건 및 요금견적서 사례

단 체 명 : 00대학교 관광경영학과 PTY

여행기간 : 0000년 00월 00일 ~ 00월 00일 (10박 11 일)

여행지역 : 유럽 7개국 (일정표 참조)

1. 여행요금

요금기준된 인원수	FOC	1인당 요금	기 타
가: 30명 이상	1 TC	₩2,350,000	KE + 특급호텔
나: 50명 이상	2FOC+1TC	₩2,150,000	CX + 1급호텔
다: 60명 이상	3FOC+1TC	₩2,000,000	OZ + 1급호텔

* 상기요금은 2006년 월 일 현재 정부의 적용환율 및 항공요금에 근거하여 산출된바, 환율 및 항공요금 변동시에는 이에 준하여 재조정될 수 있다. (적용환율 : 1$ = 1,000원)

2. 여행조건

항 공	☐ FIRST CLS	☐ BUSINESS CLS	▣ ECONOMIC CLS	
숙 박	▣ 특급 HTL ☐ 2인 1실	☐ 1급 HTL ☐ 독실	☐ 2급 HTL ☐ 기타	
식 사	▣ 조 식(10회) ▣ 석 식(9회)		▣ 중 식(10 회) ▣ 기내식(2 회)	
관 광	▣ 포함	☐ 불포함		
안내인솔자	▣ 포함	☐ 불포함		
현지가이드	▣ 한국어	☐ 영어	☐ 일어	☐ 기타
교 통 편	▣ 대형버스	☐ 중형버스	☐ 기타	
공 항 세	▣ 포함	☐ 불포함		
포 트 비	☐ 포함	▣ 불포함		
여행자보험료	▣ 포함	☐ 불포함		
대회등록비	☐ 포함	▣ 불포함		
출 국 세	▣ 포함	☐ 불포함		
선택 관광	☐ 포함	▣ 불포함		
여권 비자	☐ 포함	▣ 불포함		
기타잡비(팁)	☐ 포함	▣ 불포함		

[그림 6-1] 해외여행 조건 및 요금견적서(사례)

제2절 여행상품의 가격결정 방법

여행사가 어떠한 가격을 설정하는가는 그 여행사가 존립하고 있는 시장상황이나 제공상품에 의해서 상당한 차이가 있다. 즉 ① 경쟁여행사 수, ② 경쟁여행사와의 가격경쟁, ③ 기존상품과 제공상품간의 차이 유무, ④ 기존 패키지 상품의 가격과 유사, ⑤ 상품의 수명주기의 각 단계에 의해서 설정되는 가격은 다르다.

가격결정 방법에는 여러 가지 방법이 있을 수 있으나 여행업에서 일반적으로 적용하고 있는 방법은 다음과 같다.

- 원가지향적 가격결정 방법(cost-oriented pricing)
- 수요지향적 가격결정 방법(demand-oriented pricing)
- 경쟁지향적 가격결정 방법(competition-oriented pricing)
- 마케팅 지향적 가격결정 방법(marketing-oriented pricing)

물론 여행상품의 가격결정은 중요한 부분이기는 하지만 보다 중요한 것은 여행상품의 질을 높이는 데 있으며, 부가가치가 높은 상품을 개발하고 수익성을 높이기 위해서는 비가격 경쟁을 통한 양질의 상품 개발 및 인적인 여행서비스 질의 향상을 통해 여행수요를 창출하여 여행업 전체의 평균적 이익이 보장되는 방법을 연구하는 것이 무엇보다도 선행과제일 것이다.

1. 원가지향적 가격결정 방법

(1) 원가가산법

원가가산법(cost-plus pricing)이란 원료비나 임금 등의 직접비와 간접비를 추가하여 원가를 산출하여 그 원가에 일정률의 이익을 가산하여 가격을 결정하는 방법이다. 그러나 여행업의 현실에서는 적용되지 못하고 있다. 여행사에서는 여행소재의 가격에다 여행사의 일정비용을 합산한 가격에 수수료를 가산한 가격으로 책정하고 있다.

- 직접비(원료비 · 임금 등)+간접비(감가상각비+이자 등)+일정한 이익
- 여행요금(항공료+현지 지상비+공항세 +보험료+국내교통편+안내원경비+안내 출장비+일정한 수수료)

원가가산법의 장점은 다음과 같다.

첫째, 판매자가 수요보다 원가를 확실히 알 수 있으며, 가격결정의 기본이 된다.
둘째, 모든 여행사가 이 방법을 선택하면 가격경쟁을 극소화할 수 있다.
셋째, 대다수 소비자들은 이 방법이 구매자 모두에게 공정한 방법이라고 인식한다.

그러나 단점으로는 품목에 대한 수요나 경쟁이 전혀 고려되지 않는다는 점과 간접원가의 배부방법이 주관적이어서 비현실적이라 할 수 있다는 점이다.

(2) 목표이익법

목표이익법(target return pricing)이란 예상 판매수량에 기초하여 그 비용을 보전하여 특정의 수익률 목표를 달성할 수 있도록 가격을 결정하는 방법이다. 즉 상품판매의 예상인원을 측정하여 일정한 이익목표를 설정한다. 예를 들면, 여행사에서 행사 최소인원을 결정할 경우 이 방법을 적용하면 행사의 최소인원은 고정비+목표이익/가격−변동비라는 공식으로 산출된다.

최소 예상인원을 16명으로 설정하여 항공료+지상비+고정경비(안내원+직원출장비)+일정한 목표이익을 산출했는데 실제인원이 예상인원 이하였을 때는 목표이익 달성이 아니라 손해를 입는 경우이다.

(3) 손익분기점 분석법

손익분기점 분석법(break-even point pricing)이란 손익분기점, 즉 비용과 수익이 동액이 되는 매출액을 기준으로 가격을 결정하는 방법이다. 손익분기점=고정비/(1-변동/매출액)

2. 수요지향적 가격결정 방법

수요지향적 가격결정 방법이란 여행자의 지각이나 수요의 증감 등에 따라상품원가를 바탕으로 하지만 이윤의 측정을 소비자의 관심에 따라 판매가격을 결정하는 방법이다. 여행자의 ① 가격평가나 여행상품에 관한 지식이 증가됨에 따라, ② 시장이 성숙하여 상품의 차별화나 시장세분화의 필요성이 높아짐에 따라서 상품의 가격보다 상품의 가치를 중요시하기 때문에 이 방법이 점점 더 늘어날 것이다.

(1) 가치가격법

가치가격법(value pricing)이란 여행자가 여행상품에 관해 지각하는 가치에 입각하여 가격을 결정하는 방법이다. 즉 이미 한 여행사의 상품을 경험한 여행자가 상품에 대한 가치를 인정하고 원가와 상관없이 그 상품을 선택하는 것이다. 이 방법의 가격결정은 여행상품의 상표(brand) 또는 여행사의 인적 서비스가 중요한 역할을 한다.

(2) 차별가격법

차별가격법(fare discrimination pricing)이란 여행사에서 수요의 평준화, 또는 비수기의 타개책으로 많이 쓰고 있는 방법이다. 예를 들면 성수기 때 할증요금을 적용하고, 비수기 때 할인요금을 적용하는 방법이다.

3. 경쟁지향적 가격결정 방법

여행시장에 있는 자사와 동질의 여행상품을 판매하고 있는 여행사들의 가격을 참고하여 가격결정을 하는 것이다. 즉 경재상대의 가격을 자사의 가격에 끌어들이는 방법이다. 이 방법은 다음과 같이 설정할 수 있으나 이들 중에서 어느 것을 선택하는가는 상품의 동질성, 상품 수명주기의 단계, 기업의 목적 등에 의하여 달라진다.

설정방법은 다음과 같다.

- 경쟁상대와 같은 가격 설정
- 경쟁상대보다 높은 가격 설정
- 경쟁상대보다 낮은 가격 설정

(1) 현행 시장가격에 의한 가격결정 방법

가장 많이 사용되는 가격결정 방법으로 업계의 가격수준에 자사의 가격을 맞추는 것이다. 자사의 이익계획상의 이윤을 측정한 다음 그 가격이 현행 시장가격과 비교 검토하여 여행상품 가격을 결정하는 것이다. 이 방법은 일반적으로 여행사에서 가장 빈번하게 사용하는 방법 중의 하나이다.

(2) 입찰에 의한 가격결정 방법

여행을 많이 취급하는 공사・협회・교육청・관급행사 등에서 다수의 여행사를 불러 여행가격을 결정하는 방법으로 경쟁상대가 어떤 가격을 내는지를 예상하면서 자사의 비용이나 이익을 감안하여 가격을 제시하는 방법이다. 경쟁상대의 입찰가격에 관한 정보를 수집하고, 자사에 있어 각 가격안내별로 기대이익이나 낙찰 가능성을 산출한 것을 감안하여 최종적으로 입찰가격을 결정해야 한다.

가격결정의 목적은 어디까지나 낙찰을 받아 계약을 체결하는 것이기 때문에 입찰에 참가하는 경쟁상대보다도 싼 가격을 제시할 필요가 있다. 그러나 입찰의 조건에 따라 지나치게 싼 가격을 제시하는 것만이 가장 유리한 것은 아니다. 왜냐하면 입찰조건이 가장 높은 가격과 가장 낮은 가격의 평균가격으로 낙찰되는 경우도 있기 때문이다.

4. 마케팅 지향적 가격결정 방법

마케팅 시점에서의 가격결정으로 파악하려는 것이다. 즉 비용・수요・경쟁이라는 개개의 요인에 입각하여 가격결정을 하는 것이 아니라 이들 모든 요인의 조건을 갖춘 마케팅 시점으로 가격결정을 하는 것이다. 즉 상품・유통・판촉 등 타 요소와의 관련을 고려하면서 가격을 결정하는 방법이다.

이들 모든 요인, 즉 ① 표적시장의 선정, ② 상표 이미지의 선정, ③ 마케팅 믹스의 구성(생산 · 가격 · 장소 · 동기), ④ 가격정책의 선택, ⑤ 가격전략의 결정, ⑥ 구체적 가격의 요인들을 단계별로 분석 검토해나가면서 가장 최적의 가격을 결정하는 것이다.

제3절 여행상품의 유통

1. 여행상품의 유통구조

여행사의 유통시스템은 인터넷의 시대에 접어들면서 점점 다양하고 복잡해지고 있다. 여행사의 유통구조를 살펴보면 다음과 같다.

첫째, 명확한 흐름이 없다는 것이다. 여행사의 주력상품인 패키지 투어에는 여행도매업자(wholesaler)와 여행소매업자(retailer)의 뚜렷한 구분이 없다. 타 업계는 도매상에서 소매상에게 판매를 일임하지만 여행사는 여행소매업자 자신이 직접 소비자에게 상품을 파는 경우도 있기 때문이다. 또한 인센티브 여행 등은 유통구조가 틀려 상품을 기획해서 직접 고객과 상품을 파는 형태도 많다. 특히 미디어 판매, 인터넷 판매 등 새로운 유통시스템이 등장하면서 여행사 유통시장은 과도기에 있다고 할 수 있다.

둘째, 여행도매업자는 어려운 시기를 맞이하고 있다. 왜냐하면 여행도매업자가 여행소매업자보다 어려운 이유는 여행소재의 경합 격화와 소비자에 대한 책임의 강화, 가격파괴 등 전체적으로 어려운 시대에 있기 때문이다.

셋째, 무점포판매의 다양화이다. 신문이나 여행정보지 등 대중매체를 이용한 유통의 형태들이다. 이는 소매점포나 영업소를 운영하는 것보다 광고를 하는 것이 유리하고, 비용이 적게 들기 때문이다. 또한 통신판매나 인터넷 홈페이지를 이용한 판매가 활성화되고 있는데 이는 장기적인 측면에서 보면 아주 바람직한 판매형태라 할 수 있다.

2. 여행상품의 유통기관

(1) 여행도매업자

우리나라는 여행업의 구분이 일반여행업·국외여행업·국내여행업으로만 구분되어 있기 때문에 법적으로는 여행도매업이라는 구체적인 명칭은 없지만 1993년 기획여행을 실시한 후 국외여행업, 일반여행업자가 기획여행업체로 신고하고 보증보험보증서 5억 원을 예치하면 여행도매업을 할 수 있게 되어 있다.

여행도매업자(tour wholesaler=group tour operator)란 여행자의 예상 수요를 사전에 예측하여 다양한 여행소재 공급업자들이 제공하는 상품 및 서비스를 결합하여 여행상품을 계획, 준비, 광고판매를 하는 여행업자이다. 즉 여행목적지로의 수송, 객실 및 기타 서비스를 사전에 준비하여 이를 상품화하여 여행소매업자를 통해 공급하여 대리판매하거나 직접 판매하는 업체이다.

일반적으로는 도매업자는 소비자와 직접 판매를 하지 않고 여행소매업자를 통해서 대리판매만 해야 하지만 아직까지 우리나라에는 이러한 규정이 없기 때문에 여행도매업자는 광고를 통해 고객에게 직접 판매를 하기도 한다.

(2) 여행소매업자

여행소매업자(tour retailer operator)란 여행소재공급업자나 여행도매업자가 생산한 여행상품을 제공받아 이를 최종소비자인 여행자에게 판매하고 일정한 수수료를 받는 업을 말한다. 즉 여행소매업자는 항공사나 호텔 등의 여행관련 상품과 도매업자의 기획상품을 쌍방간의 계약하에 지정된 가격으로 여행시장에 판매하는 것이다. 그러나 사실상 법적인 여행도매업과 여행소매업의 구분이 없기 때문에 도매업자와 소매업자의 업무내용과 기능은 별로 차이가 없는 것이 현실이다. 이는 여행소매업자도 일정한 단체가 형성되면 직접 여행상품을 기획하여 상품을 직접 만들어 판매하고 있기 때문이다.

이와 같이 유통구조에 명확한 구분이 없기 때문에 유통구조상의 혼선과 여러가지 복합적인 문제점이 발생하고 있어 매우 안타까운 현실이다. 이것은 여행도매업자와 여행소매업자의 구분만이 아니라 여행소재공급업자와의 문제 또한 마찬가지라고 생각된다.

(3) 지상수배업자

지상수배업자(land operator)라는 명칭은 우리나라에서는 법률적으로 정해진 내용은 없다. 미국여행자협회(ASTA)에서 정한 여행업자의 구분에서 사용되는 용어로 Land Operator는 Outbound Tour Operator에 해당하며, 이는 국내에서 해외로 여행할 국가의 현지 수배를 담당하는 여행업자를 말하고, Ground Operator는 자국을 여행하는 관광객을 대상으로 국내 지상수배업자로 Inbound Tour Operator에 해당한다.

지상수배업자는 여행목적지에서 행해지는 여행활동 중 호텔숙박・식사・교통운송・관광・안내 등에 대하여 예약 및 알선해주는 업자이다. 다시 말하면 지상수배업자는 외국에 본사가 있는 여행사(inbound)가 국내의 여행사(outbound)를 대상으로 외국의 현지에 대한 지상수배를 대행해주는 현지 여행사의 연락사무소나 영업소의 형태를 말한다. 이들의 여행사는 내국인이 국외를 여행할 때 현지의 호텔・관광・식사・현지안내 등의 업무를 담당하는데 최근에는 여행업이 아닌 일반 서비스업종으로 구분하여 사업자등록증을 교부받아 사업을 영위하고 있다.

지방수배업자는 다음의 조건을 충족시켜야 한다.

- 서울특별시장, 광역시장, 도지사에게 증명서류 제출신고
- 증명서류
  - 외국여행업자의 본사의 여행업 증명서류
  - 외국여행업의 연락사무소임을 증명할 수 있는 서류
  - 사무실의 소유권 또는 사용권을 증명할 수 있는 서류

지상수배업자는 일반여행객을 대상으로 직접적인 영업을 하지 못하고, 현지행사의 주체로서만 역할을 할 수 있다. 그리고 국외여행업자를 대신하여 현지의 여행사와의 긴밀한 연락 및 업무를 원활하게 함으로써 국내의 여행사로서는 시간과 비용 등 제반경비를 절감시켜주는 등의 이점이 있다.

3. 여행상품의 유통과정

여행사가 소비자의 요구에 따라 단순히 알선과 수배, 예약업무만을 취급하던 시대에는 유통경로가 문제가 없었다. 하지만 여행상품을 직접 개발·판매하면서부터 유통의 중요성이 커졌다. 또한 소비자들의 여행상품에 대한 욕구가 다양해지고 판매량이 많아지면서 여행사는 대량판매를 하게 되었고, 때문에 여행상품을 타 여행사의 판매망을 통하여 판매하게 되었다.

유통경로는 일반상품이 생산자에서 소비자에게 전달되기까지 도매업자·중간도매업자·소매업자 등의 경로를 거치게 되는데, 여행상품도 여러 단계를 거쳐 소비에 이르게 된다.

공급자인 여행소재 제공자(principal)가 선택할 수 있는 단계별 유통경로는 다음과 같다.

(1) 1단계 유통(여행소재공급업자→여행자)

여행소재공급업자가 중간의 여행사를 거치지 않고 여행자인 소비자에게 자사의 제품을 직접 판매하는 형태이다. 즉 여행사, 여행상품 기획업체, 여행대리점 등의 중간매개 없이 직접 여행자에게 판매되는 것을 말한다.

예를 들면, 항공사나 호텔이 판촉과 및 예약부서를 두고 직접 고객에게 항공권이나 객실을 판매하여 고객 자신이 직접 항공좌석이나 호텔을 예약하여 여행일정을 스스로 결정하여 선택하게 하는 것이다.

(2) 2단계 유통(여행소재공급업자→여행업자→여행자)

여행소재공급업자가 유통기관을 거쳐 여행자인 소비자에게 판매하는 형태이다. 즉 여행자는 여행소재공급업자와 여행자 사이에서 상호작용을 하는 여행업자를 통해 상품을 구매한다.

여행업자는 여행소재공급업자와의 계약하에 대리하여 상품을 판매하고, 판매대가로서 일정한 수수료를 받는다. 이때 여행업자는 대량구매를 통해 저렴한 요금으로 공급받음으로써 일반 여행소비자보다 상당한 영향력을 가질 수 있다.

(3) 3단계 유통(여행소재공급업자→여행도매업자→여행소매업자→여행자)

여행소재공급업자가 도매업자나 유통경로자를 통해 소매업자에게 판매한 다음 다시 여행자에게 판매되는 형태로 이것이 가장 전형적인 여행 유통구조라 할 수 있다.

여행소재공급업자가 여행자의 수요를 사전에 예측할 수 있도록 호텔객실의 블록(block) 판매를 하거나 항공좌석을 사전에 예약하는 등의 필요한 예약과 수배를 하여 여행상품을 만들어 대리점 또는 여행소매업자에게 판매하는 유통구조이다.

(4) 4단계 유통(여행소재공급업자→여행도매업자→여행소매업자→특별유통경로자→여행자)

여행소재공급업자가 도매업자나 지상수배업자에게 판매하는 여행사를 통해 소비자인 단체 등의 특별유통경로자를 통해 여행자에게 판매하는 유형이다. 다시 말하면 여행상품에 대한 여행계층의 확대로 인해 여행상품을 여행단체조직자와 같은 특별유통경로자를 통하여 개별여행자에게 판매하는 것을 말한다.

4. 여행상품의 유통과정의 변화

여행업계에서 이루어지고 있는 유통형태의 기본유형에는 상품개발에서 판매까지의 일관 시스템과 여행도매상, 여행소매상 체제의 두 가지 형태가 있다. 이는 여행사에서 개발한 여행상품이 여행사에서만 판매되고 있다는 것이다. 이것은 일반상품의 유통체계와는 다른 여행상품만이 가지는 독자적인 전문형 유통이라 할 수 있다. 그러나 이러한 여행상품도 정보화에 따라 유통이 서서히 변화되고 있어 여행사의 장래를 위태롭게 하고 있다.

전문형 유통의 붕괴 이유는 다음과 같다.

- 상품성이 고품질로 전문지식이 없더라도 판매가 용이하게 되었다.
- 여행정보의 범람, 즉 인터넷의 정보 등으로 인하여 여행사가 정보 면에

서 항상 우위에 있는 것은 아니라는 것을 명심해야 한다.

- 여행이 특별한 것이 아니라 생활화되어가고 있고, 여행자의 성향과 취향이 날로 변화하고 있다.
- 판매력이 강한 유통회사 및 상장회사들이 여행사업에 참여함으로 인하여 여행시장이 대형화 · 전문화되어가고 있다.
- 패키지 여행상품이 아니라도 쉽게 여행상품을 구매할 수 있다.
- 인터넷을 통한 무점포판매가 가능한 시대가 도래하고 있다.
- 대기업의 해외출장자 대상자 증가로 부설여행사가 등장하고 있다.
- 기업의 다각화로 인하여 업계간의 경계가 불분명하다.
- 급변하는 해외여행시장과 매스미디어의 발달에 대한 여행업계의 대처가 미숙하다.
- 정보화의 진전으로 인하여 여행정보의 광범위한 이용이 가능하다.

따라서 향후의 여행업자들에게는 정보화에 대한 대응과 과감한 자기혁신이 요구된다. 즉 점포나 카운터업무의 간소화, 인터넷을 이용한 온라인화의 추진, 관광부문의 네트워크의 촉진, 여행소비자와 여행소재공급업자와 직거래에 따른 대처방안 등을 고려하여 신속하게 대처해나가야 할 것이다.

제4절 여행상품의 판매촉진

1. 여행상품의 판매

(1) 여행상품 판매의 의의

여행자들의 내점률을 높이고 단순방문자를 구매고객으로 유도하기 위해서는 잠재여행자들에 대한 효과적인 정보제공 활동을 통하여 판매활동을 강화하여야 한다. 단순 판매활동으로 상품을 판매하는 것이 아니라 여행정보를 제공하는 것이 여행사의 주된 활동이기 때문이다.

판매촉진을 강화해야 하는 이유는 다음과 같다.

- 여행욕구에 대한 자극이 필요하기 때문이다(계절성 · 비수기).
- 상품수요는 대체적으로 가격에 민감하고, 경제환경에 의해 영향을 받는다.
- 고객은 항상 상품을 보지 못한 상태에서 구매해야 한다.
- 상표충성도(brand loyalty)가 크지 않다.
- 대부분의 상품이 심각한 경쟁에 처해 있다.
- 대부분의 상품이 타사에 의해 쉽게 모방된다.

(2) 여행상품 판매전략

여행사에서 여행상품을 판매하기 위해서는 고객과의 밀착도를 높이는 것이 가장 중요한 과제라고 할 수 있다. 그러므로 판매수단의 다양화를 통해 보다 많은 수요 흡수를 도모할 수 있는 판매전략이 매우 중요하다.

여행상품의 판매를 위한 유통채널은 크게 세 가지로 나누어볼 수 있다.

첫째, 미디어판매, 신문 · 잡지의 광고를 통해 판매하는 방식으로 단기간 지명도를 높일 수 있다는 장점을 가지고 있다.

둘째, 자사의 카운터 판매방식으로 상담원의 정성과 친절 등과 같은 인적 서비스의 품질이 판매에 큰 영향을 미친다.

셋째, 제휴점 혹은 대리점이나 타사를 통한 판매방식을 들 수 있다. 여행도매업과 여행소매업으로 그 역할을 분담하여 명확하게 구분하여 판매하는 선진국의 경우에 많이 볼 수 있는 방식이다. 우리나라는 이러한 모든 판매방식을 혼합하여 판매하고 있는 것이 특징이라고 할 수 있다.

최근에는 통신판매나 인터넷상에서의 판매가 증가하고 있으며, 인터넷 전문여행사까지 등장하고 있다. 따라서 여행사는 자사의 상황과 상품의 특성, 소비자의 특성과 기업환경을 고려하여 가장 적합한 판매방식을 선정하여 좀더 적극적으로 판매전략을 수립할 필요가 있다 하겠다.

(3) 여행업의 마케팅 전략에 관한 과제

여행시장의 환경은 사회경제적 정세, 여행자의 욕구성향, 여행상품의 공급체제, 관계법령 등이 끊임없이 변화하고 있는 것이 현실이다.

여행사는 신속하면서도 유연하게 환경변화에 대처하는 것이 무엇보다도 중요하다. 이를 위해서는 각 구성원들의 업무지식과 창조력을 유감없이 발휘할 수 있는 조직체계가 무엇보다도 필요할 것이다.

이러한 환경변화에 대응하기 위한 구체적인 대안은 다음과 같다.

- 고객의 지속적인 관리를 통한 고정고객 확보를 위한 전략
- 고부가가치 상품의 개발과 수익성 향상을 위한 전략
- FIT 고객의 흡수를 위한 체계적인 전략
- 집중적 판매체제에 의한 고정수익 확보를 위한 전략
- 관련법의 개정에 따른 경영체제의 개선 및 전환을 위한 전략
- 인터넷시대에 부응할 수 있는 정보제공과 판매체제의 변화를 위한 전략
- 주5일 근무제에 따른 장기 휴가수요의 창조와 이에 따른 수용과 흡수전략
- 저가격 경쟁체제하에서도 일정한 수익 확보를 위한 전략

2. 여행상품의 판매방법

(1) 인적 판매 방법

인적 판매(personal selling)란 판매원이 표적여행자와 대면하여 의사소통을 하고, 여행자의 욕구를 충분히 인식시킬 만한 상품 및 서비스를 제공하는 방법으로 일명 판매원 판매라고도 한다. 이 방법은 판매원의 올바른 자세, 판매기술, 세일즈맨십, 창조성 등이 요구된다.

인적 판매 방법의 장점은 다음과 같다.

- 판매자와 구매자의 목표를 상호 보완한다.
- 상호 교류적 의사소통이 가능하다.
- 즉시적인 피드백 효과를 가져온다.
- 신축성 내지 융통성에 풍부한 수단이다.
- 의사소통에 걸리는 시간이 단축된다.

(2) 전시판매 방법

전시판매란 현물을 상대에게 설명하여 상품을 구입하게 하는 방법을 말한다. 여행상품과 같은 무형상품은 고객이 실제로 그 내용을 잘 알 수 없기 때문에 여행안내 책자, 비디오테이프, 모형전시 등의 진열, 견본시나 전시회를 통한 판매는 모두 이 계통에 속하는 판매방법이다.

(3) 대중매체에 의한 판매

대중매체란 일반적으로 4대 미디어라고 할 수 있는 TV · 방송 · 신문 · 잡지를 비롯하여 카탈로그에 의한 인쇄 · 광고 등을 총칭하는 것으로 불특정다수를 대상으로 광고하여 판매하는 방법이다.

대중매체 판매의 장단점은 다음과 같다.

1) 장 점

- 단시일 내 파급효과가 크고, 여행사의 이미지에 영향을 준다.

- 광고에 의한 파급효과로 인적 판매에도 상당한 영향력을 미친다.

2) 단 점

- 메시지의 내용 전달에 한계가 있다.
- 광고비용이 엄청나게 비싸다.

해결방안을 살펴보면 다음과 같다.

- 자사상품의 인식 및 타사상품과의 차별화
- 새로운 고객에 대한 신상품의 제공 및 기존고객의 계속구매 유도
- 상품의 유통자극 : 직접생산 · 직접판매를 강조
- 상품이용의 확대 : 경험이 최고의 광고효과
- 브랜드 선호도와 충성심의 구축 등을 열거

(4) 개인매체 : 직접우편(DM)

개인매체란 대상을 한정하는 미디어로서 크게는 인간에 의한 모든 직접의사소통(personal media), 작게는 직접우편(direct mail), 전화판매(telephone selling : telemarketing)를 의미하며, 이들을 통하여 체계적 방법을 이용하여 판매하는 것이다.

최근 텔레마케팅이 도입되어 널리 이용되고 있는데 텔레마케팅은 단순히 전화를 거는 것이 아니라 규정된 방법과 체계적인 방법으로 전화를 이용한다는 점과 특히 시기(timing)가 중요한 요소로 작용한다는 특징을 가지고 있다.

개인매체를 이용한 판매방법의 장단점은 다음과 같다.

1) 장 점

- 정확한 표적시장(target market)의 구매자를 선정할 수 있다.
- 융통성(규격 · 형태 · 문안에 제한이 없다)이 많다.
- 인간적인 접촉효과가 있다.
- 효과측정이 용이하다.

2) 단 점

- 정확한 명단의 입수와 유지·관리가 어렵다.
- 대상자를 유인할 수 있는 오락성이 부족하다.
- 다수의 동일 광고형태로 대상자에게 부담을 주게 된다.
- 광고주의 지명도가 떨어질 때 신뢰감을 얻을 수 없다.

(5) 홍보(PR)에 의한 방법

PR(public relation)은 판매를 증대시키는 내부적 도는 외부적 기회로서 홍보(publicity)를 포함하는 개념으로 사용한다. 내부적 PR활동에는 고객과 직원의 취급방법을 포함하며, 외부적 PR활동에는 일반적으로 지역사회와 여행관련 기업간의 관계를 포함하고 있다.

- 자기정보의 뉴스화로서 여러 사람들에게 알리는 것으로 지역신문사·방송국 등의 보도자료·사진자료 제공을 통해 공정성을 얻는 것이다. 이는 광고주를 표시하지 않고 뉴스형식으로 무료로 선전하는 것이다.
- 협찬, 후원홍보, 기업의 이미지 홍보 효과

(6) 구전에 의한 방법

- 한 번 이상 이용한 고객들이 입과 입을 통해서 전해주는 경험담과 체험담을 통한 여행사의 평판은 여행사 선택에 중요한 역할을 한다.
- 신뢰성이 있는 사람에 의하여 여행사의 좋은 이미지를 최대한 부각시킴으로써 최대의 판매효과를 얻을 수 있다.

(7) 기타 방법

여행상품의 판매방법으로 이용되고 있는 기타의 방법은 다음과 같다.

- 인터넷 홈페이지 광고
- 교통광고(차량 내·외 광고문)
- 옥외광고

- 대리점 등 위탁판매
- 시찰 초대여행(familiarization tour)의 실시
- 회원(member ship) 조직을 통한 판매
- 경품권을 이용한 판매

여행용어 해설

- ❒ Go Show Passenger(Stand By) : 만석 등으로 인해 예약할 수 없는 여행자가 좌석이 생기면 탑승하려고 공항 탑승수속 카운터에 대기하는 잠재승객 ≠ No Show(NS) : 예약은 되었으나 실제 탑승하지 않는 승객
- ❒ GSA(General Sales Agent) : 항공사가 해외의 항공시장에서 지점이나 영업소를 개설하여 판매활동을 적극적으로 전개하기 힘들다고 판단될 때, 다른 항공사나 여행사 등과 같은 기업들로 하여금 해당지역 영업활동을 수행하고 감독하도록 지정한 총판매대리점
- ❒ GV(Group Inclusive) : 단체포괄여행에서 항공요금을 적용하는 용어이다. 예를 들면 GV4는 4명부터 그룹요금으로 적용한다는 의미의 항공코드이다.
- ❒ Hand Carry Baggage : 기내에 가지고 갈 수 있는 수하물 · 귀중품 및 파손에 우려가 있는 것
- ❒ Have Listed On Waiting(HL) : 대기자 명단에 있음. 대기자 명단에 들어 있으므로 기다려보자는 의미의 항공코드이다.
- ❒ Holding(HLOG) : 현 상태에서 그대로 유지하는 상태
- ❒ Holding Confirmed(HK) : 좌석이 OK된 상태에 있다는 의미

제6장 Exercise & Role playing

01___ 여행상품의 가격결정 요인에 대해 설명하시오.

02___ 여행요금의 원가구성 요소에 대해 각 항목별로 설명하시오.

03___ 일반적으로 여행요금에서의 원가구성 요소에 포함되는 비용과 포함되지 않는 비용에 대해 설명하시오.

04___ 여행상품의 가격결정 방법에서 목표이익법(target return pricing)에 대해 설명하시오.

05___ 여행상품의 가격결정 방법에서 가치가격법(value pricing)에 대해 설명하시오.

06 여행상품의 유통구조에 대해 설명하시오.

07 여행상품의 유통과정에 대해 설명하시오.

08 여행상품의 유통과정에 있어서 전문형 유통이 붕괴하는 이유는 무엇인가?

09 여행상품의 판매전략에 대해 설명하시오.

10 여행상품의 판매형태와 판매방법에 대해 설명하시오.

제 7 장

여행사의 설립과 운영

제1절 여행업의 설립 및 등록
제2절 여행업의 창업 및 운영
제3절 여행사 사업계획서 작성
제4절 여행업자의 의무와 금지행위

제1절 여행업의 설립 및 등록

1. 여행업 등록의 의의

여행업을 경영하고자 하는 자는 등록요건이 충족되는 경우 등록을 수리한다. 등록에는 신규등록 · 변경등록 · 갱신등록 등이 있는데, 신규등록이란 여행업을 경영하려고 하는 자가 최초로 하는 등록으로서 등록내용은 대표자, 상호, 자본금, 주된 사무소의 주소지, 시설의 내용 등이 있다.

2. 여행업의 설립조건

여행업은 일반여행업 · 국외여행업 · 국내여행업으로 구분된다. 여행업을 경영하는 데 있어 모든 사항은 관광진흥법에 의하여 장려되거나 규제되고 있다. 관광진흥법에서의 등록은 일정한 행위를 하기 위한 요건을 갖는 허가이므로 등록하지 않고는 영업을 할 수 없고, 등록된 사항에 대한 변동도 변경등록을 하여야 한다.

여행업의 등록권한은 문화관광부 장관과 시 · 도지사(특별시장, 광역시장 또는 도지사)에게 있다(관광진흥법 제4조제2항).

여행업 중 일반여행업의 등록, 변경등록, 등록증의 교부는 문화관광부 장관이 하고, 국외여행업과 국내여행업의 경우에는 시 · 도지사가 등록관청이다. 등록관청은 관광사업의 등록을 함에 있어서 등록의 수리여부에 대한 재량권을 가지고 있다. 등록을 한 여행업자는 금융지원 · 세제혜택 등 각종 행정상 · 재정상의 지원을 받을 수 있는 점을 감안할 때, 등록관청은 등록에 필요한 형식적 · 소극적 요건의 구비 여부뿐만 아니라 사업의 적합성도 판단하여야 한다.

3. 여행업의 종류(관광진흥법 시행령 제2조)

우리나라 관광진흥법에서는 여행업을 여행객의 국적과 여행목적지를 기준으로 하여 일반여행업 · 국외여행업 · 국내여행업 등 3가지로 구분하고 있다.

여행업(여권 및 사증을 받는 절차를 대행하는 행위를 포함한다), ② 국외를 여행하는 내국인을 대상으로 하는 국외여행업(여권 및 사증을 받는 절차를 대행하는 행위를 포함한다), ③ 국내를 여행하는 내국인을 대상으로 하는 국내여행업으로 구분할 수 있다.

이를 좀더 구체적으로 살펴보면 다음과 같다.

(1) 일반여행업

일반여행업(general travel agency)이란 마치 무역관련 업무를 종합적으로 처리 · 취급할 수 있는 종합무역상사와 같이 모든 여행업무를 수행할 수 있는 자격을 갖춘 여행업으로 관광진흥법에서는 "국내 또는 국외를 여행하는 내국인 및 외국인을 대상으로 하는 여행업(여권 및 사증을 받는 절차를 대행하는 행위를 포함한다)을 말한다"라고 규정하고 있다.

따라서 이들은 국내여행 업무와 인바운드 업무, 그리고 아웃바운드 업무를 행할 수 있으므로 내 · 외국인을 상대로 여행상품의 개발과 판매가 가능하며, 이에 따른 지상수배(land operation) · 안내업무, 그리고 기타 필요한 제반조치를 취할 수 있다. 즉 일반여행업으로 등록된 여행사는 국내여행의 아웃바운드뿐만 아니라 인바운드 업무도 행할 수 있다.

일반여행업체는 국내 또는 국외를 여행하는 내국인 및 외국인을 대상으로 하는 관광사업체로서 외래관광객(inbound)을 유치하여 안내하고, 내국인의 국외여행(outbound)을 알선하고, 국내(domestic) 관광을 주요업무로 사업을 운영하는 업체로서 이는 우리나라 관광산업의 중추적인 역할을 담당하고 있다. 외국인 관광객을 유치하고 안내하는 업무를 포함한 국외와 국내 여행 모두를 할 수 있는 종합여행사이다. 내 · 외국인을 상대로 여행상품의 개발과 판매가 가능하며, 지상수배 · 안내업무 등을 할 수 있다.

일반여행사는 외래관광객 유치를 위해 주요 해외시장에 영업망을 개설하고,

관광객 유치를 위해 판매활동을 전개하고 있다. 이는 국제관광시장에서 우리나라 상품을 알리고, 그들을 유치함으로써 국제수지를 개선하고, 보다 높은 부가가치를 창출해내기 위함이라 하겠다. 또한 유익한 해외여행 정보를 통해 우리나라 관광상품의 장·단점을 현실감각에 맞도록 개발할 수 있다는 이점이 있다.

현재 외래관광객의 입국이 지나치게 일본에 치중되어 있어 업체간에 과당경쟁으로 이어져 저가상품 개발로 관광의 질적 수준이 낮아지고, 바가지요금으로 관광산업발전의 저해요인으로 작용되기도 한다. 또한 일반여행사들의 지역간 편재현상이 심화되고 있는데 대부분이 서울에 있고, 부산·제주 지역에 일부 여행사가 있다.

이러한 현상의 근본적인 원인은 상품개발의 다양성의 결여와 지방의 국제선 항공편 수의 부족, 외국인들에 대한 지역의 홍보부족, 그리고 여행사가 해외여행 관련업무 수행시 항공사와 가격교섭 용이성, 여권 및 비자 업무처리의 편리성, 그리고 각종 여행정보 획득의 신속성과 업무처리의 효율화를 기할 수 있기 때문인 것으로 분석되고 있다.

(2) 국외여행업

국외를 여행하는 내국인을 대상으로 하는 여행업(여권 및 사증을 받는 절차를 대행하는 행위를 포함한다)으로서 이와 같은 업무를 수행하는 국외여행업은 초창기에는 항공운송대리점으로서의 역할과 기능이 강조되어 항공권 판매업무가 주종을 이루었으나, 1982년 관광사업법이 개정되자 여행대리점으로 명명되었다가 1986년 12월 관광진흥법의 개정을 계기로 현재의 명칭을 가지게 되었다.

국외여행업이란 내국인의 해외여행(아웃바운드) 업무를 행하는 여행업을 말하는데 여기서 기억해야 할 것은 국외여행업은 일반여행업과는 달리 외국인의 국내여행(인바운드) 업무는 할 수 없다는 것이다. 국외여행업은 국외를 여행하는 내국인을 대상으로 하는 여행업을 말하며, 여권 및 사증을 받는 절차를 대행하는 행위를 포함하는 업체를 말한다고 하였다.

이와 같은 업무를 수행하는 국외여행업은 1989년 1월 1일 해외여행 전면 자유화의 실시로 해외여행 시장은 양적으로 확대되었는데, 특히 정부가 여행업을 허가제에서 등록제로 사업조건을 완화함으로써 국외여행업의 사업자는 대폭 증가되었다.

(3) 국내여행업

국내를 여행하는 내국인을 대상으로 여행상품을 개발하여 이를 판매하고, 알선과 판매업무를 수행하는 여행업을 말한다. 국내여행업은 이러한 업무뿐만 아니라 국내선 항공권, 철도 승차권, 고속버스 승차권, 호텔 쿠폰 등을 대매하거나 관광버스 전세업무도 취급하고 있다.

국내여행업으로 등록된 여행사는 인바운드·아웃바운드 업무를 행할 수 없고, 순수하게 내국의 국내여행 업무만을 행할 수 있다.

〈표 7-1〉 지역별 여행업 등록현황(2005.11.1 기준)

	서울	부산	대구	인천	광주	대전	울산	경기	강원	충북	충남	전북	전남	경북	경남	제주	합계
국외	2614	379	183	78	123	161	43	416	97	80	100	143	114	111	183	46	4871
국내	1060	302	181	80	121	163	48	506	124	108	159	164	186	144	247	188	3781
일반	605	33	4	7	10	3	3	31	14	10	2	4	6	7	7	36	784
합계	4279	714	368	165	254	327	94	953	235	198	261	311	306	262	437	272	9436

4. 여행업의 등록기준(시행령 제7조)

여행업을 경영하고자 하는 자는 등록기준에 적합한 관련된 구비서류를 해당 관청에 등록해야 한다.

〈표 7-2〉 여행업의 등록기준

여행업 종류	등 록 기 준
일반여행업	자본금 : 3억5천만 원 이상일 것 사무실 : 소유권 또는 사용권이 있을 것
국외여행업	자본금 : 1억 원 이상일 것 사무실 : 소유권 또는 사용권이 있을 것
국내여행업	자본금 : 5천만 원 이상일 것 사무실 : 소유권 또는 사용권이 있을 것

5. 여행업의 등록신청서류

관광진흥법 시행령 제4조제1항의 규정에 의하여 관광사업의 등록을 하고자 하는 자는 별지 제1호 서식의 관광사업등록신청서에 다음 각 호의 서류를 첨부하여 문화관광부 장관, 특별시장 · 광역시장 또는 도지사에게 제출하여야 한다.

- 관광사업등록신청서
- 사업계획서
- 신청인(법인의 경우에는 대표자)의 성명 · 주민등록번호 및 본적을 기재한 서류
- 법인등기부등본(법인의 경우에 한한다)
- 부동산의 소유권 또는 사용권을 증명하는 서류
- 관할세무서장 또는 공인회계사가 확인한 등록신청 당시의 대차대조표를 첨부하여야 한다.
- 등록신청 당시의 납입자본금의 사용내역서

6. 관광사업의 변경등록

(1) 등록사항 변경

여행업을 등록한 자가 등록사항을 변경하고자 하는 경우에는 그 변경사유가 발생한 날부터 30일 이내에 별지 제6호 서식의 관광사업변경등록신청서에 변경사실을 증명하는 서류를 첨부하여 등록관청에 제출하여야 한다.

변경등록 사항은 사업계획의 변경승인을 얻은 사항, 대표자의 변경, 사무실 소재지의 변경 및 영업소의 신설 등이 있다.

(2) 양도와 양수(지위승계)의 규정

여행업을 양도 양수의 사유가 발생한 경우 그 사유가 발생한 날로부터 15일 이내에 신고를 하여야 하고, 양수 또는 합병 후 존속하는 법인이 여행사에 관계되는 일체의 권리와 의무를 승계한다고 규정을 하고 있다.

양도 양수시 구비서류는 다음과 같다.

- 양도양수계약서 사본
- 주주총회 회의록 사본
- 주주 또는 출자자 현황
- 변경된 법인등기부등본

7. 보험의 가입

관광사업자는 당해 사업과 관련하여 사고가 발생하거나 여행자에게 손해가 발생한 경우에는 문화관광부령이 정하는 바에 따라 피해자에게 보험금을 지급할 것을 내용으로 하는 보험, 또는 공제에 가입하거나 영업보증금을 예치하여야 한다.

- 여행사업을 개시하기 전에 여행알선과 관련한 사고로 인하여 여행자에게 피해를 준 경우 그 손해를 배상할 것을 내용으로 하는 보증보험 또는 법 제39조의 규정에 의한 공제에 가입하거나 법 제43조의 규정에 의한 업종별 관광협회에 영업보증금을 예치하고, 당해 사업을 하는 동안 계속하여 이를 유지하여야 한다.
- 여행업자가 가입 또는 예치하고 이를 유지하여야 할 보증보험, 등의 가입금액 또는 영업보증금의 예치금액은 다음과 같다.
  - 일반여행업의 경우 : 5천만 원 이상
  - 국외여행업의 경우 : 3천만 원 이상
  - 국내여행업의 경우 : 2천만 원 이상
- 기획여행을 실시하고자 하는 자는 5억 원 이상의 보증보험 등에 가입하거나 영업보증금을 예치하고 이를 유지하여야 한다.
- 보증보험 등에 가입하거나 영업보증금을 예치한 자는 그 사실을 증명하는 서류를 지체 없이 등록관청에 제출하여야 한다.
- 보증보험 등의 가입과 영업보증금의 예치 및 그 배상금의 지급에 관한

절차 등은 문화관광부 장관이 정하여 고시한다.

8. 기획여행의 신고

관광진흥법 제2조에 의하면 기획여행이란 "여행업을 경영하는 자가 국외여행을 하고자 하는 여행자를 위하여 여행의 목적지, 일정, 여행자가 제공받을 운송 또는 숙박 등의 서비스 내용과 그 요금 등에 관한 사항을 미리 정하고, 이에 참가하는 여행자를 모집하여 실시하는 여행"이라고 정의하고 있다.

기획여행(package tour)이란 여행상품을 기획하여 관광객을 모집하는 것을 의미한다. 기획여행을 실시하려는 여행업자는 5억 원 이상의 보증보험에 가입하거나 5억 원의 현금을 예치하여야 하며, 그 실시 1주일 전까지 업종별 해당 협회에 기획여행 신고를 하여야 한다.

신고요령은 보증보험에의 가입 또는 영업보증금의 예치 후 기획여행 실시 7일 전까지 기획여행실시신청서에 구비서류를 첨부하여 업종별 관광협회(업종별 관광협회가 구성되지 아니한 경우에는 지역별 관광협회)에 제출해야 한다.

광고 등의 표시의 내용은 여행업의 등록번호, 상호 및 소재지, 기획여행명, 여행일정 및 주요 여행지, 여행경비, 교통·숙박 및 식사 등 여행자가 제공받을 구체적인 서비스의 내용과 최저 여행인원을 신고하여야 한다.

기획여행의 신고내용은 다음과 같다.

- 기획여행의 내역 : 기획여행명, 여행일정, 여행경비, 여행행사 실시기간 등이 나타나야 한다.
- 5억 원 이상 보증보험가입증명서 또는 영업보증금예치증명서를 제출하여야 한다.
- 여행경비산출내역서 : 여행상품별 경비산출내역을 제출하여야 한다.

문화관광부령이 정하는 기획여행 실시요건, 또는 실시방법을 위반하여 기획여행을 실시할 때는 행정처분을 받을 수 있다.

1차 위반시에는 사업정지 15일 또는 위반행위별 과징금 부과기준으로 일반여행업 200만 원, 국외여행업 100만 원의 과징금이 부과되고 있다.

(1) 기획여행신고 일반여행업체의 현황

〈표 7-3〉 기획여행신고 일반여행업체의 현황

(2005년 9월 13일 현재 총 61개 업체)

번호	업체명	대표	보증내역	번호	업체명	대표자	보증내역
1	가야여행사	이성훈	5억원	32	오케이투어	이정복	5억원
2	고려여행사	김세형	5억원	33	온누리레져개발	송상운	5억원
3	교원여행	장평순	5억원	34	온라인투어	박혜원	5억원
4	국제여행사	김완덕	5억원	35	우림여행사	이남수	5억원
5	굿모닝트래블	홍성준	5억원	36	웹투어	김준수	5억원
6	김엔드류투어	김원영	5억원	37	위더스관광	홍흥표	5억원
7	넥스투어	웡콕킷	5억원	38	인터넷엠비씨	하동근	5억원
8	농협교류센터	구자목	5억원	39	인터파크여행	이상규	5억원
9	뉴부산여행사	박재호	5억원	40	유여행사	심양보	5억원
10	대교개발	최덕식	5억원	41	앙트래블서비스	정동창	5억원
11	대아여행사	황인규	5억원	42	제주홍익여행사	김용각	5억원
12	대한여행사	설영기	5억원	43	참좋은여행	윤대승	5억원
13	동아항공화물	윤철호	5억원	44	천도관광	최승무	5억원
14	롯데관광개발	유동수	5억원	45	럽메드바캉스	상재클린희	5억원
15	보물섬투어	조성우	5억원	46	투어이천	양무승	5억원
16	모두투어 네트워크	우종웅	5억원	47	투어익스프레스	이수형	5억원
17	범한여행	여성구	5억원	48	트래블러여행	윤정원	5억원
18	비씨카드	정병태	5억원	49	파라다이스여행사	민경우	5억원
19	상미회	신용석	5억원	50	평화항공여행사	박상권	5억원
20	샤프트레블	백순용	5억원	51	포커스투어즈유유	김영규	5억원
21	서울항공여행사	정운식	5억원	52	하나투어	박상환	5억원
22	성도여행사	장기창	5억원	53	하늘땅여행	신현용	5억원
23	세방여행	오창희	5억원	54	한겨레플러스	이상훈	5억원
24	세일여행사	김진하	5억원	55	한남여행 인터내셔날	김기태	5억원
25	세중여행	천신일	5억원	56	한진관광	장관순	5억원
26	시도항공여행사	권 혁	5억원	57	한화투어몰	김봉훈	5억원
27	씨에프랑스 에스아이티	석기수	5억원	58	현대백화점 에이치앤에스	김태석	5억원
28	알찬여행	나기권	5억원	59	현대아산	김윤규	5억원
29	에스비에스 골프채널	홍성완	5억원	60	현대카드	정태영	5억원
30	에스케이투어비스	신헌철	5억원	61	호도투어	전춘섭	5억원
31	여행매니아	이재덕	5억원				

제2절 여행업의 창업 및 운영

1. 여행사 창업의 의의

여행사 사업을 시작하기 위해서는 창업가로서의 실력과 여행사업에 관한 법률적 상식을 겸비하여야 하며, 또한 서비스에 대한 확실한 신념과 여행경험이 풍부하고, 창의력과 리더십을 겸비하여야 할 것이다.

또한 여행사 창업에 있어 우선 전제되지 않으면 안 되는 것은 여행업 경영과 채산성에 관한 사항과 여행사를 어떤 목표로 운영하고, 영업을 전개할 것인지에 관한 사항이다.

여행업의 실태를 살펴보면 여행사를 전업으로 하기보다는 겸업회사로 운영하는 경우가 많다. 특히 건설·보험·백화점·신용카드·운송업·신문사 등 대기업에서 본업 자체의 판매력, 고객동원력을 여행업무와 연관해서 운영하고 있지만 이들 기업은 여행업의 채산성에 중점을 둔다기보다는 사원이나 고객에 대한 서비스 차원에서, 또는 국외여행에 지출되는 비용을 자사 또는 그룹에서 흡수할 목적으로 운영하고 있는 경우도 많다는 것을 여행업 경영자들은 경영지침상 확실히 해둘 필요가 있다 하겠다.

여행사 창업은 정해진 설립단계 과정을 거쳐야 한다. 즉 1단계는 업종선정 및 사업계획의 수립단계, 2단계는 사무실의 입지선정 및 사업계획서 작성단계, 3단계는 사업의 인·허가 및 회사설립 단계, 4단계는 개업 및 운영단계로 나눌 수 있다.

2. 여행사 창업과정 및 운영

(1) 사업타당성 조사 및 사업계획 수립단계(제1단계)

1) 사업타당성 조사의 필요성

일반기업에서 사업계획에 따른 투자의사를 결정하는 데 기본적으로 필요한 것이 사업타당성 조사이다. 사업타당성 조사는 상품생산에 관한 대안들과 함께 생산에 관련된 중요 요소를 정하고 분석하는 기능을 담당한다. 성공적인 사업계획 구축을 위한 사업타당성 조사는 창업을 실패로부터 지켜줄 수 있는 좋은 보조장치이며, 흔히 사업타당성 검토와 사업계획서를 동일시하는 경우가 있는데 이는 엄격히 다르다.

사업계획서는 사업의 내용, 경영방침, 기술성, 시장성 및 판매전망, 수익성, 소요자금 조달 운영계획, 인력충원과 계획 등을 모두 포함한 것이다. 사업타당성 검토는 외부 전문기관에 의뢰하거나 제3자에게 최종 검토하는 것이 합리적이며, 사업계획서는 사업타당성 검토에 근거하여 창업자(owner)와 참모(staff)가 직접 연구・작성하는 것이 가장 이상적이라 할 수 있다.

첫째, 창업자 자신의 주관적인 사업구상이 아닌 객관적이고 체계적인 사업타당성 검토는 사업계획 자체의 타당성 분석을 통해 창업회사의 성공률을 높일 수 있다는 장점이 있다.

둘째, 창업자가 사업타당성 검토를 통하여 구상하고 있는 기업의 제반 형성요소를 정확하게 파악하면 창업기간을 단축할 수 있으며, 효율적이고 생산적인 창업업무를 수행할 수 있다.

셋째, 창업자가 독자적으로 점검해볼 수 없는 계획제품의 기술성, 시장성, 수익성, 자금수지 계획 등 세부항목을 분석하여 제시함으로써 해당업종에 대해 사전에 깨닫지 못한 세부사항을 인지하여 효율적인 창업경영을 도모할 수 있다.

넷째, 기업의 구성요소를 정확하게 파악함으로써 경영계획의 보완사항을 미리 확인할 수 있으며, 경영계획의 균형있는 지식습득과 경영능력 향상에 도움을 획득할 수 있다.

2) 사업타당성 분석의 평가요소

사업타당성 분석의 기본체계는 제1단계 예비사업성 분석과 제2단계는 본사업성 분석으로 대별할 수 있다.

제1단계로 예비사업성 분석은 후보사업 아이디어 발견을 위해서 사업가 아이디어의 평가과정으로, 예비사업성 발견, 예비사업성 분석, 그리고 후보사업 아이디어의 1차적 선정으로 이어진다.

제2단계로 본사업성 분석은 예비사업성 분석에서 1차적으로 선정된 후보사업 아이디어를 상세히 분석, 즉 아이템 적응성 분석, 시장 및 판매전망 분석, 제품 및 기술성 분석, 수익성 및 경제성 분석, 국민경제적 공익성 분석 등을 통해 사업 성공가능을 확인하는 것이라 볼 수 있다.

그런데 예비사업성 분석의 외적 요인에 해당되는 후보 아이템에 대한 소비자 및 소비지역의 인식 정도와 사업장의 확보 가능성과 관련업계에 대한 정보자료를 수집해야 한다. 물론 그렇게 하기 위해서는 정부 및 협회 간행물, 해당업계의 협회 및 조합 탐방, 정부 및 공공기관의 전문가 또는 창업전문 컨설턴트와 면담하는 방법과 다른 판매원 및 관련업계 종사자와의 접촉, 구매자와 소비자와의 면담 등을 통하여 사업을 선정하게 된다.

3) 여행업의 업종선정 및 사업계획 수립

여행사 사업의 범위를 인바운드(inbound)와 아웃바운드(outbound), 국내여행 모두를 취급할 수 있는 일반여행업으로 할 것인지, 국외여행을 중심으로 하는 국외여행업으로 할 것인지, 국내여행을 중심으로 한 국내여행업으로 할 것인지를 결정해야 한다.

업종선정이 결정되면 그 선택업종의 여부를 사전에 분석하는 사업성 분석을 통하여 구체적인 사업계획을 수립하여야 한다. 이때 고려되어야 할 전반적인 사항을 사전에 점검할 필요가 있다. 투입예상 자본에 지출예상 비율을 점검하고, 상품판매에 대한 여행소재제공업자인 숙박・항공・철도・버스교통업자의 공급계약 문제와 관리적 측면의 인력관리・판매관리・고객관리・품질관리・현금관리 등에 대한 전체적인 사업의 개념에 대한 정립이 필요할 것이다.

사업계획 수립단계 고려사항은 다음과 같다.

① 투자자금 준비사항

- 고정비용(임대보증금)
- 법인설립 비용
- 비품 구입비

- 컴퓨터 및 통신장비 구입비
- 인테리어
- CRS 및 대리점계약 보증금

② 상품구성과 판매에 관한 사항

- 주력상품과 주력지역의 선정
- 여행상품의 생산(도매·소매)
- 여행소재 제공업자와의 공급계약 문제
- 상품의 가격과 유형, 크기와 규모 결정
- 판매에 따른 종사원 채용규모

③ 관리 측면의 고려사항

- 항공권 및 승차권 관리
- 여행소재제공업자의 관리
- 상품 생산관리
- 판매관리
- 인력관리
- 품질관리
- 고객관리
- 현금관리

(2) 사무실 입지선정 및 사업계획서 작성단계(제2단계)

여행사업의 업종의 선정과 사업계획 수립에 따른 타당성 검토를 거쳐 시장성 검토와 재무 타당성을 검토하는 단계이다.

〈표 7-4〉 사무실 입지선정 및 사업계획서 작성단계

단계	내용
① 입지선정 분석	지역분석, 업계 및 동업자 분석, 경제동향 분석
② 경영형태에 따른 입지판단	영업내용·채산성에 의한 입지판단
③ 회사 이미지와 상품구성	사무실 구조와 분위기, 전문상품
④ 여행사 공간과 배치계획	점두판매형, 섭외판매형
⑤ 사업계획서 작성	대차대조표, 손익계산서, 항공권 및 상품판매 계획
⑥ 여행사 경영계획	시장판매 계획, 상품계획, 고객계획, 자금계획

1) 입지선정의 분석

- 설립지역을 선정하고 지역의 특성이나 주변의 각 시·도의 여행자 통계 분석을 해야 한다.
- 여행업계 및 동업자의 분포 분석 및 동향의 철저한 분석이 필요하다.
- 경제동향, 성장요인, 장래계획 분석을 해야 한다.

2) 경영형태에 따른 입지판단

영업내용에 의한 사무실 설치는 점두판매형과 섭외판매형으로 나눌 수 있다. 점두판매형은 교통이 편리한 지역이나 쇼핑고객이 집중하는 지역에서 주로 판매하는 형태로 이러한 지역은 임대료가 비싸다는 점을 고려해야 한다.

섭외판매형은 섭외활동이 편한 지역으로 고객과의 접근이 용이하고, 교통이 편리하며, 지명도가 있는 빌딩이나 관공서 주변을 살펴보아야 한다.

여행업의 경영에는 고정경비가 가능하면 적게 소요되는 것이 안전한 경영을 할 수 있는 방법이다. 그래서 채산성을 고려하지 않으면 안 된다.

여행사는 입지조건이 최적은 아니다. 왜냐하면 좋은 위치는 권리금·보증금·임대료·공통경비, 기타 제경비의 부담이 크기 때문에 채산성이 있는지 신중하게 검토할 필요가 있다.

그 외 입지판단 기준으로는 임차료의 경제성, 경쟁사의 소재, 교통편, 거주성,

비즈니스 활동의 편리성, 타 입주자의 구성, 간판의 표시 등을 위한 외부조건과 냉난방·채광·주차 등을 고려하여야 한다.

여행사의 입지는 사업 성공의 중요한 요소로서 만약 입지선정이 잘못되면 고객유치를 위하여 보다 많은 광고나 판매촉진 등의 비용이 추가된다는 것을 고려해야 한다.

3) 회사의 이미지와 주력상품 구성

여행사의 존재에 대한 명시는 광고물이나 간판을 이용하여 방문시에 쉽게 찾을 수 있도록 하거나 여행사의 상호를 평상시에도 눈에 잘 띄는 위치에 부착해야 한다.

점포의 구조는 고객이 방문하였을 때 안락함과 편안함을 제공해야 하므로 언제든지 쉽게 이용할 수 있도록 해야 하고, 상품의 전시 및 연출은 쉽게 방문할 수 있도록 입구에 팸플릿을 제공하거나 포스터를 붙여서 분위기를 연출한다. 자유로운 출입을 위해 카운터에 누구나 손쉽게 상담할 수 있는 장소를 제공해야 한다.

여행사는 자사를 대표할 수 있는 주력상품, 예를 들어 신혼여행, 실버관광, 성지순례, 골프투어, 스키투어, 상용항공권, 여권, 비자, 호텔예약, 패키지 상품 등 전문적 기능을 고려해야 한다.

4) 여행사의 공간과 배치계획

여행사의 규제평수의 제한제도의 폐지로 공간의 활용도를 고려하여 선택해야 한다.

① 점두판매형

카운터를 중심으로 고객의 대기공간, 로비, 응접공간, 카운트까지의 유도공간 쇼윈도의 공간, 사무처리의 공간 등이 기본적으로 필요하다.

② 섭외판매형

응접공간이 중심이 되어야 하며, 회의실·휴게실·탈의실, 각종 서류함 등이 필요하다.

- 여행상품시장은 범위가 넓고 방대하다.

- 여행의 즐거움을 이미지화한 점포이어야 한다.
- 판넬, 기타 전경이 좋은 사진, 세계시간 등 여행사에 들어오면 여행을 하고 싶어질 수 있는 분위기와 무드를 연출한다.
- 무엇보다도 신뢰성이 가는 전문점이라는 인상을 주어야 한다.
- 요금표나 자료가 잘 정비되어 있고, 희망하는 정보가 즉석에서 제공될 수 있어야 한다.

5) 사업계획서 작성

① 사업계획서에 포함되는 주요 내용

일반적으로 특정기업의 사업계획서 작성에는 다음과 같은 주요 내용이 포함되어야 한다.

- 표지 : 사업계획서 제목, 기업명칭(가칭), 주소, 제출자, 제출문 등
- 사업계획서 요약
- 산업 및 시장 분석 : 산업특성, 수요자(목표시장, 시장세분화, 수요자 특성 등), 시장규모 및 성장추세, 경쟁자, 매출목표 등의 분석
- 사업내용 분석 : 상품 및 서비스, 사업규모, 필요기자재, 시장진입 전략 등의 분석
- 사업채산성 분석 : 예상수익 및 수익 잠재력, 비용구조, 손익분기점
- 마케팅 계획 : 마케팅 전략, 가격정책, A/S, 광고, 판매망 등
- 설계 및 개발계획 : 개발현황, 위험도 분석, 상품개선, 개발비용, 신기술 동향 등
- 경영팀 구성 및 조직운영 계획 : 조직, 핵심구성원, 경영권, 고용, 이사진, 주주, 자문역 등
- 사업추진 일정
- 위험도 및 특수 고려사항 : 예상되는 위험요인, 당면문제, 기본전제
- 재무계획 : 예상수익, 예상비용, 추정대차대조표, 추정손익계산서, 추정현금흐름표, 손익분기점 분석 등
- 자금조달 계획 및 투자조건 : 자금조달 요구액, 투자조건 등

② 사업계획서 작성원칙 및 유의사항

사업계획서 작성원칙 및 유의사항은 창업자의 얼굴인 동시에 창업자 자신의 신용이다. 그러므로 창업자는 효율적으로 창업기업을 설립하여 사업을 지속성장·발전시켜 나가고자 하는 의지를 체계적으로 정리·기술한 것이기에 다음과 같은 작성원칙과 유의성에 입각하여 작성되어야 한다.

- 사업계획서는 충분성과 자신감을 바탕으로 작성되어야 한다.
- 사업계획서는 객관성이 결여되어서는 안 된다.
- 계획사업의 핵심내용을 강조하여 부각시켜야 한다.
- 상품 및 기술성 분석에 대한 내용은 전문적인 용어의 사용을 피하고, 단순하고도 보편적인 내용으로 구성한다.
- 자금조달 운용계획은 정확하고 실현 가능성이 있어야 한다.
- 계획사업에 잠재되어 있는 문제점과 향후 발생 가능한 위험요소를 심층분석하고, 예기치 못한 일로 지연되거나 불가능하게 되지 않도록 다각도의 점검이 요구되어야 할 것이다.

③ 사업계획서 작성의 기본순서

사업계획서는 그 목적과 용도에 따라 내용과 분량 및 첨부서류에도 큰 차이가 있다. 또한 직접 작성하느냐, 아니면 외부의 전문기관에 의뢰하느냐에 따라서 다르며, 미리 기본계획과 작성순서를 정하고 작성해야만 시간과 노력을 절약할 수 있다. 또한 그렇게 실행할 경우에는 내용도 충실해지며, 작성시 기본순서에 근거하여 수립하는 것이 바람직하다.

다음은 사업계획서 작성에 필요한 순서를 구체화한 것이다.

첫째, 사업계획서 목적에 의거하여 사업타당성 검증과 창업자 자신의 계획을 구체화하여 작성해야 한다. 그리고 자금조달 방향설정과 인허가 및 회사설립 목적 등 기본목표와 방향이 정해지지 않으면 사업계획서는 초점을 잃기 쉽다.

둘째, 제출기관에 따라 소정양식이 있는지 우선 알아보아야 하고, 자금조달의 경우는 그 조달처가 은행권 금융회사냐 창업투자회사냐 따라 내용의 차이가 조금씩 다르다는 점에 주의해야 한다.

셋째, 사업계획서 작성계획의 수립이다. 즉 추진일정상 일정기한 안에 작성해야 한다.

넷째, 사업계획서 작성에 직접 필요한 자료와 첨부서류를 준비하는 일이다.

다섯째, 작성해야 할 사업계획서의 양식을 결정하는 일이다.

여섯째, 실제 사업계획서를 작성하는 일이다. 일정한 양식에 따라 순차적으로 작성하되 추정손익계산서를 먼저 작성하는 것이 시간절약에 도움이 된다.

일곱째, 사업계획서 편집 및 제출이다. 사업계획서 제출시에는 그 내용을 충분히 숙지하여 설명과 응답에 부족함이 없어야 한다.

6) 여행업의 경영계획

여행시장이 있으면 여행상품 판매가 있고, 주력목표가 정해지면 대상시장에 대한 분석 및 평가가 있어야 한다.

① 시장 · 판매 계획

- 어떤 시장을 대상으로 해야 할 것인가? 그리고 그 시장은 자사상품을 신장시킬 수 있는 시장인가?
- 고객은 무엇을 추구하고 있는가? －질 높은 여행인가? －기획이 뛰어난 여행인가? －싸기만 하면 좋은가? －고객이 추구하고 있는 서비스의 핵심은 무엇인가?
- 어떻게 판매할 것인가? 카운터 판매, 섭외판매원, 회원조직, 인터넷 판매, 직접우편판매 등이 있다.
- 판매촉진은 어떻게 할 것인가? 인터넷 광고, 신문광고, 업계잡지, 직접우편, 방송매체, 이벤트사 등을 활용하는 것이 유리하다.

② 상품계획

팔려는 상품의 조달은 판매와 더불어 매우 중요한 요소이다(항공사 · 철도 · 선박회사 · 교통기관 · 호텔 · 여관 · 관광회사 · 지상수배업자).

- **필요한 상품의 공급**

  성수기의 단체여행시 항공좌석 공급부족 사태에 직면, 블록(block)이 없는 여행사는 고객이 있어도 좌석이 없어 곤란하므로 업계의 유통에 관한 조사가 필요하다.

- **품질관리**

  가격과 서비스의 품질이 중요하다. 최적의 가격으로 최고의 이익을 창출하면 최고의 서비스가 되어 고객 대만족을 이룰 수 있을 때 상품의 품질은 최상이다.

  —이익을 낼 것인가 : 많은 이익은 발생하나 재구매가 발생하지 않는다.

  —실비로 할 것인가 : 이익은 없으나 재구매는 발생한다.

- **이익목표의 결정**

  동일상품인 경우 같은 가격으로 판매한다. 특별한 기획상품은 고부가 가격으로 판매한다.

- **상품개발과 기술의 습득**

  소비자 동향에 민감해야 하며, 새로운 목적지의 뉴스에 주의하고 관심을 기울여야 한다. 항공운임 계산에 경험이 많은 종사원의 확보는 필수적이라 할 수 있다. 왜냐하면 항공운임의 조건 여하에 따라 상품화할 수도 있고, 그렇지 못할 경우도 있기 때문이다. 또한 업계의 뉴스, 각종 세미나, 연수여행을 활용하여 상품개발 기술을 습득하는 것이 중요하다.

③ **고객계획**

- 신규고객을 무조건 확보하여야 한다.
- 최초에 유치한 고객에게 최대의 만족감을 주어 고객의 재창출 및 재방문자를 만들어내야만 한다.
- 친구나 연고가 소개해주는 고객과의 유대관계를 구축해야 한다.
- 고객 리스트를 작성하여 메일 및 직접우편을 통하여 지속적인 정보를 제공해야 한다.
- 고객을 회원 조직화하는 것도 매우 중요하다.

④ **자금운용 계획**

- 여행업 매출의 특징은 판매대금이 대부분 현금으로 입금된다는 점이다.
- DSR, BSP 등 항공이나 판매대금을 일정기간 유예하여 결제함으로써 자금의 활용이 용이하다.

- 자금계획을 수립하여 일정기간 현금의 입금과 출금에 대한 계획을 세워야 한다.
- 관광수탁금 계정의 현금과 순수이익금과의 구분을 정확히 관리해야 한다. 관광수탁금은 수익금이 아니라는 것을 인지해야 한다.
- 현금 흐름의 경로는 가능한 한 짧은 것이 좋고, 경영자 자신이 직접 점검해야 한다(현금수입, 지출, 자금조달표, 자금운영표, 미수잔고관리표, 매출채권관리를 철저히 해야 한다).

자금운용을 어렵게 하는 요인은 다음과 같다.

- 자본금·순이익의 부족 : 소액자본을 투자하는 반면 부가가치가 낮다.
- 매출액의 부족 : 고액의 행사금에 대한 이익금 매출이 낮다.
- 고정자산의 과대투자 : 1층 위치 임대보증금, 단말기 보증금, 티켓 보증금의 예치
- 인건비의 과다 : 판매이익에 대한 급료 비중이 크다.
- 회수기간의 지연 : 항공권 판매수수료의 지연, 환불금의 지연
- 미수금의 증가 : 항공권 외상거래로 거액의 미수금이 발생할 수가 있다.

(3) 사업의 인·허가 및 회사의 설립단계(제3단계)

여행사 창업을 위한 본 단계로서 사업계획서의 내용을 기초로 여러 가지 사업개시를 위한 마지막 준비단계이다.

제1단계에서의 사업타당성 분석에 의해 입증된 사항이 기본으로 여행사 설립을 위해서는 해당관청에서 법인등기를 하여야 한다. 또한 업종선정에 따른 관광사업등록증을 받기 위해서는 각각 문화관광부, 관할 시·도·구·군청에 관광사업등록신청서와 해당하는 구비서류를 구비하여 등록신청을 해야 한다.

관광사업등록증이 나오면 관할세무서에 일반사업자등록을 신청하여 사업자등록증을 받아야만이 정식으로 사업을 할 수 있고, 항공사 등 여행상품 공급업자와의 계약 및 신용카드 결제를 위한 가맹점 가입도 가능하다. 그리고 사무실 입주와 함께 인테리어를 하고, CRS 설치 및 비품의 구입, IATA 가입을 위한 서

류 준비와 항공발권 카운터 직원 및 해당부서의 직원을 구성하여야 할 것이다. 이러한 모든 과정이 순서대로 신속하게 진행되어야만이 개업을 할 수가 있다.

1) 법인의 등기

회사설립을 위한 법인 등기시에는 관할지방법원이나 등기소에 관련서류를 제출하여 등록하여야 한다. 법인설립 등기가 완료되면 일반여행업은 문화관광부, 국내여행업·국외여행업은 관할 시·도·구·군청에 관광사업등록신청서를 작성하여 제출하면 등록증을 받을 수 있다.

법인등기에 필요한 서류는 다음과 같다.

- 정관
- 주식청약서
- 임원 인적 사항 및 주민등록등본, 인감 등
- 등록세, 교육세, 각종 채권 등

이와 같이 법인설립에 필요한 각종 서류 작성이나 절차에 대해 지식이 없거나 시간적 여유가 없을 때는 법무사를 통해서 대리 등록할 수도 있다.

2) 관광사업 등록신청

여행업의 등록기준에서 일반여행업은, 국내 또는 국외를 여행하는 내국인 및 외국인을 대상으로 하는 여행업(여권 및 사증을 받는 절차를 대행하는 행위를 포함한다)으로 자본금 3억5천만 원 이상이고, 사무실 소유권 또는 사용권이 있는 자가 문화관광부에 신청할 수 있다.

또한 국외여행업 등록기준은, 국외를 여행하는 내국인을 대상으로 하는 여행업(여권 및 사증을 받는 절차를 대행하는 행위를 포함한다)을 하고자 하는 자는 자본금 1억 원 이상이고, 사무실 소유권 또는 사용권이 있는 자로서 해당 관할 시·도지사(구·군청으로 위임되었을 경우에는 사업장 소재지 구청)에 신청을 할 수 있다. 그리고 국내여행업의 등록기준은, 국내를 여행하고자 하는 내국인을 대상하는 사업자로서 자본금 5천만 원 이상과 사무실 소유권 또는 사용권이 있는 자로서 해당 관할 시·도지사(구·군청으로 위임되었을 경우에는 사업장 소재지 구청)에 신청을 할 수 있다.

등록신청 구비서류는 다음과 같다.

- 사업계획서
- 신청인(법인의 경우에는 대표자)의 성명 · 주민등록번호 · 본적 · 호주성명 및 호주와의 관계를 기재한 서류(외국인의 경우에는 법 제7조제1항 각 호에 해당하지 아니함을 증명하는 당해 국가의 정부, 기타 권한이 있는 기관이 발행한 서류, 또는 공증인이 공증한 신청인의 진술서로서 재외공관공증법에 의하여 당해 국가에 주재하는 대한민국공관의 영사관이 확인한 서류)
- 법인등기부등본(법인에 한한다. 일반여행업이라고 기재할 것)
- 부동산의 소유권 또는 사용권을 증명할 수 있는 서류
- 외국인투자촉진법에 의한 외국인투자를 증명할 수 있는 서류(외국인투자기업의 경우에 한한다)
- 공인회계사 또는 세무사가 확인한 등록신청 당시의 대차대조표(개인의 경우에는 영업용 자산명세서 및 그 증빙서류)
- 관광사업등록신청서

3) 사업자등록증 교부(해당 세무서)

관광사업등록이 끝나면 우리나라 모든 사업자는 반드시 사업자등록을 하여야만 한다. 이 과정은 세무서의 민원봉사실에서 처리할 수 있다. 이 과정에서 시간적 여유가 없을 경우에는 회계사 사무실이나 세무사 사무실에 처리를 의뢰할 수 있다. 이때 필요한 서류는 다음과 같다.

- 사업자등록신청서
- 법인등기부등본 1부
- 관광사업등록증 사본 1부
- 주주 및 출자자 명세서
- 정관 1부
- 임대차계약서 사본 1부
- 지점등기부등본 또는 국내사업장의 사업영위 내용을 입증할 수 있는 서

류(외국법인에 한함)

(4) 개업 및 운영단계(4단계)

여행업 사업에 관한 법인등기 및 관광사업등록, 사업자등록이 끝나면 본격적으로 사업을 운영할 수가 있다.

여행사 운영방법은 다음과 같다.

첫째, 소규모 여행사를 자체적으로 운영하며, 상황에 알맞게 적절한 여행사를 접촉해 고객을 넘겨주는 방법이 있다.

둘째, 홀세일러를 지향하는 여행사와 협력업체 관계를 맺고 영업을 전개하는 방법이다.

셋째, 대형여행사의 프랜차이즈 형식으로 운영하는 방법 등이 있다.

개업 및 운영단계의 내용을 살펴보면 다음과 같다.

- 고객 초청 및 개업식
- 영업활동의 개시
- 여행사 대리점 및 지점 설치
- 항공사와 항공권 판매대리점 계약
- 여행소재 제공업자와 계약(hotel, land operator)
- 부서별 · 업무별 직무할당과 업무개시
- 방문판매 계획 및 홍보활동

[별지 제1호 서식]

(앞 쪽)

<table>
<tr><td colspan="3" rowspan="2">관 광 사 업 등 록 신 청 서</td><td colspan="2">처 리 기 간</td></tr>
<tr><td colspan="2">ㅇ 여행업 및 관광숙박업 : 7일
ㅇ 종합휴양업 : 12일
ㅇ 기 타 : 5일</td></tr>
<tr><td rowspan="3">신
청
인</td><td>①성명(대표자)</td><td></td><td>②주민등록번호</td><td></td></tr>
<tr><td>③주 소</td><td colspan="3"></td></tr>
<tr><td>④본 적</td><td colspan="3"></td></tr>
<tr><td colspan="2">⑤상 호(명 칭)</td><td colspan="3"></td></tr>
<tr><td colspan="2">⑥업 종</td><td colspan="3"></td></tr>
<tr><td colspan="2">⑦주사업장소재지</td><td colspan="3">(전화 :)</td></tr>
<tr><td colspan="2">⑧자 본 금</td><td colspan="3">원</td></tr>
<tr><td colspan="2">⑨영업개시연월일</td><td colspan="3">. . .</td></tr>
<tr><td colspan="5">관광진흥법 제4조제1항 및 동법시행규칙 제2조의 규정에 의하여 관광사업의 등록을 신청합니다.

년 월 일

신청인 (서명 또는 인)
┌ 문화관광부장관 ┐
│ 특 별 시 장 │ 귀하
│ 광 역 시 장 │
└ 도 지 사 ┘</td></tr>
<tr><td colspan="3" rowspan="2">구비서류 : 뒤쪽 참조</td><td colspan="2">수 수 료</td></tr>
<tr><td colspan="2">30,000원(숙박시설이 있는 경우 매 실당 700원을 가산한 금액)</td></tr>
</table>

33334-00111민 210mm×297mm
99.4.30개정(일반용지 60g/㎡, 재활용품)

[그림 7-1] 관광사업등록신청서

(뒤 쪽)

1. 공통서류
   가. 사업계획서 1부
   나. 신청인(법인의 경우에는 대표자)의 성명·주민등록번호 및 본적을 기재한 서류(외국인의 경우에는 법 제7조제1항 각호에 해당하지 아니함을 증명하는 당해 국가의 정부 기타 권한있는 기관이 발행한 서류 또는 공증한 신청인의 진술서로서 재외공관공증법에 의하여 당해 국가에 주재하는 대한민국공관의 영사관이 확인한 서류) 1부
   다. 법인등기부등본(법인의 경우에 한합니다) 1부
   라. 부동산의 소유권 또는 사용권을 증명하는 서류(가족호텔업·휴양콘도미니엄업의 경우에는 신청인 소유의 부동산등기부등본을 제출하되, 각 부동산에 저당권이 설정되어 있는 경우에는 영 제25조제1항제2호 단서의 규정에 의한 보증보험가입 증명서류를 함께 제출하여야 합니다) 1부
   마. 외국인투자촉진법에 의한 외국인투자를 증명하는 서류(외국인투자기업의 경우에 한합니다) 1부
2. 여행업 및 국제회의기획업의 경우
   관할세무서장 또는 공인회계사가 확인한 등록신청 당시의 대차대조표(개인의 경우에는 영업용 자산액명세서 및 그 증빙서류) 1부
3. 관광숙박업·관광객이용시설업 및 국제회의시설업의 경우(사업계획승인된 내용에 변경이 없는 사항의 경우에는 제1호 각목의 서류 중 그와 관련된 서류를 제출하지 아니합니다)
   가. 법 제14조의 규정에 의하여 승인을 얻은 사업계획에 포함된 부대영업을 하기 위하여 다른 법령의 규정에 의하여 소관관청에 신고를 하였거나 인·허가 등을 받은 경우에는 각각 이를 증명하는 서류(나목 또는 다목의 서류에 의하여 증명되는 경우에는 이를 제외합니다) 1부
   나. 법 제17조제1항의 규정에 의하여 신고를 하였거나 인·허가 등을 받은 것으로 의제되는 경우에는 각각 그 신고서 또는 신청서와 그 첨부서류 1부
   다. 법 제17조제1항 각호에서 규정된 신고를 하였거나 인·허가 등을 받은 경우에는 각각 이를 증명하는 서류
   라. 시설의 평면도 및 배치도 각 1부
   마. 시설별 일람표 각 1부
      (1) 관광숙박업 : 별지 제2호서식의 시설별 일람표
      (2) 전문휴양업 및 종합휴양업 : 별지 제3호서식의 시설별 일람표
      (3) 국제회의시설업 : 별지 제4호서식의 시설별 일람표

이 신청서는 아래와 같이 처리됩니다.

신 청 인	처 리 기 관 문화관광부(관광담당부서) 특별시·광역시·도(관광담당부서)
신청서 작성 →	접 수
	↓
	심 의
	↓
등록증 교부 ←	등 록

[별지 제73호 서식]

(02.10.28. 개정)

접수번호	-	**법인설립신고 및 사업자등록신청서**	처리기간 7(14)일

인적사항				
인적사항	법 인 명(단체명)		승인법인 고유번호 (폐업당시사업자등록번호)	
	대 표 자		주 민 등 록 번 호	-
	사업장(단체)소재지			
	E-Mail 주 소		전화번호	

법인현황											
법인현황	법인등록번호		-		자본금		만원	사업연도		월 일 ~ 월 일	
	법 인 성 격 (해당란에 ○표)										
	내 국 법 인						외 국 법 인			지 점(내국법인의 경우)	
	영리일반	영리외투	비영리	국 가 지방자치	법인으로 보는 단체 승인법인	법인으로 보는 단체 기타	지점	연 락 사무소	기타	여 / 부	본점사업자 등록번호

조합법인 해당여부		공 익 법 인				외국·외투법인	국적	투자비율
여	부	해당여부	사업유형	주무부처명	출연자산여부			
		여 / 부			여 / 부			

사업장현황							
사 업 의 종 류							사업(수익사업) 개 시 일
주업태	주 종 목	주 업종코드	부업태	부 종 목	부업종코드		
							년 월 일

사업장 구분 및 면적		도면첨부		사업장을 빌려준 사람(임대인)		
자가	타가	여	부	성 명(법인명)	사업자등록번호	주민(법인)등록
㎡	㎡					

임 대 차 계 약 기 간	(전세)보증금	차 임(월 세)
20 . . . ~ 20 . . .	원	원

특 별 소 비 세				주 류 면 허		부가세 해당 여부	
제 조	판 매	장소	유 흥	면 허 번 호	면 허 신 청	여	부
					여 부		

신청구분	☐ 사업자등록만 신청 ☐ 사업자등록신청과 확정일자를 동시에 신청 ☐ 확정일자를 이미 받은 자로서 사업자등록신청(확정일자 번호 :)

법인세법 제109조·· 제111조, 동법시행령 제152조·제154조, 동법시행규칙 제82조제3항제11호 및 상가건물임대차보호법 제5조제2항의 규정에 의하여 법인설립신고, 사업자등록 및 확정일자를 신청합니다.

년 월 일

신청인 (서명 또는 인)

수수료
없 음

세무서장 귀하

※ 구비서류 : 1.등기부등본 1부 2. 정관 1부 3. 임대차계약서사본(사업장을 임차한 법인에 한함) 1부
4.상가건물임대차보호법에 의한 대항요건을 갖추고자 하는 경우로서 임대차의 목적이 건물의 일부인 경우 해당부분의 도면 1부
5. 사업허가증(해당 법인에 한함) 또는 설립허가증사본(비영리법인에 한함)
6. 주주 또는 출자자명세서 7. 지점등기부등본 또는 국내사업장의 사업영위내용을 입증할 수 있는 서류(외국법인에 한함)

[그림 7-2] 법인설립신고 및 사업자등록신청서

제3절 여행사 사업계획서 작성

1. OO여행사 사업계획서(국외여행업)

(1) 사 업 주 체

1) 설립개요

- 회사명 : (한글) OO여행사 (영문) OO Travel Agency
- 사업의 종류 : 국내·국외여행업 및 부대사업
- 대표이사 : 홍 길 동
- 설립 연월일 : 2006년 00월 00일

2) 사업대상 지역

- 세계각국(여행대상국)
- 전국일원(영업대상)

3) 여행사 등록범위

- 국내여행업(자본금 5천만 원) 및 국외여행업(1억 원)

(2) 사업의 목적

내국민의 건전하고 알뜰한 국외여행을 통하여 지구촌의 다양하고 독특한 문화를 섭취하여 국제적인 감각을 향상시키고 바람직한 여가활동을 함으로써 개인생활을 보다 윤택하게 하며, 민간외교관으로서 선진한국의 대외 이미지 홍보를 유도하며, 국민의 문화의식 향상으로 건전관광문화의 정착에 이바지하고자 한다.

2002년 한일월드컵과 중국과 일본의 한류의 열풍에 발맞추어 국제사회의 분위기가 날로 고조되고 있다. 다소 국가경제가 어렵고 힘들지만 이럴 때일수록 해외의 선진문물과 제도를 익히고, 한국인으로서의 자긍심을 잃지 않아야 하며, 이를 위해 여행사는 세계 속의 한국인으로서의 국위선양은 물론, 건전관광의 선도자로서의 역할을 다해야 한다. 아울러 건전한 해외여행을 계몽·육성하고, 정부의 관광진흥정책에 적극 기여함은 물론 선진관광 한국 건설에 선도적 여행사로 그 사명을 다할 것을 그 목적으로 한다.

(3) 운영방침

- 관광에 관한 국가정책을 성실히 수행하고 철저한 서비스 정신으로 국민의 해외여행의 질적 향상에 이바지한다.
- 성실과 신용을 바탕으로 한 대고객 서비스로 고객만족의 극대화에 최선을 다한다.
- 건전한 해외여행 질서를 확립하고, 지역사회 발전에 이바지한다.
- 고객에게 저렴하고 양질의 여행상품을 개발·제공함으로써 여행업계 발전 및 쇄신에 기여한다.
- 사업의 효율적인 운영을 위하여 복지향상과 기업의 건전한 육성을 도모하고, 업계의 모범적인 업체로 유지·발전시켜 한국관광산업 발전의 일익을 담당한다.
- 임직원의 적극적인 교육훈련을 통하여 정예화·전문화에 주력한다.

(4) 사업내용

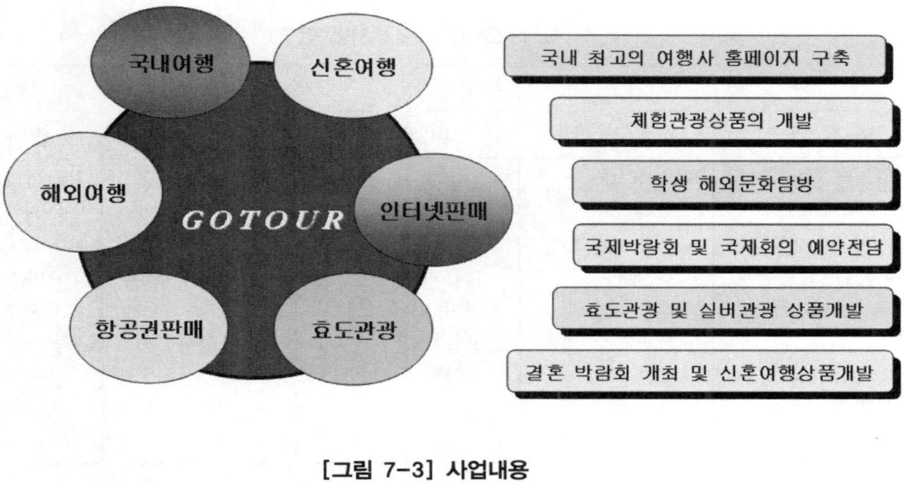

[그림 7-3] 사업내용

(5) 조직 및 인원구성

1) 조직기구표

〈표 7-5〉 일반적인 여행사 조직기구표

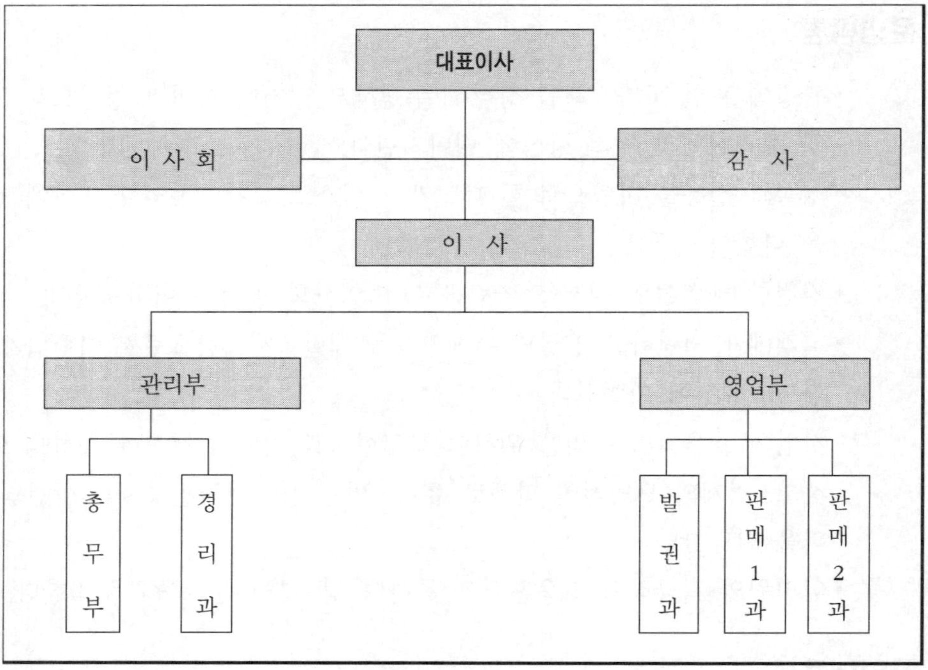

2) 부서별 담당업무

〈표 7-6〉 여행사 부서별 업무

관 리 부		영 업 부		
총 무 과	**경 리 과**	**발 권 과**	**판매 1과**	**판매 2과**
• 문서수발 및 통계 보관 • 대관청 보고업무 • 제반계약 체결업무 • 비품 · 장비 · 차량 관리 • 사원복리후생 및 인사관리	• 예산 및 결산업무 • 현금 · 예금 및 자산관리 • 자금운영 • 회계기장 및 보관	• 항공권 예약 및 발권 • 특별요금 산출 및 요금관리 • 해외 항공사와의 항공요금 계약업무	• 해외여행상품 판매 및 개발 계획 • 단체여행 상품 개발 판매 • 요금산출 및 수배 업무	• 개인별 항공권 판매 • 여권 · 비자 및 제반수속업무 • 이벤트 및 특별상품 개발 판매

(6) 자본금 투자내역

국외여행업의 등록자본금 1억 원과 국내여행업 등록자본금 5천만 원으로 한다.

〈표 7-7〉 자본금 투자내역서

내 역		수 량	금 액
사무실 임대보증금			₩50,000,000
전화 및 통신기기(휴대폰)			₩2,000,000
인테리어 시설			₩15,000,000
냉난방 기계설비			₩5,000,000
사 무 기 기	사무용책상, 의자		₩7,500,000
	복사기, FAX	각 1대	₩1,800,000
	컴 퓨 터	5대	₩7,500,000
	기타 비품		₩1,000,000
운영자금			₩60,200,000
총 계			₩150,000,000

(7) 소요자금 조달방법

〈표 7-8〉 주식발행 내역

항 목	금 액
1주당 주식발행 금액 총발행주식 수 총금액(자본금)	₩ 10,000 15,000주 ₩ 150,000,000

(8) 향후 지역별 상품판매 계획

1) 일본지역

일본지역은 한국과 지리적 여건과 정치·경제적인 불가분의 관계로 인해 여행객들의 방문이 타 지역에 비해 많은 비중을 점유하고 있다.

따라서 이 지역에 대한 상품개발은 상용·방문·견학 등의 FIT 상품이 순수 패키지 상품보다 높은 점유율을 갖고 있으므로 이벤트화시킨 상품을 집중 개발한다. 아울러 순수 패키지 상품은 다양한 계층에게 단기간 중심의 상품을 개발한다.

2) 동남아지역

동남아지역은 저렴한 물가, 이국문화에 대한 매력을 손쉽게 접할 수 있는 지역으로서 여행객이 부담없이 관광지로 선택하는 관광목적지다. 따라서 이 지역은 상품의 고급화에 비중을 두기보다는 대중화된 상품에 비중을 두어 효도관광 및 대중화된 신혼여행지로서 상품을 개발 판매토록 한다.

3) 북미지역

미국·캐나다 지역은 한국인 장기 체류자가 많은 지역으로서 지금까지 관광보다는 상용 및 친지 방문이 많은 비율을 점유하고 있다. 그러나 점진적으로 관광시장의 개방과 아울러 캐나다 지역의 노 비자(no VISA)로 인해 향후 일본 및 동남아 지역으로 보다 질 좋은 상품과 다양한 지역의 개발과 적극적인 홍보를 통해 판매를 극대화시키도록 한다.

4) 남미지역

남미지역은 아직도 관광지로서의 접근이 어려움과 생소함, 그리고 여행객들의 얇은 층으로 인해 여행지로서의 선택을 피하고 있다. 하지만 고대문명에 대한 유적지 중심의 상품 개발과 미주지역의 관광객들에게 연계하여 점진적인 판매가 이루어지도록 한다. 또한 이 지역을 고급화된 상품의 이미지로 홍보하도록 한다.

5) 유럽지역

유럽지역은 한국인이 여행지로서 선호도가 높은 반면, 고가격과 언어의 이질감이 큰 지역이다. 그러나 타 지역에 비해 교통과 숙박시설이 양호하고, 다양한 문화를 접할 수 있는 장점이 있는 지역이므로 장기 패키지 상품과 단기 패키지 상품을 동시에 개발하도록 한다. 아울러 FIT형 상품을 개발하고, 지역특성에 맞는 문화 중심의 상품을 개발하도록 한다.

6) 남태평양지역

남태평양지역은 앞으로 많은 관광객이 여행지로서 선호할 가능성이 높다. 특히 젊은 층을 대상으로 레저 및 신혼여행지로서 각광받을 수 있는 지역이라 여겨진다. 따라서 문화 중심의 여행보다는 레저 중심의 상품개발과 신혼여행 등 휴양 목적의 상품을 다양하게 개발하도록 한다.

7) 아프리카지역

아프리카지역은 정치적인 요소와 경제적인 요소가 다른 지역에 비해 불리한 곳이다. 그러나 앞으로는 여행객의 고급화와 레저의 붐을 통해 원시적인 자연의 회귀를 필요로 하게 될 것으로 여겨진다. 따라서 이 지역에 대한 상품을 적극적으로 개발하여 고객의 고급화와 레저 욕구에 대응하도록 한다.

8) 중국지역

이 지역은 지리적인 여건과 문화적 동질성, 교통로의 확충 등으로 인해 향후 관광객이 급증할 것으로 예상된다. 또한 지역 특성상 중국관광지에 대한 수요가 꾸준히 증대할 것으로 여겨지므로 다양한 상품 개발과 아울러 문화 중심의 상품을 개발 판매하도록 한다. 그리고 상용여행객의 꾸준한 증가와 친지방문을 통해 항공수요가 증가할 것으로 보여 항공권과 연계된 상품 개발에 중점을 두어야 한다.

(9) 지역별 내국인 송출계획 및 판매수입

1) 일본지역

〈표 7-9〉 국가별 내국인 송출계획 및 판매수입 예상액

연 도 / 내 역	1차연도	2차연도	3차연도
인 원	100명	150명	200명
판 매 총 액	₩94,900,000	₩142,350,000	₩189,800,000
판매수익(10%)	₩9,490,000	₩14,235,000	₩18,980,000

* 여행일정 : 오사카 · 교토 · 나라 · 벳부 4일
* 여행기간 : 4일간
* 판매요금 : ₩949,0000

2) 동남아지역

연 도 / 내 역	1차연도	2차연도	3차연도
인 원	300명	400명	500명
판 매 총 액	₩239,700,000	₩319,600,000	₩399,500,000
판매수익(10%)	₩23,970,000	₩31,960,000	₩39,950,000

* 여행일정 : 서울 · 태국 · 싱가포르 · 말레이시아
* 여행기간 : 6일간
* 판매요금 : ₩799,000

3) 북미지역

연 도 / 내 역	1차연도	2차연도	3차연도
인 원	150명	200명	300명
판 매 총 액	₩418,500,000	₩558,000,000	₩837,000,000
판매수익(10%)	₩41,850,000	₩55,800,000	₩83,700,000

* 여행일정 : 호놀룰루 · LA · 라스베이거스 · 그랜드캐년 · 라플린 · 후레스노 · 요세미티 · 샌프란시스코
* 여행기간 : 10일간
* 판매요금 : ₩2,790,000

4) 서유럽지역

연 도 / 내 역	1차연도	2차연도	3차연도
인 원	150명	200명	300명
판 매 총 액	₩358,500,000	₩478,000,000	₩717,000,000
판매수익(10%)	₩35,850,000	₩47,800,000	₩71,700,000

* 여행일정 : 로마－나폴리 · 폼페이 · 소렌토－피렌체－베니스－밀라노－루체른-엥겔베르그
* 여행기간 : 8일간
* 판매요금 : ₩2,390,000

5) 동유럽지역

내 역 \ 연 도	1차연도	2차연도	3차연도
인 원	70명	120명	200명
판 매 총 액	₩195,3000,000	₩334,800,000	₩558,000,000
판매수익(10%)	₩19,530,000	₩33,480,000	₩55,800,000

* 여행일정 : 프라하－브르노－부다페스트－비엔나－찰스부르크－퓌센
* 여행기간 : 9일간
* 판매요금 : ₩2,790,000

6) 남미지역

내 역 \ 연 도	1차연도	2차연도	3차연도
인 원	45명	90명	120명
판 매 총 액	₩ 125,550,000	₩ 251,100,000	₩334,800,000
판매수익(10%)	₩ 12,555,000	₩ 25,110,000	₩33,480,000

* 여행일정 : 서울 · 멕시코시티 · 하바나 · 씨엔프에고 · 트리니다드 · 바라데로 · 칸쿤 · 서울
* 여행기간 : 10일간
* 판매요금 : ₩2,790,000

7) 남태평양지역

내 역 \ 연 도	1차연도	2차연도	3차연도
인 원	150명	250명	300명
판 매 총 액	₩268,500,000	₩447,500,000	₩537,000,000
판매수익(10%)	₩26,850,000	₩44,750,000	₩53,700,000

* 여행일정 : 호주(골드코스트) · 뉴질랜드 북섬
* 여행기간 : 8일간
* 판매요금 : ₩1,790,000

8) 중국지역

내 역 \ 연 도	1차 연도	2차 연도	3차 연도
인 원	300명	500명	700명
판 매 총 액	₩314,700,000	₩524,500,000	₩734,300,000
판매수익(10%)	₩31,470,000	₩52,450,000	₩73,430,000

* 여행일정 : 서울 · 북경 · 계림 · 장가계 · 원가계
* 여행기간 : 6일간
* 판매요금 : ₩1,049,000

9) 총예산 판매수입

내 역 \ 연 도	1차연도	2차연도	3차연도
항공권 판매수입 판 매 인 원	₩104,742,000 1,630명	₩128,390,000 1,996명	₩153,045,000 2,391명
내국인 알선수입 판 매 인 원	₩201,565,000 1,265명	₩305,585,000 1,910명	₩430,740,000 2,620명
계	₩306,307,000	₩433,975,000	₩583,785,000

(10) 향후 3년간 항공권 판매계획

〈표 7-10〉 향후 3년간 항공권 판매계획

(단위 : 천원)

연차별	1차년도				2차년도			3차년도		
지역별	항공료	인원	총판매액	수수료 9%	인원	총판매액	수수료 9%	인원	총판매액	수수료 9%
도쿄	500,000	80	40,000	3,600	96	48,000	4,320	122	61,000	5,490
오사카	350,000	100	35,000	3,150	120	42.000	3.780	150	52.500	4.725
호쿠오카	300,000	110	33,000	2,970	132	39.600	3.564	150	45.000	4.050
북경	450,000	80	36,000	3,240	96	43.200	3.888	110	49.500	4.455
광주	600,000	50	30,000	2,700	60	36.000	3.240	72	43.200	3.888
상해	450,000	60	27,000	2.430	72	32.400	2.916	90	40.500	3.645
심양	350,000	80	28,000	2.520	96	33.600	3.024	110	38.500	3.465
장춘	400,000	50	20,000	1.800	60	24.000	2.160	72	28.800	2.592
청도	380,000	60	22,800	2.052	72	27.360	2.462	90	34.200	3.078
필리핀	550,000	70	38,500	3.465	84	46.200	4.158	90	49.500	4.455
방콕	550,000	150	82,500	7.425	200	110.000	9.900	250	137.500	12.375
싱가포르	620,000	100	62,000	5.580	120	74.400	6.696	140	86.800	7.812
대만	350,000	70	24,500	2.205	84	29.400	2.646	90	31.500	2.835
홍콩	500,000	60	30,000	2.700	72	36.000	3.240	85	42.500	3.825
호주	950,000	150	142,500	12.825	200	190.000	17.100	250	237.500	21.375
뉴욕	2,000,000	70	140,000	12.600	84	168.000	15.120	90	180.000	16.200
LA	1,700,000	90	153,000	13.770	108	183.600	16.524	120	204.000	18.360
벤쿠버	1,100,000	40	44,000	3.960	48	52.800	4.752	60	66.000	5.940
토론토	1,600,000	40	64,000	5.760	48	76.800	6.912	60	96.000	8.640
런던	900,000	30	27,000	2.430	36	32.400	2.916	50	45.000	4.050
로마	950,000	20	19,000	1.710	24	22.800	2.052	40	38.000	3.420
파리	900,000	50	45,000	4.050	60	54.000	4.860	70	63.000	5.670
독일	1,000,000	20	20,000	1.800	24	24.000	2.160	30	30.000	2.700
		1,630	1,163,800	104,742	1,996	1,426,560	128,390	2,391	1,700,500	153,045

(11) 예상 지출금액 및 내역

• 인건비 : ₩176,400,000

– 급료 : ₩176,400,000

– 상여금 : ₩58,800,000(연간 400% 기준)

– 퇴직금 : ₩19,600,000(급료+상여)×1/12

〈표 7-11〉 예상급료 지출내역

구 분	인 원	월평균 1인 급여	월지급 총액	연간 지급액
대표이사	1 명	₩3,000,000	₩3,000,000	₩36,000,000
이 사	2 명	₩2,000,000	₩4,000,000	₩48,000,000
차 장	1 명	₩1,300,000	₩1,300,000	₩15,600,000
과 장	1 명	₩1,100,000	₩1,100,000	₩13,200,000
대 리	2 명	₩1,000,000	₩2,000,000	₩24,000,000
계 장	1 명	₩900,000	₩900,000	₩10,800,000
사 원	3 명	₩800,000	₩2,400,000	₩28,800,000
계	11 명	₩9,100,000	₩14,700,000	₩176,400,000

• 사무실 임대료 및 관리비 : ₩12,000,000

₩1,000,000×12개월

• 제세공과금 : ₩1,800,000

150,000(협회비 · 법인세 · 면허세 등)×12=₩1,800,000

• 차량유지비 : ₩8,400,000

(업무용 승용차 : ₩350,000×2대×12개월)

• 통신비 : ₩7,200,000

전 화 : ₩300,000×12개월=₩3,600,000

휴대폰 : ₩300,000×12개월=₩3,600,000

• 여비 · 교통비 : ₩1,200,000

• 광고선전비 : ₩36,000,000(₩3,000,000×12개월)

- 소모품비 : ₩1,200,000(₩100,000×12개월)
- 사업추진비(접대비) : ₩2,400,000
  (₩200,000×12개월)
- 기타 판매관리비 : ₩1,200,000(₩100,000×12개월)

지출총계 : ₩247,800,000

(12) 1차연도 계정별 지출계획

〈표 7-12〉 1차년도 계정별 지출계획

연도 / 내역	1차연도
인 건 비	₩176,400,000
임대료 및 관리비	₩12,000,000
제세공과금	₩1,800,000
차량유지비	₩8,400,000
통신비	₩7,200,000
여비・교통비	₩1,200,000
광고선전비	₩36,000,000
소모품	₩1,200,000
사업추진비	₩2,400,000
기타 관리비	₩1,200,000
계	₩247,800,000

(13) 1차연도 추정손익계산서

〈표 7-13〉 1차연도 추정손익계산서

내 역 \ 연 도		1차연도
수입지부	항공권판매 수입	104,742,000
	해외여행알선 수입	201,565,000
수입지부 총계		₩306,307,000
지출지부	인건비	176,400,000
	임대료 및 관리비	12,000,000
	제세공과금	1,800,000
	차량유지비	8,400,000
	통신비	7,200,000
	여비 · 교통비	1,200,000
	광고선전비	12,000,000
	소모품	1,200,000
	사업추진비	2,400,000
	기타 관리비	1,200,000
지출지부 총계		₩247,800,000
법인세차감전순이익		58,507,000
법인세		17,552,100
당기순이익		₩40,954,900

제4절 여행업자의 의무와 금지행위

1. 여행업자의 의무

(1) 여행요금 및 약관의 신고와 공시의무

여행사는 사업의 경영에 있어 필요한 약관을 정하여 문화관광부령이 정하는 바에 의하여 그 시행 전에 문화관광부 장관에게 신고해야 한다. 이를 변경할 때에도 이와 같다. 그러나 변경내용이 이용자의 권리보호와 직접 관련이 없는 사항인 경우에는 신고하지 아니할 수 있다.

신고한 약관 및 요금을 국문 및 영문으로 표기하여 당해 사업장을 이용하는 이용객이 보기 쉬운 곳에 게시하거나 이를 열람할 수 있도록 비치해야 한다. 또한 여행요금 및 약관을 설정·변경시 실시 30일 전에 문화관광부 장관에게 제출신고 후 사업장 내 열람하기 쉬운 장소에 비치해야 한다.

(2) 여행계약서의 교부

여행사를 경영하는 자가 여행객과 여행계약을 체결하는 때에는 당해 서비스에 관한 내용을 기재한 계약서를 교부하여야 한다(관광진흥법 제13조의2).

여행계약서 교부 위반시 등록취소 및 정지, 과징금 징수 등 행정처분(관광진흥법 시행령·규칙)을 받을 수 있다. 여행자와 여행계약을 체결할 때 여행서비스에 관한 내용, 기타 문화관광부 장관이 정하는 사항을 설명하도록 의무화하고 있다.

여행계약서에 기재해야 할 사항은 다음과 같다.

- 계약을 체결하는 여행업자의 등록번호·상호·소재지 및 연락처 기재
- 여행상품의 종류 및 명칭
- 여행일정 및 여행지역
- 총여행경비 및 계약금의 금액
- 교통편·숙박 및 식사 등 여행자가 제공받을 구체적인 서비스의 내용을

포함한 여행조건
- 국외여행인솔자의 동행 여부
- 여행자보험 가입내용
- 여행계약의 성립, 계약해제 및 계약조건 위반시의 손해배상 등 여행업 약관 중 중요 사항을 기재해야 한다.

(3) 보증보험의 가입의무

여행업에 등록한 자는 그 사업을 개시하기 전에 여행알선과 관련한 사고로 인하여 여행객에게 피해를 줄 경우 그 손해를 배상할 것을 내용으로 하는 보증보험 또는 한국관광협회중앙회의 공제(보증보험 등)에 가입하거나 업종별 관광협회에 영업보증금을 예치하고 당해 사업을 하는 동안 계속하여 이를 유지하여야 한다(관광진흥법 시행규칙 제18조제1항).

여행업자가 가입 또는 영업보증금의 예치하고 이를 유지하여야 할 보증보험 등의 가입금액 또는 영업보증금의 예치금액은 일반여행업의 경우 5천만 원 이상, 국외여행업의 경우 3천만 원, 국내여행업을 경우에는 2천만 원 이상이다. 그리고 기획여행을 실시하고자 하는 업자는 5억원 이상의 보증보험 등에 가입하거나 영업보증금을 예치하고 이를 유지하여야 한다(관광진흥법 시행규칙 제18조제3항).

(4) 관광종사원의 교육의무

관광사업의 경영에 있어 여행객에게 직접적으로 서비스를 제공하는 자는 바로 관광종사원이다. 관광종사원의 서비스의 질을 높이기 위해서는 유능한 종사원의 선발뿐만 아니라 고용된 각각의 종사원의 능력과 자질을 최대한 발휘할 수 있도록 관리하는 것이다. 관광종사원의 질적 향상은 교육훈련을 통하여 이루어진다고 하겠다.

현행 관광법에서는 관광종사원 교육에 관한 의무규정은 정부, 관광사업자 및 관광종사원에게 각각 부여되고 있다. 정부는 관광종사원의 자질을 향상하기 위하여 교육훈련 기타 필요한 시책을 강구하여야 한다(관광기본법 제11조). 이에 따라 문화관광부 장관은 관광종사원 교육을 위해 매년 교육계획을 작성하고 있는 관광사업자에게 교육대상자 및 교육시간, 기타 교육실시에 관한 사항을 통보하여야 한다(관광진흥법 시행규칙 제51조). 다음으로 관광진흥법에서는 관광기본법의 입법취지에 따라 관광종사원은 문화관광부 장관이 실시하는 교육계획에 의하여 교육을 받을 의무가 있다고 규정하고 있다.

관광사업자는 그가 고용하고 있는 관광종사원이 교육을 받는 데 필요한 협력을 하여야 한다고 규정하고 있다(동법 제37조).

(5) 기획여행의 신고의무

기획여행이라 함은 여행사를 경영하는 자가 국외로 여행을 하고자 하는 여행객을 위하여 여행의 목적, 일정, 여행객이 제공받을 운송 또는 숙박 등의 서비스 내용과 그 요금 등에 관한 사항을 미리 정하고, 이에 참가하는 여행객을 모집하여 실시하는 여행을 말한다(관광진흥법 제2조3호).

오늘날 국외여행은 주로 기획여행의 형태로 운용되고 있으며, 그 동안 기획여행이 무분별하게 판매되어왔고 불건전한 국외여행을 알선하였으며, 여행업자간의 과당경쟁으로 관광업계의 질서를 파괴한 경우가 있었다. 따라서 국외여행의 질적 향상 도모와 여행자 권익의 보호 차원에서, 그리고 여행사간의 과당경쟁을 방지하기 위하여 기획여행을 규제할 필요가 있다는 주장이 제기되었다.

기획여행의 실시는 1994년 관광진흥법 개정으로 규정하였으며, 그 당시에는 일반여행업자와 국외여행업자는 기획여행을 할 수 있었다. 그러나 기획여행을 실시하는 여행업체 중 영세한 업체들의 기획여행과 관련한 사고로 인하여 여행객들의 피해에 대한 손해배상을 현행 보증보험 1억 원으로는 감당하지 못하는 일들이 IMF를 기점으로 해서 빈번하게 발생하게 되었다.

그 후 1999년 여행업종별 영업보증보험 한도의 상향조정과 함께 기획여행 실시업체에 대해서는 별도의 영업보증보험과 예치금을 1억 원 이상에서 5억 원 이상 예치하도록 규정하였다.

기획여행은 여행의 목적지, 일정, 여행자가 제공받을 운송·숙박의 내용과 요금을 사전에 정하고 여행자를 모집하여 실시하는 여행을 말한다.

기획여행은 신고서류와 함께 기획여행의 내역(여행명·여행일정·여행경비 및 실시기간 등), 광고문안(여행업 등록번호, 상호 및 소재지, 기획여행명, 여행일정, 여행경비, 교통·숙박 및 식사 등의 서비스 내용, 최저여행 인원) 등을 신고하여야 한다. 기획여행의 실시요건 및 실시방법을 위반할 경우 과징금(일반여행업 : 200만 원, 국외여행업 : 100만 원)을 부과하며, 1차 위반시 개선명령, 2차 위반시 등록취소 처분을 받도록 규정하고 있다.

해외여행계약서

당사(갑)와 귀하(귀 단체)는 아래와 같이 (ㅁ 기획, ㅁ 희망) 여행계약을 체결합니다.

<table>
<tr><td>여행상품명</td><td colspan="3"></td><td>여행기간</td><td colspan="3">~ (박 일)
(기내 숙박 일 포함)</td></tr>
<tr><td>보험가입 등</td><td colspan="7">□ 영업보증 □ 공제 □ 예치금, 계약금액: 만원, 보험기간 : ~</td></tr>
<tr><td>여행자 보험</td><td colspan="7">보험 가입 (□ 여 □ 부), 보험회사 : 계약금액 : 만원</td></tr>
<tr><td>여행인원</td><td>명</td><td>행사인원</td><td colspan="2">최저 : 명, 최대 : 명</td><td>여행지역</td><td colspan="2">여행일정표 참조</td></tr>
<tr><td rowspan="2">여행요금</td><td colspan="2">1인당: 원
총 액: 원</td><td colspan="2">계약금 : 원</td><td colspan="3">잔액 완납일: . . .
잔액 : 원</td></tr>
<tr><td colspan="7">계좌번호 : (주)OO투어</td></tr>
<tr><td>출발(도착)
일·시 및
장소</td><td colspan="3">출발 : , . 시 분에서
도착 : . . 시 분에서</td><td>교통수단</td><td colspan="3">항공기(등석), 기차(등석)
선박(등실), 기타 :</td></tr>
<tr><td>숙박시설</td><td colspan="7">□ 관광호텔 : 등급 □ 일반호텔 □ 여관 □ 기타 , 1실 투숙인원 : 명</td></tr>
<tr><td>식사회수</td><td colspan="7">□ 조식 ( )회, 중식 ( )회, 석식 ( )회 *기내식포함</td></tr>
<tr><td>여행인솔자</td><td colspan="3">□ 유 □ 무</td><td>현지안내원</td><td colspan="3">□ 유 □ 무 *일정표참조</td></tr>
<tr><td>현지교통</td><td colspan="3">□ 버스( )인승 □ 승용차 □ 기타</td><td>현지여행사</td><td colspan="3">□ 유 □ 무 *일정표참조</td></tr>
<tr><td rowspan="2">여행요금

포함사항</td><td colspan="4">필 수 항 목</td><td colspan="3">기 타 선 택 항 목</td></tr>
<tr><td colspan="4">□ 항공기·선박·철도 등 운임
□ 숙박·식사료 □ 안내자 경비
□ 국내외 공항·항만세
□ 관광진흥개발기금 □ 제세금
□ 일정표내 관광지입장료
※희망여행인 경우 해당란에 ☑로 표기</td><td colspan="3">□ 여권발급비 □ 비자발급비
□ 여행보험료(최고한도액: 원)
□ 쇼핑 □ 선택관광
□ 포터비 □ 봉사료
□ 기타 ( )</td></tr>
<tr><td rowspan="2">기타사항</td><td colspan="4" rowspan="2"></td><td>여권발급비</td><td colspan="2">원</td></tr>
<tr><td>비자발급비</td><td colspan="2">원</td></tr>
</table>

위 계약내용과 약관을 상호 성실히 이행 및 준수할 것을 확인하며 아래와 같이 서명·날인한다.

※ 본 계약과 관련한 다툼이 있을 경우 문화관광부 고시에 의거 운영되는 관광불편신고처리위원회 또는 여행사 본사 소재 시·도청(시·군·구 포함) 문화관광과로 중재를 요청할 수 있음

작성일: 200 . . .

갑 : (판매여행사)

상 호 : OO여행사
주 소 : 서울특별시 강남구 대치동 00번지
대 표 이 사 : 홍 길 동 (인) 전 화 : 02-123-4567
등 록 번 호 : 1234567 담 당 자 : (인)

을 : (여행자) :

주 소 :
단 체 대 표 : (인) 전 화 :
주민등록번호 :

[그림 7-4] 해외여행계약서

2. 여행업자의 금지행위

여행업자의 금지행위(prohibition act)란 여행업을 경영하는 자가 영업행위 중에 해서는 안 되는 행위를 말한다. 여행업자의 금지행위는 관광관계 법률이나 다른 법률에서 해서는 안 되는 불법행위와 외형상으로 적법한 듯이 보이지만 사실상 불법행위에 해당되는 여행업자의 권리남용 행위이다.

여행업자의 금지행위를 규정하는 것은 여행업자로 하여금 신의와 성실에 입각한 사업을 경영케 함으로써 여행객과 관련 시설업자를 보호하고, 여행업자 상호간의 과당경쟁을 방지하여 결과적으로 관광을 진흥시키고자 함이다.

(1) 관광진흥에 저해하는 행위

관광사업자는 다음과 같은 행위를 해서는 안 된다.

- 여행업을 경영함에 있어 허위 또는 부정한 방법을 사용하는 행위
- 여행업과 관련되는 시설경영자로부터 부당한 수수료나 금품을 수수하는 행위
- 여행업과 관련된 계약이나 약관을 위반하는 행위
- 여행업자 상호간에 과당경쟁을 하는 행위
- 여행업자가 여행업을 타인으로 하여금 경영하게 하는 행위
- 퇴폐행위를 알선 유도하는 행위
- 허위 또는 과대광고를 하는 행위
- 종사원의 불성실한 업무수행으로 고객에게 피해를 주는 행위
- 관광진흥을 저해하는 행위

(2) 여행업자의 결격사유

관광진흥법 제7조에 의거하여 관광사업자의 결격사유에 해당되는 자는 다음과 같다.

- 금치산자 · 한정치산자
- 파산자로서 복권이 되지 아니한 자

- 이 법에 의하여 등록 등 사업계획의 승인이 취소되거나 영업소가 폐쇄된 후 2년이 경과되지 아니한 자
- 이 법을 위반하여 징역 이상의 실형을 받고 그 집행이 종료되거나 집행을 받지 아니하기로 확정된 후 2년이 경과되지 아니한 자, 또는 형의 집행유예의 기간 중에 있는 자
- 관광사업의 등록증을 받거나 신고를 한 자 또는 사업계획의 승인을 얻은 자가 위의 각호의 1에 해당하게 된 때에는 등록기관 등의 장(문화관광부장과, 시・도시자 또는 시장・군수・구청장)은 3월 이내에 당해 등록증 또는 사업계획의 승인을 취소하거나 영업소를 폐쇄하여야 한다. 다만, 법인의 임원 중 그 사유에 해당하는 자가 있는 경우 3월 이내 그 임원을 해임한 때에는 그렇지 아니한다.

3. 여행자의 피해구제 방법과 보상기준

여행자가 여행상품 구매로 인하여 발생되는 피해에 대한 구제방법은 크게 4가지를 들 수 있다.

첫째, 여행사업자에 의한 피해구제 방법
둘째, 행정기관에 의한 피해구제 방법
셋째, 소비자단체에 의한 피해구제 방법
넷째, 한국소비자보호원에 의한 피해구제 방법

여행상품 소비자의 피해구제 처리절차는 다음과 같다.

(1) 여행사업자에 의한 피해구제

가장 일반적인 방법으로 여행자가 입은 손해에 대해 여행사업자측이 손해를 보상해주는 방법이다. 이는 당사자간의 자율적 규제에 의한 해결방법으로 가장 바람직한 방법이지만 현실적으로 여행약관에 대해 양측간의 첨예한 대립을 하는 경우가 많으므로 결말이 잘 나지 않는다는 단점이 있다.

(2) 행정기관에 의한 피해구제

행정기관이 소비자보호법을 비롯한 각종 관련법의 규정에 따라 사업자에게 구체적인 의무를 부과하는 방법이다. 이러한 의무를 부과하는 방법은 행정명령, 영업허가의 취소, 법령위반에 대한 처벌을 부과함으로써 여행자의 개별적 피해를 사전에 예방하는 방법이라 할 수 있다.

(3) 소비자단체에 의한 피해구제

소비자단체가 피해자로부터 불만이나 피해사례를 의뢰받고, 이에 대한 법률적 방법을 제공하고, 더 나아가서 당해 사업자로 하여금 자율적으로 소비자 피해를 구제토록 유도하는 방법이다.

(4) 한국소비자보호원에 의한 피해구제

사업자와 소비자간의 분쟁이 발행한 때에는 소비자보호법에 의거하여 그 처리를 한국소비자보호원에 의뢰할 수 있다.

한국소비자보호원은 물품의 사용이나 용역의 이용으로 인한 피해를 경험한 소비자뿐만 아니라 소비자단체, 국가, 지방자치단체, 여행자로부터 피해구제를 요구받은 단체도 한국소비자보호원에 그 처리를 의뢰할 수 있다. 대개는 합의권고를 유도하지만 30일 이내에 당사자간 합의가 되지 않을 경우에는 소비분쟁조정위원회에 조정의뢰를 하고 30일 이내에 조정의결을 하게 된다.

조정결과를 통보받은 날로부터 15일 이내에 조정안을 수락하면 재판상의 화해와 같은 효력이 발생한다.

(5) 국내여행업의 소비자피해 보상규정

〈표 7-14〉 국내여행업의 소비자피해 보상규정

피해유형	보상기준
1) 여행계약 해제로 인한 피해 ① 여행사의 귀책사유로 여행사가 계약 해제하는 경우 • 당일여행인 경우	
– 여행개시 3일 전까지 취소 통보시	– 계약금 환급

피해유형	보상기준
– 여행개시 2일 전까지 취소 통보시	– 계약금 환급 및 요금의 10%
– 여행개시 1일 전까지 취소 통보시	– 계약금 환급 및 요금의 20%
– 여행당일 통보 및 통보가 없는 경우	– 계약금 환급 및 요금의 30%
• 숙박여행인 경우	
– 여행개시 5일 전까지 통보시	– 계약금 환급
– 여행개시 2일 전까지 통보시	– 계약금 환급 및 요금의 10%
– 여행개시 1일 전까지 통보시	– 계약금 환급 및 요금의 20%
– 여행당일 통보 및 통보가 없는 경우	– 계약금 환급 및 요금의 30%
② 여행자의 귀책사유로 여행자가 계약 해제하는 경우 • 당일여행인 경우	
– 여행개시 3일 전까지 취소 통보시	– 전액 환급
– 여행개시 2일 전까지 취소 통보	– 요금의 10% 배상
– 여행개시 1일 전까지 취소 통보시	– 요금의 20% 배상
– 여행개시 당일 통보하거나 연락없이 불참할 경우	– 요금의 30%
• 숙박여행인 경우	
– 여행개시 5일 취소 통보시	– 전액 환급
– 여행개시 2일 취소 통보시	– 요금의 10% 배상
– 여행개시 1일 취소 통보시	– 요금의 20% 배상
– 여행당일 당일취소하거나 연락없이 불참한 경우	– 요금의 30% 배상
③ 여행사의 계약조건 위반으로 여행자가 여행계약을 해제하는 경우 • 당일여행인 경우	

피해유형	보상기준
– 여행개시 3일 전까지 계약조건 변경 통보시	– 계약금 환급
– 여행개시 2일 전까지 계약조건 변경 통보시	– 계약금 환급 및 요금의 10% 배상
– 여행개시 1일 전까지 계약조건 변경 통보시	– 계약금 환급 및 요금의 20% 배상
– 여행당일 계약조건 변경통보 또는 통보가 없을 시	– 계약금 환급 및 요금의 30% 배상
• 숙박여행인 경우	
– 여행개시 5일 전까지 계약조건 변경 통보시	– 계약금 환급
– 여행개시 2일 전까지 계약조건 변경 통보시	– 계약금 환급 및 요금의 10% 배상
– 여행개시 1일 전까지 계약조건 변경 통보시	– 계약금 환급 및 요금의 20% 배상
– 여행당일 계약조건 변경통보 또는 통보가 없을 시	– 계약금 환급 및 요금의 30% 배상
④ 여행참가자 수의 미달로 여행사가 여행계약을 해제하는 경우 • 사전 통지기일 미준수	– 계약금 환급 및 계약금의 100% (위약금
2) 여행사의 계약조건 위반으로 인한 피해(여행 후)	여행자가 입은 손해배상
3) 여행사 또는 여행종사자의 고의 또는 과실로 인한 여행자의 피해	여행자가 입은 손해배상
4) 여행 중 위탁수하물의 분실·도난, 기타 사고로 인한 피해	여행자가 입은 손해배상
5) 여행사가 고의·과실로 인해 여행일정의 지연 또는 운송 미 완수	여행자가 입은 손해배상

(6) 국외여행업의 소비자피해 보상규정

〈표 7-15〉 국외여행업의 소비자피해 보상규정

피해유형	보상기준
1) 여행계약 해제로 인한 피해 ① 여행사의 귀책사유로 여행사가 계약 해제하는 경우	
– 여행개시 20일 전까지 취소 통보시	– 계약금 환급
– 여행개시 10일 전까지 취소 통보시	– 계약금 환급 및 요금의 5%
– 여행개시 8일 전까지 취소 통보시	– 계약금 환급 및 요금의 10%
– 여행개시 1일 전까지 취소 통보시	– 계약금 환급 및 요금의 20%
– 여행출발 당일 취소 통보시	– 계약금 환급 및 요금의 50%
② 여행자의 여행계약 해제 요청이 있는 경우	
– 여행출발일 20일 전까지 취소 통보시	– 계약금 환급
– 여행출발이 10일 전까지 취소 통보시	– 여행요금의 5% 배상
– 여행출발일 8일 전까지 취소 통보시	– 여행요금의 10% 배상
– 여행출발일 1일 전까지 취소 통보시	– 여행요금의 20%
– 여행출발 당일 취소 통보시	– 여행요금의 50%
③ 여행참가자 수의 미달로 여행개시 7일 전까지 여행취소 통지시	– 계약금 환급
④ 여행참가자 수의 미달로 인한 여행계약 해제 통지기일 미준수	
– 여행개시 1일 전까지 취소 통지시	– 여행경비의 20% 배상
– 여행 출발당일 취소 통지시	– 여행경비의 50% 배상
2) 여행사의 계약조건 위반으로 인한 피해(여행 후)	– 여행자가 입은 손해배상
3) 여행계약의 이행에 있어 여행종사자의 고의 또는 과실로 여행자에게 손해를 끼쳤을 경우	– 여행자가 입은 손해배상

여행용어 해설

- ❐ IATA(International Air Transport Association) : 국제항공운송협회 항공운송에 있어 국제간 루트, 운임의 결정, 안전규정, 서비스 조건 및 항공권 판매대리점 규제와 지정에 관한 문제에 대한 일관된 시스템을 촉진하기 위한 협회로 1944년 시카고협약이 항공운수사업의 권익을 보장하지 못하자 1945년 4월 쿠바의 아바나에 설립하였다. 본부는 캐나다의 몬트리올에 있다.
- ❐ ICAO(International Civil Aviation Organization) : 국제민간항공기구 여행사를 상대로 교육 프로그램을 개발하거나 시행하고, 이에 대한 전문자격증을 주는 것 등을 주목적으로 1964년 설립된 기구
- ❐ ICT(Inclusive Conducted Tour) : 여행인솔자가 전 여행기간을 동반하여 안내하는 여행상품으로 단체여행에 많은 형태이다.
- ❐ IIT(Inclusive Independent Tour) : 여행출발시 안내원이 동행하지 않고 각 관광지에서만 안내원이 나와서 여행안내 서비스를 하는 여행상품으로 로컬 가이드 시스템(local guide system)이라고도 한다.
- ❐ Immigration : 출입국관리, 여행객의 출입국을 총괄적으로 관리하는 정부기관으로 법무부에 속한다.
- ❐ Inbound Tour : 외국인의 국내관광
- ❐ Incentive Tour : 기업 및 기관에서 근무성과가 우수한 구성원의 근로의욕을 향상시키기 위해 포상의 일환으로 실시하는 여행
- ❐ Infant Fare : 유아요금으로 IATA에 규정된 만 2세 미만의 유아에게 적용되는 항공운임으로 성인요금의 10% 수준
- ❐ Interline Tour : 항공사가 가맹여행사의 직원을 초대하여 실시하는 여행
- ❐ Interline Point : 타 항공편으로 갈아타는 지점을 의미한다. 트랜스퍼 포인트(transfer point)라고도 한다.
- ❐ Itinerary : 여객의 여행개시부터 종료까지의 갭(gap)을 포함한 전구간. 또는 여행사가 고객에게 제공하는 여행의 전체의 여정을 나타내는 여행일정표
- ❐ Land Arrangement(Ground Arrangement) : 여행객들이 외국의 여행목적지에 도착하여 그 나라를 떠날 때까지 투어 오퍼레이터(tour operator)에 의해서 이루어지는 모든 수배 및 서비스를 의미

- ❒ Land Operator : 여행의 지상수배를 전문으로 하는 여행업자
- ❒ Lost & Found Office : 공항에서 승객의 화물유실물 취급소
- ❒ MCT(Minimum Connecting Time) : 여행객이 항공여행 중 트랜시트(transit) 또는 트랜스퍼(transfer)를 해야 할 경우 해당공항에서 다른 지역으로의 연결편 비행기에 갈아타는 데 소요되는 최소한 시간을 의미한다. 공항에 따라 다를 수 있다.
- ❒ Motorcoach : 화장실시설이 갖추어진 관광객을 위해 준비된 버스
- ❒ Morning Call : 호텔에 투숙한 고객이 다음날 아침 자신이 정해놓은 시간에 전화로 깨워줄 것을 호텔측에 요청하는 것
- ❒ Multi-Airport : 한 도시 안에 2개 이상의 복수공항이 있는 것으로 예를 들면 미국 뉴욕의 라가디아공항과 JF케네디공항, 시카고의 오하르공항과 미드웨이공항, 파리의 오르리공항과 드골공항, 런던의 히드로공항과 가드위크공항 등이다.
- ❒ MSP(Minimum Selling Price) : 각 항공사는 노선구조, 운항회수, 수요의 동향, 경쟁사의 가격 등 여러 가지 요인을 고려하여 실제 판매활동을 하는 공시운임에서 할인되어 판매되는 시장판매가
- ❒ Multiple VISA : 복수용 사증으로 그 나라에 일정기간 동안 회수에 관계없이 입·출국할 수 있는 사증
- ❒ Net Rate : 소매업자(retailer)의 이윤이 포함되어 있지 않은 도매업자(wholesaler)의 가격
- ❒ NRC(No Record) : 항공권상에는 예약이 된 것으로 표시되어 있으나 탑승지점에서는 그 여행객의 예약기록이 없는 상태

제7장 Exercise & Role playing

01___ 여행업의 등록기준에 대해 설명하시오.

02___ 여행업의 등록 신청서류에 대해 설명하시오.

03___ 기획여행(package tour) 신고와 자격요건 및 내용에 대해 설명하시오.

04___ 여행사의 창업과정에 대해 설명하시오.

05___ 여행사 창업계획시 경영계획 항목에 대해 설명하시오.

06___ 여행사업의 인 · 허가 및 회사의 설립단계에 대해 설명하시오.

07___ 여행업자의 의무사항에 대해 설명하시오.

08___ 여행업자의 금지행위에 대해 설명하시오.

09___ 국내 · 외 여행업의 소비자피해 보상규정에 대해 설명하시오.

10___ 여행사의 설립을 전제로 하여 신규 여행사의 사업계획서를 작성하시오.

제8장

여행사의 경영관리

제1절 여행사 조직관리

1. 여행사 조직의 개념

여행사의 조직은 여행사의 특성에 맞는 적절한 조직으로 구성되어야 한다.

경영조직의 합리화는 종사원 개개인에게 책임과 권한을 명확하게 할 수 있고, 종사원 스스로 조직의 일원으로서 자발적으로 협조하도록 동기를 부여함으로써 효율적으로 경영의 목적을 달성할 수 있을 것이다. 또한 건전한 경영조직은 기업의 존립뿐만 아니라 나아가 기업의 다각화를 기할 수도 있고, 사업 확장과 종사원의 복지증진에도 기여할 것이다. 따라서 여행사의 경영조직은 여행사의 업무상 인적 의존도가 높다는 측면에서 종사원의 권한여부가 매우 중요한 성패요인이 될 수 있다.

여행사의 존립은 고객에 의해 좌우된다는 측면에서 조직의 구성은 고객지향적이어야 하며, 영업부문의 역할이 가장 강조된다. 아울러 경쟁이 심화되어가는 환경에서 기존의 정형화된 조직구성으로는 새로운 환경에 적응할 수 없으므로 동적 경영조직으로 구성되어야 한다.

여행사의 조직은 서비스업으로서 고객중심의 조직이 되어야 한다. 여행사 조직의 경영자는 합리적인 조직을 편성하여야 한다. 조직을 효율적으로 관리해야 하고, 능력과 숙련을 겸비한 종사원을 배치함으로써 업무의 효율을 높일 수 있다.

경영조직의 기본적 개념은 다음과 같다.

- 여행사의 경영조직은 성취하고자 하는 사업목적과 목표에 적합해야 한다.
- 경영의 여러 직능을 분할하고, 이에 권한을 적절히 배분하며, 분화된 경영조직과 권한을 조직구성원 각자에게 나누어 여행사 종사원이 자발적으로 조직에 참여해나갈 수 있도록 해야 한다.

- 경영목적이 달성될 수 있도록 종사원 개개인이 보다 창의적으로 참여할 수 있는 환경을 조성해주고, 조직 내의 인간관계를 원만히 유지할 수 있도록 조정해주어야 한다.

2. 여행사 조직의 중요성

여행사에서 판매되고 있는 여행상품의 질이 종사원에 의해 결정되기 때문에 전문인력의 확보가 요구되며, 종사원의 사기도 매우 중요한 역할을 한다. 이에 여행사의 경영조직은 인간중심적인 기업경영이 필수적이라 할 수 있다. 즉 여행사는 무형의 상품을 판매하므로 어느 기업보다도 인적 의존도가 높은 편이다. 여행사의 특성에 맞는 경영조직이 구성되어야 한다.

최근 인터넷의 보급으로 조직은 다양화화고 있으며, 특히 개인의 능력과 적성에 알맞은 업무분장은 여행사 직원 개개인에게 책임과 권한을 명확히 해주고, 조직의 일원으로서 자발적으로 협조하도록 동기를 부여함으로써 조직관리의 극대화와 경영효율화를 이룰 수 있을 것이다.

오늘날 여행사 경영의 특징은 다음과 같다.

- 자본투자 규모가 증대되고, 경영활동도 복잡성을 띠고 있다.
- 여행업무를 보다 체계적으로 수행하기 위해 조직화가 필요하다.
- 경영조직을 합리화하여야 여행환경에 적절히 대응할 수 있다.
- 경영기술을 가장 효과적으로 활용하며, 창조적이어야 한다는 것이다.

따라서 여행사 조직을 구성할 때 주의해야 할 점은 다음과 같다.

- 조직은 사업목적 달성에 도움을 주어야 한다.
- 조직은 가능한 한 중간계층이 적고, 명령경로가 짧아야 한다.
- 내일의 최고경영자의 육성 및 그들이 능력발휘를 할 수 있는 구조를 갖추어야 한다.

경영조직의 목적은 다음과 같다.

- 기업의 목적 또는 각 기업단위의 목적을 능률적으로 유효하게 달성할 수 있도록 조직의 각 구성원간의 협력관계를 확립해야 한다.
- 각 개인의 창의력을 충분히 발휘시켜 각 개인이 기업의 목적에 적극적으로 공헌할 수 있는 조직을 마련해야 한다.
- 각 개인의 책임체제를 마련해야 한다.
- 기업의 성장을 촉진하고, 또한 그것에 대비할 수 있는 조직을 마련해야 한다.

3. 여행사 조직의 방향성

(1) 고객지향성

여행사의 상품은 무형의 상품이다. 이는 대인관계에 의한 판매이기 때문에 조직은 고객 지향적이지 않으면 안 된다. 여행업은 인적 서비스와 대인관계로 상품을 판매하므로 원활한 업무진행이 필요하고, 또한 고객중심으로 조직이 형성되어 입체적으로 대응할 수 있도록 간소한 조직이 되어야 고객에게 편한 느낌을 줄 수 있다. 예컨대 담당자가 부재중이라고 해도 업무가 지연되거나 원활한 업무진행이 안 되면 문제가 생긴다.

여행사의 조직은 고객을 처음부터 끝까지 입체적으로 대응할 수 있는 간소한 조직이 되어야만 고객에게 편안한 느낌을 줄 수 있다.

(2) 영업부문 위주의 조직

고객이 없이는 회사도 있을 수 없다. 고객지향적인 경영체계와 종사원의 인원배치시 영업부문을 제1순으로 배치한다. 관리부문, 서비스부문 중에서도 영업부문을 가장 중요시해야 한다.

(3) 동적 조직

기업은 항상 앞을 보아야 한다. 기업환경은 급속히 변화해가므로 신상품의 개발과 판매촉진의 개발을 계획적으로 추진해나가야 한다. 기존의 조직으로 대응할 수 없는 경우에는 수시로 프로젝트팀, 판촉팀제 등 조직을 탄력적으로 운영해야 한다.

4. 여행사의 조직구조

여행사의 조직은 여행사의 규모, 여행사의 업무영역과 주력부문, 사무자동화 정도와 종업원 수에 따라 조직형태와 조직구성의 내용에 차이가 있다. 또한 여행사의 조직은 일반적으로 여행형태별 특성이 있으므로 국내여행 · 국제여행 · 해외여행으로 구분하여 부서를 두고 전체를 위한 기획 및 판매부서, 해외지사 부서를 운영하는 것이 바람직할 것이다.

(1) 조직구성 원리

여행사의 조직은 직계(line) 조직과 참모(staff) 조직의 형태로 구성된다. 직계조직은 모든 기본목표와 방침을 결정하고, 참모조직은 직계의 활동을 촉진한다.

1) 직계조직의 업무내용

경영자로 구성되는 임원회의에서 여행사의 기본목표나 방침을 실현하기 위해서 실제로 영업활동을 하는 부문을 말한다. 사업부나 영업부는 영업소를 통괄하고, 업무부 단위의 판매계획의 입안이나 영업소의 판매활동에 대한 지도 등을 한다. 영업부 내에는 다시 기획부문 · 수배부문으로 구분된다.

영업소는 직접 고객과 접촉하여 여행상품을 판매하거나 출국수속 · 안내 등의 여행서비스를 제공하는 일 외에도 승차권이나 항공권의 예약 · 발권 등의 업무를 행하는 곳이다.

일반적으로 영업소에서는 단체판매(group sales), 개인판매(FIT), 점두판매(counter sales), 수배(arrangement), 출국수속(passage procedure), 발권(ticketing), 경리회계(accounting), 서무(general affairs) 등의 업무를 수행한다.

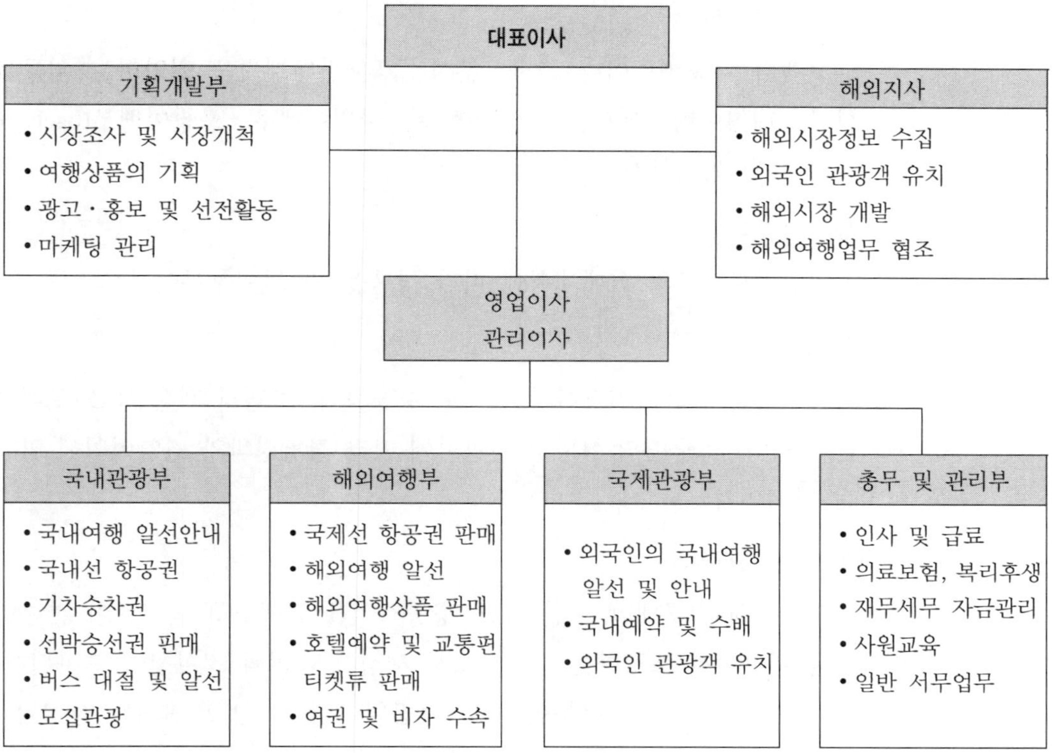

[그림 8-1] 여행사 경영조직의 일반적 형태

2) 참모조직의 업무내용

영업부문의 판매활동을 지원하기 위하여 전문적인 지식을 조언하거나 상담에 응하는 등의 서비스를 하여 간접적으로 여행사의 목표에 기여하는 부문으로 기획 · 구매 · 수배 · 업무 · 정산 · 심사 부문 등이 이에 포함된다.

① 기획부문

- 경영기획부문(사장실 · 기획실)

  일반적으로 '사장실' '기획실'의 부문을 말하며, 여기서는 경영기획의 입안, 시장조사, 연구, 신규사업의 개발 등 매출목표 선정, 이익목표 설정 등의 업무를 수행한다.

• 영업기획부문

고객의 수요예측이나 조사·분석 등의 판매계획을 입안하는 업무를 한다. 대형여행사에서는 국내여행부, 국외여행부, 포괄여행부(package tour) 등의 독립부서를 운영한다.

• 상품기획부문

영업기획부문의 판매계획에 따라 상품을 만드는 부문이다.

② 구매부문

판매기획과 상품기획에 입각하여 실제로 항공좌석, 호텔의 객실 등을 구매하는 중요한 부서이다. 구매의 상황의 원할함에 따라 경영성과와 경영이익에 영향을 미치는 부서이다.

③ 수배부문(판매관리)

외국의 지상수배나 구매한 호텔 객실, 항공좌석을 판매상황에 맞추어 관련업체와 연락을 취하면서 조정하는 부문으로서 세심한 배려와 정확성이 요구된다. 우리나라에서는 구매와 수배부문이 따로 독립되어 있지 않고 대개는 한 부문, 즉 수배부문으로 통합하여 관리하고 있다.

④ 업무부분

각종 서비스 제공기관과의 계약, 요금표에 대한 각종 정보제공, 관계법령의 사내제도의 적용검토 등을 행하는 부문으로서 정보산업으로서의 여행업에 있어서 매우 중요한 업무부문이라 할 수 있다.

⑤ 정산 · 심사 부문

여행사가 교통기관 등으로부터 대리위임받아 발행하고 있는 항공권이나 기차표 등의 자사 발행업무 부문에 있어서 적정하게 발행되었는지를 검토하여 정산을 하는 부문이다. 즉 항공권 판매에 관한 일일보고서(DSR), 기차표, 호텔숙박권, 관광권 등의 판매에 대한 정산을 하는 부문이다.

5. 여행사의 조직유형과 조직별 업무

(1) 부문별 조직

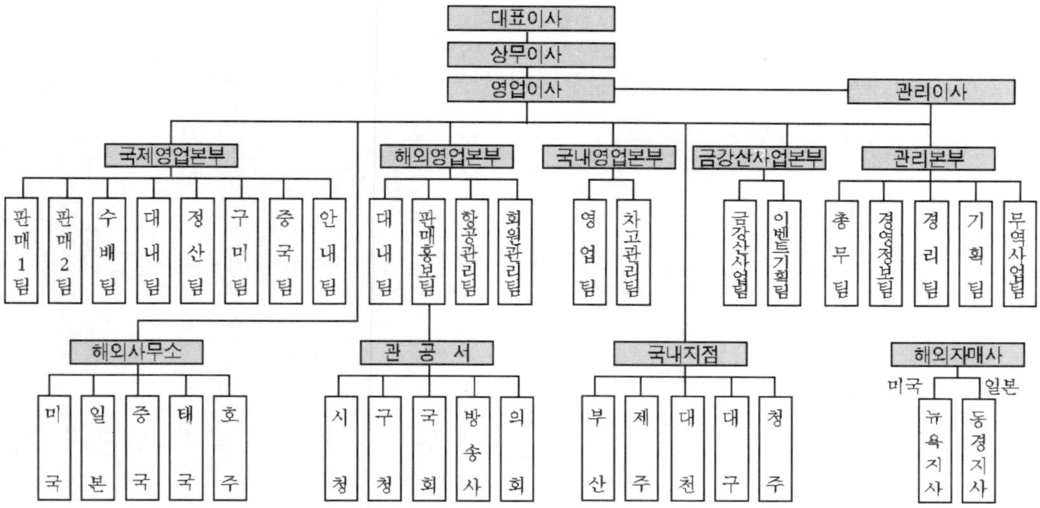

[그림 8-2] 부문별 조직

(2) 관리부서의 조직

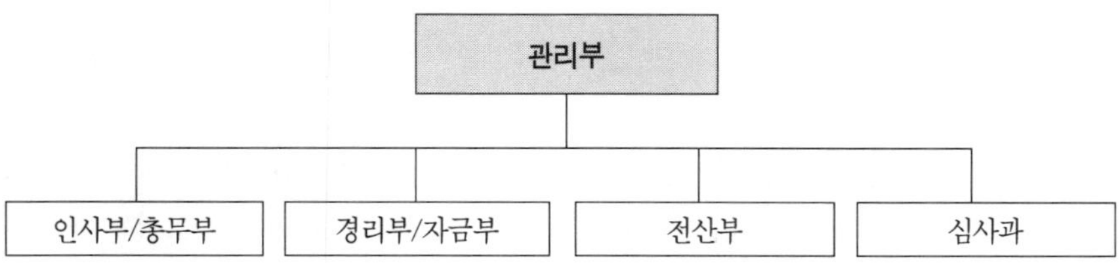

[그림 8-3] 관리부서 조직

1) 인사과

공정한 인사관리, 최적비용을 계획・관리, 인력의 수요를 계획, 인력공급관리, 채용・교육・배치・이동・승진 등을 계획하고 관리, 사원표창・징계에 관한 업무를 수행한다.

2) 경리부

회계업무 관리, 순이익의 증대 도모, 원활한 자금조달 계획 수립, 거래처의 지불금과 미수금을 관리하고 통제한다.

3) 회계과

회계자료의 취합 · 처리 · 분류, 세무신고업무 관리, 행사에 필요한 전도금과 행사비를 지출한다.

4) 자금과

자금의 투자수익을 관리, 외부자금 조달을 위하여 금융기관과 긴밀한 관계를 유지한다.

5) 심사과

예산서와 결산서를 확인하고 행사종료 후 최종수익금의 심사업무 관리, 각종 수수료와 광고협찬금의 입금을 관리한다.

6) 전산부

업무 프로그램을 개발 · 보수 · 유지 · 관리, 직원교육 실시, 전산시스템 이용에 관한 업무를 한다.

7) 프로그래머

모든 업무의 흐름을 통합 전산화하여 효율적인 MIS시스템 구축, 통합 고객관리 프로그램을 개발한다.

8) 정보처리과

부서에서 필요로 하는 데이터베이스를 구축 · 가공 · 제공, 정보시스템을 최적화하여 연계시키고 확장한다, 또한 홈페이지의 관리 등을 담당한다.

(3) 국내여행부 조직

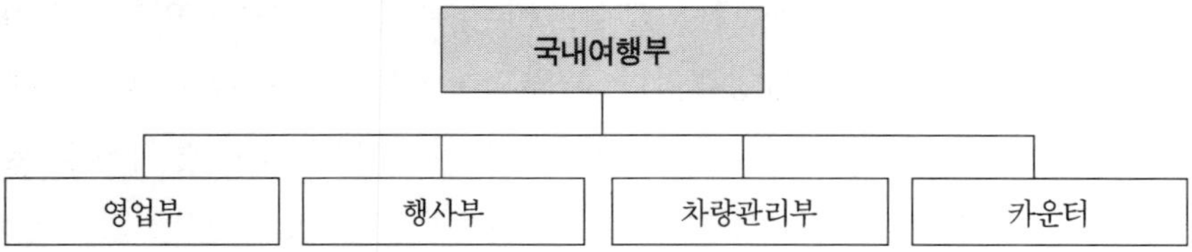

[그림 8-4] 국내여행부(domestic) 조직

1) 영업부

국내관광 여행단체의 판매업무를 하고, 기획상품과 각종 패키지 투어 상품을 일반여행객을 대상으로 판매하는 부서이다.

2) 행사부

국내 단체관광객을 직접 인솔 및 안내하는 업무가 주업무로, 각 단체의 행사과정을 준비·체크하여 안내원의 안내업무를 교육하고 지도하는 부서이다.

3) 차량관리부

전세버스 및 렌터카의 관리를 맡고 있으며, 특히 차량수배와 배차 그리고 차량관리 등의 전세업무를 하고 있는 부서를 말한다.

4) 카운터

패키지 투어 상품 및 기획상품을 상담하고 판매하며, 호텔·콘도·항공·골프장·선박·식당 등의 예약업무를 하고, 철도승차권·항공권 등을 예약하고 판매하는 부서이다.

(4) 외국인 여행부 조직

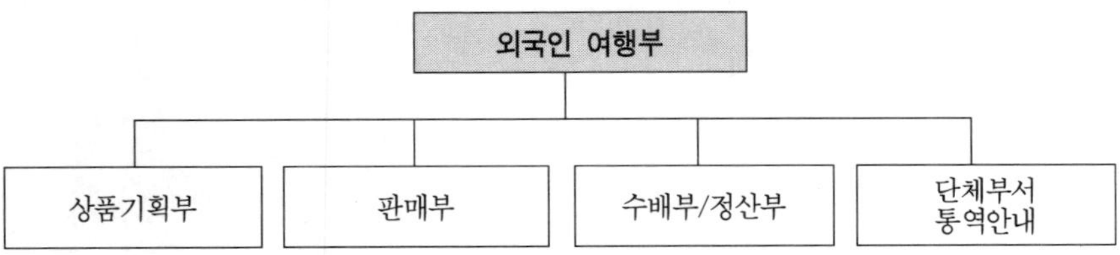

[그림 8-5] 외국인 여행부(inbound) 조직

1) 상품기획부

여행주체가 누구냐에 따라 여행상품의 형태를 분류하면 여행사가 미리 개발하며 만든 기획상품과 여행객이나 해외도매업자의 주문에 의해서 만든 주문상품에 있는데, 이러한 여행상품을 만들기 위해 주기적으로 현지시장 정보 및 여행소재를 합쳐 시장성이 있는 상품의 개발과 조립 등의 기획업무를 담당하는 부서이다.

2) 판매부

업무협의, 판촉활동, 관광일정표 작성, 견적 산출, 단체확정 통보, 행사 후 평가보고서 발송 등의 업무를 하는 부서이다.

3) 수배부

외국여행업체가 의뢰한 관광일정과 조건에 맞는 숙박시설 · 식사 · 교통수단 등의 예약 · 수배업무를 담당하는 부서이다.

4) 단체부서(통역안내부서)

외국인 여행객이 국내를 여행할 경우 입국에서부터 모든 일정을 끝마치고 귀국할 때까지 전반적인 현지일정의 진행을 담당하며, 회사의 업무를 최일선에서 수행하는 부서이다.

5) 정산부

상품의 판매와 더불어 수익성을 향상시킬 수 있는 역할을 할 수 있는 위치로서 행사의 종료 후 안내원으로부터 보고한 행사의 정산을 전담하며, 행사집행의 재정을 전담하는 부서를 말한다.

(5) 해외여행부 조직

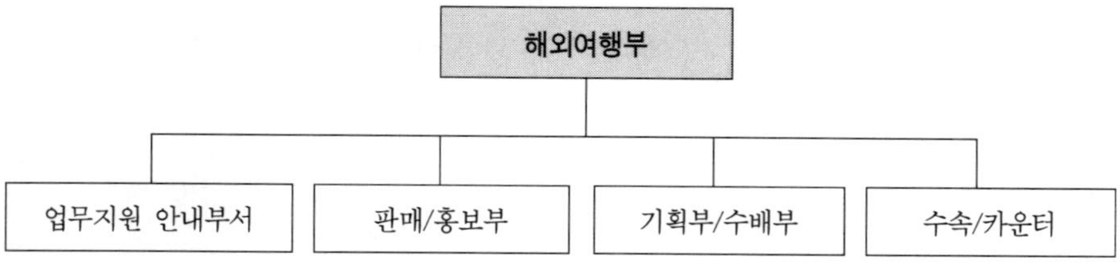

[그림 8-6] 해외여행부(outbound) 조직

1) 업무지원부

수속업무가 원활히 진행될 수 있도록 관리하고, 항공사로부터의 공급이 원활할 수 있도록 협조하며, 소비자의 불평요인을 찾아내어 해소하고, 종합적 고객관리 프로그램을 고안・시행한다.

2) 수속부

여권 및 비자 수속업무를 수행하고, 수속의 대상고객에게 편의를 제공한다.

3) 발권부

철도・항공・선박의 예약업무를 수행하고, 그에 따른 요금을 산정하며, 발권, 해외여행보험의 발권 및 요금을 산정한다.

4) 고객관리부

고객불편 사례가 있는 경우 이에 대한 보상처리업무를 수행하고, 불편사례가 재발되지 않도록 한다. 사보의 발행 또는 고객 데이터베이스를 이용하여 신상품 소개 등을 알려주어 관심을 유지하고, 여행에 참가한 고객대상으로 설문조사를 실시한다.

5) 상용여행부

주문여행시장에서 신규고객을 확보하고 출장여행의 항공권 판매영업을 수행하고, 각종 협회 및 공공기관과 유대를 강화하고, 주요 거래처 및 신규 거래처를 관리한다.

6) 상용부

해외출장이 잦은 기업체 및 개인 등의 상용고객을 정기적으로 방문하여 항공권 판매활동을 수행하고, 각 항공사의 상용여행자에 대한 새로운 항공요금을 입수하고 이를 영업활동에 적극적으로 활용한다.

7) 단체부

해외 산업시찰·연수 등을 목적으로 조직되는 각 협회 및 기관 등을 정기적으로 방문하여 요구되는 일정에 의해 여행조건과 여행요금을 제출하고, 성사되는 경우 수배과에 의뢰하여 해외전시회 및 박람회여행을 개발하고 판매한다.

8) 수배부

단체의 여행계약이 이루어지거나 패키지 여행의 최소 출발인원이 성원된 경우 호텔·교통·식당 등을 예약하고, 홍보물 또는 여행계약서에 명시된 여행조건을 준수하여 최저가격으로 수배될 수 있도록 한다. 투어 컨덕터의 교육을 주관하고, 단체마다 적합한 투어 컨덕터를 배정한다.

9) 상품기획부

시장의 상황과 고객의 욕구를 분석하고, 적절한 시기에 신상품을 기획하고 출시하며, 기획상품에 대한 수익성과 위험성을 분석하고, 최적규모 사업계획서를 작성한다.

10) 판매부

상품구매 문의에 친절하게 상담하고, 여행상품 판매관련 지식을 습득하며, 상품별 계약접수 현황을 수시로 파악하고, 출국설명회를 준비하여 실행한다.

11) 홍보부

홍보예산을 수립하고 집행하며, 해당상품에 적당한 매체를 선정하고, 기업의 이미지 제고 및 고객의 로열티를 얻어내기 위한 광고안을 대행사와 협의하여 이미지 홍보를 실행한다.

6. 여행사 조직의 경영지침

여행사 경영조직에 있어서 우선 전제되어야 하는 것은 여행업의 채산성에 대한 실태의 조사가 반드시 이루어져야 할 것이며, 여행업을 어떤 목표를 두고 운영하고 영업을 전개할 것인지에 대한 이해와 장래성에 대한 검토가 이루어져야 할 것이다.

오늘날 여행업의 형태를 살펴보면 여행업을 전업회사보다는 겸업부문으로서 취급하고 있는 회사들이 많다는 것이다. 특히 겸업회사의 경우에는 백화점 · 금융기관 · 신용카드사 · 신문사 · 운송업체 등 대기업에서 본업 자체의 판매력, 고객동원력, 집객력을 여행업과 연관해서 운영을 하고 있는 경우가 있다. 하지만 이들 기업은 기업의 채산성에 중점을 둔다기보다는 기업의 이미지에 이용하는 경우이며, 사원 또는 당사의 고객에 대한 서비스 차원에서 또는 해외출장에 지출할 비용을 자사에서 흡수할 목적으로 운영하고 있는 경우가 많다. 그러므로 여행업 경영자들은 경영지침을 확실하게 해둘 필요성이 반드시 있다 하겠다.

(1) 신규고객을 창조해야 한다

여행사 경영에 있어서 신규고객을 창조하는 것이 무엇보다도 중요할 것이다. 신규고객은 여행사 경영의 기반이 되고 기둥이 된다.

(2) 기업의 특징을 살려야 한다

여행사의 규모가 소규모인 회사의 경우에는 훌륭한 서비스를 목표로 하든지, 아니면 타사에서 취급하지 않는 특정지역, 특정부문의 전문여행사로서 특징이 필요하다. 가능성이 있는 부문을 설정하여 집중 · 전문화해야 한다.

(3) 사회적 책임을 진다

기업은 사회 속에서의 한 개인이다. 그 개인의 존재가 어떤 형태로든 사회에 공헌하는 데에 기업의 존재의의가 있다 하겠다. 여행을 통한 외화획득이나 자국을 널리 알리는 것은 국가발전에 크게 공헌하는 것이다.

(4) 이윤을 추구해야 한다

기업이 정상적인 활동을 통하여 이윤을 획득하는 것은 계속기업(going concern)으로 살아남기 위해 필수불가결한 것이다.

(5) 여행업의 비전을 확립해야 한다

여행업은 여행이라는 서비스를 판매하는 것이지 무상의 봉사를 하는 것이 결코 아니다. 여행업은 국민의 여가활동의 조정자(coordinator)이며, 상담자(consultant)이다. 여행사 근무자는 결코 여행자들의 심부름이나 해주는 잡역부가 아니다. 대외적으로 민간외교관이라는 긍지를 가져야 한다. 왜냐하면 여행사 근무자는 여행의 조정자이고 여행에 관한 컨설턴트이기 때문이다.

제2절 여행사 업무관리

1. 여행사의 업무

여행업무는 여행업의 종류에 따라 경영규모나 내부조직에 따라 업무내용도 달라지게 된다. 즉 일반여행업 · 국외여행업 · 국내여행업에 따라 법적으로 업무내용이 다를 뿐만 아니라 동일업종일지라도 자본구성이나 경영규모의 대소가 존재하며, 자체의 업무내용에도 다르다.

일반적으로 여행업은 여행업의 공통 업무가 있다. 관광진흥법 제3조제1항제1호에서는 여행업을 "여행자 · 운송시설 · 숙박시설, 기타 여행에 부수되는 시설의 경영자 또는 여행업을 경영하는 자를 위하여 동 시설이용의 알선, 여행에 관한 안내, 계약체결의 대리, 기타 여행의 편의를 제공하는 업"이라고 정의하고 있다.

이의 내용을 구체적으로 살펴보면 다음과 같다.

- 여행자를 위해 운송 · 숙박, 기타 여행에 부수되는 시설의 알선이나 대리계약을 체결하는 일
- 타인이 경영하는 여행관련 행위에 부수되는 시설을 이용하여 여행자에게 편의를 제공하는 일
- 여행관련 사업을 경영하는 자를 위하여 여행자의 알선이나 대리계약을 체결하는 일
- 여행자를 위해 여권 및 사증을 받는 절차를 대행하는 일
- 여행자를 위해 여행정보를 제공하고 상담하는 일 들이다.

다시 말하면, 여행사의 업무는 교통기관이나 숙박시설 등의 여행소재를 효율적으로 구입해서 일련의 상품으로 만들어 소비자에게 제공하는 업무이다. 이러한 교통기관(항공사 · 철도 · 선박 · 버스 · 렌터카)이나 숙박시설(호텔 · 리조트 · 콘도

미니엄), 관광시설(박물관 · 사찰 등) 등의 예약을 대행하고 여행상담을 통한 정보의 전달과 계약업무를 한다.

여행사의 업무과정을 구분하면 여행상품을 생산하는 생산업무 · 판매업무 · 안내업무 · 수배예약업무, 각종 수속대행업무 및 관리업무 등이 있다. 여행사 업무의 구체적 내용은 다음과 같다.

(1) 수속대행업무

수속대행업무는 여행사의 고유업무는 아니다. 하지만 여권과 비자대행업무는 여행의 업무 중 큰 비중을 차지하고 있다.

해외여행의 경우 여권과 비자 발급은 반드시 필요한 사항으로 고객과의 상담과정에서도 여행요금, 여행지의 코스 다음으로 여권과 비자의 수속에 관한 문의이다. 따라서 수속대행업무는 근무자 모두가 기본적으로 하는 업무이기 때문에 담당자가 아니더라도 꼭 알고 있어야 하는 업무이다.

(2) 수배예약업무

여행사는 고객의 원활한 여행을 위해 항공예약을 제외한 호텔숙박, 교통기관의 예약과 이용, 식당 · 관광지 및 편의시설 등에 대한 수배를 통해 여행상품을 생산하고, 그에 따른 수배를 통해 여행을 완성하게 된다.

외국여행을 하는 경우 여행객이 현지의 호텔이나 항공 · 교통기관 등을 예약한다는 것은 쉬운 일은 아니다. 그래서 여행사가 여행객을 위해 항공예약 · 호텔숙박 · 교통기관 · 골프장 · 음식점 · 관광지 · 편의시설 등에 대한 수배를 하고 그에 맞는 예약을 통해 원활한 여행이 될 수 있도록 하는 중요한 업무 중에 하나이다.

또한 외국관광객의 편의를 위하여 관광관련 기업(principle)의 예약과 수배는 인바운드(inbound) 측면에서 지상수배를 의미한다. 여기에서 예약은 발권 카운터의 영업분야에 대한 예약이 아니라 지상수배를 위한 예약을 의미한다. 일반여행업의 경우 지상수배과(land operation)로 별도 운영되는 경우도 있다.

(3) 생산업무

여행상품은 일반상품처럼 공장제조물로서의 상품이 아니라 무형의 재화를 파는 가치로서의 상품이다. 여행상품은 재화 중 경제재화의 한 부분으로서 용역재화에 해당하는 선매품의 성격을 가진 상품이라고 할 수 있다.

여행사의 본래의 의무는 여행상담과 교통기관의 예약과 수배라고 할 수 있다. 그러나 현대의 여행업은 고객의 욕구에 따라 여행을 조립하는 '수주생산형(incentive tour)'이 아니라 먼저 여행을 설정하고 참가자를 모집하는 '기획생산형(package tour)'으로 전환됨에 따라 취급하는 것은 생산된 것이 유통경로에 유통되어 소비자에게 판매된다는 것을 의미한다.

여행상품의 생산업무는 여행관련 사업자들로부터 제공되는 상품을 조합하여 하나의 완성된 상품으로 만들어내는 업무과정이다. 즉 항공사·호텔·교통기관·음식점, 기타 관련시설 등의 알선 및 예약을 통하여 여행상품을 만드는 업무이다.

또한 여행상품을 만들기 위해서는 여행일정 작성과 여행 관련업자의 공조를 통해 가격을 결정하고, 상품의 원가를 분석하고, 기타 여행정보의 수집 등 영업을 할 수 있는 기반을 조성하는 업무과정이 필요하다.

(4) 영업판매업무

여행업의 영업은 판매를 포함한 넓은 의미로서 판매와 관련된 일체의 활동을 포함한다. 영업의 형태는 일반여행업·국외여행업·국내여행업에 따라 다소 그 형태를 달리하는데 일반여행업의 경우 인바운드(inbound) 고객유치를 위한 외국주재 사무소의 영업활동과 외국인 국내여행 상품의 판매에 관한 영업활동을 한다.

국외여행업의 경우 내국인의 외국여행에 대한 항공권, 선박권, 해외여행 상품 등에 관한 영업활동을 하며, 국내여행업의 경우 국내의 운송기관·숙박 등의 국내여행 상품을 판매하기 위한 영업활동을 한다.

여행사의 영업판매업무는 여행사의 성패와 직결되는 문제로 판매는 여행사 경영에서 가장 중요한 부분으로 업무의 비중이 크다. 아무리 훌륭한 상품을 생산·개발하더라도 판매가 이루어지지 않는다면 회사의 경영은 어려워지기 때문이다. 구체적인 영업활동은 국내여행 상품 판매업무, 국외여행 상품 판매업무, 외래관광객 유치 영업업무, 항공·승선 및 승차권 예약 및 발권에 관한 판매업무, 해외 현지사무소 판촉업무, 광고 및 홍보업무 등을 들 수가 있다.

(5) 안내업무

여행일정 중에서 안내업무의 결과에 따라 여행의 만족과 불만족에 많은 영향을 준다. 안내업무를 하는 인솔자는 해외여행의 출발준비로부터 여행종료에 이르기까지의 전과정을 지휘하고 관리하는 사람이다. 아무리 좋은 여행일정이라도 인솔자가 역할을 제대로 하지 못한다면 회사의 영업에 막대한 손해를 끼치게 된다.

여행을 안내하는 인솔자는 국외여행시 내국인을 인솔하여 해외여행을 안내하는 T/C(Tour Conductor)와 외국인의 국내여행을 안내하는 T/G(Tour Guide), 즉 관광통역안내사가 있다. 관광상품의 성공적인 판매는 훌륭한 안내가 뒷받침되지 않고서는 이루어지지 않는다. 깨끗한 용모와 풍부한 지식, 교양 등이 요구되는 업무이다.

(6) 관리업무

어떤 기업을 막론하고 기업경영에 있어 가장 큰 축은 생산·판매·관리라는 세 가지 측면이다.

관리업무는 영업이나 판매부서를 지원하는 업무로 종합적인 경리·총무 등의 행정업무가 주요업무이다. 관리업무는 판매로부터 발생되는 판매관리업무, 즉 유가증권인 항공권의 보관 및 입·출금에 대한 관리, 판매보고서 작성, 관련업체와의 금전관계업무와 송금 및 입금관계, 급여 및 상여금 지급업무, 고객관리업무, 경영정보 시스템 관리업무 등의 업무를 한다.

또한 직원들의 총무관계업무, 즉 병무 및 의료보험, 국민연금 관계와 잡다한 근무외적인 살림을 도맡아하는 업무이다.

이와 같이 여행사의 업무와 관련한 구체적인 업무는 다양하다. 생산업무와 관련된 기획업무, 출국수속업무, 공항 센딩(sending) 및 미팅(meeting)과 정산업무 등 여행사의 특성이나 취급하는 여행상품의 특성에 따라 타 경쟁사와 차별화하기 위하여 부단한 노력을 기울이고 있다.

〈표 8-1〉 여행사의 업무내용

업 무 구 분	업 무 내 용
수속대행업무	• 여권 · 비자 수속대행업무 • 보험 및 기타 대행관련업무
수배예약업무	• 호텔 · 관광지 · 식당 · 버스 · 승선 및 시설물에 대한 예약 및 지상수배업무
생산업무	• 여행상품 기획과 개발업무 • 여행여정의 작성업무 • 항공 · 호텔 · 식당 · 버스 및 기타 관련업자와의 협의업무 • 여행상품의 가격결정 및 원가분석 업무 • 여행정보 수집업무, 팸플릿 제작업무
영업판매업무	• 국내여행 상품 판매업무(전세버스 외) • 국외여행 상품 판매업무 • 외래관광객 유치 영업업무 • 항공 · 승선 및 승차권 예약 및 발권에 관한 판매업무 • 해외 현지사무소 판촉업무 • 광고 및 홍보업무
안내업무	• Tour Guide 업무(inbound) : 행사일체의 재확인, 안전업무 • T/C(Tour Conductor)업무(outbound), 행사관리업무
관리업무	• 경리업무(항공 DSR, 정산업무) • 총무 및 인사관리업무 • 경영정보 및 고객관리업무

제3절 여행사 경영수익관리

1. 여행사 수익의 개념

여행사에 있어서 주요 수입원인 수수료(commission)는 여행자와 여행 관련 업자의 사이에서 쌍방을 대표, 또는 대리하면서 여행의 성립을 알선하고, 일정한 보수를 얻는 것으로서 여행사의 수수료라고 정의할 수 있다.

여행사는 일반적인 특성의 하나인 무형성 때문에 자사의 제품이나 소재를 가지지 못하고 여행 관련업자, 즉 교통업·숙박업·음식업 등과 여행자 사이에서 알선업무를 하는 사업체이다. 따라서 여행사는 전형적인 노동집약형 산업이기 때문에 표면적인 매출액에 비해 수익률은 극히 적다. 또한 인터넷의 급속한 보급과 정보의 홍수로 인한 직접예약이나 직접수배가 점점 더 확산되면서 여행사의 수익률은 저수익구조의 형태로 변화하고 있는 것이 현실이다.

2. 여행사의 기본 수익구조

여행업은 여행자와 운송업자·숙박업자 및 기타 여행 관련업자의 중간에서 쌍방을 대표, 또는 대리하면서 여행의 성립을 알선하고 일정한 수수료 수입으로 운영하는 회사로서 다음과 같은 수입을 갖는다.

항공사의 좌석을 예약·판매하는 항공권 판매수수료는 여행사의 수익 중에서 큰 부분을 차지하는 부분이다. 국제선 항공권 판매에 대한 대매수수료는 총판매금액의 9%, 국내선 항공 매매수수료는 판매금액의 5% 정도이다. 그러나 일부 항공사의 국제선 발권수수료 인하조치로 인하여 7%의 수수료를 받고 있어 이런 추세가 다른 항공사로 확산될 가능성이 높다. 여행상품 판매수익, 숙박, 교통, 음식점 이용수수료, 여권 및 비자수속 대행수수료, 선택관광 수익, 쇼핑 수수료 등이 있다.

상세한 수익항목은 다음과 같다.

(1) 항공권 판매수수료

여행사 경영에 있어 항공권 판매는 고정적인 매출의 원천이며, 특히 순수관광 목적이 아닌 사용고객의 확보율이 높은 여행업자는 대체로 비수기에도 안정적인 경영을 한다고 할 수 있다.

항공권 수익은 고객들에게 항공사의 좌석을 예약·발권하여 항공사로부터 일정한 요율의 대매수수료를 받는 것이다.

국제선 항공권 판매에 대한 수수료는 총판매액의 5~9% 정도이며, 국내선 항공권 판매수수료는 판매액의 5%이다. 그러나 일부 항공사의 국제선 발권수수료 인하조치로 인하여 7%의 수수료를 받고 있는 실정이다. 여행사 경영수익에 있어서 큰 부분을 차지하고 있는 여행업자 입장에서는 갈수록 항공권 판매수수료 부분이나 항공판매 조건이 어려워지고 있어 경영에 다소 어려움이 따를 것으로 보인다.

(2) 여행상품 판매수익

주최여행·위탁여행 상품을 여행객에게 판매함으로써 얻는 수익금을 말한다. 이는 약 10% 정도로 예측된다.

(3) 숙박·운송·음식점 등의 이용수수료

철도승차권·전세버스·렌터카 등의 교통기관 이용권의 대리판매와 호텔·콘도미니엄·리조트 등 숙박시설의 예약을 통한 대리 판매수수료, 그리고 식당·레스토랑 등의 음식점 이용에 대한 일정한 수수료이다.

(4) 여권 및 비자수속 대행수수료

여행객들이 해외여행을 떠나기 위해서는 반드시 여권과 비자를 발급받아야 한다. 이들의 수속을 대행해주고 일정한 수수료를 받는다.

(5) 선택관광 수익

관광목적지에 도착하여 기본일정 중이거나 자유시간을 이용해 여행사의 정보

제공에 따른 고객의 자발적 행동으로 이루어지는 것이 선택관광(optional tour)이다. 최근에는 기본적인 선택관광을 출발 전에 기본일정에 포함하는 경우도 있지만 대체로 현지에 도착해서 이루어지는 것이 대부분이다. 이러한 형태의 임의의 관광에 대해서도 일정한 수수료를 받는다.

(6) 쇼핑수수료

여행자들 관광목적지에 도착하여 자유시간에 고객의 자발적인 요구에 의해서 각종 선물 구매를 위해 면세점 또는 쇼핑센터를 이용하였을 경우에 발생되는 일정한 수수료이다.

일부 여행사의 인솔자나 현지여행사, 현지가이드에 의해 의도적으로 쇼핑을 권유하는 경우가 있어 가끔 문제가 되는 경우도 발생한다. 쇼핑수수료(shopping commission)는 대부분 여행사의 수익과는 무관하다고 할 수 있으며, 단지 국외여행인솔자, 현지여행사, 현지가이드의 주수입원이 되기도 한다.

3. 여행사의 업종별 경영수익

여행사의 수입구조는 계약조건에 따라 차이가 있을 수 있다.

(1) 일반여행업의 수익구조

일반여행업(inbound tour)은 외국인의 국내여행의 알선과 안내에 의한 지상수배(land fee)에 따른 수입원이다. 지상수배에 관한 수입은 지상비로 지불되는 정상요금으로 항공요금을 제외한 숙박 · 식사 · 교통편 · 관광 등에 대한 총여행경비에 일정한 수수료로 10% 정도를 가산하여 산출된 정상수익금이다.

그러나 외국인 여행업무를 취급하는 여행사들의 열악한 환경과 치열한 경쟁으로 인하여 적정가의 지상수배 요금에도 못 미치는 요금으로 여행소재 제공업자의 수수료에 의존하는 경우도 있다 하겠다.

- 여행상품의 생산판매, 즉 지상비용(land fee)에 대한 10% 정도의 핸드링 차지(handling charge)

- 개인고객의 호텔예약에 따른 송객 수수료 : 10%
- 선택여행(optional tour)에 대한 수익 : 10% 이상
- 관광기념품 · 면세점 · 관광식품점 등의 물품판매대금의 수수료 : 총구매액의 10% 이상
- 항공권 등 각종 교통기관의 이용권의 대리판매 수수료 : 5%~7%
- 관광사진업의 관광사진 판매로 얻어지는 수수료 : 10% 이상
- 카지노 이용객에 따른 수수료 : 수송교통비 지원금, 유치인원당 고객손실금에 따라 수수료를 정하는 경우도 있다.
- 관광유흥음식점 판매에 대한 수수료 : 총매출의 20% 또는 1인당
- 관광관련 업체와 별도계약에 따른 수수료 : 골프장 · 나이트클럽 · 극장식당 · 온천장 · 사우나 및 마사지 · 미용실 · 찜질방 등의 이용에 따른 수수료
- 용역관련 수입 : 통역안내 서비스, 환영서비스, 여행과 관련된 기타 용역서비스에 의한 일정한 수입

(2) 국외여행업의 수익구조

국외여행업(outbound tour)의 수익구조를 살펴보면 기본적으로 내국인의 해외여행에 따른 제반업무에서 얻어지는 일정한 수수료가 주요 수입원이다.

상품판매 수익으로는 국제선 항공권 판매수수료와 외국 지상수배업자(land operator)에서 받은 지상경비에 10% 정도의 이윤을 가산하여 받는 수익이 있다. 또한 여행도매업자(tour operator)가 기획 · 판매한 여행상품 판매에 따른 수수료 등이 있다. 그리고 여권 및 비자를 발급해주고 받는 수수료가 있다.

이와 같이 국외여행업의 수익은 수수료를 받아 운영되어왔다. 이러한 수익원 중 항공권 판매수수료가 전체 수입원 중 많은 비중을 차지하고 있었으나, 일부 항공사의 수수료율 인하로 인해 항공권 판매수익이 점점 줄어들고 있으며, 타 항공사도 동조 움직임을 보이고 있다. 또한 인터넷 이용자의 증가로 항공사와 여행자간의 항공권 판매의 직거래 확산과 항공사간의 인터넷 공동판매 체제의 구축 등으로 국외여행업의 수익이 현저히 떨어지고 있다.

국외여행업(outbound)의 수익구조를 구체적으로 살펴보면 다음과 같다.

- 여권 및 비자발급 대행수수료 : 5% 정도
- 국제선 항공권 판매수수료 : 7%~9%
- 해외여행 상품 판매수익 : 10% 정도
- 선택관광 판매수수료 : 10% 이상
- 쇼핑수수료 : 5%~10%
- 외국호텔의 이용에 따른 수수료 : 10%
- 타사 여행상품(package) 판매수수료 : 5%~12%. 상품에 따라 유동적이다.
- 선박회사 승선권 수수료 : 7% 정도

(3) 국내여행업의 수익구조

국내를 여행하는 내국인을 대상으로 하는 국내여행업의 수익구조는 ① 당일여행, ② 숙박여행, ③ 수학여행, ④ 효도관광, ⑤ 산업시찰, ⑥ 기업연수여행, ⑦ 신혼여행 등에서 발생되는 수익을 들 수가 있다.

- 여행상품의 생산판매 원가 10%
- 패키지 투어 상품 판매수수료 : 9%
- 국내선 항공권 판매수수료 : 5%
- 철도 · 선박 등 교통기관의 판매대행 수수료 : 3~10%
- FIT 고객의 호텔객실 판매수수료 : 10%
- 관광기념품 판매에 따른 수수료 : 10% 이상
- 관광농원의 상품판매 수수료 : 10% 이상
- 관광식당의 이용수수료 : 5~10%
- 전세버스 알선수수료 : 10%

이와 같이 여행업의 수익은 기본적으로 수수료에 의해 운영되고 있지만, 그 내용에 있어서는 업무구조에 따라 수익의 원천도 제각기 달리 나타나고 있다고 할 수 있다. 즉 국내여행업자의 경우 전세버스 수입과 각종 권류의 판매수수료가 중요한 비중을 차지하고 있는데 반해 외국인 여행업자는 지상비용과 쇼핑 등에서 얻어지는 송객수수료에 의존하고 있다. 또한 국외여행업자의 경우 국제선항공권의 판매수수료가 절대적으로 비중이 크다는 것을 알 수 있다.

대다수의 여행업자들의 수수료는 이와 같이 항공운임, 숙박수수료, 패키지 여행 상품 판매수수료 등이 전체 수입원 중 상당한 부분을 차지하고 있다. 또한 여행업의 특징으로서 수익률이 매우 낮다는 것과 비용 중 인건비의 비중이 매우 높다는 것을 알 수 있다.

제4절 여행사 인사관리

1. 여행사 인사관리의 의의

여행사도 타 기업과 마찬가지로 궁극적인 목적은 이윤추구를 통한 여행의 확대에 있다는 점을 고려할 때 여행관련 시설이 아무리 훌륭하고 여행일정이 아무리 잘 구성되어 있다 해도 이를 효율적으로 관리하는 여행업은 종사원의 좋고 나쁨에 따라 그 여행의 성패가 달려 있다. 여행상품의 가치를 창조하는 것이 이를 결합하는 인간의 정신적·육체적 능력에 의한 것이기 때문에 매우 중요하다.

경영의 요체가 물건을 관리하는 일이 아니라 사람을 관리하는 일이라고 한 것에서 잘 알 수 있는 것처럼 인간이 조직을 통하여 각자의 능력을 발휘하는 과정을 기업 전체의 기능과 적절히 연결시키는 것은 경영성과를 높이는 데 중요한 요소가 된다.

2. 여행사 종사원의 종류

(1) 영업직 종사원

영업직 종사원은 여행사를 대표하여 거래처나 고객과 직접 대면하여 접촉하기 때문에 ① 좋은 인상을 주는 종사원, ② 자기규제 능력 및 판매 능력을 겸비한 사람, ③ 업무완수 능력이 있는 사람이라야 한다.

(2) 관리직 종사원

관리직 종사원은 서무회계 및 정산심사 부문에 종사하는 사람들로서 영업에서 발생하는 수익 및 지출을 관리하는 업무를 비롯하여 후방부문을 담당하는 종사원이다.

관리부문 종사원의 자세를 살펴보면 다음과 같다.

- 원리원칙을 준수하는 사람(업무관리 · 사람관리)
- 과학적 · 창조적인 사람, 즉 자료에 의해, 검토와 목적을 위해 합리적인 처리와 항상 전향적인 자세로 개선이나 혁신을 위해 노력해야 한다.
- 원가의식이 있어야 한다. 최소의 투입으로 최대의 산출을 추구하기 위한 노력이 필요하다.
- 건전한 판단이 필요하다. 독단적인 의사결정이 아닌 회사의 방침, 원리원칙에 입각한 폭넓은 지식으로 자신의 기업관 · 직업관 · 인간관 · 인생관 등의 이념에 비추어 판단해야 한다.
- 인간성 존중 : 직장인은 누구나 각자의 능력을 가지고 있다. 업무수행에 있어 각각의 능력을 최대한 살리도록 해야 한다.

(3) 안내직 종사원

안내직 종사원에는 관광통역안내사(tour interpreter guide)와 국내여행안내사 및 국외여행인솔자(tout conductor) 등을 들 수 있다. 이들 안내직 종사원은 여행서비스의 품질과 직접적인 관계가 있기 때문에 관광진흥법에서도 안내원에 관한 일정한 자격요건을 구비하도록 규정하고 있다.

1) 안내원에 관한 일정한 자격요건

① 관광통역안내사

자격증 소지자로서 외국인 관광객의 국내여행과 내국인 관광객의 국외여행을 위한 안내를 할 수 있다.

② 국외여행인솔자

관광통역안내사 자격증 소지자나 여행사에 1년 이상 종사하고 해외여행 경험이 있는 자로서 소정의 교육을 이수하고 자격증을 소지한 자로서 내국인 관광객을 국외로 여행할 시 안내업무를 할 수 있다.

③ 국내여행안내원

내국인 관광자의 국내여행을 위한 안내업무를 한다.

3. 여행사 종사원의 관리방향

(1) 종사원의 채용

여행업의 최대의 자원은 인적 자원이다. 기업으로서 최대의 투자는 인재에 두어야 한다. 즉 우수한 인재를 확보하는 능력에 따라 기업의 승패를 좌우할 수 있다고 할 수 있다. 우수한 인재의 채용에서 교육훈련, 능력 개발 및 활용, 도덕성에 중점을 두어야 한다.

여행사 종사원의 채용기준에 적합한 인재는 다음과 같다.

- 업무처리를 재빠르게 할 수 있는 사람
- 성격이 원만한 사람
- 건강한 사람
- 여행을 좋아하는 사람
- 상식이 풍부한 사람
- 어학에 소양이 있는 사람
- 자기계발을 위해 노력하는 사람
- 행동력이 있는 사람
- 대인관계가 원만한 사람
- 세심한 배려를 할 수 있는 사람
- 성실하고 타인으로부터 호감이 가는 사람

(2) 종사원의 교육훈련

관광진흥법 제39조에서 "모든 관광종사원은 문화관광부령이 정하는 바에 의하여 교육을 받아야 한다"고 규정하고 있다. 교육내용은 ① 관광통역안내원에 대한 기초교육 및 양성교육, ② 여행상품 개발요원 교육, ③ 항공권 발권업무 담당자 교육, ④ 여행업무 담당자 교육 등이 있다. 그러나 이들 교육은 대개 일과성 교육 또는 실적 위주의 교육에 그치고 있다.

1) 교육훈련의 목적

조직구성원의 능력개발을 통한 성과의 향상을 주목적으로 하며, 업무수행 방법, 품질관리, 질적인 서비스가 될 수 있도록 교육하는 것이다.

- 신입사원이 조직과 직무를 잘 이해할 수 있도록 돕는다.
- 현재의 직무를 잘 수행하도록 돕는다.
- 미래의 직무에 대한 자격을 갖도록 돕는다.
- 조직의 변화에 대한 정보를 제공한다.
- 개인적인 발전의 기회를 제공한다.

2) 교육훈련의 효과

- 생산성의 증가 : 종사원이 직무를 원활하고 효과적으로 수행함으로써 고객만족도가 높아지고, 재방문을 하게 함으로써 생산성이 증가한다.
- 조직 속에서 동질감을 느끼게 함으로써 결근율과 이직률을 줄인다.
- 종사원에게 직업에 대한 긍지를 심어줌으로써 고객에 대한 더 나은 매너와 서비스를 제공하게 된다.

3) 교육훈련의 필요성과 시기

- 매출액이나 생산성이 저하할 때 : 마음에서 우러나오는 서비스를 못할 때에 생산성은 떨어진다.
- 고객의 불평건수가 증가할 때 : 불성실한 태도가 종사원의 얼굴에 나타나므로 고객의 불평과 불만이 증가한다.
- 생산원가 증가시 : 애사심 결여는 재료 및 소모품의 낭비를 가져올 것이다.
- 종사원의 재해 및 안전사고의 발생 또는 증가시 : 정신무장이 안 되고, 근무태만으로 인한 사고가 발생할 수가 있다.
- 이직률과 결근율의 증가 : 이미 마음이 떠나 있는 직원을 파악하여 해고를 하거나 정신교육을 실시한다.
- 종사원의 사기저하 : 저임금, 노동시간의 과다, 회사에 대한 비전이 없거나 경영주의 횡포 등으로 사기가 저하할 때 교육훈련이 반드시 필요할 것이다.

위와 같은 현상이 일어나면 직무상의 요구능력과 종사원의 실제능력과는 차이가 날 수밖에 없을 것이다. 그러므로 사전에 종사원의 직무태도를 파악하여 직무상의 여러 가지 체계적인 기법을 동원하여 교육훈련을 실행할 필요가 있다.

여행용어 해설

❐ Non Endorsable : 항공사가 항공권을 발행할 때 항공권에 타 항공사 항공편으로의 변경이 불가하다는 표시이다. 이 경우는 대폭할인된 항공권을 이용할 때 제한조건 중의 하나

❐ NON REF(Non Refundable) : 항공권 발권상의 의미로는 환불을 금지 또는 제한하는 표시이다. 이는 주로 할부방식에 의해 항공권을 구매하는 경우나 운임 자체가 어떤 경우로 대폭 할인되어 환불을 금지하는 경우이다.

❐ Normal Fare : 항공사에서 공시된 정상요금으로 유효기간은 1년

❐ No Show : 항공권을 구입한 후 예약확인을 한 여행객이 예약된 탑승편에 사전통보 없이 탑승하지 않은 것

❐ OAG(Official Airline Guide) : 전세계의 국내·국제선 시간표를 중심으로 운임·통화·환산표 등 여행에 필요한 자료가 수록된 간행물로 항공안내서

❐ Obligatory Service : 항공사의 잘못으로 인해 항공기가 정상적으로 운항되지 못할 경우 승객에게 필수적으로 제공되어야 하는 의무 서비스

❐ Ocean View : 유리창을 통해서 전면에 걸쳐 바닷가 전망이 보이는 객실

❐ Open Ticket : 탑승구간만 정해져 있을 뿐 구체적인 탑승일자가 명시되어 있지 않은 항공권으로 승객이 나중에 예약하여 좌석을 확보한 후에 탑승할 수 있는 항공권이다. 이는 돌아올 날짜가 예정되지 않을 경우 사용되며, 일반적으로 할인항공권일 경우에는 해당되지 않는다.

❐ Optional Tour : 여행일정에 없었던 일정을 현지에서 고객이 추가비용을 지불하고 참여하는 여행의 연장이나 추가적인 선택관광

❐ Outbound Tour(Outcoming Tour) : 내국인의 해외여행

❐ Over Land Tour : 항공기 또는 선박이 어느 기항지로부터 타 기항지로 항해할 동안 통과상륙의 허가를 얻어 행하는 여행을 말한다. 이는 동일 항공기와 유람선에 재승선할 때에 한한다.

제8장 Exercise & Role playing

01____ 여행사 조직과 관련하여 중시해야 할 요점에 대해 설명하시오.

02____ 여행사 조직의 기획부문에서 하는 업무내용에 대해 설명하시오.

03____ 해외여행부(outbound)의 조직에서 담당하는 업무에 대해 설명하시오.

04____ 여행사 조직의 경영지침에 대해 설명하시오.

05____ 여행사에서 하는 중요 업무와 그 내용에 대해 설명하시오.

06___ 일반여행업 사업자의 수익구조에 대해 설명하시오.

07___ 국외여행업 사업자의 수익구조에 대해 설명하시오.

08___ 국내여행업 사업자의 수익구조에 대해 설명하시오.

09___ 여행사 종사원의 종류와 담당업무에 대해 설명하시오.

10___ 여행사 종사원의 채용기준에 가장 적합한 인재는 어떤 사람인가?

제9장

여행서비스와 수속업무

제1절 여행서비스의 개념
제2절 여권수속업무
제3절 비자수속업무
제4절 출입국수속업무

제1절 여행서비스의 개념

1. 서비스의 특성

소득수준의 향상과 더불어 여행의 형태가 다양화되고 고객수준은 날로 다변화되어가고 있으며, 고객의 욕구 또한 다양해지면서 기대수준이 날로 향상되고 있어 여행서비스에 대한 고객의 기대수준이 날로 높아지고 있다. 그런데 서비스는 무형성, 즉 눈에 보이지 않는 특성을 갖고 있기 때문에 일반상품처럼 눈에 보이는 유형적인 상품에 비하여 관리하기가 힘들다. 그러다보니 서비스의 품질관리도 더욱 까다롭다.

여행서비스의 질을 향상시키기 위해서는 서비스의 특성을 제대로 파악하여 관리해나가는 것이 필요하다.

(1) 서비스는 눈에 보이지 않는다

서비스는 무형의 상품이기 때문에 만질 수도 없으며, 눈으로 상품의 외형을 파악할 수 없다. 그렇기 때문에 직접 체험하지 않고서는 가치를 말할 수 없다. 서비스는 유형의 실제가 아니라 무형의 전달행위, 즉 과정으로 볼 수 있다. 따라서 잘못 전달된 서비스는 반품할 수 없으며, 수리할 수도 없다.

(2) 생산과 소비행위가 동시에 이루어진다

서비스는 파는 사람(생산자)과 소비하는 사람(소비자)이 같은 장소에서 공유할 때 가치를 발휘한다.

(3) 종사원의 역할이 절대적이다

서비스는 사람에 의하여 전달된다. 여행서비스는 종사원에 의해서 고객에게 전달된다. 따라서 인적 서비스의 비중이 클 뿐 아니라 종사원에 의해서 서비스의 속성이 달라질 수 있다는 특성을 가지고 있다. 그러므로 여행업체는 종사원의 관리가 곧 서비스 관리요, 고객관리의 요체임을 잊어서는 안 된다. 여행사기업의 인적 구조가 절대적인 영향을 미치고 있기 때문에 종사원의 선발·교육·훈련과정이 서비스 시스템의 중요한 부분을 이룬다.

(4) 서비스는 표준화시키기가 어렵다

서비스는 전달하는 사람의 상태나 시간에 따라 달라질 수 있으며, 받는 소비자의 입장에서는 더더욱 동일한 효과를 거두기가 어렵다. 그래서 모든 고객을 만족시킬 수 있는 서비스의 표준화가 어렵다. 특히 오늘날 고도 감성 소비사회에서는 설사 표준화가 가능하다 해도 각양각색의 고객의 욕구를 충족시킬 수 없기 때문에 개별화·맞춤서비스를 창출해 고객의 필요(needs)를 충족시켜나가야 할 것이다. 즉 고객 개개인을 관리하는 데이터베이스에 의한 개별 마케팅 전략이 요구된다.

(5) 서비스는 쉽게 사라진다

서비스는 저장이 불가능하기 때문에 서비스맨과 고객과의 접점(MOT) 순간에 서비스의 질이 결정된다. 즉 서비스는 고객과 끝임없이 만나는 사건의(encounter)의 연속이므로 고객과 접하는 순간순간이 결국 서비스의 질을 결정하는 시간이 되므로 최일선에 근무하는 종사원의 자세가 중요하다 하겠다.

(6) 효과가 현장에서 나타난다

서비스는 현장의 분위기, 종사원의 언행, 고객의 주관적인 가치관, 서비스의 행위 등 소프트웨어에 의하여 즉시적인 반응이 나타나므로 고객만족·불만족의 결과가 현장에서 나타난다. 따라서 서비스는 현장성, 시간적인 타이밍에 좌우되기 때문에 고객지향적인 접근, 일회적인 순간 접대의 중요성을 부각시켜나가야 한다.

2. 서비스 종사원이 지켜야 할 10계명

서비스 종사원은 타고난 기질이 중요하다고 한다. 그래서 서비스 종사자는 교육・훈련되어지는 것이 아니라 태어나는 것이라는 말이 있다. 친절서비스를 베풀 수 있는 타고난 성품이 있어야 한다는 이야기다. 따라서 서비스 기질이 몸에 밴 종사원을 선발하는 것이 서비스업체에서는 서비스의 질을 높이는 관건이 된다. 하지만 타고난 성품만으로는 고객의 다양한 욕구를 충족시키기에는 부족하다. 좀더 고객의 입장에서 고객을 끌어들이려는 자세가 요구된다.

그렇다면 서비스 종사원이 지켜야 할 10계명을 살펴보기로 하자.

(1) 고객의 입장에서 생각하고 판단하라

상대방과의 입장을 바꿔놓고 생각해보는 것이다. 고객의 눈으로 보면 모든 것이 새롭다. 기업이나 경영주 측면에서 아무리 훌륭한 여행상품이라고 자부해도 고객이 불편하게 느끼고 만족하지 못한다면 그것은 좋은 서비스가 될 수 없다.

기업의 고객관리, 마케팅 정책, 경영주의 서비스 마인드, 종사원의 태도 하나하나가 결국은 고객을 즐겁게 할 수 있는 시각에서 나와야 한다. 궁극적으로 고객이 즐거워야 훌륭한 서비스이지 경영주가 서비스의 질을 평가하는 것은 아니기 때문이다. 사소한 일이라도 고객이 만족할 수 있도록 해야 한다.

(2) 따뜻한 미소로 고객을 녹여라

우리 사회는 전통적인 유교사상에 젖어 있고 서비스 기질이 약하다 보니 당연히 웃음이 적고, 웃는 데 인색하다는 평을 많이 듣는다. 하지만 경영학 측면에서 볼 때 웃음은 원가가 없고, 무한대의 부가가치를 생산할 수 있는 경영효과를 갖는다 했다. 미소는 환대의 상징이고, 자신감을 갖게 해주며, 상대로부터 화를 낼 수 없게 하고, 또한 국경 없는 만국의 공통언어인 것이다.

(3) 고객의 이름을 불러주어라

고객은 자신을 기억해주는 종사원에게 호감을 갖게 된다. 고객과의 배려와 커뮤니케이션의 시작은 고객의 이름, 직책, 소속회사 정도를 아는 데에서부터 출발된다.

고객의 이름을 외워두는 것은 서비스의 출발이다. 손님, 사장님이라는 호칭보다는 OOO 사장님이 더 친근감 있고 준비된 서비스를 제공하는 것이라 할 수 있다. 이를 위해서는 고객과 가까이 하고 부담없이 대화를 나눌 수 있는 분위기 조성이 중요하다.

(4) 진실의 순간(MOT) 15초 안에 고객을 KO시켜라

스칸디나비아 항공사(SAS) 얀 칼슨 사장은 고객과의 접점을 서비스의 질을 좌우하는 결정적인 시간으로 보고, 고객과의 첫 만남이라는 짧은 시간 15초 관리에 최선을 다했다 한다. 고객과의 첫 대면이 이루어지는 15초간의 짧은 시간이 회사의 이미지나 서비스 수준을 나타내주는 결정적인 시간으로 이를 “진실의 순간(MOT 접점 : Moment of Truth)”이라 불렀다. 이것이 오늘날 고객관리의 핵심적인 내용으로 중요한 비중을 차지하고 있다.

서비스 접점은 고객만족과 재구매·재방문 여부에 영향을 미치게 되는 결정적인 순간이다. 따라서 여행사 종사자들은 고객과의 전화 상담시 상담자의 목소리, 정성어린 태도, 응답시 친절도에 따라 그 회사의 전반적인 이미지나 느낌을 받는다는 것이다.

이와 같은 결정적인 순간에 서비스의 질을 향상시키고 서비스를 충실히 이행하기 위해서는 최일선에 근무하는 종사원에게 권한을 위임하고, 책임을 부여하는 일이 중요하다.

(5) 고객의 존재를 부추겨세워라

고객을 존중하라. 고객은 누구나 위엄을 갖추고 싶어하며, 특별한 대접을 받기를 원한다. 그리고 자신의 기대와 욕구를 알아서 채워주기를 기대한다. 고객의 이러한 속성을 깨닫고 그의 존재 이유를 들어주는 것이 고객과 가까워지는 일이다. 고객이 단돈 1,000원짜리를 구매하든 10만 원 어치를 구매하든 모두가 가치있고 잠재구매력을 갖는 고객이기 때문이다.

고객은 오늘의 고객으로서 끝나는 것이 아니라 내일의 자산이며, 무한한 잠재고객을 몰고올 수 있는 역할을 한다. 한 사람 한 사람의 존재를 높이 평가하고 누구나 무한한 부가가치를 창조할 수 있는 힘을 갖고 있다는 것을 명심해야 한다.

(6) 고객은 판매대상이 아니라 월급을 주는 사람이라는 신념을 가져라

고객은 판매대상이 아니라 만족시켜야 할 대상이다. 그렇게 해야만이 고객으로부터 돈이 나온다. 수요가 공급을 초과하던 시대에 고객은 그저 상품의 판매대상이었을 뿐이었다. 즉 기업이 마음대로 고객을 조정하였고, 고객의 취향・구매태도 등 소비자의 속성을 무시한 채 판매자 중심의 세일러 마케팅(seller's marketing) 전략이 시장을 리드해나갔다.

하지만 지금은 그렇지 못하다. 이제는 고객의 욕구와 필요를 사전에 파악하여 분석해서 서비스를 공급하는 소비자가 시장을 리드해나가는 구매자 마케팅(buyer's marketing)이 필요한 시대이다.

(7) 궁극적으로 고객은 돈이라는 신념을 가져라

고객은 한마디로 돈이다. 기업은 이윤추구를 목적으로 하며, 이를 달성하기 위해서는 고객을 만족시켜야 한다.

고객을 만족시키기 위해서는 다양한 개념의 서비스 기법이 요구된다. 업무적인 서비스도 중요하지만 다양한 서비스 기법을 통한 고객만족이야말로 고객을 돈으로 만드는 기술이다.

(8) 불평하는 고객을 존중하라

만족스러운 고객보다 기업의 눈을 뜨게 하는 것은 불평하는 고객이다. 고객의 불만족스러운 항의를 환영해야 한다. 그래야 또다른 유사한 실수를 방지할 수 있고, 고객을 잃지 않는다. 불만족한 고객 한 사람이 300명의 고객을 빼앗아 간다는 통계가 있다. 그러나 불만족스러운 고객을 잘 대하여 마음을 바꾸어놓으면 그 고객은 최고의 PR맨이 될 수 있다.

불만을 가진 고객 중 고충을 토로하는 고객은 4%에 불과하다. 나머지 96%는 다만 화를 내고 두 번 다시 오지 않을 뿐이다. 그래서 불평을 토로하는 고객에게 더 친절히 대하고, 더 가까이 경청하는 습관을 길러야 한다. 불평하는 고객이 서비스의 질을 향상시킨다는 것을 명심해야 한다.

(9) 고객은 손님이 아니라 주인이다

고소득 경제상황에 따라 과거에는 기업이 기획하는 대로 시장의 흐름이 바뀌고 소비자가 추종하는 자세를 보였으나 이제는 기업이 소비자의 트랜드에 추종하는 관계로 변화해간다. 이러한 시장환경 속에서 고객은 단순한 손님이 아니다. 경쟁이 심화되고 서비스의 차별화가 강조되면서 서비스는 내가 대접받고 싶은 만큼 고객을 대접해야 한다. 고객은 이성적이면서도 오히려 자질구레한 감정을 소유하고 있는 변덕스러운 존재임을 깨달아야 한다.

(10) 서비스 종사원으로서 자부심을 가져라

서비스는 눈에 보이지 않는다. 그것을 전달하는 사람의 눈빛・언어・행동・옷차림 등 서비스맨의 생활 자체가 서비스 상품이다. 곧 서비스의 질이 사람의 질이고, 종사원의 질이 곧 서비스의 질을 결정한다. 종사원은 매사에 예의바르고 뛰어난 서비스맨이라는 자부심과 함께 자질을 갖추어야 한다.

고객이라는 대중을 만나는 것이 아니라 천차만별의 개성과 각기 다른 감정을 갖고 있는 개개인을 만나는 것이 서비스맨이다.

서비스맨은 직업에 대한 긍지, 자신이 하는 업무에 대한 자신감, 고객을 대하는 기쁨, 최고의 서비스맨이라는 자부심, 최첨단 서비스 문화의 개척자라는 자부심을 가져야 할 것이다.

3. 여행서비스의 분류

여행서비스는 여행자와 여행관련 시설업 사이에서 서비스를 중개하는 것을 말한다. 오늘날 여행의 형태가 다양해지고 복잡해짐에 따라 여행서비스 분야도 더욱 확장되었다.

종래의 여행서비스는 여행자에 대한 상담이나 예약서비스가 주류를 이루었으나 최근에는 여행관련 정보 제공은 물론 패키지 투어로 대표되는 여행기획 상품이나 여행보험・환전업 등 여행자가 요구하는 특별한 서류의 작성이나 처리에 이르기까지 광범위하다.

〈표 9-1〉 여행서비스의 세부항목

분 류		내 용
여행 전 서비스	핵심 서비스	• 여행상품의 기획 • 현지수배 • 여행상담 • 여행상품의 판매 • 여행비용의 계산 • 여권 · 비자 수속 • 항공권 예약발권
	부가 서비스	• 여권 · 비자 서류의 접수 • 여행자보험 가입명단 작성(주소 · 주민등록번호) • 외화구입(여행자수표) 및 환전업 • 설명회 자료 작성(지역기후 · 소요시간 · 준비사항) • 확정 일정표 작성(출발 전 현지의 예약상황의 재확인) • 루밍 리스트(rooming list) 작성 • E/D 카드 작성, 세관신고서 작성 • 수하물 태그 네임(baggage tag name) 기재 • 여권 복사본(분실에 대비)
여행 중 서비스	핵심 서비스	• 항공좌석의 배정 • 수하물 관리 • 공항 출입국 수속(공항세, 출국세, 출국물품신고, 면세품 수령 등) • 여행일정 관리(상황 변화시 일정변경) 및 여행안내 • 호텔객실의 배정 • 다음 일정에 대한 사전설명(기상시간 · 식사시간의 통보)
	부가 서비스	• 여행비용의 관리(추가비용 관리, 공동경비) • 여행자의 안전관리 • 여행정보 제공(출발 전 관광지 정보, 복장준비) • 사고예방 및 처리(도난 · 분실 · 냉방 · 분쟁 등) • 어린이 보호
여행 후 서비스	핵심 서비스	• 예비정산과 본정산의 비교 검토 • 회계(지상비, 항공권의 환불 조치, 환전업무) • 불평처리(옷 분실, 비디오) • 고객관리, 애프터 서비스(가격 할인 및 예약의 우선권 부여)
	부가 서비스	• 여행결과의 평가 • 여행일정 중 특이사항의 기록(세관 통과시 변경사항, 입국허가기준) • 여행결과의 미비점 보완 • 특별보상

이처럼 여행서비스의 종류와 형태가 다양하고 복합적인 성격으로 변화하고 있는 것은 여행자의 요구에 부응하는 여행사가 아니면 경쟁사회에서 살아남기가 점점 어려워지고 있기 때문이다. 따라서 여행자의 요구에 부응한 서비스 제공을 통해 여행자의 만족을 도모하고, 이를 통한 여행사 충성도와 장기적인 이윤의 확보가 전제되어야 한다.

근본적으로 여행서비스는 사람이 행하는 일이다. 서비스를 고객에게 제공하는 과정에서도 고객과 서비스 제공자간의 보이지 않는 감정교류가 여행상품 품질에 상당한 영향을 끼치게 된다. 하지만 서비스는 눈에 보이지 않는 것이기 때문에 객관적으로 평가하기가 쉽지 않다. 또한 관광객의 서비스에 대한 기대는 서비스 종사자들의 실제적 행동을 의미하기 때문에 여행서비스는 결국 사람이 중심이 되고 있다.

4. 여행서비스 품질관리

고객 없이는 회사도 있을 수 없다. 고객이 무엇을 원하고 어떤 상품과 어떤 서비스를 원하는지 그 욕구를 파악하지 않고 상품을 생산하는 것은 대단히 위험한 발상이다.

여행사 경영의 서비스품질 관리의 기본은 고객의 특성과 기대에 맞는 서비스를 제공하는 것이다. 여행객들은 여행이 끝나야 여행상품을 소비하게 되고, 이 과정에서 자신이 여행출발 전에 기대했던 것과 실제경험을 비교하여 만족수준을 나타낸다. 그러나 여행경험의 만족 정도를 측정하기는 쉽지 않다. 그것은 여행경험의 만족은 사람에 따라, 심리적 상태에 따라, 상황에 따라 다르기 때문이다. 어떤 사람은 호텔의 시설이나 안락함을 가격보다 중시여길 수 있으며, 여행상품의 여러 요소인 숙박·교통·정보·관광지 등 여러 요소 중에서 한 가지 요소만 불만족해도 여행서비스 전체를 불만족스럽게 생각하는 경우도 있다. 따라서 여행경험의 만족·불만족 측정은 여러 가지를 고려하여 요인별로 측정하여 대처할 필요가 있겠다.

여행상품의 품질관리의 중요한 부분은 여행서비스 부품을 제공하는 시설업자들에 대한 관리를 어떻게 하느냐에 달려 있다. 여행서비스의 품질향상을 위해서는 이들에 대한 관리노력이 반드시 필요할 것이다.

5. 여행서비스 품질의 구성항목

여행서비스 품질은 여행자의 입장에서 볼 때 어떤 것들이 그들의 기대에 부합하게 하는지에 대한 답이라고 할 수 있다.

일반적으로 여행자들이 기대하고 있는 서비스 품질평가 항목은 다음과 같다.

- 방문여행자에 대한 친절, 인간적 서비스의 제공능력이다.
- 합리적인 가격의 제공능력과 신뢰할 수 있는 상품의 제공능력이다.
- 여행자가 원하는 여행정보나 서비스를 얼마나 제공할 수 있느냐에 대한 능력이다.
- 여행자가 서비스를 제공받기 위해 얼마나 쉽게 서비스 제공장소로 갈 수 있느냐의 접근성이다.
- 여행자의 요구에 얼마만큼 정확한 시간에 상품을 정확히 제공하는가에 대한 능력이다.
- 여행사의 과거 성과나 명성 · 능력 · 자원과 관련된 이미지이다.
- 여행사의 외형이나 실내장식 · 분위기 · 가구배치 등
- 효과적인 여행상품 유통체계 수립을 위한 기술과 지식 · 능력이다.
- 여행자 개인의 비밀보장, 안전성 보장능력 등이다.

〈표 9-2〉 여행서비스 품질의 구성항목

구 분	항 목
유형성	• 물리적 시설, 장비, 종사원, 의사소통 자료의 외양 • 특별한 요구의 이해 • 무결점 서비스 • 여행자에 대한 개인적 관심
신뢰성	• 계약된 서비스에 대한 신뢰와 이를 정확히 수행할 능력 • 정시 서비스의 제공 • 여행계획대로의 이행 • 문제해결을 위한 노력 • 제공될 서비스에 대한 자세한 설명 • 여행의 적기실시
반응성	• 손님을 도와주고 신속한 서비스를 제공하려는 자세 • 효과적인 정보 제공 • 고객의 요구에 대한 적절한 대응
확실성	• 종사원의 지식과 예절 및 신뢰성 • 자신감을 전달할 수 있는 능력 • 여행지에 대한 정보 제공 • 종사원의 적극적인 서비스 • 여행자끼리의 자유스러운 의견교환 • 여행자간 친근감의 증진 • 다양한 여행상품의 제공 • 여행사 종사원의 유능함과 전문적 지식
감정이입	• 여행사가 손님에게 제공하는 개인적 배려와 관심 • 특별한 요구의 이해 • 무결점 서비스

제2절 여권수속업무

1. 여권의 종류와 유효기간

(1) 여권의 정의

여권(passport)이란 자국을 떠나 외국을 여행할 때 여행자의 신분 및 국적을 증명하고 이를 통해 방문국 정부에 대하여 여권소지자의 여행시 필요한 보호와 안전한 통과 및 도움을 의뢰하는 공문서이다. 즉 외국을 여행하려면 여권이 반드시 필요하며, 외국을 여행시 대한민국 국민임을 입증하는 신분증명서이다. 따라서 외국에 여행하고자 하는 국민은 여권법 규정에 의하여 발급된 여권을 소지하도록 규정되어 있다.

해외여행 결격사유가 없는 대한민국 국민이면 누구나 외교통상부 장관으로부터 여권을 발급받을 수 있다. 여권 구비서류를 준비해서 외교통상부 여권과, 각 시청, 도청, 몇몇 구청의 여권과, 그리고 여권수속 대행을 하고 있는 여행사에 신청하면 2~7일 후 발급된다. 간혹 법적인 문제, 병무서류 미비 등 본인이 모르고 있는 여러 가지의 경우로 수속이 지연되는 수도 있다. 법이 정하는 특별한 경우에 발급을 거절당할 수도 있다. 병무해당자, 그리고 출국이 금지된 범법자 등은 여권발급을 유보당할 수 있다.

2008년 8월 25일부터 전자여권발급이 시행되어 기존의 여권발급 대리 신청제도가 폐지되고 본인 직접 신청이 의무화되었다. 전자여권 또한 기존 여권과 마찬가지로 종이 재질의 책자 형태로 제작된다. 다만 앞표지에는 국제민간항공기구(ICAO)의 표준을 준수하는 전자여권임을 나타내는 로고가 삽입되어 있으며, 뒤표지에는 칩과 안테나가 내장되어 있다.

전자여권 도입은 여권 위·변조 및 여권 도용 억제를 통해 여권의 보안성을 극대화하여, 궁극적으로 해외를 여행하는 우리 국민들의 편의를 증진시키는 데 그 목적이 있다.

(2) 여권의 종류와 유효기간

여권은 발급대상자에 따라 일반여권(단수여권·복수여권·거주여권)·관용여권·외교관여권으로 구분된다.

1) 일반여권(녹색)

① 단수여권

유효기간이 1년으로 1회에 한하여 국외여행을 할 수 있는 여권으로 발급 후 각종 기재사항의 변경이 불가능하며, 발급요건은 다음과 같다.

- 특별히 본인이 원할 경우
- 만 18세 이상 만 30세 이하의 병역을 미필한 남자로 특별히 복수여권의 필요가 인정되지 않는 경우
- 여권의 상습적인 분실로 인하여 관계기관에서 조사중인 자가 긴급히 여권을 발급할 필요가 있는 경우
- 여권신청시 신원상의 문제로 인하여 자료보완의 필요가 생긴 경우 관계부처에서의 요청이 있을 경우

② 복수여권

유효기간이 10년으로 그 유효기간 만료일까지 횟수의 제한 없이 자유롭게 여행을 할 수 있는 여권으로 각종 기재사항의 변경이 가능하며, 발급요건은 위의 단수여권 발급요건에 해당되지만 않는다면 가능하다.

③ 거주여권

해외로 이주하려는 자에게 발급되는 여권으로 유효기간 10년이다. 생업에 종사하기 위하여 외국으로 이주하는 자와 그 이주하는 자와 동일 호적 내에 있는

가족 또는 외국인과의 혼인(외국에서 영주권을 취득한 대한민국 국민과 혼인하는 경우를 포함)으로 인하여 이주하는 자를 위하여 발급되는 여권으로 법적인 제약요건이 없는 경우를 제외하고는 대한민국 국민이라면 여권을 신청 발급할 수 있다.

구체적 발급대상은 다음과 같으며, 발급 후 그 소지자는 국외 영주 국민으로 처리되므로 국내의 주민등록이 정리 및 말소된다.

- 외교통상부 장관에게 해외이주 신고를 한 자
- 보건복지부 장관의 국외입양 허가를 받은 자
- 거주지 국외영주권 또는 이민사증을 취득한 자
- 국외에서 외국인과 혼인한 자 및 그의 동거 자녀
- 대한민국으로 귀화한 자로 원국적에 거주하고자 하는 자
- 영주권 제도가 없는 국가에서는 다음 조건으로 장기체류 허가를 받은 자
  - 5년 이상의 장기체류 허가를 받은 자
  - 5년 미만의 체류허가만을 부여하는 국가에서는 전가족이 5년 이상 현지에 거주한 자로 주재국의 장기체류 허가를 받은 자
- 병역의무자는 병무청장의 국외여행허가 또는 병역면제 처분을 받은 후 거주여권을 발급한다.

거주여권을 발급받을 수 있는 이주의 종류는 다음과 같다.

- 연고이주 : 혼인·약혼, 또는 친족관계를 기초로 하여 이주하는 경우
- 무연고이주
- 외국기업과의 고용계약에 의한 취업이주 : 해외이주알선법인이 이주 대상국의 정부기관, 이주알선기관 또는 사업주와의 계약에 의하거나 이주 대상국 정부기관의 허가를 받아 행하는 사업이주 등을 기초로 이주하는 경우
- 현지이주 : 해외이주 외의 목적으로 출국하여 영주권 또는 그에 준하는 장기체류 자격을 취득하고 이에 의하여 거주여권을 발급받은 자의 이주

그러나 다음에 해당하는 자는 적법한 절차에 의한 해외이주를 할 수 없다.

- 병역을 기피하고 있는 자

- 금고 이상의 형의 선고를 받고 그 집행이 종료되지 아니하거나 그 집행을 받지 아니하기로 확정되지 아니한 자

거주여권의 효력이 상실되는 경우는 다음과 같다.

- 거주여권 소지자가 재입국 후 국내체재 기간이 2년을 넘을 경우 비록 여권의 유효기간이 남아 있는 경우라 할지라도 국내체재 기간이 2년이 되는 날 거주여권은 효력이 상실된다.
- 병역 미필자의 경우에는 재입국 후 국내체재 기간이 1년이 넘게 되면 여권의 유효기간과 상관없이 그 효력을 상실하게 된다.

또한 국내체재 기간이 2년을 초과하여도 여권의 효력이 없어지지 않는 경우는 다음과 같다.

- 관계 행정기관의 장의 요청에 의하여 국내에 2년 이상 체류하게 되는 자 및 그와 같이 하는 친족
- 국외에 3년 이상 거주한 자로서 미화 10만 불 상당 이상을 국내에 투자한 사람 및 그와 같이하는 친족
- 외국상사의 국내지사 등의 임원 및 직원으로서 당해 상사로부터 급료를 받는 사람 또는 그와 같이 하는 친족
- 국내에 2년 이상 체류하게 되는 외국인의 배우자 및 국제 입양자
- 3년 이상 국외에 거주한 재외국민으로서 국내에 유학중인 사람(외국인 학교는 제외)
- 60세 이상인 사람
- 기타 인도적으로 상당한 사유가 있다고 외교통상부 장관이 인정하는 사람(이 경우는 입국 만료일 이전에 사유가 해당되는 경우에 한함)

2) 관용여권(황갈색)

여행목적과 신분에 비추어 외교통상부 장관이 특별히 관용여권의 발급이 필요하다고 인정하는 자에게 발급하는 여권으로 관용여권 소지자도 일반여권으로 여권을 발급받아 해외여행을 할 수 있으며, 이의 경우에는 관용여권을 반납 또

는 보관하는 절차를 이행하여야 한다.

① **관용여권의 유효기간**

해외에 여행하는 목적에 따라 최고 5년 이내의 유효기간을 부여하며, 대체적인 유효기간은 다음과 같다.

- 5년 : 일반 공무원, 군 장교 및 하사관
- 2년 : 지방의회 의원
- 1년 : 군 사병 및 그 외에는 1년 미만 단수·복수 여권

② **관용여권의 발급대상**

- 공무원
- 정부투자기관 : 한국산업은행, 대한주택공사, 중소기업은행, 한국수자원공사, 한국조폐공사 ,한국도로공사, 한국전력공사, 한국토지공사, 대한무역진흥공사, 한국석유개발공사, 대한광업진흥공사, 한국전기통신공사
- 한국은행 및 한국수출입은행의 임원 및 직원으로서 공무로 국외를 여행하는 자와 관계기관이 추천하는 그 배우자, 미혼인 직계비속 및 생활능력이 없는 부모
- 외교통상부 소속 공무원(기능직 공무원 제외) 또는 외무공무원법 제24조의 규정에 의하여 재외공관에 근무하는 공무원이나 현역군인이 그 가사보조를 위하여 동반하는 자
- 정부에서 파견하는 의료요원, 태권도 사범, 재외교포 교육을 위한 교사와 그 배우자 및 미혼인 직계비속
- 대한민국 재외공관 업무 보조원과 그 배우자 및 미혼인 직계비속
- 기타 여행목적과 신분에 비추어 외교통상부 장관이 특별히 관용여권의 발급이 필요하다고 인정되는 자

3) 외교관여권(적자색)

국가를 대표하여 업무를 수반하는 자와 기타 여행목적과 신분에 비추어 외교관 여권을 발급하며, 외교통상부 장관이 인정하는 자에게 유효기간 5년 및 2년 이내로 하는 외교관여권이 발급된다.

외교관 신분으로 해외공관에 주재하고자 하고자 하거나 그 외교관의 업무를 수행하는 자에게 발급되는 여권으로 발급대상은 다음과 같다.

- 대통령
- 국무총리
- 대법원장
- 국회의장
- 외교통상부 장관
- 전직 대통령
- 특명전권대사
- 특별사절
- 국제올림픽위원회 위원
- 전직 국회의장
- 외교통상부 소속 공무원(기능직은 제외)
- 전직 대법원장
- 전직 국무총리
- 전직 외교통상부 장관 및 외교통상부 장관이 인정하는 그 동반 배우자
- 정부대표
- 외무공무원법 제24조의 규정에 따른 재외공관에 근무하는 기타 공무원이나 현역군인
- 기타 외교통상부 장관이 특히 필요하다고 인정되는 자
- 기타 상세한 내용은 외무공무원법 참조

4) 여행증명서(연청색)

Travel Certificate Passport라고도 하며, 유효기간은 1년 이내이다. 일반적으로 외국여행시 여권을 분실했을 경우 임시로 귀국하기 위하여 발급받는 여권에 갈음하는 증명서를 일컫기도 하지만, 그 외에도 기타 정상적인 여권발급이 불가능하며 외교통상부 장관이 필요하다고 인정되는 경우에 발급되는 증명서이다. 사용한도는 유효기간 1년의 단 1회성이며, 그 발행목적을 다하였을 경우에는 효력이 상실되며,

반드시 반납하여야 한다. 잔여기간이 남아 있는 여행증명서를 분실한 경우 신분증을 지참하고 해당구청 여권과에 분실신고서를 작성하여 신고하여야 한다.

여행증명서의 발급대상자는 다음과 같다.

- 외국여행시 여권을 분실하여 임시로 귀국하는 자
- 출국하는 무국적자
- 국외에 체류 또는 거주중인 자로 여권의 발급을 기다릴 시간적인 여유가 없어 긴급히 귀국 또는 제3국을 여행할 필요가 있는 자
- 국외에 거주중인 자로 일시 귀국한 후 여권의 분실 또는 만료 등의 사유로 여권을 발급을 기다릴 시간적인 여유가 없이 거주지국으로 출국하여야 할 필요가 있는 자
- 국제 입양자
- 기타 외교통상부 장관이 특히 필요하다고 인정되는 자

(3) 일반여권 신청시 구비서류

1) 일반인인 경우

- 여권발급신청서
- 신분증(주민등록증 또는 운전면허증 등)
- 여권용 사진 1매

2) 미성년자인 경우

- 여권발급신청서
- 여권용 사진 1매
- 법정대리인의 여권발급동의서 및 인감증명서
- 부모의 인감증명서 1통(만 18세 미만)

3) 병역대상자인 경우

- 여권발급신청서
- 신분증(주민등록증 또는 운전면허증 등)
- 여권용 사진 1매

• 국외여행허가서 1부(25세 이상~35세 이하)

2. 전자여권

(1) 전자여권의 개념

전자여권(e-Passport, electronic passport)이란, 비접촉식 IC칩을 내장하여 바이오인식정보(Biometric data)와 신원정보를 저장한 여권을 말한다.

바이오인식정보 수록 범위는 얼굴, 지문(양손 검지), 신원정보 수록 범위는 기존 여권과 동일(성명, 여권번호, 생년월일 등)하다.

※ 신용정보, 범죄기록, 혈액형 등 기존 여권에 수록되지 않았던 정보는 수록되지 않는다.

전자여권 또한 기존 여권과 마찬가지로 종이 재질의 책자 형태로 제작된다. 다만 앞표지에는 국제민간항공기구(ICAO)의 표준을 준수하는 전자여권임을 나타내는 로고가 삽입되어 있으며, 뒤표지에는 칩과 안테나가 내장되어 있다. 전자여권 도입은 여권 위 · 변조 및 여권 도용 억제를 통해 여권의 보안성을 극대화하여, 궁극적으로 해외를 여행하는 우리 국민들의 편의를 증진시키는 데 그 목적이 있다.

[그림 9-1] 전자여권의 앞표지

1) 여권 위 · 변조 억제

전자여권에 내장되는 칩에는 기존 여권에 수록된 정보가 한 번 더 수록되며, 각종 보안 기술이 추가 적용된다. 이를 통해 ① 신원정보면과 칩을 동시에 조작하는 것이 사실상 불가능해지며, ② 설사 조작한 경우라고 해도 출입국 과정에서 자동적으로 적발된다.

2) 여권 도용 억제

정보 이중 수록을 통해 가장 빈번한 여권 위 · 변조 형태인 사진 교체가 방지되며, 2010년부터는 지문 수록 전자여권 발급을 통해 본인 확인 및 도용 억제 기능이 한층 강화된다.

전자여권에는 개인 정보 보호 및 위 · 변조, 도용 방지를 위한 다양한 보안 기술들이 적용되어 있다.

(2) 전자여권 본인 직접신청제도

첫째, 위 · 차명 여권 발급 방지 : 위 · 차명 여권 발급 시도 등 우리 여권 제도의 악용 가능성을 원천적으로 최소화시켜 우리 여권에 대한 국제적 신뢰도를 가일층 제고하고, 각국 출입국창구에서 우리 여권소지자의 본인 여부를 둘러싼 논쟁 발생 소지를 최대한 제거함으로써 궁극적으로 국민들께서 보다 편리하게 해외여행을 하실 수 있도록 하는데 도입 목적이 있다.

둘째, 신분증 발급의 기본 절차 : 주민등록증, 면허증 등 여러 신분증 역시 발급 과정에서 본인의 창구 방문을 통한 신원 확인을 기본으로 하고 있다.

여권은 해외에서 자신의 신원을 증명할 수 있는 거의 유일한 신분증으로, 출입국뿐만 아니라 체류자격, 은행 거래 등의 기초 증빙 서류가 됨을 고려할 때 여권 본인직접신청제의 도입은 오히려 뒤늦은 감이 있다고 할 수 있다.

1) 적용시기와 범위

적용 시기는 2008. 8. 25부터 적용한다. 단, 재외공관의 경우에는 해당 재외공관이 전자여권 발급을 개시하는 시점부터 적용된다.

적용 범위는 모든 여권의 신규 및 재발급 신청 시 전자여권으로 발급해야 한다. 여권의 유효기간은 최대 10년이므로, 분실 등의 특별한 사유가 없는 한 10년에 1회씩만 인근 지방자치단체를 방문하면 된다.

2) 본인신청제의 예외

여권법 시행규칙은 아래의 3가지 경우를 본인직접신청의 예외로 규정하고 있다.

- 의전 상 사유 : 대통령(전 · 현직), 국회의장, 대법원장, 헌법재판소장 및 국무총리
- 의학적 사유 : 본인이 직접 신청할 수 없을 정도의 신체적 · 정신적 질병, 장애나 사고 등이 있는 경우
- 연령 : 18세 미만의 사람

※ 단, 연령으로 인한 대리신청의 경우에는 2010.1.1부터는 12세 미만의 사람만이 대리신청할 수 있다.

의학적 사유 또는 연령으로 인한 대리신청의 경우 대리인이 될 수 있는 사람의 범위는 아래와 같다.

- 친권자, 후견인 등 법정대리인
- 배우자
- 본인이나 배우자의 2촌 이내 친족으로서 18세 이상인 사람

(3) 중앙집중발급제 도입

1) 공백여권 유통경로 최소화

공백여권은 위조 여권의 소재가 될 수 있기 때문에, 공백여권은 매우 엄격하게 관리될 필요가 있다. 이를 위한 가장 좋은 방법은 공백여권이 만들어지는 장소에서 여권을 발급하는 것이다. 이러한 맥락에서 외교통상부는 2007년 4/4분기 중 한국조폐공사 대전ID센터에 여권 발급기를 집결시켜, 공백여권이 제조되는 장소에서 여권이 발급되게 함으로써 공백여권이 제작되는 장소에서 여권이 발급되게 함으로써 공백여권 유통 경로를 최소화하였다.

2) 지역별, 시기별 수요 대응

여권 발급기가 지역별로 분산 배치되어 있을 경우, 특정 지역에 수요가 집중되면 타 지역은 발급 능력에 여유가 있음에도 불구하고 해당 지역에서는 여권

신청 및 발급 적체 현상이 발생할 수 있다. 또한 여권 발급기는 고가의 특수 장비이기 때문에, 전문 인력의 지속적인 사후 관리를 통해서만 최고의 성능을 유지할 수 있게 된다. 이러한 고려사항 또한, 중앙집중발급 방식 도입의 한 배경이라고 할 수 있다.

3) 여권사무 대행기관 확대

외교통상부는 2008년 초 66개에 불과하던 여권사무 대행기관을 4~6월중 168개로 확대하고, 나머지 지방자치단체에서도 희망하는 경우 여권접수 및 교부를 실시할 수 있도록 하였다. 이러한 여권사무 대행기관의 대폭 확대는 중앙집중발급제 하에서만 가능할 수 있었다. 즉, 이제는 대행기관을 확대해도 발급기를 추가 구입 및 비치할 필요 없이 중앙의 발급 센터에서 일괄적으로 발급, 해당 지방자치단체로 여권을 배송하기만 하면 되기 때문이다.

(4) 여권용 사진

여권용 사진은 1장만 제출하면 된다. 사진 규격은 가로 3.5cm, 세로 4.5cm인 6개월 이내에 촬영한 천연색 상반신 정면 탈모사진으로 얼굴의 길이가 2.5~3.5cm이어야 하고 바탕색은 흰색이어야 한다.

- 사진의 품질
  - 복사한 사진, 포토샵으로 수정된 사진은 사용할 수 없다.
  - 사진이 접히거나 손상되지 않아야 하며, 표면이 균일하지 않거나 저품질의 인화지를 사용하여서는 안 된다.
  - 즉석사진 또는 개인이 촬영한 디지털 사진은 여권사진으로 부적합하다.
- 얼굴의 비율
  - 사진 크기 : 3.5cm(가로) × 4.5cm(세로)
  - 얼굴 길이(머리 정수리부터 턱까지) : 2.5~3.5cm(세로)
- 얼굴의 방향
  - 얼굴은 정면을 응시하여야 한다.
  - 얼굴이 한쪽으로 기울어져서는 안 된다.

- 어깨선
  - 상반신은 어깨까지만 나와야 하고 양 어깨가 나란히 위치하여야 한다.
- 눈동자
  - 조명에 의하여 눈동자의 적목현상이 나타나거나 칼라렌즈를 착용하여서는 안 된다.
  - 눈동자는 정면을 응시하여야 한다.
- 표정
  - 가능한 한 자연스러운 표정이어야 한다.
  - 입은 자연스럽게 다문 상태이어야 한다.
- 안경
  - 안경 착용 사진은 일상생활시 항상 착용하는 신청자에게만 허용된다.
  - 색안경을 착용하여서는 안 된다.
  - 눈동자가 선명하게 보이기 위해서는 가능한 한 얇은 테의 안경을 착용하여야 한다.
  - 안경렌즈에 조명이 반사되거나 착용한 안경테가 눈을 가려서는 안 된다.
- 머리모양 및 악세사리
  - 귀 부분이 노출되어 얼굴 윤곽이 뚜렷이 드러나야 한다.
  - 가발은 일상생활시 항상 착용하는 신청자에게만 허용된다.
  - 모자나 머플러를 착용하여서는 안 된다.
  - 악세사리를 착용하는 경우 악세사리에 조명이 반사되지 않아야 한다.
- 조명
  - 초점이 명확해야 하며 조명이 적정하여야 한다.
  - 얼굴에 그림자 현상이 없어야 한다.
- 배경
  - 사진 바탕은 균일한 흰색바탕의 무 배경으로서 테두리가 없어야 한다.
  - 배경에 사물이 노출되거나 야외를 배경으로 촬영하여서는 안 된다.
  - 배경에 그림자와 반사가 없어야 한다.

- 의상
  - 제복, 군복, 흰색 의상을 착용하여서는 안 된다.
  - 군인은 공무여권(외교관 또는 관용) 신청 시에만 제복 착용이 허용된다.
  - 종교적 의상은 일상생활시 항상 착용하는 종교인(신부, 수녀, 승려)에 한하여 허용된다.
  - 학생의 경우 교복 착용은 허용된다.
- 유아(만 7세 이하)
  - 사진 크기는 성인사진 규격과 동일하여야 한다.
  - 얼굴 길이(머리 정수리부터 턱까지) : 2.0~3.5cm
  - 유아사진은 유아 단독으로 촬영되어야 하며 의자, 장난감, 보호자 등이 사진에 노출되지 않아야 한다.
  - 유아는 눈을 뜬 상태로 정면을 주시하여야 한다.

(3) 여권발급 수수료

〈표 9-3〉 여권발급 등에 관한 수수료

<table>
<tr><th rowspan="2">종류</th><th rowspan="2" colspan="3">구분</th><th colspan="2">여권발급 수수료</th><th colspan="2">국제교류기여금</th><th colspan="2">합계</th></tr>
<tr><th>국내</th><th>재외공관</th><th>국내</th><th>재외공관</th><th>국내</th><th>재외공관</th></tr>
<tr><td rowspan="5">전자여권
OR
(사진
전사식)</td><td rowspan="4">복수여권
(거주여권
포함)</td><td colspan="2">5년 초과
10년 이내</td><td>40,000원</td><td>40달러</td><td>15,000원</td><td>15달러</td><td>55,000원</td><td>55달러</td></tr>
<tr><td rowspan="2">5년</td><td>만 8세 이상</td><td rowspan="2">35,000원</td><td rowspan="2">35달러</td><td>12,000원</td><td>12달러</td><td>47,000원</td><td>47달러</td></tr>
<tr><td>만 8세 미만</td><td>-</td><td>-</td><td>35,000원</td><td>35달러</td></tr>
<tr><td colspan="2">5년 미만</td><td>15,000원</td><td>15달러</td><td>-</td><td>-</td><td>15,000원</td><td>15달러</td></tr>
<tr><td>단수여권</td><td colspan="2">1년 이내</td><td>15,000원</td><td>15달러</td><td>5,000원</td><td>5달러</td><td>20,000원</td><td>20달러</td></tr>
<tr><td rowspan="7">기타</td><td rowspan="2">여행
증명서</td><td colspan="2">사진전사식</td><td>10,000원</td><td>10달러</td><td>2,000원</td><td>2달러</td><td>12,000원</td><td>12달러</td></tr>
<tr><td colspan="2">사진부착식</td><td>5,000원</td><td>5달러</td><td>2,000원</td><td>2달러</td><td>7,000원</td><td>7달러</td></tr>
<tr><td rowspan="3">유효기간
연장</td><td colspan="2">전자여권</td><td>25,000원</td><td>25달러</td><td>-</td><td>-</td><td>25,000원</td><td>25달러</td></tr>
<tr><td colspan="2">사진전사식여권</td><td>15,000원</td><td>15달러</td><td>-</td><td>-</td><td>15,000원</td><td>15달러</td></tr>
<tr><td colspan="2">기타</td><td>5,000원</td><td>5달러</td><td>-</td><td>-</td><td>5,000원</td><td>5달러</td></tr>
<tr><td>기재사항 변경</td><td colspan="2">-</td><td>5,000원</td><td>5달러</td><td>-</td><td>-</td><td>5,000원</td><td>5달러</td></tr>
<tr><td>여권사실 증명</td><td colspan="2">-</td><td>1,000원</td><td>1달러</td><td>-</td><td>-</td><td>1,000원</td><td>1달러</td></tr>
</table>

[별지 제1호서식]

(앞 쪽) 전자여권용

※ 검은색 펜으로 굵은선 안에만 기재

여 권 (재) 발 급 신 청 서

접수시군 □□□□

← 35㎜ → ※ 사 진 · 6개월이내 촬영한 천연색 정면사진(귀가 보여야 함) ↑ 45㎜ ↓ · 흰색 바탕의 무배경 사진 · 색안경과 모자 착용 금지 · 가로 35㎜, 세로 45㎜ (얼굴 길이: 25㎜~35㎜)	접 수 번 호		신원조사접수번호	
	접 수 년 월 일		신 원 조 사 회 보 일	
	여 권 번 호		신 원 조 사 결 과	
	발 급 년 월 일		여 권 유 효 기 간	
	여권종류	□ 일반 □ 거주 □ 관용 □ 외교관 여행증명서(□ 왕복 □ 편도)		
	여권기간	□ 10년 □ 5년 □ 5년미만 □ 단수 □ 기간연장 재발급		

※ 영문성명은 해외에서의 신원확인의 기준이 되며 개명(改名)이 엄격히 제한되므로 정확하게 기재하시기 바랍니다.

성명	영 문 (대문자)	성	□□□□□□□□□□□□□□□□□□□□	※영문성명은 기재하기 전에 반드시 뒷면「영문성명 기재요령」을 참고하시기 바랍니다.
		이 름	□□□□□□□□□□□□□□□□□□□□	
	한 글		□□□□□□□□	※ 남편성(영문대문자)은 필요시 기재하시기 바랍니다.
주민등록번호			□□□□□□ – □□□□□□□	□□□□□□□□□□□□□□□□□□□□

현 주 소 (주민등록표상)	※ 주민등록상의 주소를 번지(아파트 등의 경우 동, 호수)까지 정확하게 기재하시기 바랍니다.					
					e-mail	
여행예정국		여행목적		직장명(직위)		
전화번호		휴대전화	□□□ – □□□□ – □□□□		혈액형 (ABO)	신장 (㎝)
등록기준지(본적지)						

※ 긴급연락처는 해외여행 중 각종 사고 발생시 재외국민 보호를 위하여 필요합니다.

국내 긴급연락처	성 명		관 계		전 화 (휴대전화)	( )
	주 소				직장(학교)명	

※ 여권명의인의 나이가 만18세 미만인 경우에는 법정대리인(부모 · 친권자 또는 후견인)의 인적사항을 기재하시기 바랍니다.

법정대리인	성 명	□□□□□□□□□□□	관 계	
	주민등록번호	□□□□□□ – □□□□□□□		

이 신청서에 기재한 내용은 사실과 틀림없으며, 「여권법」 제9조 규정에 따라 여권발급을 신청합니다.
※ 여권 발급에 필요한 사항의 확인을 위한 행정정보공동이용 서비스의 이용에 동의합니다(예 , 아니오).

신청인(여권명의인) 성명(한글)____________ (한자)____________ 서명____________

년 월 일

외 교 통 상 부 장 관 귀 하

※ 해외거주 중 재외공관에서 신청시에는 추가로 아래 사항을 기재하시기 바랍니다.

거주지주소					
영 주 권	번 호		거 주 지	입국일자	
	취득일			체류자격	

(영 수 필 증)		(납 입 필 증)
특기사항		
심 사 란	접 수 자	심 사 자	발 급 자

※ 작성하시기 전에 뒷면에 기재된 유의사항 및 영문성명 기재요령을 읽어보시기 바랍니다. 210㎜×297㎜(보존용지 120g/㎡)

[그림 9-2] 여권(재)발급신청서 양식

(뒷 쪽)

※ 유 의 사 항

1. 여권은 해외에서의 유효한 신분증이므로 반드시 본인이나 법정대리인이 잘 보관하여야 합니다.
2. 만 18세 미만인 사람은 유효기간 5년 이내의 여권만 발급받을 수 있습니다.
3. 사진이 흐릿하거나 임의로 조작된 것인 경우에는 위조여권이나 타인명의 여권으로 오인되어 출입국 시 불이익을 받을 수 있습니다.
4. 다른 사람에 의한 무단 서명이나 거짓의 사실 기재 시 「여권법」 관련 규정에 따라 처벌을 받게 되며, 여권 명의인도 불이익을 받을 수 있습니다.
5. 여권발급 신청인 등은 여권당국이 여권발급 신청서류의 내용과 사진 등을 심사하기 위하여 확인을 요청하는 경우 이에 응하여야 합니다.
6. 새로운 여권을 재발급 받으려면 기존에 소지하고 있는 여권을 반납하여야 합니다.
7. 단수여권과 여행증명서는 한 차례만 외국을 여행할 수 있는 여행문서입니다.
8. 여권을 잃어버린 경우에는 외교통상부나 여권사무 대행기관에 분실신고를 하거나 재발급 신청을 할 수 있습니다.
9. 발급된 후 6개월 이내에 찾아가지 않은 여권은 자동적으로 폐기되며 발급수수료는 반환되지 않습니다.
10. 여권 발급을 신청한 때부터 수령할 때까지 국내에서는 통상 1주일 정도(토 · 일요일, 공휴일 제외)의 기간이 걸립니다.
11. 사증(VISA)이 필요한 국가를 여행하기 위해서는 여행을 가기 전에 미리 사증을 받아야 하며, 대부분의 국가는 여권 유효기간이 6개월 이상 남은 경우에만 사증을 발급하고 있습니다.
12. 이 신청서는 기계로 판독되므로 접거나 찢는 등 훼손되지 않도록 주의하기 바랍니다.
13. 이 신청서의 기재사항에 오류가 있을 경우 신청인에게 불이익이 돌아갈 수 있으므로 정확하게 기재하기 바랍니다.
14. 행정정보 공동이용 서비스의 이용에 동의하는 경우 병적증명서는 제출하지 않아도 됩니다.

※ 영문성명 기재 요령

1. 여권의 영문 성(姓)은 특별한 사유가 없는 경우 여권을 이미 발급 받은 가족 구성원의 영문 성(姓)과 될 수 있으면 일치시키기 바랍니다.
2. 대리인이 영문성명을 잘못 기재하여 여권이 발급된 경우에도 영문성명의 변경은 엄격하게 제한되며 이로 인한 불이익은 여권명의인이 감수해야 합니다.
3. 영문성명은 국제규정(ICAO Doc 9303)에 따라 한글성명을 라틴문자(영어 알파벳)로 음역(音譯) 표기하여야 합니다.
4. 영문이름은 붙여 쓰는 것을 원칙으로 하되, 음절 사이에 붙임표(-)를 쓰는 것도 가능합니다. (예 : GILDONG, GIL-DONG) 다만, 기존 여권에 이름을 띄어 쓴 경우(예: GIL DONG)에는 계속 그대로 띄어쓸 수 있습니다.
5. "여권 재발급"을 받는 경우 원칙적으로 종전 여권의 영문성명(남편 성과 띄어쓰기 포함)은 그대로 사용하여야 합니다.

210㎜×297㎜(보존용지 120g/㎡)

제3절 비자수속업무

1. 비 자

비자(VISA)란 방문 상대국의 정부(대사관 또는 영사관)에서 입국을 허가해주는 입국허가증이며, 소지여권의 사증란에 인증하는 제도이다. 따라서 여행계획을 세우고 방문하고자 하는 국가가 결정되면 비자 소지가 필요한지를 반드시 확인해야 한다. 그러나 비자의 발급이 방문국 입국을 절대적으로 보증하는 것은 아니라는 점에 유의해야 한다. 즉 비자는 발급국이 여행자를 일단 입국 내지 통과시켜도 좋다고 인정한 사실에 지나지 않고, 입국하려는 나라의 출입국 담당심사관이 최종 결정하기 때문에 비자 소지자라 하더라도 입국을 허가받지 못할 수도 있다는 점에 유의해야 한다.

비자에는 입국의 종류와 목적, 체류기간 등이 명시되어 있으며, 여권의 사증란에 스탬프나 스티커를 붙여 발급한다.

2. 비자의 종류와 내용

비자는 사용횟수에 따라 1회 입국하여 출국하면 효력이 상실되는 단수비자와 유효기간 내에 횟수에 관계없이 출입국이 가능한 복수비자로 분류된다. 또한 비자는 여행목적 · 체재기간에 따라 입국비자와 통과비자로 구분되며, 입국비자는 여행하고자 하는 국가를 방문하는 목적에 따라 관광 · 상용 및 영주 등으로 구분되어 발급된다. 통과비자는 여행객이 여행하고자 하는 국가로 가는 여행경로상 필요에 의해 도중에 다른 나라에 들르는 경우에 경유국에서 발급되는 비자이다.

비자는 나라마다 차이가 있으며, 일부국가에서는 비자신청서의 기내내용에 대한 철저한 심사와 함께 영사와 직접 면담까지도 해야 하는 복잡한 과정을 거쳐 비자를 발급하는 경우도 있다.

이러한 비자의 종류는 국가에 따라 다소의 차이가 있지만 일반적인 기준에 의한 분류는 다음과 같다.

(1) 비자의 종류

1) 여권에 의한 분류

일반비자 · 공용비자 · 외교비자

2) 입국횟수 허용에 의한 분류

① **단수비자**(single VISA) :

1회 입국에 한하여 유효한 비자

② **복수비자**(multiple VISA) :

유효기간 동안 횟수에 관계없이 입국이 가능한 비자

3) 입국목적에 의한 분류

① **입국비자**(entry VISA) :

관광이나 상용 등의 목적으로 입국하려는 자에게 발급하는 비자이다.

② **통과 또는 경유비자** :

제3국으로 향하는 과정에서 필요에 의해 도중 경유지에 들르는 경우에 발급하는 비자로 해당 경유국에서 단기간 체류를 허락하여 발급해주는 비자이다. 여행목적지를 경유(transit)나 통과시에 단기간 또는 72시간 이내에 체류할 수 있고, 현지 공항에서 발급하는 비자이다.

4) 방문목적에 의한 분류

① **관광비자**(tourist VISA)

관광목적이나 친지방문 등 단순목적의 여행자에게 발급하는 비자이다.

② **상용비자**(commercial VISA)

상용거래와 비즈니스 상담목적의 입국자에게 발급하는 비자이다.

③ **유학비자**(study VISA)

해당국가의 교육기관에서 인증한 장기체류 학생에게 발급하는 비자로 학생 고유의 목적 이외의 활동은 할 수 없다.

④ **취업비자**(employment VISA)

단기 또는 장기 취업목적으로 입국하는 자에게 발급하는 비자이다.

⑤ **이민비자**(emigration VISA)

영주를 목적으로 입국하는 자에게 발급하는 비자이다.

⑥ **문화비자**

운동선수 · 기능인 · 연예인 · 종교인 등 일정기간 내에 활동하는 자에게 발급하는 비자이다.

⑦ **동거비자**

입국비자가 유효한 자의 배우자 및 자녀에게 발급하는 비자다.

⑧ **선원비자**

해당국가간의 원양해운상사의 취업절차에 따라 인증 및 발급하는 비자이다.

⑨ **관용비자**

해당국가간에 양해된 공무원 또는 외교목적으로 장기간 입국하는 자에게 발급하는 비자이다.

❐ **TWOV**

TWOV(Transit Without VISA)란 비자의 상호면제협정과 그 내용이 약간 다른 것으로 목적지가 제3국인 통과여행자의 항공기 연결 등을 위해 정식 비자를 받지 않았더라도 여행자가 일정한 조건을 갖추고 있으면 입국 및 일시적 체류를 허가하는 제도인데, 일반적으로 외교관계가 수립되어 있는 국가간에만 적용된다. 그 조건으로는 제3국으로 여행할 수 있는 예약 확인된 항공권[일부 국가는 리턴 티켓(return ticket)의 소지자로 제3국으로 여행할 수 있는 여행서류를 구비하고 있어야 한다.

(2) 비자 신청의 전제조건

- 비자는 유효한 여권을 소지한 여행자에게 교부되므로 비자 신청은 당연히 여권취득의 전제조건이 된다.
- 입국시는 물론 비자 신청시에 일정기간(국가별 통상 3~6개월) 이상의 유효기간이 남아 있는 여권을 요구하는 국가들이 많으므로 비자 신청시 또는 입국시 해당 국가별로 요구하는 여권의 잔존 유효기간을 반드시 확인해야만 한다.

(3) 미국비자의 종류

〈표 9-4〉 미국비자의 내용과 신청자

종류	비자 신청자	내 용
A	Diplomat(외교관)	외교관 및 정부관계자(공무원)는 A, 가족은 A-1 비자
B-1	Temporary Visitor for Business (상용방문자)	통상 30~60일 정도이며, 일시적이라도 미국 내에서 보수를 받는 노동행위는 불가
B-2	Temporary Visitor for Pleasure (관광 및 일반방문자)	통상 1~6개월간 체류 가능. 순수한 관광여행 외에 친지방문, 휴양, 세미나 참가 등의 목적도 포함
B-1/ B-2	Temporary Visitor for Business or Pleasure(상용 · 관광 · 방문비자)	통상 1~6개월간 체류 가능. 순수한 관광여행 외에 친지방문, 휴양, 세미나 참가 등의 목적도 포함
C	Aliens in transit through U.S. (미국 경유자)	미국을 경유하여 제3국에 들어갈 목적으로 미국 방문, 체류기간은 29일 이내이며, 연장 불가능
D	Crew Member(승무원)	국제항로의 선박 · 항공기의 승무원을 위한 비자
E-1	Treaty Trader, Spouse and Children(무역인과 그 동반자)	미국 내 기업과 상당한 양의 거래가 지속적으로 이루어진 회사의 직원에게 주어지는 비자
E-2	Treaty Investor, Spouse and Children(소액투자자와 동반자)	비교적 소액의 투자자금으로 미국 체류가 가능, 사업을 지속하는 한 비자의 연장에는 제한이 없음
F-1	Student(정규과정 등록학생) (SEVIS I-20 필요)	미국의 대학 · 고등학교 · 어학학교 등 미 국무부의 인가를 받은 학교의 정규과정 수업을 받고자 하는 학생에게 부여. *F-2는 그 배우자와 자녀를 동반할 경우 부여(SEVIS I-20 필요)

종류	비자 신청자	내 용
G	International Organization(미국 내 위치한 국제기구에 장기파견근무 정부대표)	
*H-1B	Special Occupation(전문인 단기취업비자)(Petition Approval Notice)	전문인 단기비자로 연간 인원 한정
*H-2B	Temporary Worker(단기취업자)(청원서 필요)	미국 내 구인이 불가능한 임시적인 비농업근로자
*H-3	Trainee(연수생)(청원서 필요)	산업연수 비자
* H-4	Family of H VISA holder(H 동반자 비자)(청원서 필요)	H 비자의 가족
I	Journalist(기자/언론인)	신문사, TV, 라디오 등의 특파원・주재원 등 방송・언론사에 종사하는 자에게 주어짐
* J	Exchange Visitor(교환연수자)(SEVIS DS-2019 필요)	문화교류 방문자를 위한 비자로 대상은 학생・연수생・학자・전문가 등
K-1	Fiance(미국 시민권자의 약혼자)	미국 시민권자의 약혼자를 초청하기 위한 비자로 미국 입국 후 90일 이내에 정식 혼인등록을 마치는 조건. 미국 시민권자가 이민국에 초청신청 필요
K-2	Children of K-1 VISA Holder(약혼자 비자 소지자의 자녀)	K-1 비자의 미혼자녀
K-3	Spouse of Citizen(미국 시민권자의 배우자)	미국 시민권자의 배우자를 위한 비자. 이민 초청허가를 받기 전에 입국 가능
K-4	Children of K-3 VISA Holder(배우자 비자 소지자의 자녀)	K-3 비자의 미혼자녀
*L-1	Intra-Company Transfer(주재원)(청원서 필요)	미국에 본사・지사・자회사 등을 가진 한국회사의 임원・관리직원에게 부여. 한국에서 지난 3년간 최소 1년 이상 근무경력 요구
M-1	Vocational Student(직업교육과정 등록학생) (SEVIS I-20M 필요)	언어연수를 제외한 직업훈련 혹은 학업 목적이 아닌 기관에 등록하는 학생에게 주어짐 * 동반자는 M-2 비자(동반자 SEVIS I-20M 필요)

종류	비자 신청자	내 용
*O	Extraordinary Ability(특기자) (청원서 필요)	과학・교육・경영・체육 특기자에게 주어지는 비자
*P-1	Athlete or Recognised Entertainment Group(예체능) (청원서 필요)	국제적인 수준의 경기에 참석차 방문하는 체육인이나 국제적으로 인정된 극단에 출연하는 연예인에게 주어지는 비자
*P-2	Artist &Entertainment in Reciprocal Exchange Program(상호교환 프로그램 참가 예정)	예체능인의 상호교환 프로그램에 참가하고자 하는 개인 혹은 단체에게 부여
*P-3	Artist &Entertainer in Culturally Unique Program(문화공연 참여예정)(청원서 필요)	문화적으로 독특한 공연에 참가하는 개인 혹은 단체에게 부여
*P-4	Family of P VISA Holder(P동반자) (청원서 필요)	P 비자 소지자의 가족
*Q-1	Cultural Exchange Program (문화교류 참여예정)(청원서 필요)	국제적인 문화교류 프로그램에 참여하는 사람
R-1	R-1 Religious Occupation(종교계 종사자)	종교계의 종사자, 미국 내 종교단체에서 근무할 수 있으며, 종교비자 신청자는 2년 이상 같은 종교교단에 소속되어 있음을 입증해야 함
S-1	Supplier of Information in Criminal Investigation	범죄수사에 관한 정보를 제공하는 자
TN	Treaty NAFTA	북미 자유무역협정에 따라 발급하는 비자, 그의 가족은 TD 비자

(4) 비자의 기재사항과 내용

비자의 양식은 국가별로 차이가 있지만 일반적인 기재내용은 다음과 같다.

- 비자번호
- 발급국가의 고유한 문장 표시
- 비자의 종류(관광・상용・취업 등)

- 비자의 발급일 및 만료일(유효기간)
- 단수 또는 복수의 구분
- 비자 발급대상자의 성명
- 비자 수수료(VISA fee)

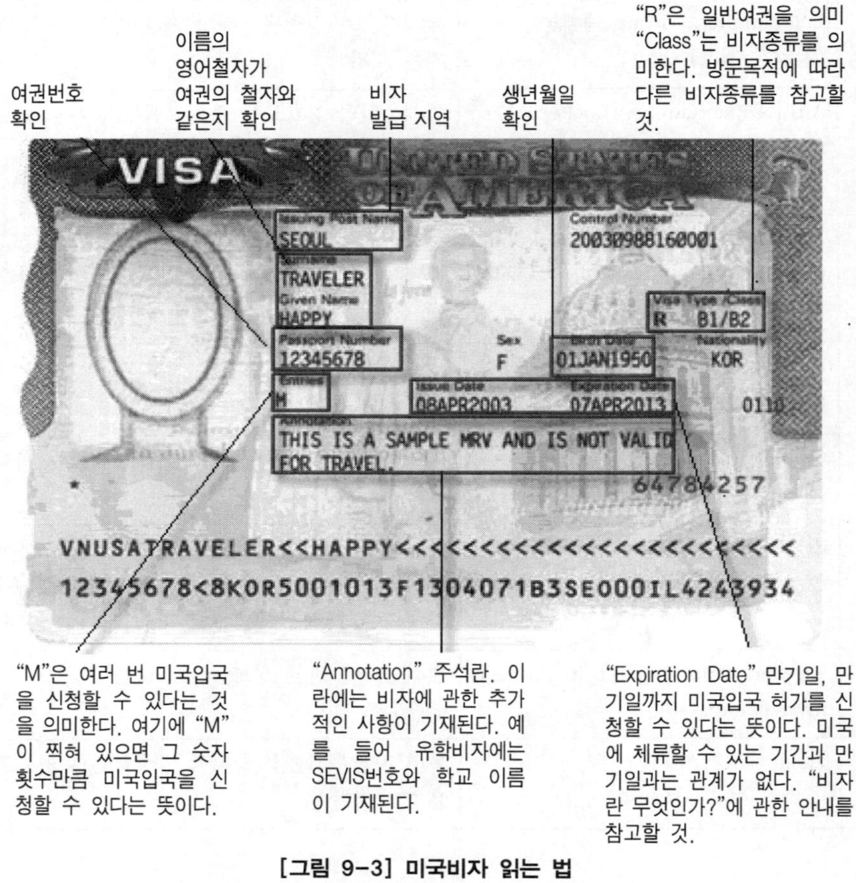

[그림 9-3] 미국비자 읽는 법

3. 비자면제협정

(1) 비자면제협정의 정의

비자면제협정(VISA waiver agreement)이란 특정국가간 자국민의 여행편의를 도모하기 위하여 일반여행자에 대해서 단기간 체제할 경우에 국가간 비자의 상호면제협정을 통하여 자유로운 입출국을 보장하는 것을 말한다. 즉 비자면제 협정 국가는 한국에서 비자를 받을 필요가 없이 방문국가의 공항에서 여권에 직접 체류허가 스탬프를 찍고 체류기간을 명시해준다.

이들 국가들은 단기간 여행시 비자 없이 방문할 수 있는 국가이다. 그러나 허용하는 기간을 초과하여 체류할 때는 체류목적에 맞는 비자를 받아야 한다.

〈표 9-5〉 비자면제협정 체결국가와 기간

<table>
<tr><th>적용대상</th><th colspan="3">대상국가 및 면제기간</th></tr>
<tr><td>외교관</td><td colspan="3">러 시 아 (90일)</td></tr>
<tr><td>외교관
관용</td><td colspan="3">필리핀(무제한), 파라과이(90일), 이란(3개월), 몽골(30일), 베넹(90일), 베네수엘라(30일), 에콰도르(외교 : 업무수행기간 관용 : 3개월), 베트남(90일), 사이프러스(90일), 이집트(90일), 과테말라(90일), 일본(3개월), 파키스탄(3개월), 우루과이(90일), 크로아티아(90일), 아르헨티나(90일)</td></tr>
<tr><td rowspan="6">외교관
관용
일반</td><td>30일(1개국)</td><td colspan="2">튀니지</td></tr>
<tr><td>60일(2개국)</td><td colspan="2">포르투갈, 레소토</td></tr>
<tr><td rowspan="4">90일
(60개국)</td><td>아주지역
(5개국)</td><td>일본, 태국, 싱가포르, 뉴질랜드, 말레이시아</td></tr>
<tr><td>미주지역
(23개국)</td><td>바베이도스, 바하마, 코스타리카, 콜롬비아, 파나마, 도미니카, 그레나다, 자메이카, 페루, 아이티, 도미니카연방, 세인트루시아, 세인트키츠네비스, 세인트빈센트 그레나딘, 트리니다드 토바고, 수리남, 안티구아바뷰다, 니카라과, 엘살바도르, 멕시코, 브라질, 칠레</td></tr>
<tr><td>구주지역
(29개국)</td><td>그리스, 오스트리아, 스위스, 리히텐슈타인, 프랑스, 영국, 네덜란드, 벨기에, 룩셈부르크, 독일, 스페인, 핀란드, 스웨덴, 덴마크, 노르웨이, 아일랜드, 아이슬랜드, 몰타, 폴란드, 헝가리, 불가리아, 체코, 터키, 슬로바키아, 루마니아, 에스토니아, 라트비아, 리투아니아, 이탈리아</td></tr>
<tr><td>중동・아프리카
지역(3개국)</td><td>모로코, 라이베리아, 이스라엘</td></tr>
</table>

대 륙	대상국가 및 면제기간
아시아	마카오, 브루나이, 사우디아라비아, 아랍에미리트, 예멘공화국, 오만, 일본, 카타르, 타이완, 홍콩(90일), 쿠웨이트
북아메리카	미국, 캐나다(6개월)
남아메리카	과테말라, 아르헨티나, 베네수엘라, 온두라스, 우루과이, 파라과이, 가이아나, 에쿠아도르
유럽	모나코, 바티칸, 슬로베니아, 크로아티아, 알바니아, 사이프러스, 산마리노, 안도라, 보스니아.헤르체고비나, 세르비아.몬테네그로
오세아니아	괌, 나우르, 뉴칼레도니아, 미크로네시아, 솔로몬군도, 키리바티, 피지, 호주(3개월), 마샬군도, 팔라우, 사모아
아프리카	남아프리카공화국, 스와질란드, 이집트, 모리셔스, 세이쉘

※ 캐나다 : 상호 합의에 의거 6개월간 사증 면제
※ 파키스탄 : 2001.10.1부터 일반여권 소지자에 대한 사증면제 일시중지 상태
※ 방글라데시 : 현지사정상 비자 필요
－입국허가기간 등 자세한 변동내용은 법무부 인천공항출입국(032-740-7222)으로 문의하기 바란다(2005년 12월 기준).

4. 미국비자면제 프로그램

(1) 미국비자면제 프로그램의 기본개념

VWP는 Visa Waiver Program의 약자로서 비자면세 프로그램을 뜻한다. 비자면세 프로그램은 미국 법에서 지정된 요건을 충족하고 미국 정부에서 지정한 국민에게 최대 90일간 비자 없이 관광 및 상용 목적에 한하여 미국을 방문할 수 있도록 허용하는 제도를 의미한다.

아래의 4가지 조건이 충족되면 미국에 비자 없이 입국이 가능한 프로그램이다.

아래 조건 중 하나라도 충족이 되지 않으면 현행과 동일하게 미국대사관 인터뷰를 통해 비자를 받아야 한다. 또한 ESTA 신청 후 Travel Not Authorized (여행 미승인)을 받을 경우, 현행과 같이 비자를 받아야 하기 때문에 ESTA 신청은 최소한 1달 여유를 두고 해야 한다.

① 전자여권(2008년 8월부터 발행된 여권포함) 소지자

② 미국 내 90일 이내 체류(출발일 기준 3개월 이내 귀국일이 명시된 왕복 항공권 필요)

③ 관광 및 상용 목적

④ 사전 인터넷 ESTA시스템에 접속하여 필요사항을 입력 후 최종 Authorization Approved(허가승인)를 받은 자.

※ VWP 적용을 받을 수 없는 경우

관광 및 상용목적에 의한 무비자 방문이기 때문에 여타 목적을 위한 방문(유학, 취업, 공연, 투자, 취재 등) 또는 90일 이상 체류하실 계획이시라면 비자를 발급 받아야 된다.

① 90일 이상 체류하실 경우

② 유학, 취업, 취재, 이민 등 여타의 목적으로 방문하시는 경우

③ 미국 비자 발급이 거절되었거나, 입국 거부 또는 추방된 적이 있는 경우

④ ESTA를 통해 비자 발급이 필요하다는 통보를 받은 경우

⑤ 전자여행허가제 (Electronic System for Travel Authorization : ESTA) 신청결과 no 응답을 받은 경우 등에는 무비자가 적용되지 않을 수 있다.

☞ ESTA 웹페이지

https://esta.cbp.dhs.gov/esta/esta.html

보다 자세한 정보는 외교통상부 비자면제프로그램 홈페이지 (http://www.vwpkorea.go.kr)에서 확인할 수 있다.

(2) ESTA(사전여행허가) 기본 정보

① ESTA 최소 신청 기간 : 최소한 여행 출발 72시간 전까지 입력 가능하다. 그러나 신청 후 승인이 나지 않으면 별도 비자 수속을 받아야 하므로 최소 출발 1개월 전에 승인여부를 확인해야 한다.

② 유효기간 : 승인 날짜로부터 2년 또는 신청자의 여권이 만료되는 일자 중 빠른 날짜까지며 여러 차례 방문 가능(복수)

③ 미국 입국 시 ESTA 승인 번호를 꼭 가지고 가야 한다. (종이 인쇄 추천)

④ 승인 후 업데이트 가능한 항목 : 메일주소, 전화번호, 항공편수, 도착하는 도시, 미국 내 거주할 주소(호텔 명) 등이다.

⑤ 여행허가 승인 후 여권을 새로 발급 받았을 경우 : 반드시 새 ESTA를 작성해야 한다.

⑥ 목적지가 미국이 아니지만, 미국 공항에서 TRANSIT 할 경우 : ESTA 여행허가를 받아야 한다.

⑦ ESTA 승인을 받았지만 미국 현지 입국 심사 시 사안에 따라 입국 거절을 당할 수도 있다.

(3) ESTA(사전여행허가) 입력에 필요한 사항

① 기본정보

- 생년월일, 국적, 거주국가, E-MAIL 주소(선택사항), 영문 이름, 성별, 전화번호/국가번호(선택사항)

② 여권정보

- 여권 만료일, 여권 발급일, 발급 국가, 여권 번호

③ 여행정보

- 항공사 코드(선택사항)
- 항공편수(선택사항)
- 미국 체류 주소(호텔명)
- 미국 체류 도시/주

④ 기타질문(YES or NO)

- 현재 질병 유무(전염병/마약중독)
- 위법 행위 여부
- 미국 불법 체류 및 시도 여부
- 미성년 대상 범죄 여부
- 고발 및 고소 여부

제4절 출입국수속업무

1. 출국수속 일반업무

(1) 수속에 관한 일반 업무

1) 여행증빙서류의 확인

승객에 대한 여권 및 비자의 유효기간, TWOV(Transit Without VISA : 통과상륙) 조건의 확인, 출입국신고서(E/D 카드)의 작성 여부, 병무신고 대상자의 병무신고 여부, 외국인 및 해외거주 교포의 국내체류 허용기간의 초과 여부 등을 확인한다.

2) 항공권의 접수 및 확인

- 여권상의 성명일치 확인
- 항공권의 출발일자 및 유효기간 확인
- Endorsement(타 항공편 변경)
- Min or Max Stay
- Stopover(도중하차) 확인
- Special Fare Restriction
- 그룹(group) 형성 여부
- Inadmissible(미소지) TKT 여부 등을 확인한 후
- 항공권 쿠폰 내의 해당 탑승용 쿠폰(flight coupon/blue)을 절취하여 수거한다.

3) 승객의 좌석배정

CRT상으로 예약을 확인한 후, 출발통제 시스템(DCS : Departure Control System)에 의한 좌석배정 및 가능한 한 승객이 원하는 선호좌석으로 우선 배정한다.

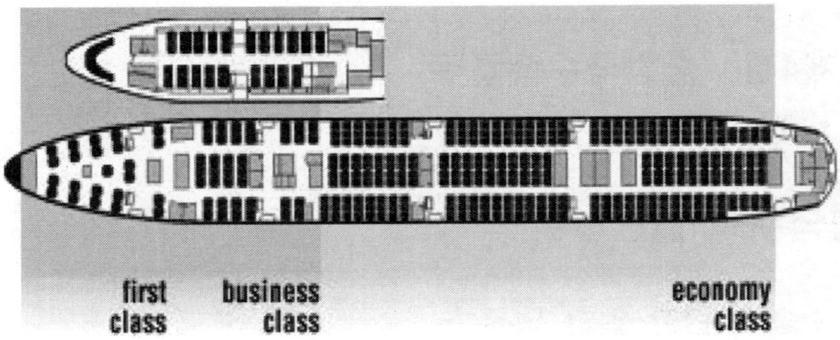

[그림 9-4] 좌석배정

4) 위탁수하물의 인수

승객의 위탁수하물을 인수하여 운송제한 품목 및 세관반출 신고 필요물품인지 확인, 카운터 옆에 설치된 계량기로 수하물의 허용범위에 대한 초과 여부를 확인한 후 초과수하물은 초과요금을 징수한다.

다음으로 승객의 수하물에 해당목적지가 표기된 수하물표를 부착하고 함께 붙어 있는 배기지 크레임 태그(baggage claim tag)를 절취하여 나중에 수하물의 개수와 맞는지 확인한다. 이후 세관직원에 의하여 보안검색이 이루어진다.

5) 탑승권의 발급

탑승권(boarding pass)을 발급해주면서 승객에게 탑승구(boarding gate)와 탑승시간(boarding time)을 알려준다.

[그림 9-5] 탑승권

6) 공항시설이용료 및 관광진흥기금의 납부안내

공항청사 내 은행환전소나 매표소에서 공항이용료 쿠폰을 구입하여 출국심사장 입구의 직원에게 공항이용권을 제출한다.

(2) 탑승수속업무

탑승수속이란 공항 내의 항공사 카운터 직원이 승객에 대해 업무적으로 하는 탑승수속의 과정을 말한다. 즉 항공사 카운터에서 승객의 항공권, 여행구비서류에 대한 확인절차와 수하물의 위탁수속 절차를 통칭하는 의미이다. 카운터에 제시해야 할 사항은 항공권 · 여권 및 비자 · 출입국신고서 · 위탁수하물 등이다.

탑승수속 및 출국절차를 간단하게 설명하면 다음과 같다.

- 대한민국 출국신고서 작성, 공항이용권 구입(은행환전소)한다.
- 병무신고 해당자는 병무신고를 한다.
- 탑승할 항공편을 확인한 후 해당 체크인 카운터에서 탑승수속 및 환전을 한다.
- 그 다음 여권, 항공권, 항공사 마일리지 카드를 해당 항공사 카운터에 제출한 후 탑승권을 받은 후 수하물을 탁송한다.
- 출국심사장 입구의 직원에게 공항이용권을 제출하고 출국심사장으로 입장한다.
- 그 다음 출국보안검사, 출국심사 순으로 심사를 받고, 이상이 없어 통과하면 면세구역 및 항공편별 탑승게이트 구역이 나온다.
- 탑승하고자 하는 케이트 입구에 출국 대합실에서 기다렸다가 해당 항공편에 탑승하면 된다. 이때 출국심사장에 들어가면 다시 나올 수 없으므로 출국장에 들어가기 전에 출영객과 인사를 나누어야 한다.

1) 인천국제공항 체크인 카운터 탑승수속

- 공항에 도착한 여객은 먼저 해당 항공사에서 운영하는 체크인 카운터로 이동하여 탑승수속을 받는다.
- 체크인 카운터에서는 기내에 휴대하는 물품을 제외하고는 모두 위탁수

하물로 처리하여야 하며, 기내에는 가로 55cm, 세로40cm, 높이 20cm(총합 115cm 이내), 무게 10kg 이내의 물품에 대해서만 반입이 허용되며, 휴대물품 중 기내 반입시 여객의 생명과 안전에 위협이 될 수 있는 물품은 여객의 안전을 위해 절대 반입해서는 안 된다.

• 위탁수하물 중에 세관신고가 필요한 경우에는 대형수하물 전용카운터 옆 세관신고대에서 신고하여야 하며, 대형수하물은 대형수하물 전용카운터에서 위탁 처리하여야 한다. 대형수하물은 길이 90cm, 높이 75cm, 폭 45cm, 무게 59kg을 초과하는 화물을 말한다.
• 수하물을 초과하여 소지한 여객들은 체크인 카운터에서 초과된 수하물량 만큼 추가지불을 해야 한다. 초과되는 수하물에 대한 추가지불을 원하지 않은 여객들은 체크인을 할 때 해당 허용치 범위 내 수하물만 목적지에 보낼 수 있다.
• 탁송수하물 세관반출 신고는 대형수하물 투입장소에서 세관에 신고한 후 탁송한다.
• 휴대품 세관반출 신고는 출국장 내 세관신고대에서 한다.
• 카운터에서는 짐을 검사하여 이상이 없으면 탑승구간의 편도항공권을 뜯어내고 탑승권과 남은 항공권, 도착지에서 짐을 찾을 수 있는 꼬리표(claim tag)를 돌려준다. 탑승권에 표시된 비행기의 편명, 착석번호, 탑승게이트 번호, 출발시간 등을 잘 확인해두어야 비행기를 놓치거나 잘못 타는 일이 없다. 만약 현지공항에서 수하물 분실사고가 발생하면 탑승권을 해당 항공사나 공항직원에게 보여주고 짐을 찾도록 한다. 만일의 사태에 대비해 수하물 탁송 전에 자신의 주소·연락처 등을 적은 꼬리표를 가방에 붙여두는 것이 안전하다.
• 보호자를 동반하지 않은 어린이 탑승객(UM)
  – 보호자 동반 없이 홀로 탑승한 어린 여객들은 해당 항공사에서 지정한 카운터에서 체크인 수속을 밟는다. 해당 항공사는 이들에 대한 아동보호 책임을 져야 한다.
  – 보호자를 동반하지 않은 어린 여객이 CIQ를 통과하는 동안 항공사 직원이 반드시 동반하여 CIQ를 통과하는 과정에서 문제가 발생하지

않도록 도와야 한다.

2) 도심공항터미널에서 탑승수속을 마친 여객의 탑승

도심공항터미널에서 탑승수속을 마친 여객의 경우('05.07.01 시행)는 도심공항터미널(삼성동 · 반포동)에서 탑승수속을 마치고 공항에 도착한 여객은 각 출국장 측면의 전용통로를 통해 보안검색 후 바로 출국심사대를 통과한다. 출국장 전용통로 입구에서 공항보안요원에게 여권 및 탑승권 등 여행 관련서류를 제시하여야 한다.

〈표 9-6〉 출국절차 과정

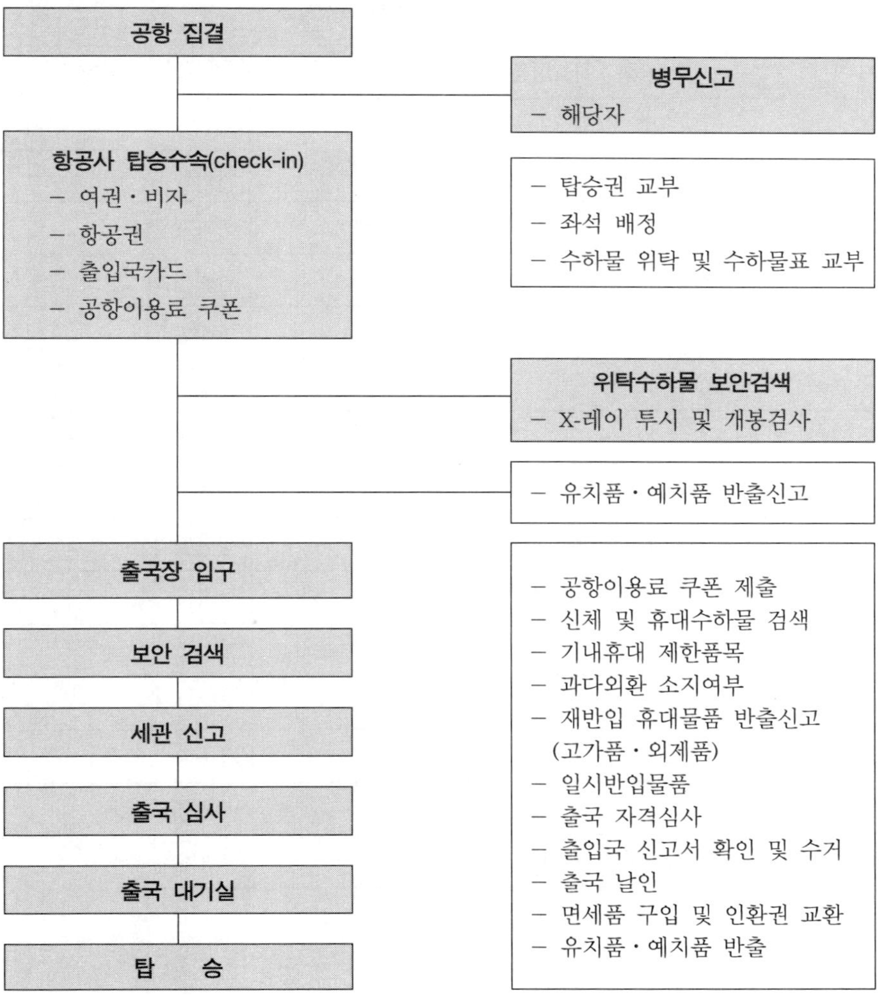

- 이용절차 : 출국장 측면 전용통로 이용 → 보안검색 실시 → 도심승객전용 출국심사대 통과 → 탑승구 이동 → 여객기 탑승

(3) 출입국신고서 작성

체크인 카운터에 비치된 출입국신고서를 작성하여 출국신고시에 제출한다. 출입국신고서는 출국장 안에도 비치되어 있으나 미리 작성하는 것이 편리하며, 출국수속 시간을 단축할 수 있다. 단 외국인은 출입국신고서 제출을 생략한다.

출입국신고서 양식은 나라마다 다르다. 일반적인 작성항목은 다음과 같다

〈표 9-7〉 출입국신고서 작성항목

항 목 (영문)	항 목 (한글)
①	성
② First Name, Given Name	이름
③ Full Name	성과 이름
④ Passport Number	여권번호
⑤ Place of Issue	여권발급지
⑥ Place of Birth	출생지
⑦ Date of Issue	여권발급일자
⑧ Date of Expiration	여권만료일
⑨ DOB(Date of Birth)	생년월일
⑩ Nationality	국적
⑪ Profession/Occupation	직업
⑫ Purpose of Visit	방문목적
⑬ Country of Residence	거주국
⑬ Flight No	이용항공편명
⑭ Number of Family Members Traveling with You	동반가족 수

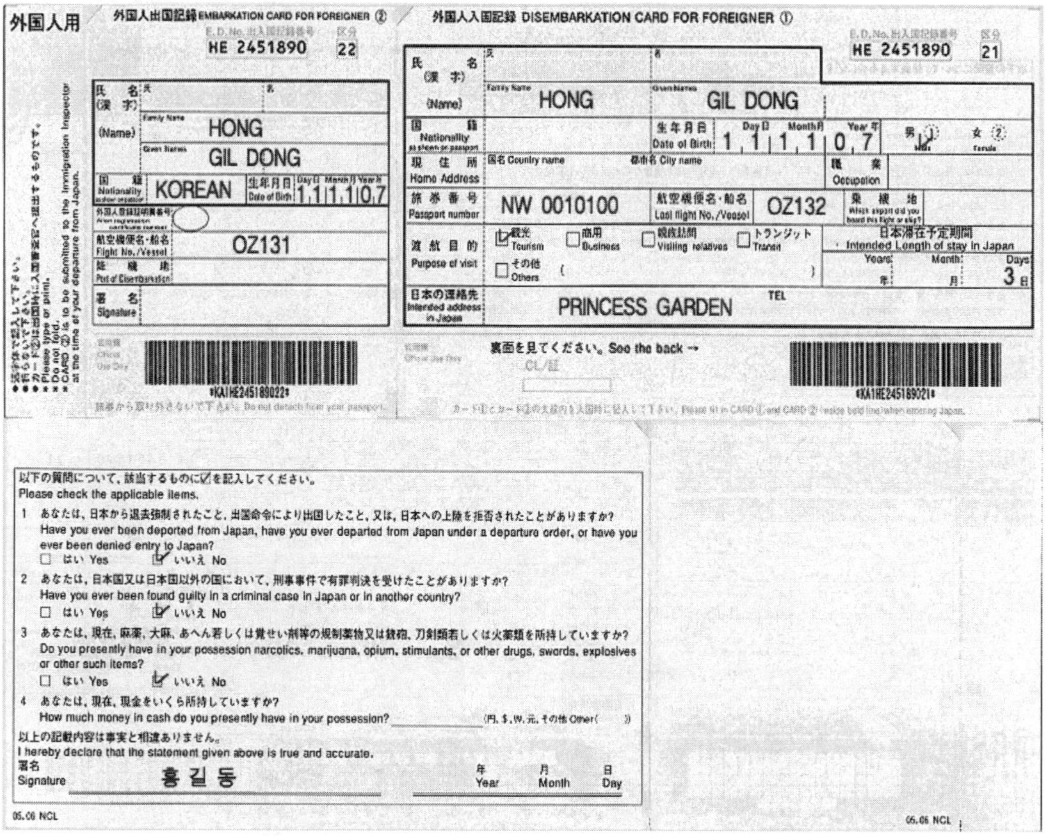

外国人用

外国人出国記録 EMBARKATION CARD FOR FOREIGNER ②

E.D.No. 出入国記録番号 HE 2451890 区分 22

氏名（漢字） 氏 名

(Name) Family Name HONG

Given Names GIL DONG

国籍 Nationality KOREAN

生年月日 Date of Birth Day 日 1,1 Month 月 1,1 Year 年 0,7

外国人登録証明書番号

航空機便名・船名 Flight No./Vessel OZ131

降機地 Port of Disembarkation

署名 Signature

KA1HE2451890022

旅券から取り外さないで下さい。 Do not detach from your passport.

外国人入国記録 DISEMBARKATION CARD FOR FOREIGNER ①

E.D.No. 出入国記録番号 HE 2451890 区分 21

氏名（漢字） (Name) Family Name HONG Given Names GIL DONG

国籍 Nationality

生年月日 Date of Birth Day 日 1,1 Month 月 1,1 Year 年 0,7 男 Male ① 女 Female ②

現住所 Home Address 国名 Country name 都市名 City name

職業 Occupation

旅券番号 Passport number NW 0010100

航空機便名・船名 Last flight No./Vessel OZ132

乗機地

渡航目的 Purpose of visit ☑ 観光 Tourism ☐ 商用 Business ☐ 親族訪問 Visiting relatives ☐ トランジット Transit ☐ その他 Others ( )

日本滞在予定期間 Intended Length of stay in Japan Years 年 Month 月 Days 3 日

日本の連絡先 Intended address in Japan PRINCESS GARDEN TEL

裏面を見てください。 See the back →

KA1HE2451890021

以下の質問について、該当するものに☑を記入してください。
Please check the applicable items.

1 あなたは、日本から退去強制されたこと、出国命令により出国したこと、又は、日本への上陸を拒否されたことがありますか?
Have you ever been deported from Japan, have you ever departed from Japan under a departure order, or have you ever been denied entry to Japan?
☐ はい Yes ☑ いいえ No

2 あなたは、日本国又は日本国以外の国において、刑事事件で有罪判決を受けたことがありますか?
Have you ever been found guilty in a criminal case in Japan or in another country?
☐ はい Yes ☑ いいえ No

3 あなたは、現在、麻薬、大麻、あへん若しくは覚せい剤等の規制薬物又は銃砲、刀剣類若しくは火薬類を所持していますか?
Do you presently have in your possession narcotics, marijuana, opium, stimulants, or other drugs, swords, explosives or other such items?
☐ はい Yes ☑ いいえ No

4 あなたは、現在、現金をいくら所持していますか?
How much money in cash do you presently have in your possession? ______ (円, $, W, 元, その他 Other( ))

以上の記載内容は事実と相違ありません。
I hereby declare that the statement given above is true and accurate.

署名 Signature 홍길동 年 Year 月 Month 日 Day

05.06 NCL

[그림 9-6] 일본 출입국신고서 양식

U.S. Department of Justice
Immigration and Naturalization Service OMB 1115-0077

Admission Number

Welcome to the United States

451334694 08

I-94 Arrival/Departure Record-Instructions

This form must be completed by all persons except U.S. citizens, returning resident aliens, aliens with immigrant visas, and Canadian Citizens visiting or in transit.

Type or print legibly with pen in ALL CAPITAL LETTERS. Use English. Do not write on the back of this form.

This form is in two parts. Please complete both the Arrival Record (Items 1 through 13) and the Departure Record (Items 14 through 17).

When all items are completed, present this form to the U.S. Immigration and Naturalization Service Inspector.

Item 7-If you are entering the United States by land, enter LAND in this space. If you are entering the United States by ship, enter SEA in this space.

Form I-94 (10-01-85) N

Admission Number

451334694 08

Immigration and Naturalization Service
I-94
Arrival Record

1. Family Name
K I M
2. First (Given) Name — D O O H A N
3. Birth Date (Day/Mo/Yr) — 2 2 0 1 7 4
4. Country of Citizenship — S . K O R E A
5. Sex (Male or Female)
6. Passport Number — A B 1 2 3 4 5 6 7
7. Airline and Flight Number — K E 0 5 1
8. Country Where You Live — S . K O R E A
9. City Where You Boarded — I N C H E O N
10. City Where Visa Was Issued — S E O U L
11. Date Issued (Day/Mo/Yr) — 1 5 0 3 9 8
12. Address While in the United States (Number and Street)
P A C I F I C B A E A C H H O T E L
13. City and State
H O N O L U L U // H A W A I I

Departure Number

451334694 08

Immigration and Naturalization Service
I-94
Departure Record

14. Family Name
K I M
15. First (Given) Name — D O O H A N
16. Birth Date (Day/Mo/Yr) — 2 2 0 1 7 4
17. Country of Citizenship
S . K O R E A

See Other Side **STAPLE HERE**

TS 42023

[그림 9-7] 미국 출입국신고서 양식

(4) 국제여객공항이용료 납부

〈표 9-8〉 국제여객공항이용료 납부 및 면제대상

구 분	내 용
납부대상	인천공항을 이용하여 출국하는 국제항공여객
이 용 료	출발여객 1인당 17,000원(항공권에 포함하여 징수)
면제대상	– 외교관여권 소지자 – 2세 미만 유아 – 국외로 입양되는 아동 및 그 호송인 – 주한외국군인 및 군무원 – 입국이 불허되거나 거부당한 자로서 출국하는 자 – 국비의 강제퇴거 외국인 – 통과여객 및 환승여객(공항도착 후 24시간 이내에 연결되는 승객) ※ 상기면제자 중 외교관여권 소지자는 국제여객공항이용료를 항공권에 포함하여 징수한 후 출국장 내 환불처(리펀드 카운터, 은행)에서 환불해주고 있으며, 타 면제자는 항공권 발권시 면제되어 발권되고 있다(항공권에 포함시 발권처에서 환불).

(5) 출국납부금 납부안내

〈표 9-9〉 출국납부금 및 면제대상

구 분	변경 전	변경 후
징수대상	출국하는 내국인	출국하는 자
징수금액	1인당 10,000원	1인당 10,000원
징수방법	별도구매	항공권에 포함 징수
면제대상자 및 처리방법	• 외교관여권 소지자(GTR 제외) • 2세 미만 어린이 • 해외입양아동 및 그 호송인 • 거주여권 또는 장기체류 증명서류 소지자 • 공항통과여객 ※ 면제신고서 작성 후 출국	• 외교관여권 소지자(GTR 제외) • 2세 미만 어린이 • 해외입양아동 및 그 호송인 • 입국불허 · 거부자로서 출국하는 자, 국비 강제 추방자, 공항통과여객 ※ 면제신고서 작성 불필요. 단 외교관여권 소지자는 출국장 내 은행에서 환불

(6) 병무신고(대상자에 한함)

- 병역의무자가 국외 출국시는 필요한 서류를 구비하여 병무신고소에 출국신고를 하여야 한다. 또한 귀국시에도 반드시 귀국신고를 해야 한다.

• 병무신고 대상자는 25세 이상 병역미필자이다. 그러나 병역을 마친 사람이나 제2국민역은 제외된다.

2. 공항 출국수속업무

(1) 인천국제공항 청사

1) 인천국제공항 출국절차

1. 탑승수속 → 2. 출입국신고서 작성 → 3. 병무신고 및 검역 → 4. 세관신고 → 5. 보안검색 → 6. 출국심사 → 7. 탑승

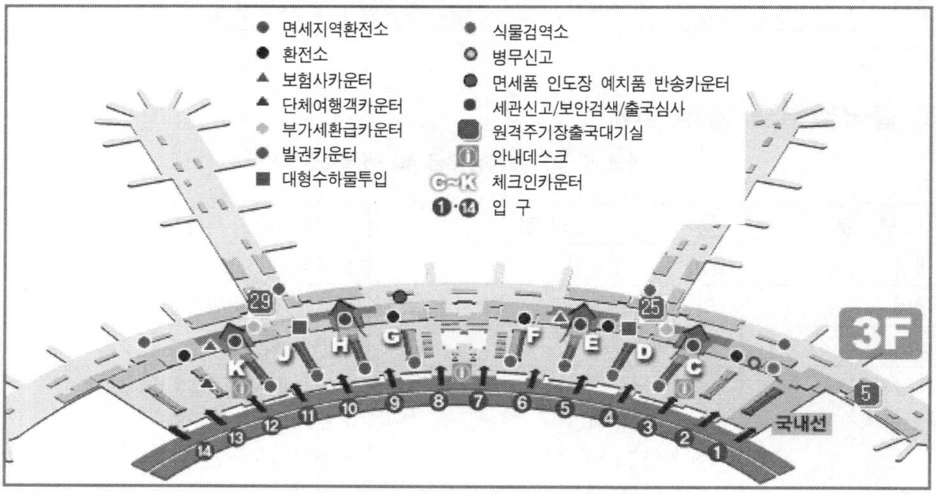

[그림 9-8] 인천국제공항 체크인 카운터 위치 안내

❐ 인천국제공항 청사 안내

지하 : 주차장, 의료센터(인하대병원)
1층 : 입국장(입국도착장, 수하물센터수취대, 입국심사, 검역소, 버스·택시정류장 등)
2층 : 입국심사대, 비즈니스센터 등
3층 : 출국장, 탑승수속카운터, 환승수속카운터, 출국심사, 면세점, 환전은행, 탑승대기실
4층 : 라운지, 환승호텔, 전문식당, 전자오락실 등

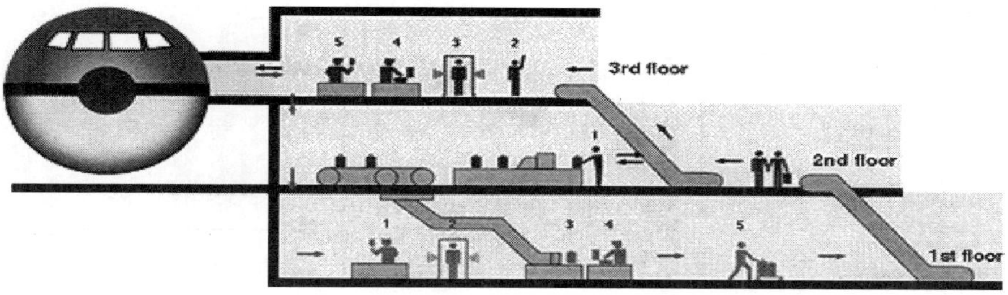

[그림 9-9] 공항에서의 출 · 입국 경로

〈표 9-10〉 인천국제공항 항공3층 터

항공사명(code)	카운터	항공사명(code) 2층	카운터
국내선	A	오리엔트타이항공(OX)	
가루다인도네시아항공(GA)	H	우즈베키스탄항공(HY)	1층
네덜란드KLM항공(KL)	C	유나이티드항공(UA)	K
노스웨스트항공(NW)	H	일본에어시스템(JD)	H
대한항공(KE)	D, E, F	일본항공(JL)	J
루프트한자항공(LH)	K	전일본공수(NH)	K
말레이시아항공(MH)	G	중국국제항공(CA)	H
몽골항공(OM)	G	중국남방항공(CZ)	K
블라디보스토크항공(XF)	G	중국동방항공(MU)	H
베트남항공(VN)	G	중국북방항공(CJ)	H
사할린항공(HZ)	J	중국서남항공(SZ)	H
세부퍼시픽항공(5J)	J	중국서북항공(WH)	H
시베리아항공(S7)	G	중국운남항공(3Q)	H
싱가포르항공(SQ)	K	중국해남항공(HU)	H
아에로플로트러시아항공(SU)	G	캐세이패시픽항공(CX)	J
아시아나항공(OZ)	C, D	콴타스항공(QF)	C
알이탈리아항공(AZ)	D	크라셀항공(7B)	G
에어저팬(NQ)	K	타이항공(TG)	K
에어카자흐스탄(9Y)	G, H	터키항공(TK)	C
에어캐나다(AC)	K	필리핀항공(PR)	G
에어프랑스(AF)	E	하바로브스크항공(H8)	J

(2) 출국절차

대한민국 국민이 출국하려면 출입국관리법에 의해 유효한 여권 또는 기타 여행에 필요한 서류를 구비하여 출국하는 출국공항에서 출입국관리 공무원의 출국심사를 받아야 한다.

〈출국입국 흐름도〉

병무신고 → 항공사 탑승수속 → 수하물 보안검사 → CIQ검사(세관검사→출국심사→검역검사) → 출국라운지 대기 및 면세품 쇼핑 → 탑승

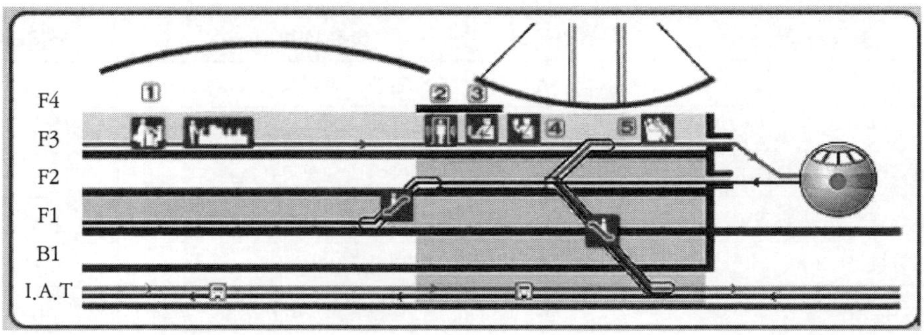

1. 체크인 2. 보안검사 3. 세관신고 4. 출국검사 5. 게이트라운지

[그림 9-10] 출입국수속 순서 입체도

1) 보안검사

출국심사구역 내에서 첫번째 단계로 각종 위험으로부터 탑승객의 안전을 도모하기 위해서 실시한다. 또한 여행객이 항공사에 취급하도록 요청한 위탁수하물 속의 무기류와 폭팔성, 인화성이 있는 물건 여부를 확인한다. 그 다음 신체 및 휴대수하물 검사, 기내 휴대제한품목 확인, 과다 외환소지 여부 등을 검색한다.

구체적인 내용은 다음과 같다.

- 탑승수속 및 세관신고를 마치면 가까운 출국장으로 이동하여 보안검색을 받아야 한다.

- 기내휴대물품은 가로 55cm, 세로 40cm, 높이 20cm(총합 115cm 이내), 무게 10kg 이내의 물품에 대해서만 기내반입이 허용되며, 휴대물품 중 기내반입시 여객의 생명과 안전에 위협이 될 수 있는 물품은 여객의 안전을 위해 절대 반입해서는 안 된다.
- 여객 및 여객의 휴대수하물 보안검색은 항공사가 실시하며, 이에 대한 감독은 공항보안팀에서 수행한다.
- 세관에 신고할 내역이 없는 여객 또는 세관신고가 끝난 여객은 보안검색대에서 순서대로 보안검색을 받아야 한다.
- 보안검색대에서는 검색요원의 안내에 의해 대기선에서 순서에 따라 휴대물품을 X-레이 검색장비 컨베이어 위에 올려놓고 소지품(휴대폰·동전 등)은 바구니에 넣고 문형 금속탐지기를 통과한다.

이와 같이 보안검색 또는 출국심사를 마친 후에는 휴대폰 로밍, 현금 인출, 환송객 등 개인적인 사유로 보안구역 밖으로 나갈 수 없으니 모든 개인적인 용무를 마친 후에 보안구역으로 입장하도록 하여야 한다.

2) 세관검사(customs)

해외여행시 휴대하는 고가품 및 귀중품은 출국 전에 반드시 세관에 신고해서 '휴대물품 반출확인서'를 받아야만 재입국시 해당물품에 대해 세금이 부가하지 않고 재반입받을 수 있다. 신고할 물건이 없는 사람은 다음의 출국심사 창구로 이동한다.

① 출국시 외화 신고

- 국민인 거주자가 해외경비로 미화 1만 달러를 초과하는 외화를 휴대 반출할 경우 세관 외화신고대에 신고하면 직접 가지고 출국할 수 있다.
- 해외이주자, 해외체류자, 해외유학생 및 여행업자가 미화 1만 달러를 초과하는 해외여행경비를 휴대하여 출국하는 경우와 외국인 거주자가 국내 근로소득을 휴대하여 출국하고자 하는 경우에는 반드시 지정거래 외국환은행장의 확인을 받아야 하며, 일반 해외경비 이외의 물품거래대금의 지급, 자본거래 대가의 지급 등은 각 거래에서 정하는 신고나 허가를

받아야 휴대 출국할 수 있다.

- 비거주자 등이 미화 1만 달러를 초과하는 외화를 휴대 반출하는 경우 한국은행 총재 또는 세관장의 허가를 받아야만 반출할 수 있다.

② **휴대물품 반출신고**

- 일시 출국하는 여객이나 승무원은 여행시 사용하고 입국할 때 다시 가져올 귀중품 또는 고가품은 출국하기 전 세관에 신고한 후 '휴대물품 반출신고(확인)서'를 받아야 입국시에 면세를 받을 수 있다.

③ **부가세 · 특소세 환급확인**

- 외국인 관광객 면세판매장에서 물품을 구입한 외국인 여객은 판매장에서 '외국인관광객 물품판매확인서'를 교부받아 출국시(3개월 이내) 물품과 함께 세관에 신고하여야 한다.

④ **출국시 세관신고 대상물품**

- 해외거주자가 출국시 반출할 것을 조건으로 입국시 면세통관(휴대반입) 받은 물품으로 미반출 시에는 당해 물품에 대한 세금을 내야 한다.
- 국내 거주가가 비디오카메라 · 골프채 · 고급시계 · 모피의류 · 악기 · 보석류 등 고가물품을 해외여행중 사용하고 입국시 재반입하고자 하는 물품으로 출국시 세관장의 반출확인이 없이 국내에 반입되는 경우에는 세금을 내야 한다.
- 휴대하여 수출하는 물품으로서 기적확인을 세관에서 받아야 하는 물품으로 기적확인을 받지 않으면 수출로 인정되지 않으므로 관세환급을 받을 수 없는 경우가 발생한다.
- US$ 10,000 상당액을 초과하는 외화 및 원화로 수표 · 여행자수표 등 모든 지급수단을 포함하여 한국은행 총재의 사전허가를 받아야 한다.

⑤ **해외로 반출이 금지되는 물품**

- 마약, 향정신성의약품 및 이들의 제품들
- 문화재보호법에 의거 해외반출이 금지된 골동품 등 문화재들
- 화폐 · 지폐 · 채권 등의 위조품 · 변조품 · 모조품

3) 출국심사(Immigration)

출국심사구역 내에서 마지막 단계로 여행자들이 출입국 심사관에게 제출하는 서류로 여권(passport)·탑승권(boarding pass)·출국신고서(embarkation card) 등이 있다. 이 절차에서 심사의 내용은 출국자격 심사, 여행서류 확인(여권·비자의 유효기간, 항공권 성명대조), 체류기간과 출국 제한자 여부 확인, 출국신고서 확인 및 수거 등을 들 수 있다. 출국심사에 이상이 없으면 출입국 심사관은 출국 심사필의 스탬프를 여권 상에 찍어준다.

상세한 내용은 다음과 같다.

- 출국심사대 앞의 대기선에서 기다리다가 자신의 차례가 오면 여권·탑승권·출입국신고서를 직원에게 제시한다.
- 출국심사대를 통과한 다음 출발·통과여객 라운지에서 대기해야 한다. 급한 용무로 대기실을 나와야 할 경우는 항공기 탑승게이트 앞 대기구역에서 항공사 직원이 동행한 가운데 도착 출국 심사홀을 통과하여 밖으로 나가야 한다.
- 예치·유치품 반환 안내 : 출국시 세관에 예치된 물품을 찾거나 유치된 물품을 반환받고자 하는 여객은 최소한 항공기 출발 1시간 전에 출국장 내 세관 반송품 인도장에서 직원에게 신청하면 된다.
- 출국심사가 끝난 후에는 면세점에서 쇼핑을 하는데 이때 사전 면세점 이용자는 면세물품을 반드시 수령해야 한다. 입국시에는 면세점이 없기 때문에 면세물품을 대부분을 찾을 수가 없다. 쇼핑이 끝난 후에는 탑승권만 소지하고 나머지 서류는 안전한 곳에 넣어두고 탑승시간을 기다린다.

(3) 탑 승

일반적으로 출발시간 30분 전에 항공기 탑승이 이루어지며, 탑승개시 안내방송이 나온다. 그러면 항공편의 탑승구로 이동해 탑승권을 항공사 직원에게 제시하고 편명과 좌석번호가 기재되어 있는 탑승권을 되돌려받아 지정된 좌석으로 찾아가면 탑승은 완료된다.

리모트 주기장에 출발 항공기가 주기한 경우에는 해당 여객들은 에스컬레이터 또는 자동보도를 이용하여 1층에 있는 램프버스 정거장으로 내려간 뒤 그곳에서 램프버스를 타고 해당 출발 항공기에 탑승하여야 한다.

3. 도중기착 및 환승업무

(1) 통과의 업무

항공기를 이용한 여행 중 최종 목적지에 도착하기 전에 추가탑승이나 급유를 위해 중간 기착지를 경유하는 것을 통과(transit)라 한다.

최근에는 장거리 비행이 많으므로 이러한 경우는 흔히 있는 일이다. 도중 기착지(stopover point)에서는 기내에서 그대로 기다릴 때도 있지만, 대체로 비행기에서 일단 내려서 경유자 대기실(transit room)에서 기다리게 된다.

단순 경유는 동일한 비행기를 이용할 때와 다른 비행기로 갈아탈 때로 나누어 생각할 수 있는데, 여행사 관계자는 비행기가 착륙하기 전에 승무원에게 물어 기내에서 대기하는지, 경유자 대기실로 가는지 확인하고 경유자 대기실로 갈 경우 귀중품·여권·탑승권만을 고객들이 소지하게 하고, 반드시 경유 카드

(transit card)를 받고 대기할 수 있도록 한다.

항공기가 중간 기착지에 착륙하면 여행사 관계자는 고객을 인솔하여 공항 내 입국장으로 가지 말고 경유(transit) 통로를 이용하여 경유자 대기실로 이동하거나, 공항직원의 안내를 받아 경유자 카운터에서 탑승권(boarding pass)를 발급받고 화물은 일괄 체크(though checking)하였을 경우에는 짐 개수를 항공사 계원에게 알리고 탑승 대기실로 인도한다.

다른 항공기를 바꾸어 타야 하는 경우 잃어버린 물건이 없나 확인하고, 재발급받은 탑승권을 고객에게 나누어주고, 탑승시간과 게이트 번호를 인지시킨다.

경유승객 대기실에 면세품점이 있는 경우 여행객에게 도착지의 면세기준을 고려하여 쇼핑하도록 하고, 출발시간 이전에 지정된 장소로 모이도록 하여 연결 비행기 전원이 탑승하도록 한다.

경유자대기실(transit room) 내에서는 간단한 경양식과 음료의 이용, 그리고 면세품 및 그 나라의 토산품을 구입할 수 있다. 30분에서 60분 정도면 재탑승의 안내방송이 있는데 한국어가 아니고 영어나 프랑스어, 또는 현지어로 방송하므로 단체여행객들에게 항공기로 돌아오도록 전달한다.

연결편이 동일 항공기가 아닌 경우 여행사 관계자는 전원이 함께 이동할 수 있도록 한다. 인솔자는 전체 여행객이 재탑승하는 것을 확인한 후 가장 나중에 탑승한다.

보통 수하물은 최종 목적지로 탁송하므로 수하물을 찾을 필요가 없으며, 경유(transit) 안내표지만 따라가면 된다. 그러나 만일 경유지로 탁송했다면 도착안내와 출국수속을 거쳐 다시 입국수속을 해야 한다. 특히 주의해야 할 것은 컴퓨터를 통해 최종 목적지로 탁송한 짐의 숫자와 목적지 등을 확인해보아야 한다는 점이다.

비행기를 내릴 때, 또는 경유자 대기실의 입구에서 경유 카드가 배포된다. 이것은 재탑승할 때 반납해야 하기 때문에 분실하지 않도록 주의해야 한다.

(2) 환승의 업무

국제선에서 국내선으로 환승(transfer)하는 경우는 입국수속이 필요하지만 국제선에서 국제선으로 환승하는 경우에는 경유지역(transit area)에 연결편(connecting flight)의 탑승수속을 하는 것이 원칙이다. 매우 드물지만 국제선에서 국제선으로 환승하는 경우에도 일단 입국수속을 해야 하는 경우도 있다.

환승시에 여행사 관계자가 해야 하는 업무는 다음과 같다.

- 항공기에 두고 내리는 물건이 없는지 주의시킨다.
- 출구에 먼저 나와서 단체를 한 장소에 모아서 인원을 파악한 후 '연결편(connecting flight)' 카운터로 신속하게 이동한다. 특히 외국의 공항은 규모가 크고 복잡해서 연결탑승이 늦을 경우도 많다. 길을 잃어버리는 손님도 종종 있으므로 특히 여행사 관계자는 긴장을 풀어서는 절대 안 된다.
- 단체를 한곳에 모아두고 탑승수속을 하고 탑승권을 받는다.
- 수하물은 '일괄수속(through check-in)'을 한 경우에는 별도 수속 없이 짐 숫자만 알려주면 된다.
- 탑승권을 나누어주고 탑승구(게이트) 번호와 탑승시간을 알려준 다음 탑승한다. 연결편의 탑승시 시간이 늦어질 경우에는 다음과 같은 조치를 취하는 것이 좋다.
  - 기내 승무원에게 현지에 연락하여 적절한 조치를 요청
  - 연결편 항공사 직원이 마중나오게 하는 경우
  - 연결항공편 측에서 사전에 통보하면 어느 정도는 기다려주는 것이 상례이다. 그러나 연락이 없으면 무작정 기다려주지 않는다.
- 보딩한 항공권을 개인별로 나누어준다.

(3) 접속편 탑승에 늦는 경우의 업무

항공기가 연착해서 접속편에 환승하는 것이 늦을 염려가 있는 경우에는 객실승무원에게 연락하여 항공사의 직원에게 마중을 부탁하는 등 신속하게 행동을

취할 수 있도록 처리해야 한다.

여행객의 경우에는 접속편 쪽에서 기다려주는 경우가 많기 때문에 그다지 걱정하지 않아도 좋다. 만약 아무리 해도 늦을 것 같은 경우에는 항공사 측에서 반드시 다음의 접속편을 수배해주므로 그에 따라 후속대책을 수립하도록 한다. 항공사의 사정으로 연착 등이 발생한 경우에는 그로 인한 비용은 일체 항공사에 의해서 지불되는 제도가 있는데, 이에는 크게 의무서비스(obligatory service)와 우대서비스(complimentary cervice)가 있다.

의무서비스가 제공되는 상황은 항공기의 지연운항, 항공기의 운항취소, 반란이나 전쟁상태, 사회적 소요상태, 정부의 법령이나 규정에 의한 상황 등이다. 단, 기상관계로 인한 상황일 때에는 24시간 한도 내에서 서비스를 제공할 수 있다. 서비스 제공내용 및 한도는 지연시간 1~3시간의 경우는 음료수 혹은 간이음식, 지연시간 3~6시간은 음료수, 식사 혹은 간이음식, 시내관광, 지상교통 등이고, 6시간 이상의 경우는 음료수, 식사, 지상교통, 시내관광에 더불어 호텔 주간사용 혹은 숙박이 제공되고 있다.

우대서비스는 전문용어로 STPC(Stopover On Company Account)라고 부르며, 타 항공사의 연결편이 있는 승객들의 도중 체류지에서의 숙박·식사 등을 항공사 경비로 지불하게 하는 제도이다.

(4) 공항 및 터미널 빌딩이 다른 경우의 업무

동일도시에 두 개 이상의 공항이 있거나 동일국제선, 또는 동일국내선이라도 항공편에 따라 다른 공항에서 이륙하는 경우가 있다. 이는 항공관제상 필요에 따라 동일도시에 있는 공항이 멀리 떨어져 있게 되어 환승하는 데는 많은 시간이 소요되기 때문이다.

이러한 공항은 다음과 같다.

- 뉴욕(JF케네디·라 가디안공항)
- 런던(히드로·가드윅공항)
- 워싱턴(달라스·워싱턴내셔널공항)
- 동경(나리다·하네다공항),
- 시카고(오하르·미드웨이공항)
- 오사카(간사이·이타미공항)
- 파리(오르리·드골공항)

공항이 다를 경우 사전에 그런 상황을 알고 있어야 한다. 그렇지 않을 경우 비행기를 놓일 경우가 있으므로 특별히 주의해야 한다. 입국수속이 필요한 경우에는 더욱 문제가 되는 경우도 있다. 그러므로 사전에 항공 스케줄을 숙지하여 최소 연결시간(minimum connecting time)이 가능하도록 여유를 두어야 한다.

동일공항에서도 항공사나 목적지에 따라 터미널 빌딩이 다른 경우에는 연결버스를 이용해야 한다. 이러한 공항은 뉴욕JFK공항, 아테네공항, 시드니공항, 파리의 드골공항, 런던의 히드로공항 등이 대표적인 예이다.

이러한 공항들은 예상했던 것보다 시간이 많이 소요되므로 가능한 한 신속하게 이동할 필요가 있으며, 가끔 공항간이나 터미널간의 이동이 필요한 것을 모르고 쇼핑이나 개인적으로 시간을 보내는 경우가 있는데 정말 주의해야 한다.

4. 입국수속업무

(1) 도착 전 준비업무

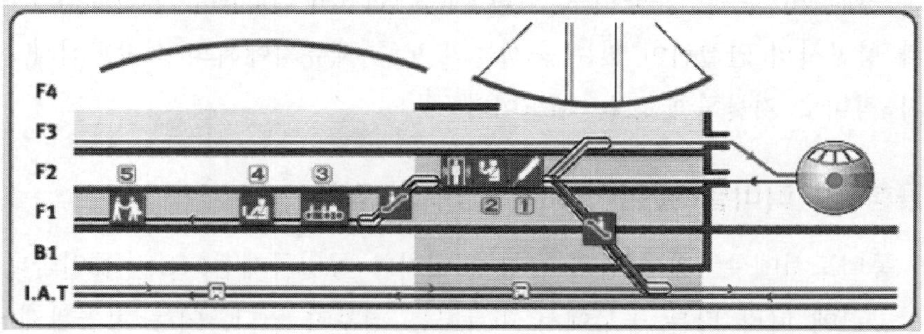

1. 검역 2. 입국심사 및 보안검사 3. 수하물수취 4. 세관 5. 환영홀

[그림 9-11] 출입국수속 순서 입체도

착륙 전 기내에서 승무원이 입국신고서와 세관신고서를 나누어준다. 이름, 국적, 여권번호, 체류지 주소 등을 적어야 하는데 대부분 영문으로 작성해야 하며, 설명도 현지어와 영문이 병기되어 있다.

현지 입국에 관계되는 서류에는 입국신고서와 세관신고서가 있다. 유럽국가(영국 제외)들 중 대다수의 국가들은 입국할 때 입국카드를 요구하지 않는다.

필요한 국가는 이들 서류를 일반적으로 착륙 1시간 전에 나누어주는 것이 보통이다. 일반적으로 여행사에서는 고객명단(name list)을 바탕으로 직접 기입해주어야 하므로 미리 객실승무원으로부터 받아서 여유를 갖고 작성하는 것이 좋다.

입국관계 서류의 올바른 기재는 현지 도착 후 첫 관문을 통과하는 데 중요한 사항이며, 기재내용의 잘못으로 인하여 출국수속이 지연되거나 현지에 입국하지도 못하고 추방되는 경우도 간혹 발생하므로 정확히 기재하는 것이 무엇보다 중요하다. 또한, 여행사 관계자는 도착국에 착륙하기 약 30분 전에 입국준비가 되어 있는지 최종 점검하는 습관이 필요하다.

이상과 같이 입국관계 서류작성이 끝나게 되면 여행사 관계자는 입국카드와 세관신고서를 여행자에게 각각 나누어주며, 입국심사장에 도착할 때까지 잘 소지하도록 당부한다.

- 검역질문서 : 콜레라 · 황열 · 페스트 오염지역으로부터 입국하는 승객 및 승무원은 반드시 작성해야 한다.
- 입국신고서 : 작성내용은 여권에 기재된 내용과 같아야 하며, 동반인 모두 작성해야 한다.
- 현재 대한민국 입국시 내국인은 입국신고서 제출을 생략한다.
- 여행자휴대품신고서 : 개인당 한 장씩, 가족이 함께 여행하는 경우에는 가족당 한 장만 작성, 신고물품이 없는 경우에도 반드시 작성해야 한다.

1. 도착 → 2. 검역 → 3. 입국심사 → 4. 수하물 수취 → 5. 세관검사 → 6. 환영홀

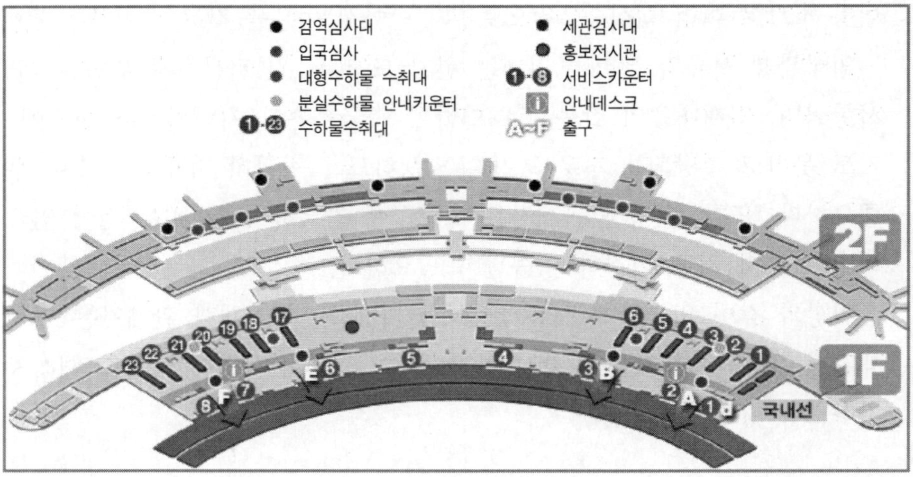

[그림 9-12] 인천국제공항 입국절차

(2) 검 역

터미널 빌딩에 들어서면 우선 검역을 하게 되는데, 통상은 예방접종증명서를 보여주는 것으로 끝나며, 만일 옐로우 카드(yellow card)를 분실한 고객이 있으면 공항 내의 검역소에서 접종시킨다. 최근에는 대부분의 국가에서 특정지역에서 출발한 여행자 또는 통과자를 제외하고는 검역과정을 생략하는 경우가 많으므로 바로 입국심사대로 향하는 경우가 있다.

검역(quarantine)에 관한 상세한 내용은 다음과 같다.

- 콜레라 · 황열 · 페스트 오염지역(동남아시아 · 중동 · 아프리카 · 남아메리카)으로부터 입국하는 승객과 승무원은 검역질문서를 작성한 후 입국시 제출하여야 한다.
- 여행중에 설사 · 복통 · 구토 · 발열 등의 증세가 있으면 입국시 즉시 검역관에게 신고하여야 하며, 귀가 후에 설사 등의 증세가 계속될 때에는 검역소나 보건소에 신고해야 한다.

- 동물 · 축산물 및 식물을 가지고 입국할 경우에는 국립수의과학검역원 및 식물검역소에 신고하여 검역을 받아야 하며, 수출국에서 발행한 동물검역증 및 식물검역증을 제출해야 한다.
- 대부분의 생과실 · 과채류 · 호두와 흙이 부착된 식물은 수입이 금지되며, 식물류 미신고시 최고 500만 원의 과태료가 부과된다.

(3) 입국심사

입국심사대에서 입국관리관에게 여권과 입국카드(E/D card)를 제출하면 입국확인도장을 여권에 찍어준다. 서구유럽에서는 입국카드가 필요없는 경우도 많다. 나라에 따라 자국민과 외국인의 관문이 따로 설치되어 있다. 대부분 외국인 쪽으로 나가면 되며, 입국 사열시 때로는 귀국항공권의 제시를 요구하는 경우도 있으므로 곧 제시할 수 있도록 준비해두어야 한다.

한편 출국카드가 필요한 나라에서는 입국 직후 공항에서 입수해 미리 작성해 두는 것이 좋다. 단체인원 수가 적을 경우 인솔자가 단체의 선두에 서서 입국관리관에게 체재일수, 단원의 수, 입국목적 등을 서명하면 수속을 빨리 끝낼 수 있다.

- 입국심사대에 도착한 여객은 대기선에서 기다리다가 자신의 순서가 되면 준비한 서류(여권 · 출입국신고서 등)를 심사관에게 제출한다. 그러나 한국으로 입국할 때 내국인은 입국신고서 제출을 생략한다.

- 법무부 입국사열
  - 유효한 여권 및 사증 소지 확인
  - 입국목적 확인(interview)
  - 입국규제자(inadmissible passenger) 여부 확인
  - 체류자격 및 기간 부여(duration of stay) : 신속한 출입국 절차를 위하여 항공사들은 이용여객들이 인천국제공항에 도착하기 전에 기내에서 출입국신고서를 작성하게 한다.
- 입국신고서가 정확하지 않으면 다시 작성하여 심사를 받아야 하므로 순서를 기다리는 동안 확인한다.
- 입국심사대 통과 후 전면에 설치된 수하물 도착 안내전광판에서 수하물 수취대 번호를 확인한 후 1층으로 이동한다.

(4) 수하물 수취

- 지정된 수하물 수취대에서 자신의 수하물을 찾아서 세관검사장으로 간다.
- 기다려도 자신의 수하물이 나오지 않을 때는 분실수하물 카운터를 찾아가 수하물 분실신고를 한다.
- 대형수하물은 대형수하물 수취대에서 찾는다.
- 수하물 수취장에 배치된 카트는 도착 여객들 본인이 직접 사용할 경우 무료이다.

(5) 세관검사

입국심사가 끝나면 금속탐지기에 의한 보안검색이 실시된다. 그 다음 턴 테이블로 승객 자신들의 위탁수하물들을 회수하여 세관심사대로 이동한다. 세관검사대 선택은 면세범위에 해당하는 물품만을 휴대하는 경우에는 면세(녹색) 검사대, 휴대품 신고 대상물품이 포함되어 있는 경우에는 과세(적색) 검사대로 여행자 스스로 세관검사대를 선택해야 한다. 그러나 면제통로라고 하여 그냥 통과하는 것은 아니며, 일반여행자들의 간편한 검사를 위해 구분한 것이므로 성실하게 신고하는 것이 원칙이다.

세관신고 물품이 있는 경우 수하물을 찾고 세관신고 지역으로 이동하여 세관심사대에서 착륙 전 미리 작성하였던 '여행자휴대품신고서'를 제출한다. 세관신고물품이 없는 경우 '여행자휴대품신고서'에 인적 사항과 여행자 세관신고 사항을 '없음'으로 표시하고 서명한 후 제출한다.

세관에 신고할 사항은 다음과 같다.

- 외국에서 취득(무상취득물품 포함)하거나 국내면세점에서 구입한 후 해외로 갖고 나갔다가 입국시 재반입하는 물품으로 해외 총취득가격(면세점 구입가격 포함) US$400을 초과하는 물품
- 1인당 면세기준을 초과하여 반입한 주류 및 담배·향수. 단, 19세 미만인 자가 반입하는 주류와 담배는 면세기준에 관계없이 모두 신고해야 한다.
- 판매를 목적으로 반입하는 상용물품
- 반입금지 및 제한물품
- 여행중 사용하고 재반출할 물품
- 출국시 휴대반출 신고했다가 재반입하는 물품
- 예치물품

통관이 안 되는 물품은 다음과 같다.

- 마약, 향정신성의약품 및 이들의 제품

- 국헌 · 공안 · 음란물 등 풍속을 저해하는 물품
- 서적, 사진, 비디오테이프, 필름, CD 등
- 위조 변조된 화폐 및 지폐
- 국제협약에 의하여 보호되는 멸종위기의 야생 동식물 및 이들 제품
- 웅담 · 사향 등의 동물 한약재와 호랑이 · 거북 · 악어 등의 박제 · 모피 · 상아 등

[미국세관 신고서 작성]

DEPARTMENT OF THE TREASURY
UNITED STATES CUSTOMS SERVICE

세관신고서

19 CFR 122.27, 148.12, 148.13, 148.110, 148.111, 1498; 31 CFR 5316

서식승인
OMB 번호 1515-0041

입국하는 모든 여행자 또는 책임 있는 가족은 다음의 정보를 제공해야 한다 (가족당 한 장의 신고서만 작성하여야함):

1. 성 KIM
   이름 DOO HAN 중간이름
2. 생년월일 일 2 2 월 0 1 년 7 4
3. 여행에 동반하는 가족의 수 4
4. (a) 미국 내 주소 (호텔 이름/목적지) PACIFIC BEACH HOTEL
   (b) 도시 HONOLULU (c) 주 HAWAII
5. 여권 발행국가 S. KOREA
6. 여권번호 YP 1234567
7. 거주 국가 S. KOREA
8. 이번 여행 중 미국 도착 전에 방문한 국가들
9. 항공사/항공편 번호 또는 선박명칭 KE 051
10. 이번 여행의 일차적 목적은 **사업임**: 예 아니오 ✓
11. 본인(우리)은 다음의 것을 휴대하고 있음
    (a) 과일, 식물, 식품, 곤충: 예 아니오 ✓
    (b) 육류, 동물, 동물/야생생물 제품: 예 아니오 ✓
    (c) 병원체, 세포 배양물, 달팽이: 예 아니오 ✓
    (d) 흙 또는 농장/목장/목초지를 다녀왔음: 예 아니오 ✓
12. 본인(우리)은 **가축과 가까이 지냈음** (만지거나 다루는 등): 예 아니오 ✓
13. 본인(우리)은 미화 1만 달러 이상 또는 그에 상당한 외화금액의 **통화 또는 금전적 수단을** 소지하고 있음: 예 아니오 ✓
    (뒷면의 금전적 수단의 정의를 참조 바람)
14. 본인(우리)은 **상업용 물품**: 예 아니오 ✓
    (판매할 상품, 주문을 청하기 위해 사용하는 견본, 또는 개인용품으로 간주되지 않는 물건들)을 가지고 있음
15. **거주자** — 본인(우리)이 해외에서 구입 또는 취득하여, 미국으로 가지고 오는 상업용 물품을 포함한 **모든 재화** (다른 사람에게 줄 선물은 포함하되, 미국으로 우송한 물건은 제외함)**의 총가액**은 미화: $
    방문자 — 상업용 물품을 포함하여 미국에 남아 있을 **모든 물건의 총가액**은 미화: $

이 서식의 뒷면에 적힌 지시사항을 읽어보십시오. 귀하가 신고해야만 하는 모든 품목을 기재할 지면이 제공되어 있습니다.

본인은 이 서식의 이면에 적혀 있는 중요한 정보를 읽었으며 사실 그대로 신고를 하였음.

X 서 명 (22/JAN/03)
(서명) 작성일자 (일/월/년)

공적인 용도에 국한함

KOREAN AIR Customs Form 6059B (Korean) (11/02)

[그림 9-13] 미국세관 신고서

[태국세관 신고서 작성]

แบบที่ 211
Form No. 211

WELCOME TO THAILAND

กรมศุลกากร THE CUSTOMS DEPARTMENT

การสำแดงรายการสิ่งของผู้โดยสาร PASSENGER DECLARATION

ตัวบรรจง (BLOCK LETTERS)

ชื่อสกุล Family name (성) HONG

ชื่อตัว Given name (s) (명) GIL DONG

หนังสือเดินทางเลขที่ Passport No (여권번호) 123456

สัญชาติ Nationality (국적) S.KOREA

อาชีพ Occupation (직업) STUDENT

เที่ยวบิน Flight No. TG629 มาจาก From (출발지) SEOUL

หากมีของต้องอากร ของต้องห้าม ของต้องกำกัด ต้องกาเครื่องหมาย ✓ ในช่อง "มีของต้องสำแดง" และให้เข้าช่องแดง

If you have any dutiable, prohibited or restricted goods, check ✓ "GOODS TO DECLARE", and proceed to the Red Channel.

หากไม่แน่ใจ If you are not sure ให้กา ✓ check มีของต้องสำแดง GOODS TO DECLARE

신고물품이 있을때 ☐ มีของต้องสำแดง GOODS TO DECLARE

신고물품이 없을때 ✓ ไม่มีของต้องสำแดง NOTHING TO DECLARE

โปรดกรอกรายละเอียดของที่สำแดงด้านหลัง
Please list goods to declare on the reverse side.

ข้าพเจ้าขอรับรองว่าข้อความที่สำแดงไว้ในใบสำแดงนี้ครบถ้วนและเป็นความจริง
I certify that the information given on this declaration is true and correct.
การสำแดงนี้ ได้กระทำแทนผู้โดยสารในครอบครัวเดียวกันอีก ☐ คน
This declaration is also made in respect of ☐ passenger (s) in the same family.

ลงชื่อ Signature Hong Gildong

วันเดินทางมาถึง Arrival date วัน / เดือน / ปี Day / Month Year (도착일) / JUNE / 97

หากมีข้อสงสัยโปรดสอบถามเจ้าหน้าที่ศุลกากรที่ช่องแดง
If you have any questions, please ask a Customs officer at the Red Channel

[그림 9-14] 태국세관 신고서

여행용어 해설

- ❒ Overbooking : 호텔이나 항공사가 자신의 수용능력 이상으로 호텔의 객실, 비행기의 좌석을 예약접수하거나 사전에 판매하는 것을 말한다. 이는 노쇼(no show)에 대비하여 판매율을 높이기 위한 방법으로 사용된다.
- ❒ Overnight Bag : 어깨걸이용의 작은 여행용 가방
- ❒ Package Tour : 주최여행의 전형적인 형태로 여행경비를 미리 정해 단기간에 가급적 저렴한 경비로 호텔숙박 · 식사 · 관광 · 교통 및 주요 관광지로 구성된 여행
- ❒ Passport : 정부가 자국민에게 해외여행을 위해 그 나라 국민임을 증명하기 위해 발행되는 신분증명서로 여권이라 한다.
  - 외교관여권(diplomatic passport)
  - 관용여권(official passport)
  - 일반여권(ordinary passport) : 복수(multiple passport), 단수(single)
  - 임시여권(travel certificate) : 여행증명서
- ❒ Pension : 프랑스나 유럽 등에서 널리 이용되는 저렴한 대중숙박시설로 게스트 하우스(guest house)의 의미로 이해하면 된다.
- ❒ PAX/PSGR(Passenger) : 여행객의 인원 수를 말할 때 사용
- ❒ Pick up Service : 여행업자가 공항으로 여행자를 마중나가는 것
- ❒ Principal : 여행에 있어서는 주요 상품소재 공급업자로서 항공사 · 호텔 · 선박회사 · 버스회사 · 관광지를 의미하며, 그 상품의 판매에 대해 일정한 수수료를 지불하는 사람이나 회사를 의미
- ❒ PNR(Passenger Name Record) : 승객의 예약상황 및 진행상황이 기록되어 있는 표
- ❒ Promotional Fare : 항공사에서 판매촉진을 위한 할인요금
- ❒ Push Cart : 공항 등에서 여행자들이 이용하는 손으로 미는 짐차
- ❒ Quarantine : 동 · 식물을 검사하는 검역소

제9장 Exercise & Role playing

01___ 여행서비스의 종류와 형태에 대해서 설명하시오.

02___ 여권의 종류와 그 유효기간에 대해 설명하시오.

03___ 사진전사식 여권에 대해 설명하시오.

04___ 일반여권의 신청시 구비서류에 대해 설명하시오.

05___ 비자(VISA)란 무엇인가?

06___ TWOV(Transit Without VISA)란 무엇인가?

07___ 비자면제협정(VISA waiver agreement)이란 무엇인가?

08___ 인천국제공항에서 출국절차와 과정에 대해서 순서대로 설명하시오.

09___ 국제선 항공여행시 도중기착(stopover point) 및 환승(transfer) 업무에 대해서 설명하시오.

10___ 인천국제공항에서 입국절차와 과정에 대해서 순서대로 설명하시오.

제 10 장

관광교통업무관리

제1절 항공교통업무

1. 관광교통의 개념

교통이란 인간과 물건 및 사상을 한 장소에서 다른 장소로 이동하는 것을 의미한다. 이러한 장소적 이동을 공간적 위치의 변화라고 하며, 이 가운데 인간과 물건의 장소적 이동을 수송(transportation)이라 한다.

아무리 훌륭한 관광자원이 있어도 그곳에 이르는 이용교통수단이 없다면 여행은 제한적일 수밖에 없으며, 여행사에서는 이들 지역을 상품화할 수 없다. 그러므로 관광교통은 관광지의 쇠퇴와 번영에 크게 관련되며, 이는 곧 여행업의 여행상품 개발과도 밀접하게 관련되는 것이다.

관광교통은 그 자체로 관광욕구의 충족도 되지만 일반적으로 관광대상을 연결하는 매체로서 관광욕구 발생장소와 관광요구 충족장소간의 공간적·지리적 차이를 극복시켜준다.

관광교통업의 발전에 따라 여행의 대중화가 실현되었다는 사실은 누구도 부인할 수 없을 것이다. 이처럼 관광교통의 발달은 시간적 거리와 경제적 거리를 단축시키고, 그 결과로서 생기는 심리적 거리의 단축이 여행동기에 작용을 미치며, 경우에 따라서는 여행자원이 되어 그 교통기관을 이용하려고 여행을 떠나는 일도 있다.

교통의 구성요소로는 ① 교통의 대상, ② 공간적 격리, ③ 교통기관을 들 수 있다.

(1) 교통의 대상

여객·화물 등으로 불리는 교통의 수용 측면이다.

(2) 공간적 격리

교통의 목적인 장소의 이동에 따른 효용의 창출 또는 증가를 위한 극복의 대상으로 물리적 거리 및 시간과 교통비용을 포함하는 개념이다.

(3) 교통기관

교통의 대상인 인간·재화·관념의 장소적 이동을 가능하게 하는 수단, 또는 기술을 의미한다.

2. 항공교통업무의 기초

(1) 여행사와 항공사의 관계

여행을 할 때 항공은 여행을 구성하는 한 부분이다. 여행객은 여행의 한 부분인 항공좌석보다는 오히려 전체로서의 여행상품을 추구하고 있다. 따라서 현실적으로 여행객은 여행사로부터 여행상품을 구매하거나 또는 항공좌석을 예약의뢰할 때 항공운송이란 문제를 단지 여행의 한 구성요소로 인식하게 된다. 그리하여 여행객은 항공좌석의 확보 외에도 호텔예약과 현지에서 필요한 각종 수배를 요청하거나 여행관련 정보를 여행사로부터 구하려고 한다.

여행사에서는 고객이 원하는 항공좌석의 확보가 무엇보다도 중요한 요소이다. 여행대상에 따라 이동하는 여행자들에게 자유롭고 편리한 이동을 보장해주는 대중적 교통수단의 발달과 보급이 전제되지 않고서는 여행업의 발달을 기대할 수 없다.

한국관광공사의 관광자 통계에 따르면 한국을 입·출국하는 여행자의 95%가 항공기를 이용하고 있는데 이는 항공사의 협력 없이는 국제여행의 발전이 어렵다는 것을 단적으로 증명해주고 있다. 즉 항공좌석의 확보야말로 여행사 경영의 열쇠라 할 수 있는 것이다.

한 사람의 여행자는 여행사측에서 보면 여행자 또는 관광객으로 인식되는 반면 항공사의 입장에서는 한 사람의 승객(passenger)으로 인식된다. 여행사의 입장에서는 항공사는 원매업자(principal)에 해당되며, 항공사의 입장에서는 여행사가 자사의 지점이나 영업소 또는 출장소의 위치에 있는 대리점인 것이다. 항공사는 항공수요를 개척하고 항공시장에서 점유율을 높이기 위한 전략의 일환으로 판매대리점의 관리를 통한 유통경로 전략을 전개해나가고 있다.

〈표 10-1〉 국내 취항 항공사

항공사명	코드	홈페이지 주소
Cathay Pacific(중국)	CX	www.cathaypacific.com/kr
Singapore Airlines(싱가포르)	SQ	singaporeair.com/saa/app/saa
Northwest Airlines(미국)	NW	www.nwa.com/
Lufthansa(독일)	LH	www.lufthansa-korea.com/
Philippine Airlines(필리핀)	PR	www.philippineair.com/
Malaysia Airlines(말레이시아)	MH	www.malaysiaairlines.com.my
KLM(네덜란드)	KL	www.klm.co.kr/korean/
Thai Airways Int'l Airlines(타이항공)	TG	www.thaiair.co.kr/
Air France(프랑스)	AF	www.airfrance.com/
American Airlines(아메리칸항공-미국)	AA	www.aa.com
Air India(인도항공)	AI	www.airindia.co.kr
China Southern Airlines(중국남방항공)	CZ	www.cs-air.com
Uzbekistan Airways(우즈벡항공)	HY	www.uzbekair.co.kr
Sahalinsk Avaatrassy-Sat Airlines(사할린항공)	HZ	www.satairline.com
Japan Airlines(일본항공)	JL	www.jal.co.jp
Japan Air System(재팬에어시스템-일본)	JD	www.jas.co.jp
China Eastern Airlines(중국동방항공)	MU	www.cea.com
All Nippon Airways Co., Ltd.(전일본공수)	NH	www.anakorea.co.kr
Qantas Airways Ltd.(콴타스항공-호주)	QF	www.qantas.com.au
United Airlines(유나이티드항공-미국)	UA	www.ual.com
Air Canada(캐나다항공)	AC	www.aircanada.ca
Air China(중국항공)	CA	www.aircaina.co.kr
China Northern Airlines(중국북방항공)	CJ	
Garuda Indonesia(가루다 인도네이시아항공)	GA	www.garudaindonesia.com
Kyrgyzstan Airlines(키르기즈스탄항공)	K2	
Miat Mongolian Airlines(미아트몽골리안항공)	OM	
Aeroflot-Russian Int'L Ltd.(러시아항공)	SU	www.aeroflot.org
Vietnam Airlines(베트남항공)	YN	www.vietnamair.com.vn
Vladivostok Air(블라디보스토크항공)	XF	
Krasnoyarsk Airlines(크라스노야르스크항공)	7B	
Air Kazakstan(에어카자흐스탄 국영항공사)	9Y	

항공사와 여행사간에 이러한 관계가 설정되면 여행사는 항공사를 대리하여 항공좌석의 예약과 발권업무를 대행하게 되고, 여행사는 항공사로부터 항공권 발권액에 대한 일정한 수수료를 받아 이를 경영수익으로 한다. 이렇게 볼 때 여행사와 항공사간의 관계는 바늘과 실과의 관계로 서로간의 긴밀한 협조관계가 되어야 한다.

(2) 항공관련 국제기구

항공산업은 2개의 주요 국제기구에 의하여 지원받고 있는데, 국제항공운송협회(IATA : International Air Transport Association)와 국제민간항공기구(ICAO : International Civil Aviation Organization)가 바로 그것이다.

1) 국제항공운송협회(IATA)

세계의 항공업자가 임의의 형태로 조직한 국제단체로서 여객의 안전과 경제적인 항공을 촉진하고 상업항공의 육성 및 관련 제문제를 연구한다. 그리고 국제항공운송 산업에 관련된 항공운송 기업간의 협조 도모 및 국제민간 항공기구 및 기타 국제기구와 협조를 유지하는 데 그 목적이 있다.

제2차 세계 대전이후 항공운송의 비약적인 발전에 따라 국가간 이해관계 조정 및 항공운송에 예상되는 각종 절차의 표준화를 목적으로 설립한 순수 민간의 국제협력기구로서 ICAO(International Civil Aviation Organization)의 협의기구이자 준공 공적인 국제민간 항공운송기구이다.

IATA가 수행하는 주요 기능은 항공운임의 결정, IATA 규정 제정에 있으며, 특히 IATA 운송회의에서 결정되는 운임 및 서비스의 조건, 운송절차, 대리점에 관한 규정 등 전세계 IATA 항공사와 대리점에 대하여 구속력을 가지고 있으며, 각국 정부는 이를 인정하고 있다.

현재 우리나라를 비롯한 각 지역 국가에서 시행되는 IATA의 주요 기능은 국제선 항공권 판매대금 정산을 위한 BSP(Bank Settlement Plan) 및 국제선 항공화물운임 정산을 위한 CASS(Cargo Account Settlement System) 및 BSP 대리점 인가업무를 수행하고 있다.

주요 업무는 다음과 같다.

- 항공기술 분야의 연구 및 개발
- 항공여행업 및 항공운송대리점 정산제도의 개발 및 보급
- 국제항공운임의 결정

2) 국제민간항공기구(ICAO)

국제민간항공의 안전과 발전을 모색하고, 기회균등주의에 기초한 국제민간항공에 의한 국제항공운송업무의 건전한 운영을 목적으로 설립되었다.

주요 업무는 다음과 같다.

- 평화적인 목적으로 항공기의 설계 및 운항기술에 대한 개발
- 국제민간항공을 위한 항공 · 공항 · 운항시설 등의 개발
- 안전하고 경제적인 항공운송의 위한 업무
- 불합리한 경쟁으로 인한 경제적 낭비의 방지
- 체약국간의 차별 제거 및 체약국의 권리 존중
- 국제민간 항공운송에서 비행의 안전을 증진

(3) 항공권의 개요

1) 항공권의 이해

① 심사용 쿠폰(audit coupon)

항공권 상의 필요한 모든 사항을 기재 후, 항공권의 첫번째 쿠폰인 본 쿠폰을 절취하여 해당일의 매표보고서와 함께 항공사 수입관리부로 송부한다. 수입관리부에서는 송부된 본 쿠폰을 통해 적정운임의 징수 여부를 심사한다.

② 발행점소 보관용 쿠폰(agent coupon)

발행점소의 발권기록 유지를 위하여 발권 후 절취하여 발행점소에서 보관하는 쿠폰이다.

③ 탑승용 쿠폰(flight coupon)

항공권의 종류에 따라 2매 또는 4매가 발행되며, 표시된 구간의 탑승을 위한 체크인시 제출하여 보딩 패스(boarding pass)와 교환한다.

④ **승객용 쿠폰**(passenger coupon)

항공권 상에 명시된 모든 여정을 여행하는 동안 승객이 소지하는 쿠폰으로서 체크인 시점에 승객용 쿠폰과 함께 제시해야 한다.

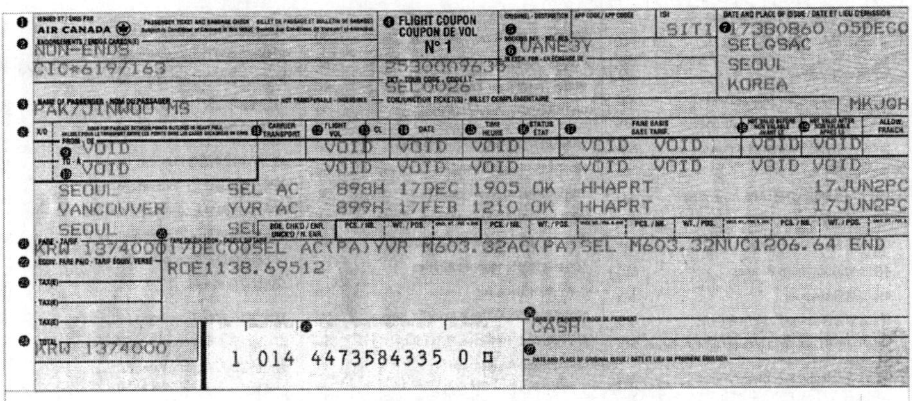

[그림 10-1] 승객용 쿠폰

> ❒ **플라이트 쿠폰의 순서**
>
> 모든 플라이트 쿠폰(flight coupon)은 반드시 순서대로 사용해야 하며, 탑승을 위하여 플라이트 쿠폰을 제출시에는 잔여구간의 플라이트 쿠폰 및 승객용 쿠폰을 동시에 제시하여야 한다.

2) 항공권의 유효기간

국제선 항공권의 유효기간은 적용운임에 따라 결정된다. 정상운임의 경우 여행 개시일로부터 1년이며, 여행이 개시되지 않았을 경우에는 발행일로부터 1년이다. 특별운임의 경우 해당규정에 따라 유효기간이 상이하며, 최대 · 최소 체류기간을 함께 제한하는 경우가 대부분이다.

- 유효기간의 계산은 유효기간이 일(day)로 규정된 경우 기준일 다음 날부터 계산된다. 예 17일 유효기간 : 2JAN - 19JAN
- 유효기간이 월(month)로 규정된 경우, 기준일부터 기간만료 월의 동일일까지 유효하다. 예 3개월 유효기간 : 15JAN - 15APR

3) 항공권의 양도

어떠한 경우에도 한번 발행된 항공권은 타인에게 양도가 불가하며, 항공권에 관한 모든 권한은 'Name Of Passenger'란에 명시된 승객에게만 주어진다.

4) 항공권 구입시한

항공사는 노쇼(no-show)를 방지하기 위해서 예약 당시에 예약을 확약해주면서 항공편 출발 며칠 전까지 항공권을 구입하도록 하는 시한을 부과하고 있는데, 이것을 지키지 않으면 자동적으로 예약이 취소되는 제도이다. 이것을 항공권 구입시한(ticketing time limit)이라고 한다.

5) 예약의 재확인

72시간 전까지 탑승예정 항공사에 재확인을 해야 한다. 만약 예약 재확인(reconfirmation)이 없을 때는 자동취소가 될 수 있다(현재 CX, QF 등 일부 항공사는 이 제도를 폐지하고 있으나 아직까지 이렇게 실시하고 있는 항공사가 있으므로 반드시 확인해야 한다).

6) 항공권의 종류

- MIT(Manually Issued Ticket) : 수기항공권
- TAT(Transitional Automated Ticket) : 전산항공권
- BSP(Bank Settlement Plan Ticket) : 은행결제항공권

항공료 정산업무(판매대금 · 판매수수료)를 항공사와 여행사간에 하지 않고 은행에서 대행해주는 결재방법으로, 장점은 즉시 항공권 발급이 가능하다는 점이다.

> ❐ **ATB(Automated Ticket and Boarding Pass)**
>
> 자동발권 방식은 동일하지만 탑승권 용도까지 이용할 수 있도록 마크네틱 스트라이프(magnatic stripe)에 발권 및 탑승정보가 기록되어 있는 항공권이다.

7) 항공권의 구성

- 심사용 쿠폰(audit coupon) : 첫 장은 판매보고용이다.
- 발행점소 보관용 쿠폰(agent coupon)
- 탑승용 쿠폰(flight coupon) : 탑승수속을 의뢰할 때 사용한다. 탑승권(boarding pass)과 교환한다.
- 승객용 쿠폰(passenger coupon) : 모든 일정이 표기되어 있으며, 탑승시 탑승용 쿠폰과 함께 제시한다.

8) 항공권 보는 방법

일반적으로 항공사나 여행사에서 받는 티켓은 [그림 10-2]와 같다. 티켓에는 항공사 이름, 금액, 항공기 고유번호, 티켓 번호, 항공사 코드, 목적지, 경유지, 출발시간, 편명, 허용 가능한 수화물 용량, 티켓 만기일, 항공 클래스, 고객 성명, 출발일, 발권자 등의 정보가 들어 있다.

티켓은 경유지에 따라 4장에서 2장으로 이루어지고, 티켓 한 장으로 좌석 배정이 되어 있는 탑승권(boarding pass)을 받을 수 있어 경유지에 따라 4장에서 2장의 탑승권을 받을 수 있다.

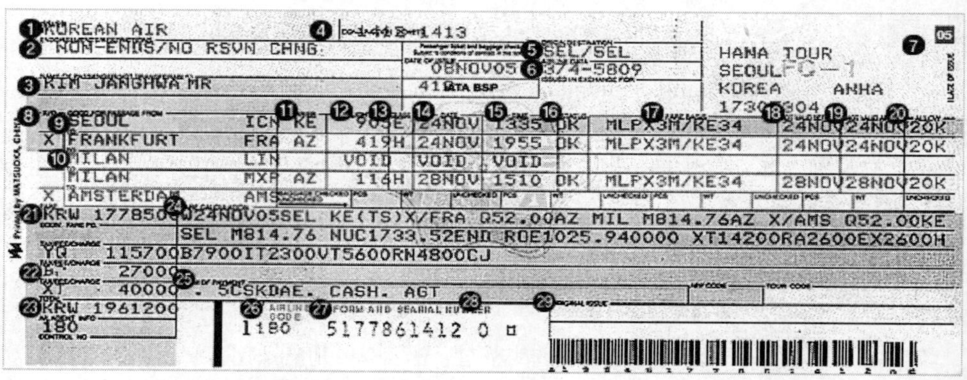

[그림 10-2] 국제선 항공권의 예(하나투어 자료참조)

〈표 10-2〉 항공권의 내용

	항 목	내 용
1	ISSUED BY	발행 항공사 영문이름
2	ENDORSEMENTS/ RESTRICTIONS	항공권 구입시 여러 가지 제한사항 표시(NON-ENDS : 다른 사람에게 양도할 수 없음, NO RSVN CHNG : 예약변경이 안 된다)
3	NAME OF PASSENGER	영문 성명 여자 : MS(기혼/미혼), MRS(기혼여성), MISS(여자 유/소아) 남자 : MR(성인), MSTR(남자 유/소아) • 여권의 영문 성함과 반드시 동일해야 한다.
4	CONJUNCTION TICKETS	항공권은 최대 네 개의 일정까지 표시 가능하며, 그 이상이 되는 여정일 때, 첫 장과 이어지는 장수의 일련번호를 나타냄
5	ORIGIN/DESTINATION	최초 출발지와 최종 목적지의 도시명 기재
6	AIRLINE DATA	예약번호(374-5809)
7	PLACE OF ISSUE	항공권 발권여행사
8	X/O	체류 가능여부 표시 : X(머물 수 없는 곳), O(머물 수 있는 곳) 승객이 여정 중에 특정도시에의 체류 가능 여부를 나타낸다. 도시 앞에 X 표시가 되어 있으면 해당 도시에 체류가 불가능함을 의미하며, O 표시나 아무런 표시가 없는 경우는 체류가 가능함을 나타냄
9	GOOD FOR PASSAGE FROM	출발 도시명
10	TO	도착 도시명 • OPEN 예약 같은 경우는 티켓에 OPEN으로 쓰여 있으며, 비항공 운송구간은 VOID라고 나타난다.
11	CARRIER	탑승하는 항공사명으로 영문 약자 2글자 CODE로 표시되어 있다. (KE : 대한항공, AZ : 알이탈리아)
12	FLIGHT	탑승하는 항공편명
13	CLASS	좌석등급을 표시
14	DATE	출발날짜
15	TIME	출발시각
16	STATUS	좌석예약 상태(좌석이 확정된 경우 OK, 대기에 있으며 RQ, 유아 같은 경우 좌석 비점유이기 때문에 NS로 표시된다)
17	FARE BASIS	적용된 항공요금의 종류
18	NOT VALID BEFORE	목적지에서 최소한 체류해야 하는 날짜 표시(위 항공권을 보면 아래란에서 11월 28일까지는 체류해야 하며, 그 전에는 출발하지 못함)
19	NOT VALID AFTER	항공권 사용의 종료일 표시. 이 난에 적힌 날짜가 곧 항공권의 유효기간
20	ALLOW	무료 수하물 허용량
21	FARE	지불한 화폐단위와 항공요금

	항 목	내 용
22	TAX/FEE/CHARGE	항공요금 외에 추가로 붙는 각종 세금 표시
23	TOTAL	항공요금과 세금의 합산액
24	FARE CALCULATION	요금이 어떻게 산출되었는지 알려주는 란
25	FORM OF PATMENT	요금 지불수단 표시로 현금일 경우(CASH), 신용카드(CC, 카드번호와 유효기간이 표시되어 있다)
26	AIRLINE CODE	위 1번의 발행 항공사에 고유하게 부여된 세 자리 숫자 코드 (대한항공 : 180, 아시아나항공 : 988)
27	FORM AND SERIAL NUMBER	항공권 티켓번호(5177861412)
28	CK	항공권 체크 번호(항공권은 한 매에 4번의 일정을 표시할 수 있으며 매 장수마다 다른 CHK 번호로 표시된다)
29	ORIGNAL ISSUE	항공권 분실, 유효기간 연장 등으로 인한 재발행시 원 항공권의 최초 발행된 항공권의 번호, 발행장소, 발행일자 등을 표시

9) 국제선 항공운임

국제선 항공운임은 여행기간·여행조건 등에 따라 다음과 같이 구분된다.

- 정상운임(normal fare)
- 특별운임(srecial fare) : 판촉운임(promotional fare)
- 할인운임(discounted fare)

① 정상운임

유효기간은 첫 구간은 발행일로부터 1년 내에 사용하여야 하며, 나머지 구간은 여행개시일로부터 1년이며, 도중 체류횟수에 제한이 없다. 예약변경, 여정변경, 항공사변경 등에 원칙적으로 제한이 없다.

② 특별운임(판촉운임)

승객의 다양한 여행 형태에 부합하여 개발된 운임으로 승객의 여행기간·여행조건 등에 일정한 제한이 있는 운임을 말한다. 여러 종류의 판촉운임이 각 구간별로 공시되어 있으며, 판매되는 대부분의 항공권에 판촉운임이 적용되고 있다.

- 여행기간에 대한 제한
  - 최소의무 체류기간(minimum stay)

- 최대허용 체류기간(maximum stay)

• 여행조건에 대한 제한

- 도중 체류횟수, 선구입 조건, 예약변경 가능 여부, 여정변경 가능 여부 등에 대한 제한이다.

③ 할인운임

승객의 나이나 신분에 따라 할인이 제공되는 운임으로 승객의 여행조건에 따라 그 기준운임은 정상운임 또는 특별운임이 될 수 있다. 특별한 규정이 없는 한 유효기간, 도중 체류횟수 등은 기준운임의 규정에 따라 적용된다.

• **유아운임** : 적용대상은 최초 여행일을 기준으로 만 14일 이상~만 2세 미만의 좌석 비점유승객 성인동반자 1명에 단 1명의 유아에 대해 할인이 가능(유아가 2명 이상인 경우, 나머지는 child운임 적용)하다. 운임수준은 성인운임의 10%(국내선은 국가마다 규정이 다르다. 한국 · USA · CAN 국내선은 무료)이다.

• **소아요금** : 적용대상은 최초 여행일을 기준 만 2세 이상~만 12세 미만으로 성인동반자가 동반하는 승객에 한한다. 운임수준은 지역별로 약간의 차이가 있으나 대체로 성인요금의 75% 수준이다. 무료수화물 허용량은 성인과 동일하다. 티켓 상에 생년월일(date of birth : dob)과 동반보호자의 항공권 번호를 기재한다.

• **비동반 소아운임** : 적용대상은 최초 여행일을 기준으로 만 3개월 이상~12세 미만 승객으로서 성인보호자 없이 혼자 여행하는 승객이다. 운임수준은 만 3개월 이상~만 5세 미만으로 성인운임의 100%이다. 만 5세 이상~만 12세 미만은 child운임의 100%(KE은 5세 이상~12세 미만의 UM만 운송이 가능하다)이다. 무료 수화물 허용량은 성인과 동일하다. 티켓 상에 생년월일을 기재한다. 비동반 소아(UM)는 사전에 예약과를 통해 운송허가를 얻어야 한다.

• **학생운임** : 적용대상은 최초 여행일을 기준으로 만 12세 이상~만 25세 이하로 정규교육기관의 6개월 이상 교육과정에 등록된 학생이다. 구비서류는 입학허가서 사본, 재학증명서(원본), 학생증 사본이다. 운임수준

은 성인 정상운임의 75%이다. 도중체류는 불가하다. 적용기간은 학업시작 6개월 전부터 학업종료 후 3개월까지이다.

〈표 10-3〉 할인운임의 종류와 적용기준

종 류	적용대상	운임수준
유아(IN : Infant)	만 14일 이상~만 2세 미만의 좌석을 점유하지 않는 아기	성인요금의 10% 적용
소아(CH : Child)	만 2세이상~만 12세미만의 어린이	성인요금의 67~75% 적용
비동반소아(UM : Unaccompanied Minor)	보호자 없이 혼자 여행하는 만 3개월 이상~만 12세 미만의 어린이	• 3개월~만 5세 : 성인요금의 100% • 만 5세 이상~만 12세 미만 : 동반소아운임 67%
단체인솔자(CG : Conductor of Group)	10명 이상의 단체여객을 인솔하는 자	10명당 1명 50% 할인 15명당 1명 100% 할인
학생운임(SD : Student)	만 12세 이상~만 25세 이하의 학생	성인 정상운임의 75%
선원(SC : Ship's Crew)	조업과 관련하여 여행하는 선원	성인 정상운임의 75%
대리점 직원(AD : Agent Discount)	항공사와 대리점 계약을 체결한 대리점 직원 및 그 배우자	• 본인 : 정상운임의 25% • 배우자 : 정상운임의 50%
항공사 직원(ID : Identity or Industry Discount)	항공사 직원 및 그 가족	각 항공사간의 상호계약에 의해 결정(3개월)

10) 무료 위탁수하물 허용량

〈표 10-4〉 무료 위탁수하물(Free Baggage allowance) 허용량

구분	Weight System	Piece System
기준	수하물 무게	수하물 개수
적용노선	미주 이외 전노선	미국 · 캐나다 · 중남미 등
허용량	• First Class : 40Kg • Bussiness Class : 30Kg • Economy Class : 20Kg 소아(CH) : 성인과 동일 유아(IN) : 허용량 없음	• 2 Pieces • 각 Piece의 무게 32Kg 이내 • 각 Pieced의 3면의 합은 158cm 이내 (Economy Class : 273cm 이내) • 소아 : 성인과 동일 • 유아 : 3면의 합이 115cm+유모차 1개
기타	초과 수하물 요금 : Kg당 해당구간 성인 정상편도 Economy 운임의 1.5%	

참고 ※ Baggage Pooling(무료수하물의 합산)

동일 항공편, 동일 목적지 및 동일 단체로 여행하는 2인 이상의 여객이 동시에 탑승수속을 할 때에는 각 개인의 무료수하물 허용량의 합계를 단체여객 전원에 대한 허용량으로 취급할 수 있는 것을 말한다.

3. 항공예약업무의 기초

(1) 항공예약의 기능

항공예약은 고객 측면에서 보면 항공좌석의 확보를 위한 기본적인 좌석예약 및 여행에 수반되는 부대서비스의 예약과 편의를 제공함과 동시에 항공사 측면에서 보면 제한된 좌석공급량의 범위 내에서 항공좌석의 정확한 운용관리 및 효율적인 판매와 이용률의 극대화를 통해 항공사의 수입을 제공하는 데 있다.

고객서비스 측면에서 항공예약의 기능은 여행계획에 필요한 항공편의 예약·발권·운송은 물론 항공운임 및 기타 여행에 관한 종합적인 서비스를 제공하여 여행객이 원하는 시간대로 편리하게 여행할 수 있도록 항공여행 일정을 작성해 주는 등 여행사의 보다 편리하고 정확하게 업무를 수행할 수 있게 해주는 기능이다.

(2) CRS

1) CRS의 정의

CRS(Computer Reservation System)는 컴퓨터를 통한 전산예약 시스템으로 전산단말기를 통해 항공편의 예약·발권·운송은 물론 항공운임 및 기타 여행에 관한 종합적인 서비스를 제공하는 시스템을 말한다. 이전에 일일이 수작업으로 이루어지던 복잡한 예약·발권 업무를 CRS가 대체하면서 여행사 직원들은 보다 편리하고 정확하게 업무를 수행할 수 있게 되었으며, CRS는 여행사·항공사·고객을 연결하는 정보유통 수단으로서 그 중요성을 더해가고 있다.

2) CRS의 기능

CRS는 물론 항공업무의 자동화를 위해 개발됐지만 그러한 고유업무에만 국한되지 않고 그 영역을 넓혀가고 있다. 대표적으로 각 CRS는 항공예약·발권 기능 외에 렌터카·호텔 등의 부대서비스 예약기능을 제공하고 있으며, 백 오피스(back office) 기능(예약·발권 사무지원 등 부대 기능) 또한 함께 지원하고 있다. 궁극적으로 CRS는 기존의 기능 외에 버스·철도·공연·스포츠 등 여행·레저에 관계된 모든 분야에서 종합적인 정보를 제공하는 전산시스템으로 발전해나갈 것으로 기대된다.

- 항공예약과 발권 기능
- 렌터카와 호텔 등의 부대서비스 예약기능
- 여행사의 지원업무 기능 : 고객관리, 손익계산, 청구서 발행 등 여행대리점의 각종 업무를 예약관리용 단말기를 통해 처리할 수 있도록 지원한다.
- 다양한 정보제공의 기능 : 관광지의 기상관련 정보, 여행지의 외환시세, 전화, 세관관련 정보 등의 제반 관광정보는 물론 생활정보까지도 제공한다.

3) CRS의 기원과 발전

CRS가 항공업계에 최초로 선보인 것은 1962년 미국의 AA(아메리칸항공사)가 사내 예약업무 전산화를 위해 SABRE(Semi Automated Business Research Environment)를 개발한 것이 첫 출발이었다.

1975년 SABRE를 미국 내 여행사에 최초로 보급하기 시작하였으며, 이러한 새로운 판매망 덕분으로 AA는 세계 최대의 항공사로 도약할 수 있었다. 그 후 SABRE의 성공에 자극받아 UA(유나이티드항공)의 APOLLO를 시작으로 SYSTEM ONE, PARS, DATAS 등 주요 CRS들이 잇따라 개발되면서 본격적인 CRS 경쟁체제로 돌입하게 되었다.

① 국내의 CRS

국내에 CRS가 처음 등장한 것은 1975년 대한항공이 사내업무 전산화를 위해 KALCOS를 개발하면서부터이다. 이후 성능이 개선된 KALCOS-II가 개발(1979년)되었으며, 1984년에는 최초로 여행사에도 보급되기 시작하였다.

1980년대 중반에 들어서면서부터, 한국항공시장의 확대에 따라 미국은 한국의 항공시장 및 CRS시장 개방을 강력하게 요구하기 시작하였으며, 이에 효과적으로 대응하기 위하여 1987년, 정부와 대한항공 합작으로 항공예약 등 부가통신사업전문 회사인 한국여행정보(KOTIS, 한진정보통신의 전신)를 설립하였다. 그 이듬해 KOTIS는 대한항공의 KALCOS 및 11개 항공사가 연결된 MARS(Multi Access Reservation System)를 개발 운영하며 외국 CRS의 국내진출을 저지해왔으나 중립 CRS의 필요성을 절감, 1989년 새로운 소프트웨어를 도입하였다. 이후 1년 6개월간의 보강작업을 거쳐 여행사 중심의 TOPAS라는 경쟁력 있는 진정한 의미의 중립 CRS를 1990년 10월에 성공적으로 구축·보급함으로써 현재까지 한국의 CRS시장을 주도해오고 있다.

② TOPAS의 기능과 발전

TOPAS는 성공적인 자체개발과 함께 고객관리·판매관리 등 업무지원 시프템(system)도 아울러 개발 보급하였다. 또한 1993년 11월부터는 복잡한 엔트리(entry)를 하나의 키(key)로 집약함으로써[키패드(Key pad) 방식] 업무의 효율성을 증대시키고 초보자도 쉽게 사용할 수 있는 PBT-II를 개발하였다. 그리고 윈도우(Windows) 체제의 PC환경에 발맞추어 1997년 3월에는 위도우 기반(windows-based) 터미널인 PBT-WIN 및 여행사의 백 오피스(back office) 기능을 혁신적으로 개선한 TOPAS 밸류 오피스(value office)를 성공적으로 개발·선보임으로써 국내 CRS 수준을 한 차원 올려놓았다.

현재 TOPAS에는 600여 개 세계 주요 항공사가 가입되어 있으며, 3,000여 개 여행사에 약 8,600여 대(2003년 7월 기준)의 단말기가 전국적으로 보급되어 있다. 토파스(TOPAS) 여행정보가 현재 국내 항공예약시장에서 차지하는 비중은 70%, 국내에서 해외로 여행하는 여행객 10명 중 7명은 항공사나 여행사의 토파스(TOPAS)를 통해 항공권을 예약하고 있다.

또한 항공예약·발권 외에 PC·팩스 전송기능, 예약기록을 손님의 이메일로 보내주는 아이-메일(I-mail) 서비스기능 등 다양한 부대기능을 기본사양으로 지원하고 있으며, 여행사에서의 항공권 신청부터 APSR, 미수금·환불관리, 예약

카드 작성, BSP 제출서류 및 회계관리까지 원스톱 서비스로 모든 업무를 한 자리에서 처리해주는 백 오피스 시스템(back office system)인 밸류 오피스(value office)도 제공하고 있다.

TOPAS는 멀티미디어 환경에도 효과적으로 대응하기 위하여 토파스의 홈페이지(www.topas.net)를 통하여 각종 여행사업무를 지원하고 있으며, 특히 TOPAS 인터넷 부킹 엔진(internet booking engine)인 사이버 플러스(Cyber Plus)를 개발하여 현재 대한항공을 포함한 9개의 항공사 홈페이지, 290여개 여행사 홈페이지 및 10여개의 포털 사이트(portal site)에 공급중에 있다. 또한 인터넷이 가능한 곳이라면 세계 어느 곳에서나 시간과 장소의 제약없이 이용할 수 있는 브라우저(browser)를 이용한 단말기 기능을 제공하고 있다.

③ 인터넷 온라인 시스템 사이버 플러스(Cyber Plus)

사이버 플러스란 고객(end user)이 직접 인터넷에서 접속하여 온라인으로 항공 스케줄과 운임을 확인하고 실시간 예약 및 항공권을 구매할 수 있도록 부킹엔진을 여행사 홈페이지에 제공하는 서비스이다.

여기에서 제공하는 서비스의 메뉴는 ① 항공권 예약·구매, ② 예약조회 및 변경, ③ 스케줄 조회, ④ 항공기 출도착 안내 등으로 이루어져 있으며, 50여 개 항공사에 대한 66만 건의 항공권 판매가(MSP)를 항공사와 연합하여 제공함으로써 국내의 거의 모든 항공권 판매가에 대한 서비스를 손쉽게 이용할 수 있다.

특히 사이버 판매 확대를 위한 여행사별 특별운임 관리시스템과 프로모션(promotion) 시스템도 공급함으로써 사이버시대에 대한 여행사 비즈니스를 적극 지원하고 있다. 이 서비스는 고객이 여행사의 홈페이지에 접속하여 항공예약 메뉴에 따라 예약을 하면 홈페이지에 장착되어 있는 부킹엔진이 예약기록(PNR)을 만들어 여행사의 사이버 데스크에 있는 TOPAS 단말기에 제공함으로써 여행사에서 이 예약기록(PNR)으로 항공권을 발행해 고객에게 배달함으로써 전자상거래 항공권 판매를 가능하게 하는 것이다.

TOPAS는 여행사가 독자적으로 사이버 시스템(cyber system) 개발과 운영 및 마케팅을 손쉽게 할 수 있도록 이에 필요한 API(Application Program Interface) 시스템을 개발·공급하고 있어 향후 여행산업의 발전에 크게 기여할 것으로 기대하고 있다.

(3) 예약기록(PNR) 작성의 기초

1) PNR의 구성요소

PNR은 Passenger Name Record의 줄임말로 예약기록을 정해진 영역에 따라 예약 전산시스템에 기록해놓은 것을 나타내는 용어이다.

PNR의 구성요소는 성명・여정・전화번호 등 여러 부분들로 이루어져 있다. 이러한 각 부분을 필드(field)라 부르는데, 각각의 필드(field)에는 숫자 또는 부호가 기본 키(key)로 지정되어 있어 모든 내용을 정해진 형식에 따라 작성해야 한다.

〈표 10-5〉 PNR의 구성요소

필수구성요소

필드	용 도	입력 Entry
NAME	승객의 성명 및 Title	=KIM/HEESUNMS
ITNERARY	항공/비항공 여정	OKE701W 1SEPICNNRTNNI
GEN FAX	여정관련 서비스 요청사항(식사, 선호좌석 등)	4F VGML
AP FAX	항공사 전송 각종 INFO(유아/소아 나이 등)	
REMARK	업무 참고사항, 비고	5**DLY INFO TO PAX
RECEIVED FROM	예약 작성자, 변경 의뢰자	6 HONG/GILDONG
TICKET	항공권번호 입력	70*18012345678901
TIME LIMIT	발권 시한, 명단입력 시한	81800/12MAY
PHONE	전화번호	9T*123=4567 TOTO WS/GAM

2) NAME FIELD

① 성명 작성시 주의사항

- 타인 또는 대리인의 성명을 잠정적으로 대신 입력하는 것은 불가
- 풀 네임(full name)을 기재하며, 여권상의 네임 스펠링(name spelling)을 기준으로 입력
- 외국인・내국인에 상관없이 성(lastname)을 먼저 기입해야 함.

- 각 SEG별 요청좌석수와 승객성명 수가 반드시 일치해야 함
- 유아(Infant)의 성명은 첫번째 승객으로 입력될 수 없음
- 1개의 PNR에는 성인 50명까지의 성명 입력이 가능
- 성명 뒤에는 성별 또는 신분에 맞는 적절한 Title을 기입한다(Title 미 입력시 해당 이름 옆에 @ 표시가 생성된다. 이 경우 PNR 완성은 가능하나 자동발권은 불가능하다).
- 유 · 소아 성명 입력시 나이도 함께 입력

② Title의 종류

〈표 10-6〉 Title의 종류

성별에 따른 Title		신분에 따른 Title	
MR	성인남자	PROF	Professor
MS	성인여자(기 · 미혼)	CAPT	Captain(기장, 선장)
MRS	성인여자(기혼)	DR	Doctor(의사)
MISS	유 · 소아 여자	REV	Reverend(성직자)
MSTR	유 · 소아 남자	SIR, LORD, LADY	영국귀족

③ 성인 및 유/소아 구분 기준(출발일 기준)

〈표 10-7〉 성인 및 유 · 소아의 구분기준

유아 (infant)	만14일 이상 ~만 2세 미만(좌석 비점유)
소아 (child)	만 2세 이상 ~ 만12세 미만
성인 (adult)	만 12세 이상

3) Fone Field(전화번호)

① 전화번호 작성시 주의사항

- 전화번호는 PNR 작성시 반드시 입력되어야 할 데이터(data) 사항임
- 하나의 PNR에는 필요에 따라 2개 이상의 전화번호가 입력 가능
- 첫번째로 입력되는 전화번호는 휴대폰 번호와 승객 번호를 연결하여 입력할 수 없다(첫번째 전화번호는 대리점 연락처를 입력하는 것이 좋다).

② **전화번호 입력 엔트리(Entry)**

```
9T*850-6250 NARA HONG/GILDONG
```

9 : 전화번호 입력 기본 Key

T : 전화번호의 성격에 따라 아래의 부호 중 하나 선택

H : Home Phone

B : Business Phone

T : Travel Phone

A : Address

P : Phone Nature not Known

* : 필수 입력 부호

850-6250 NARA HONG/GILDONG : 전화번호 및 해당 여행사명, 담당자 이름(free format)

4) Itinerary Field(여정)

① **여정의 정의**

승객의 여행을 위한 항공예약 구간, 항공기 이외의 교통편으로 여행하는 구간 및 호텔 · 렌터카 등의 예약을 모두 합하여 여정(itinerary)이라 한다.

- 항공여정(airsegment) : 승객이 비행편을 이용하여 한 지점에서 다른 지점으로 이동하는 여정이다.
- 부대여정(auxiliary segment) : 승객의 여행과 관련된 항공여정을 제외한 기타 예약 구간으로 호텔 · 렌터카 기타 교통편의 예약 등이 이에 속한다. 부대여정은 항공편 예약에 따르는 부수적인 서비스이므로 항공여정 없이 부대여정만으로는 PNR 작성이 불가능하다.
- 비항공 운송구간(ARNK : Arrival Unknown) : 항공편 이외의 운송수단으로 여행하는 구간(surface)을 나타내기 위해 사용된다.

② 여정 작성

A25OCTSELHKG → N2M5 (N : Need, 2 : 좌석수, M : Booking CLS, 5 : Line NBR)

N2M5L — 좌석이 없는 경우 대기자로 요청시 입력

5) Fact Field(기타 요구사항)

① **Fact의 용도**

- 여행에 필요한 승객의 제반 요구사항을 수록한다.

  예 승객이 Vegetarian Meal을 신청할 경우 등이다.

- 여정에 관련된 항공사에 보내는 제반 업무연락 및 그에 따른 응답을 Fact란을 통하여 받을 수 있다.

  예 승객은 9세이며 혼자 여행할 경우.
  승객이 Wheel Chair Service를 신청할 경우.
  승객은 VIP로서 Ambassador of USA 등이다.

상기와 같은 정보들은 여정에 관련된 모든 항공사들이 알아야 하며, 경우에 따라 필요사항을 준비해야 한다. 따라서 상기와 같은 사항을 PNR에 정확한 포맷(Format)을 사용하여 기록함으로써 관련 항공사의 운송준비에 차질이 없도록 해야 한다.

참고 ※ APIS(Advanced Passenger Information System)

사전 입국심사를 말하는 것으로, 미국 · 캐나다 · 뉴질랜드로 여행하는 모든 승객의 패스포트 데이터(passport data)를 PNR에 입력하면 해당 항공사에서 관계당국에 관련 자료를 사전 통보하여 해당국가 도착시 해당편 모든 승객이 보다 신속하게 입국심사를 받을 수 있도록 하는 제도이다. 이는 미국 · 캐나다 · 뉴질랜드 이민국에서 요구하고 있는 사항으로 예약자는 미국 · 캐나다 · 뉴질랜드로 여행하는 모든 승객에 대해 PSPT(passport information) 사항을 반드시 입력해주어야만 한다.

---

6) Received From Field

예약작성이나 예약변경 작업시에 해당작업을 요청한 사람을 근거로서 기재하는 란이다. 또한 비행편의 스케줄 변경 등 중요한 정보를 승객에게 제공하였을 경우에도 해당 정보를 전달받은 사람을 기재한다. RCVD Field는 PNR상에 취한 액션(action) 내역과 함께 PNR의 변경내역 부분에 남아 차후에 승객 핸들링(handling) 상의 문제가 발생시 참조할 수 있다.

7) Ticket Field

항공권 번호의 입력(수기항공권 발권 및 TKT 소지 승객의 경우) 또는 항공권 구입 예정 시기를 입력한다. TKT Field의 항공권 번호의 입력내용은 다음과 같다.

- KE 항공권의 경우

72O * 1804218374832 0

승객번호 항공사 번호 TKT 번호 Check Digit

72O * 1804218374832-833

항공사 번호 TKT 번호 CONJ TKT번호의 끝 3자리

- 그 외 항공권의 경우

4F TKNO 0163848903094 3

- 항공권 번호 입력시 승객번호와 관련(relation)시키는 것이 좋다
- 항공권 번호는 항공사 번호(3자리) 와 10자리의 TKT번호, 한자리의 Check Digit으로 구성되어 있다. 항공권 번호를 입력하는 경우 Check Digit이 항공권의 AGT 쿠폰 또는 PSGR 쿠폰에 있는 Check Digit과 일치하지 않는 경우는 입력되지 않는다.
- KE와 그 외 항공사가 같이 있는 여정인 경우 : 7O*~사항과 4F TKNO~사항을 모두 입력해야 한다.

8) Time Limit Field 9. Time Limit Field

① TL Field의 용도

- 명단이 미확보된 단체승객의 예약시 승객명단 입력시한을 정할 경우(주로 항공사에서 사용)
- 항공권 사전구입 시한 설정시 사용된다.
- 예약기록에 대한 확인이나 기타 조치를 위하여 일정한 시점을 설정하여 PNR에 기록하여 놓으면 설정된 시점에 지정 큐(queue)로 통보된다.

② TL의 설정(CRT CITY Q 12번으로 통보됨)

81200/15SEP	**: CRT City Q 12번에 15SEP 1200 시에 통보**

③ PNR에 기재된 항공권 구입시한

PNR에 기재된 항공권 구입시한(TKT time limit)은 예약 취소시에 자동취소되며, 예약 변경시에 TTL이 자동변경된다. 또한, PNR 작성완료(EOT) 시 KE구간이 포함된 PNR은 TTL이 자동설정되어 기한 내에 항공권 구입여부가 TKT Field란에 없으면 예약이 자동취소되므로, 예약시 반드시 승객에게 안내되도록 해야 한다. 따라서 해당시한을 지키지 않을 경우 PNR은 자동취소된다.

(4) Tool Bar

 화면 인쇄

 현재창에 대한 도움말

 스티키 패드 : 현재창에 출력된 내용과 똑같은 창을 복사본 스티커처럼 별도 창이 생성되게 하는 기능

 글자체, 크기 변경

 Jet Mode On/Off

 창지우기

- ETAS : 호주비자 신청/수정/조회
- Jet Mode 관련–승객수 변경, 조정(최대 9명)
- Jet Mode 관련–복편일 조회(최대 9일)
- 고객관리 : 고객 데이터 저장 후 검색, 예약으로 이관하는 기능
- 수동운임 조회/계산
- 자동운임 조회/계산
- Skypass 신청/조회 시스템
- NAORA(KE 환불 시스템)
- MOAS(KE AUTH 시스템)
- FQTV/APIS : 각 항공사의 마일리지 카드 및 미주 노선 APIS 입력
- CCCF 화면 조회
- 여정표 인쇄 및 FAX/I-mail 전송
- 여행사 일반정보 사항
- Value Office

(5) 항공좌석의 등급

〈표 10–8〉 항공좌석의 등급(class code)

F : First Class (일등석)	C : Business class (상용우대석)	Y : Economy class (보통석 · 일반석)
R(Supersonic) P(First Class Premium) F(First Class) A(First Class Discounted)	J(Business Class Premium) C(Business Class) D(Business Class Discounted)	H · Q · T(Economy Class Discounted) Y(Economy Class/Normal) K(Economy Class. Excursion) M(Economy Class/Promotional) G · Z(Economy Class/group)

※ 항공사에 따라 구간에 따라 사용하는 코드와 적용 클래스가 다를 수 있다.

출발지역	Cabin Class	Fare Type & Basis	BKG CLS
공 통	Premium First	Normal	P
	First	Normal	F
	Prestige	Normal	C
	Economy	Skypass Bonus TKT(KE Office Only)	U
		학생, 이민, 군인. 선원할인, Youth Fare	M
		(LSTO, LEMO, LMDO, Y/SD/SC/EM, YZZ)	
		단체, 단체인솔자 할인(GV, CG)	G
		SPA 체결 OAL Stock	V
	Economy	Promotion(Mile 입력 100%)	E
		Promotion(Mile 입력 0%)	N
한국출발	Economy Plus	Economy Mile 입력(Y, YEE, YPX)	Z
	Economy	Normal(Y, Y2, YO2)	W
		Excursion(KEE, YEE)	K
		PEX(MAPB, YPX, YTT)	M

※ KE 국제선 Booking Class

(6) 항공예약시 사용하는 코드

1) 예약코드

좌석을 예약하기 위해서는 시스템에 유지되고 있는 좌석 재고(Inventory)를 일련의 코드(code)를 통해 요청하고(action code) 그에 대한 응답을 받아(advice code) 상태를 유지하는(status code) 형태로 이루어진다.

전세계 항공사가 공통적으로 사용하는 여러 코드를 IATA에서 정해놓고 있다.

예약코드(reservation code)의 종류는 다음과 같다.

〈표 10-9〉 항공 예약코드

종류	코드	내 용
요청코드 (Action Code) : 여행사→ 항공사	NN	Need, Reply, Required, Indicating, Action, Taken, Using, Appropriate, Code : 좌석 및 부대서비스 요청시 사용하는 가장 기본적인 요청코드
	LL	Add To Waiting List : 대기자로 예약할 경우 사용하는 코드
	HS	Have Sold : 좌석을 판매한 상태
	SS	Sold On Free Sales Basis or Sold Within This Transaction Sell & Report가 체결되어 있는 항공사의 비행편의 좌석예약
	OX	Cancle Only If Requested Segment Is Available : 이미 Confirm되어 있는 Segment 대신 대체편을 Confirm해 달라는 조건부 취소를 요청하는 경우에 쓰인다(따라서 새로운 대체편을 요청해야 함).
	XK	Cancal Without Generating Message : 해당 항공사로는 취소 전문을 전송하지 않고 TOPAS PNR 상에서만 해당여정 취소
응답코드 (Advice Code) : 항공사→ 여행사	KK	Confirming : 요청된 내용(항공편, 기타 요청사항)이 OK되었음을 통보함
	UU	Unable-Have Waitlisted : 요청된 내용이 현재는 불가하며 대기자 명단에 있음을 통보함
	US	Unable to Accept Sale, Flight, Class, Date, Segment Closed, Have Waitlisted : Sell & Report Agreement에 의거 좌석을 판매하였으나 해당 항공사가 Accept하지 않음. 대기자에 리스트(list)된다.
	UC	Unable to Confirm or Waitlist. Unable to Accept, Request, Waitlist or Sale : 요청된 내용의 대기자도 불가함을 통보
	UN	Unable, Flight Does Not Operate or Special Service Not Provided : 요청한 비행편이 운항을 하지 않거나 요청한 서비스가 제공되지 않음을 통보
	NO	No Action Taken : 요청사항이 잘못 되었거나 기타의 이유로 Action을 취하지 않았음을 통보. Action을 취하지 않은 경우 이유는 Fact란에 통보된다.
	KL	Confirming From Waiting List : 대기자 명단에 있던 승객이 대기자로부터 좌석이 OK되었음을 통보
	HX	Have Cancelled : 항공사에 의해 여정이 취소되었음을 나타낸다. 주로 TTL 경과, ARR INFO 부재, Name CHNG 등 예약규정에 벗어난 예약 경우 항공사에서 사전 정리할 목적으로 사용되며, Fact란에 그 사유가 통보된다.

종류	코드	내 용
상태코드 (Status Code)	HK	Holds Confirmed : 예약이 확약되어 있는 상태
	HL	Have Waitlisted : 예약이 대기자 명단에 올려 있는 상태
	RR	Reconfirmed : 예약 재확인까지 마친 상태
	HN	Have Requested : 현재 상태는 모르나 요청한 적이 있음을 나타냄
기타 코드	PN	Pending For Reply
	KE	이외의 항공사 좌석을 NN으로 요청하고 응답이 오기까지 유지되는 코드
	WK	Was Confirmed, No Longer Confirmed Due To a Schedule Change : 예약이 확약(HK)되어 있었으나 항공사 스케줄 변경으로 인해 해당여정이 취소되었음을 나타내는 코드
	SC	Schedule Change for Confirmed Segment : 변경된 스케줄로 좌석이 확약되었음을 나타내는 코드
	DL	Deleted from Confirming List
	KL	상태에서 대기자로 되돌려진 상태
	NG	Group Booking시 사용되는 요청 Code(KE Only)
	HG	Group Booking에서 다른 Segment가 Confirm되면 OK 가능하다는 정보

2) 예약코드의 흐름도

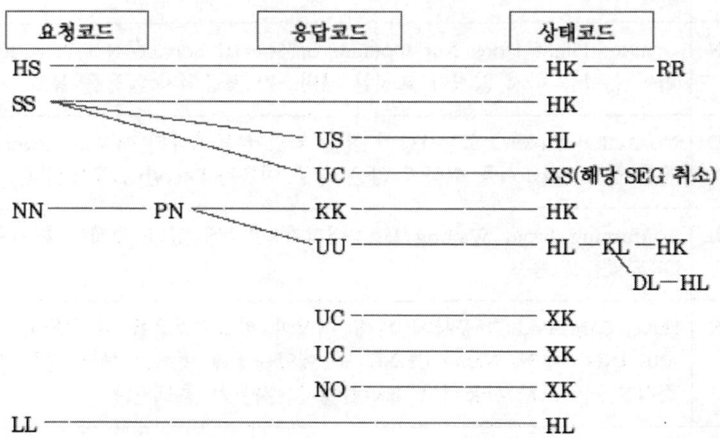

3) 사전 좌석배정

사전 좌석배정(ASP : Advance Seating Product)이란 항공예약이 확약된 승객을 대상으로 기내 좌석번호를 예약시에 미리 지정해주는 것을 말한다.

대상승객과 예약 가능기간은 전노선P/F/C Class 승객은 D-24시간, 미주・구주노선 Y Class 승객은 D-48시간 전에 가능하다. 사전 좌석배정은 항공예약이 확약된(Status Code : HK, RR) 9명 이하 IND 승객만 가능하며, 예약제한 승객(비동반소아, 임산부, 환자) 승객은 사전 좌석배정을 할 수 없다.

좌석배정을 할 때 Seat Zone Code는 다음과 같다.

N : Non-Smoking	**S : Smoking**	**A : Aisle**
W: Window	**B : Bassinet**	**U : Upper Deck**
E : Emergency Exit	**L : Maximum Leg Space**	

4) ETAS

ETAS(Electronic Travel Authority System)는 호주이민국(DIMA)과 SITA가 공동개발한 전산비자 발급시스템으로 CRS 및 항공사 시스템을 이용하여 호주비자를 신청하면 그 즉시 호주이민국으로부터 비자 승인을 받을 수 있도록 하는 제도이다.

이 시스템을 이용하여 호주비자를 신청하면 비자 신청 및 발급, 탑승수속시의 비자 확인, 호주 도착시의 입국심사를 신속하고 간편하게 처리할 수 있다(DIMA : The Department of Immigration and Multi cultural Affairs for the Australian Government).

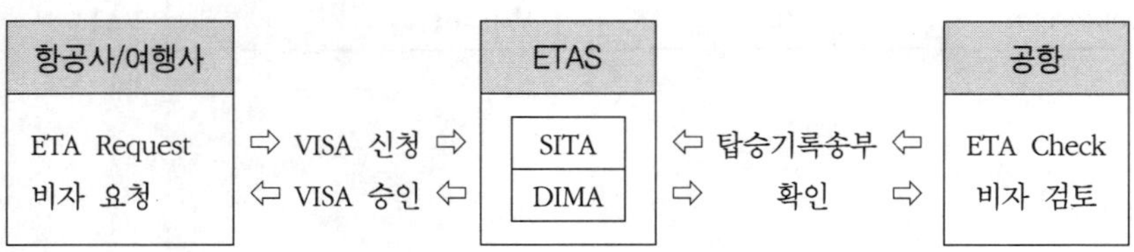

[그림 10-3] ETAS 시스템

ETAS 서비스는 TOPAS를 통한 호주비자 신청 및 승인 확인한 후 탑승수속시 시스템으로 비자 취득여부 확인 및 탑승수속 기록 송부를 하면 호주 도착 후 DIME 시스템을 통하여 Immigration 사열을 받을 수 있다.

ETAS 가입국가와 비자의 종류는 〈표 10-10〉과 〈표 10-11〉과 같다.

〈표 10-10〉 ETAS 가입국가

가입국가	ICAO 3-Letter Code	가입국가	ICAO 3-Letter Code
Andorra	AND	Iuxembourg	LUX
Austria	AUT	Malaysia	MYS
Belgium	BEL	Malta	MLT
Canada	CAN	Monaco	MCO
Denmark	DNK	Netherlands	NLD
Finland	FIN	Norway	NOR
France	FRA	Portugal	PRT
Germany	DEM	Singapore	SGP
Greece	GRC	Spain	ESP
Hong kong	HKG	Sweden	SWE
Iceland	ISL	Taiwan	TWN
Ireland	IRL	UK Britsh Citizen	GBR
Italy	ITA	British National (Overseas)	GBN
Japan	JPN		
Repubil of Korea	KOR	United States	USA
Lliechtenstein	LIE	Vatican	VAT

〈표 10-11〉 ETA 비자의 종류

종류	내 용	유 효 기 간	비 용
V	Visitor 관광 또는 친지 방문	12개월 또는 여원 만료기간 중 빨리 끝나는 기준 3개월 복수비자	무료
BL	Business Log 장기상용비자	여권 만료일(최대 10년) 3개월 복수비자	AUD65.00 신용카드 지불
BS	Business Short USA/Canadian 여권소지자	12개월 또는 여권 만료기간 중 빨리 끝나는 기준 3개월 단수비자	무료
기타	이민·학생 등의 특별한 비자는 호주대사관을 통해 발급		

4. 항공예약의 주요 코드

(1) 도시코드(city codes) "3 letter code"

항공여행시는 도시명(공항명)을 3자리 영문 약자로 표시한다.

1) 국내 도시코드

〈표 10-12〉 국내 도시코드

Code	City	Code	City
CJJ	CHEONGJU	PUS	BUSAN
CJU	JEJU	RSU	YEOSU
HIN	JINJU	SEL	SEOUL
KAG	GANGNEUNG	SHO	SOKCHO
KPO	POHANG	TAE	DAEGU
KUV	GUNSAN	USN	ULSAN
KWJ	GWANGJU	YEC	YECHEON
MPK	MOKPO	YNY	YANGYANG

2) 각 국가별 도시코드

〈표 10-13〉 각 국가별의 도시코드

※ 일본지역

도 시 명	코 드	도 시 명	코 드	도 시 명	코 드
도쿄	NRT	오사카	KIX	나고야	NGO
후쿠오카	FUK	아오모리	AOJ	히로시마	HIJ
후쿠시마	FKS	가고시마	KOJ	고마쯔	KMQ
마쓰야마	MYJ	니가타	KIJ	오이타	OIT
오카야마	OKJ	삿포로	SPK	센다이	SDJ
다카마쓰	TAK	도야마	TOY	오키나와	OKA

※ 중국지역

도 시 명	코 드	도 시 명	코 드	도 시 명	코 드
북경	PEK	장춘	CGQ	대련	DLC
광저우	CAN	하얼빈	HRB	청도	TAO
상해	SHA	심양	SHE	천진	TSN
연대	YNT	하노이	HAN	마카오	MFM

※ 아시아지역

도 시 명	코드	도 시 명	코드	도 시 명	코드
홍콩	HKG	방콕	BKK	싱가포르	SIN
타이페이	TPE	마닐라	MNL	푸켓	HKT
뉴델리	DEL	호치민	SGN	자카르타	CGK
코타키나바루	BKI	콸라룸푸르	KUL	뭄바이	BOM
울란바토르	ULN				

※ 독립국가연합(구소련) 지역

도 시 명	코드	도 시 명	코드	도 시 명	코드
알미티	ALA	하바로프스크	KHV	크라스노야르스크	KJA
모스크바	SVO	타쉬켄트	TAS	블라디보스토크	VVO
사할린	UUS				

※ 미주지역

도 시 명	코드	도 시 명	코드	도 시 명	코드
로스앤젤레스	LAX	뉴욕	JFK	뉴어크	EWR
샌프란시스코	SFO	시카고	ORD	시애틀	SEA
호놀룰루	HNL	앵커리지	ANC	아틀란타	ATL
보스턴	BOS	댈러스	DFW	덴버	DEN
라스베이거스	LAS	올랜도	ORL	필라델피아	PHL
워싱턴	IAD	상파울로	GRU	토론토	YYZ
밴쿠버	YVR	마이애미	MIA	샌디에이고	SAN

※ 대양주지역

도 시 명	코드	도 시 명	코드	도 시 명	코드
오클랜드	AKL	브리스베인	BNE	크라이스처치	CHC
괌	GUM	사이판	SPN	시드니	SYD

※ 유럽지역

도 시 명	코드	도 시 명	코드	도 시 명	코드
암스테르담	AMS	프랑프푸르트	FRA	런던	LHR
파리	CDG	로마	FCO	취리히	ZRH
이스탄불	IST	카이로	CAI	룩셈부르크	LUX
아테네	ATH	듀바이	DXB	제네바	GVA

(2) 항공사 코드(airport codes) "2letter code"

1) 주요 항공사 코드

해외여행의 필수 교통수단인 각 항공사의 코드이다. 항공사의 코드는 보통 영문숫자 조합의 2자리 수를 이용한다.

〈표 10-14〉의 코드는 한국인들이 많이 이용하는 항공사의 코드이다.

〈표 10-14〉 항공사 코드

항 공 사	코드	항 공 사	코드	항 공 사	코드
아메리칸항공	AA	에어캐나다	AC	에어프랑스	AF
안셋호주항공	AN	알리탈리아항공	AZ	영국항공	BA
중국국제항공	CA	중국북방항공	CJ	캐나디안에어라인	CP
케세이퍼시픽항공	CX	중국남방항공	CZ	델타항공	DL
가루다항공	GA	우즈벡항공	HY	사할린항공	HZ
재팬에어시스템	JD	일본항공	JL	대한항공	KE
네덜란드항공	KL	독일항공	LH	말레이시아항공	MH
중국동방항공	MU	전일본공수	NH	노스웨스트항공	NW
에어뉴질랜드항공	NZ	싱가포르항공	SQ	러시아항공	SU
스위스항공	SR	타이항공	TG	유나이티드항공	UA
베트남항공	VN	바스피브라질항공	VP	블라디보스토크항공	XF
크라스노야르크항공	7B	러시아극동항공	H8		

2) 동일도시 내의 복수공항 코드

〈표 10-15〉 동일도시 내 복수공항 코드

NYC ……	JKF	JOHN KENNEDY AIRPORT OF NYC
	EWR	NEWARK AIRPORT OF NYC
	LGA	LA GUARDIA AIRPORT OF NYC
PAR ……	CDG	CHARLES DE GAULLE AIRPORT OF PAR
	ORY	ORLY AIRPORT OF PAR
LON ……	LHR	HEATHROW AIRPORT OF LON
	LGW	GATWICK AIRPORT OF LON
OSA ……	ITM	ITAMI AIRPORT OF OSA
	KIX	KANSAI INTL AIRPORT OF OSA
TYO ……	NRT	NARITA AIRPORT OF TYO
	HAD	HANEDA AIRPORT OF TYO
WAS ……	DCA	RONALD REAGAN NTL AIRPORT OF WAS
	IAD	DULLES AIRPORT OF WAS

3) 주요 휴양지 코드

〈표 10-16〉 주요 휴양지 코드

몰디브	MLE	MALE	사모아	APW	APIA
발리	DPS	DENPARSAR	솔로몬 군도	HIR	HONIARA
보라카이	KLO	KALIBO	피지	NAN	NANDI

• 섬 이름이 아닌 해당 섬의 도시이름으로 조회해야 한다.

4) ICAO Phonetic Alphabet CODE

〈표 10-17〉 ICAO Phonetic Alphabet Code

Letter	Phonetic Alphabet	Letter	Phonetic Alphabet
A	Alpha	N	November
B	Bravo	O	Oscar
C	Charlie	P	Papa
D	Delta	Q	Quebec
E	Echo	R	Romeo
F	Father	S	Smile
G	Golf	T	Tango
H	Hotel	U	Uniform
I	India	V	Victory
J	Juliet	W	Whisky
K	Kilo	X	X-Ray
K	Lima	Y	Yankee
M	Mike	Z	Zulu

제2절 육상교통업무

1. 육상교통의 의의

육상교통은 경제사회의 원동력으로서 사회간접자본의 일익을 담당하고 있으며, 국민경제의 발전과 더불어 양적 · 질적 발전을 거듭하고 있다. 특히 여객수송의 경우에는 도시화에 기인하여 도시 대중교통수단의 급속한 발전으로 급증 추세를 보이고 있다.

최근에는 국민소득 향상에 따른 여가선용 등으로 이동량이 급격히 늘어나는 추세에 있고, 여행의 고급화와 장거리 이동이 유리한 점으로 항공교통 및 고급 철도 수송인원이 증가하고 있다. 특히 국내 항공수요의 폭발적 증가세는 앞으로 당분간 지속될 전망이며, 또한 고속철도는 육상교통에 의한 수송력이 비약적으로 증대될 것이다.

2. 철도교통

종래에는 철도여행 그 자체만으로도 낭만과 추억을 간직하고 있는 사람도 많다. 자동차나 비행기 등 타 교통기관의 수송 분담률이 증대되면서 철도의 수송 분담률은 현저하게 줄고 있는 것이 현실이다.

철도는 관광영업을 영위한다는 것보다는 교통조건을 개선하여 여행조건에 기여하고 있는 것이다. 또한 여행업으로서는 철도승차권 대매를 함으로써 여행업의 수익성 향상에도 크게 기여하고 있다.

(1) 한국의 철도교통

한국철도공사는 KR 패스를 운영하고 있다. 이는 해외 판매처 및 철도공사 홈페이지에서 KR 패스 교환권을 구입, 국내에 입국하여 철도공사 역에서 KR 패스로 교환 후 일정 기간동안 철도공사에서 운영하는 KTX를 포함한 모든 열차(전철 및 관광열차 제외)를 구간 · 횟수에 제한없이 자유로이 이용할 수 있는 외국인 전용 철도승차권을 판매하고 있다. KR 패스는 외국인 전용 철도승차권으로 외국인만 사용할 수 있으며, 대한민국 국적 소유자는 사용할 수 없다. 단, 외국의 영주권이나 장기체류 비자를 소지한 한국인(PR여권 소지)은 사용할 수 있다.

KR 패스 이용절차는 세계 각 나라 지정판매 여행사나 온라인(online)을 통해서 교환권을 구입할 수 있다. 이 교환권은 한국의 모든 역이나 인천공항철도 안내소 등에서도 구입이 가능하다.

1) KR 패스 판매가격(2005년 4월 1일부터)

한국철도공사에서는 계속된 원 · 달러 환율의 변동에 따라 기존 한화로 판매하던 것을 미국 달러화 판매가격을 〈표 10-18〉과 같이 조정하였다.

〈표 10-18〉 KR 패스 판매가격(단위 : $)

구분	Normal 패스		Youth Pass	Saver Pass
	어른	어린이		
3 일권	76	38	61	68
5 일권	114	57	91	103
7 일권	144	72	115	130
10일권	166	83	133	149

KR 패스 요금의 기준은 다음과 같다.

- 만 4세 이하의 유아는 무임이며, 4~12세의 어린이는 어른 가격의 50%
- Normal Pass : 성인, 어린이가 사용할 수 있는 보통승차권
- Saver Pass : 2인에서 5인까지의 일행이 동일일정으로 여행할 때 이용
- Youth Pass : 13세부터 25세까지의 청소년, 국제학생증(ISIC) 소지자

2) 교환권 판매

KR 패스 홈페이지나 NKR 패스 인터넷 홈페이지를 이용하면 전세계 어디에서나 신용카드로 KR 패스를 구입할 수 있다.

〈표 10-19〉 국가별 판매사 및 연락처

대륙별	국가별	판매사	소재지	연락처
아시아	중국	Sta Travel	광저우	86 20 8667 1455
	일본	Joy Road 여행사	후쿠오카	81 (0)92 482 1489
		Sta Travel	오사카	81 (0)6 6262 7066
			도쿄	81 (0)3 5391 2922
	싱가폴		싱가포르	65 6737 7188
	대만		타이페이	886 (0)2 877 31 333
오세아니아	호주	Sta Travel	시드니	61 (0)3 8417 6911
			멜버른	61 (0)3 9348 1444
유럽	프랑스	Sta Travel	파리	33 (0)1 43 43 89 97
	독일		베를린	49 (0)30/20 16 50 63
			프랑크푸르트	49 (0)69/44 30 27
	이탈리아		로마	39 (0)6 445 6679
	러시아		모스크바	7 (0)95 797 9555
	영국		전역	44 (0)870 1 600 599
북미	캐나다	Sta Travel	밴쿠버	1 (0)604 685 4066
			토론토	1 (0)416 925 5800
	멕시코	America Tour	멕시코시티	52 5 55 5661
	미국		워싱턴	1 703 256 8944
			뉴욕	1 212 643 0766
			L.A.	1 213 383 5511
남미	브라질	Sta Stravel	전역	1(0) 800 781 4040
			상파울로	55 (0)11 3038 1555

3) 부가 할인서비스

- KTX · 새마을호 특실요금 및 무궁화 침대요금 50% 할인
- 협약 호텔 이용시 요금 30% 할인
- 협약 렌터카업체의 렌터카 이용시 요금 35% 할인
- 환전시 환전수수료 30% 할인(한국외환은행 한, US달러 및 일본 엔화를 제외한 기타통화 10%)
- 서울시티투어 이용료 15% 할인
- 세모(한강)유람선 이용료 20% 할인
- 서울(남산)타워 전망대 이용료 약 15% 할인
- 롯데월드 자유이용권 15~20% 할인

(2) 일본의 철도교통

일본은 세계 제일의 철도왕국이다. 말 그대로 일본은 홋카이도 북쪽 끝에서 큐슈 남쪽 끝까지 어디든지 철길로 연결되어 있다. 일본열도 중 주요한 4개 섬들(홋카이도, 혼슈, 시코쿠, 큐슈)은 모두 해저터널이나 대교로 연결되어 있으며, 열차를 타면 오키나와, 아와지, 사도나 등 작은 섬들을 제외하고 어디든 갈 수 있다.

일본의 국철은 1987년 민영화되어 JR(Japan Railways Group, 6개 여객철도와 1개의 화물철도로 분할)이 되었다. 지하철은 각 도시의 교통국이 운영하고 있으며, 민간회사가 운영하는 철도(사철)들도 전국곳곳에 있다.

일본열도를 다니는 열차들은 일반철도만이 아니라 노면전차, 모노레일, 안내궤도식 철도, 무궤도전차, 가이드웨이버스, 케이블카, 로프웨이 등 너무나도 다양하다. 그밖에도 현재 JR에서는 자기부상식 철도, 궤도가변열차 등을 개발중이며, 일본의 철도는 앞으로도 발전해갈 전망이다.

1) JR 패스

일본철도 패스(JR Pass)는 일본을 단기간(90일) 동안 여행하고자 하는 외국인을 대상으로 일본 전역의 국철과 초고속 신칸센 열차, 나리타 익스프레스, JR 버스나 페리 등을 일정기간 횟수와 구간, 거리에 관계없이 마음껏 이용할 수 있

는 편리한 철도승차권이다.

정확한 운행시간과 승객을 위한 최고의 서비스, 거미줄처럼 구석구석 치밀하게 잘 짜여진 철도망을 자랑하는 JR 패스는 일본열도를 여행하는 외국인들에게 가장 인기있는 최상의 교통수단이다. 특히 JR 패스는 지역과 기간별로 세분화되어 있어 일본의 어느 특정지역만을 여행할 경우 자신이 여행할 지역과 일정에 맞는 지역별 JR 패스를 잘 활용한다면 누구보다도 가장 알차고 즐거운 일본 여행이 될 것이다. 일본 전지역에서의 JR 패스의 이용이 비슷하다.

일부지역의 JR 패스의 이용에 관해 상세히 설명하고자 한다.

철도승차권이라고는 하지만 JR 패스로 특정 구간의 JR 버스와 JR 페리보트도 함께 이용할 수 있다. JR 페리는 혼슈와 홋카이도, 또는 시코쿠를 연결한다. 도쿄와 오사카, 교토 등 일부지역만을 여행하는 사람들에게는 그다지 유용하지 않지만 단기간에 일본 전역을 여행하고자 하는 사람들에게는 대단히 편리한 것이 바로 JR 패스이다.

① JR 패스의 구입

JR 패스는 단기간 동안 관광을 목적으로 일본을 방문하는 외국인을 위한 상품이다. 이 패스는 일본에서는 구입이 불가능하므로, 반드시 국내에서 JR 패스 교환권을 구입해서 출발해야 한다. JR 패스 교환권은 일본전문여행사를 통해 구입할 수 있다. JR 패스를 국내에서 미리 구입한다고 해서 패스를 바로 받는 것은 아니다. 일본 현지에 가서 JR 패스와 교환할 수 있는 일종의 교환권을 받는 것이다.

② JR 패스 교환

일본에 입국하여 나리타공항의 JR 안내소, 또는 발권 사무실이나 일본 주요 철도의 JR 여행 서비스센터에서 여권과 함께 구입해간 JR 패스 교환권을 제시하면 JR 패스로 교환해준다. 기차의 첫 승차날짜를 기입한 즉시 정해진 기간 동안 마음껏 사용할 수 있다.

③ JR 패스 사용방법

JR 패스는 일본 전역의 JR 철도, JR 전철, 그리고 일부 JR 버스 및 페리를 이용할 수 있는데, 쉽게 생각하면 JR이라는 이름이 붙은 교통수단은 대부분 이용할 수 있다고 보면 된다. 단, 예외적으로 신칸센 노조미호는 이용할 수 없으며, 우노와 다카마쓰 사이의 배를 이용할 때는 약간의 추가요금을 내야 한다.

JR 패스의 사용방법은 역이나 전철 이용시 일반인들이 이용하는 개찰구(우리나라의 전철 개찰구와 비슷하다)를 이용하지 말고 역무원이 서 있는 개찰구로 가서 역무원에게 JR 패스를 보여준 후 그냥 통과하면 된다. 대부분의 역무원들은 JR 패스를 보기만 하면 무사통과 시켜주지만, 간혹 꼼꼼한 역무원의 경우에는 유효기간을 확인하는 경우도 있다. 유효기간이 지난 JR 패스를 이용하다 적발되면 망신을 당하게 되므로 유효기간이 지났을 경우에는 이용하지 않는 것이 좋다.

JR 패스에는 유효기간이 큼지막하게 찍혀 있어서 눈에 잘 띄므로 역무원들이 건성으로 보는 것 같아도 날짜는 다 보인다는 것을 알아야 한다. 그리고 JR 패스만 가지고 열차에 탑승할 때는 반드시 자유석을 이용하도록 한다. 좌석이 지정되어 있는 지정석을 이용하려면 반드시 열차탑승 전에 지정석 이용권을 예약해야 한다.

지정석 예약에는 별도의 요금이 들지 않으므로 지정석을 이용하고 싶은 여행자라면 열차탑승 전에 각 역에 있는 녹색창구나 TIS(여행서비스센터) 등에서 지정석을 예약해야 한다. 지정석 예약방법은 아주 간단하며, 별도의 추가요금이 필요없다. 일본어를 할 줄 알면 원하는 기차 편명과 목적지를 이야기해주면 되고, 일본어에 자신이 없다면 종이에 한자나 영어로 원하는 기차 편명과 목적지를 적어서 JR 패스와 함께 건네주면 된다. 여행자들이 자주 이용하는 JR 고속버스 야행편(심야고속버스)를 이용할 때도 마찬가지다. 고속버스 예약창구에서 원하는 JR 패스를 보여주고 목적지를 말해주면 된다. 그리고 도쿄 시내나 오사카 시내를 둘러볼 때도 JR 패스를 제시하면 JR 야마노테센(山手線)이나 JR 전철을 별도요금 없이 이용할 수 있다.

④ JR 패스로 이용 가능한 교통수단

많은 사람들이 착각하는 내용 중에 하나가 JR 패스만 있으면 일본의 어떤 교통수단이든 모두 이용할 수 있다고 생각하는 것인데, 실상은 그렇지 않다. JR에서 운영하지 않는 사철은 이용할 수 없으며, JR 버스의 경우에도 다음에 소개되어 있는 노선 외에는 이용할 수 없다는 것을 알아두자.

예 JR 철도 : 신칸센 노조미호를 제외한 JR그룹 전노선의 신칸센, 특급열차, 급행열차, 쾌속열차, 보통열차를 이용할 수 있다.

예 JR 버스 :

- JR 버스회사 : JR 홋카이도 버스, JR 버스 도호쿠, JR 버스 간토, JR 도카이 버스, 니시니혼 JR 버스, 추고쿠 JR버스, JR 규슈 버스
- JR 버스사업부 : JR 시코쿠의 각버스노선
- JR 고속버스 : 삿포로 ↔ 오타루, 모리오카 ↔ 히로사키, 모리오카 ↔ 아오모리, 모리오카↔도와다호, 도쿄↔시즈오카, 도쿄↔하마마쓰, 도쿄↔오카자키, 도쿄 ↔ 도요타, 도쿄 ↔ 나고야, 도쿄 ↔ 교토, 도쿄 ↔ 오사카, 도쿄↔ 쓰쿠바센터, 나고야 ↔ 교토, 나고야 ↔오사카, 오사카↔ 쓰야마, 오사카 ↔ 가사이 플라워센터

예 JR 페리 : 미야지마와 미야지마구치의 페리

⑤ JR 패스로 이용 가능한 차량

특급열차의 그린(green) 객실은 '나리타 익스프레스' 등의 몇 개의 열차에만 설치되어 있다. 홈 라이너 외의 라이너형의 열차는 별도요금이 필요하다.

⑥ JR 패스의 유효기간

국내에서 구입한 JR 패스 교환권은 발행일로부터 3개월 이내에 사용해야 한다.

⑦ JR 패스 요금(2005년 6월 현재)

1등석(그린카) : 7일권 37,800￥, 14일권 61,200￥, 21일권 79,600￥

2등석(보통석): 7일권 28,300￥, 14일권 45,100￥, 21일권 57,700￥

• 만 6~12세 미만의 어린이에게 50% 할인 적용이 되는 JR 간사이 패스 요금은 다음과 같다.

〈표 10-20〉 JR 간사이 패스 요금

사용시간	유효기간	좌석등급	요금(¥)	
			성인	아동(만 4~11세)
1일	1일	2등석	2,000	1,000
2일	2일	2등석	4,000	2,000
3일	3일	2등석	5,000	2,500
4일	4일	2등석	6,000	3,000

⑧ JR 레일패스의 구입

단기체제 관광비자를 가진 외국인으로 제한되며, 일본 내에서는 구입할 수 없다. 관용여권을 사용하는 여행자나 일본 내에 체류하는 유학생·교민은 구입하더라도 이용할 수 없다. 공항이나 항구에서 일본 입국심사를 받을 때 여권에 출입국 심사관으로부터 도장을 하나 받게 된다. 여권에 이와 같은 도장이 찍혀 있는 여행자에 한해 철도패스를 발급해준다.

⑨ JR 패스로 지정석 예약하기

대부분의 신칸센, 특급 및 급행열차에는 1등석(green car) 지정석과 보통석(ordinary)의 지정석·자유석이 갖추어져 있는데 자유석의 경우에는 승무원에게 패스만 보여주면 이용할 수 있고, 지정석을 이용하고자 할 때는 열차 탑승 전에 JR 역의 예약티켓 사무소에서 패스를 제시한 후 지정석 예약을 해야 한다.

지정석 예약은 JR 패스가 있을 경우 별도의 요금이 필요없으며, 지정석 열차 예약은 JR 어느 역에서나 가능하다. 참고로 1등석 그린카는 JR 패스 그린권을 구입했다면 추가요금없이 이용이 가능하지만 노말 패스를 구입한 경우라면 추가요금을 내야 한다.

⑩ **JR 패스 구입 후의 환불**

교환권은 발행한 곳에서 발행일로부터 1년 내에 환불을 신청할 수 있으며, 10%의 수수료가 공제된다. 패스의 출발일 이후에는 환불받을 수 없으며, 패스를 도난·분실한 경우에는 재발행이 불가하므로 각별히 주의하도록 한다.

⑪ **JR 패스 이용시 주의사항**

- JR 패스는 본인에 한하여 이용이 가능하다.
- 패스를 이용한 여행중에는 언제나 여권을 휴대하고 승무원의 제시 요구에 따라야 한다. 하지만, 여권을 제시하라고 요구하는 경우는 거의 없다.
- 패스 교환권은 발행일로부터 3개월 이내에 사용해야 한다.
- 패스는 시테츠를 제외한 신칸센 초특급열차와 특급·급행·보통·지방열차 및 JR 버스 등에 사용할 수 있다. 패스로는 JR 철도 연락선(페리)을 이용할 수도 있는데 '우노(宇野)'와 '다카마쓰(高松)' 사이의 JR 여객선은 급행료를 추가로 지불해야 한다.
- 지정석 예약은 추가요금 없이 가능하며, 예약은 각 JR 역의 TIS(여행서비스센터)나 미도리노마도구치(녹색창구)에서 할 수 있다.
- 패스의 보통석 소지자가 침대차나 특등석을 원할 때는 추가요금을 지불해야 한다.
- 패스를 분실 또는 도난당하면 재발행할 수 없다.
- 패스의 환불은 사용했다는 첫 스탬프가 찍히기 전에 일본 철도역 내의 환불창구(TIS)에서 할 수 있다. 이때 10%의 수수료를 공제한다.

(3) 미국의 철도교통

미국철도에 대한 정보는 http://www.amtrak.co.kr라는 사이트에 들어가면 풍부하게 찾을 수 있다. 미국 내 대부분의 여객과 화물수송을 맡고 있는 'National Rail Passenger Corperation(통칭 Amtrak)'은 미국정부 및 수개의 민간기업의 합작출자에 의해 운영되고 있는 광역철도 운송서비스이다.

암트랙(Amtrak)은 일부 잘못 알려진 미국철도여행의 위험에 대한 염려와는 달리 가장 안전하며, 품격있고, 여행시 가장 선호되고 있는 미국 내의 교통수단으로 철도여행자들을 위한 일종의 여행권인 암트랙 패스(USA Rail Pass=Amtrak)를 제공한다. 저렴한 비용으로 단순한 이동수단이 아닌 이미 그 자체로 미국을 대표하는 관광상품이다.

1971년 5월 1일 본격적인 도시간 철도 서비스를 시작, 현재 500개 이상의 역에서 서비스를 제공하고 있다. 철도여행객들은 위해 내셔널 레일패스, 동부 레일패스, 서부 레일패스, 북동부 레일패스 등 기간과 이용가능 지역 등이 다양하다. 또한 저렴한 승차권을 제공하고 있으며, 기간패스 외에 특정구간 패스의 예약 및 구입이 가능하다.

1) 암트랙 패스

암트랙(Amtrak) 패스는 15일 또는 30일 기간 내에 해당구간 열차를 탑승 횟수 및 정차역의 제한 없이 반복적으로 이용 가능하며, 기간 및 구간 내 여행 방향과 상관없이 무제한 탑승 가능하며 예약변경 수수료 없이 예약변경이 가능하다. 또한 개인 또는 단체 자유배낭 여행자에게 알맞은 주요 관광지 연결 노선 및 기차역간 연결버스가 제공된다. 비즈니스맨들을 위한 미국 동부 주요 도시(뉴욕, 워싱턴, 보스턴, 필라델피아 등)간 연결노선이 제공된다. 특히 외국인 여행객에게는 파격적인 할인요금이 제공되어 편리하게 이용할 수 있다.

① 이용조건

- 한국 여권을 소지한 모든 여행객은 본 패스의 이용이 가능하다(미국인을 제외한 한국 주재 모든 외국인도 이용 가능)
- 일반석(coach class) 이용기준(비즈니스 열차나 침대객차 이용시 현지에서 추가요금 지불)
- 이용기간은 15일 · 30일이 있으며, 해당기간 내 무제한 이용이 가능하다.
- Auto Train(차량탑재 열차)을 제외한 전 열차의 이용이 가능하다.
- 성수기를 제외한 모든 기간은 비수기 요금이 적용(비수기 적용 패스로 성수기 이용 불가능)된다.

② 구입방법

가까운 여행사 또는 암트랙 한국총판 대리점을 통해 암트랙 패스를 구입할 수 있다. 암트랙 패스의 발권을 위해서는 다음과 같은 정보가 필요하다.

- 탑승자 영문 성명
- 패스의 종류(구간 및 기간)
- 여권번호
- 탑승 개시일

암트랙 패스는 발권 당일의 현찰 매도율을 적용하여 한화로 구입할 수 있다.

③ 이용방법

- 패스는 패스 쿠폰 1장과 승객보관용 영수증 1장으로 이루어져 있다.
- 열차탑승시 패스 쿠폰 외에 각 탑승 구간별로 별도의 열차표가 필요하다.
- 패스 이용에 따른 구간별 별도 열차표는 출발 전 한국에서 미리 발권하여 현지에서 이용하거나 현지 도착 후 암트랙 역에서 직접 발권해 이용할 수 있다.
- 패스 구입으로 별도의 발권수수료 없이 구간별 열차표를 발권할 수 있다.
- 현지에서 구간별 열차표 발권시에는 암트랙 패스와 여권을 함께 제시해야 한다.
- 예 약 : 한국사무소에서 패스 발권시 첫번째 또는 두번째 이용구간만 예약을 하도록 하며, 이후 구간은 미국 현지에서 예약·발권하는 것이 편리하다.

④ 환불조건

1회 이상 구간열차를 탑승하는 경우에는 환불이 되지 않는다. 패스 구입과 더불어 출발 전 한국에서 예약·발권 서비스가 이루어진 경우 환불 요청시 환불수수료 20달러가 부가되며, 45일 정도의 소요시간이 걸린다. 분실했을 경우 전액 환불되지 않는다.

(4) 유럽의 철도교통

1) 유레일 패스

유레일 패스(Eurail pass)란 유럽 이외 지역의 관광객 유치를 위하여 만든 특별할인 승차권으로 17개국(오스트리아, 독일, 노르웨이, 헝가리, 그리스, 포르투갈, 벨기에, 아일랜드, 스페인, 덴마크, 이탈리아, 스웨덴, 프랑스, 핀란드, 룩셈부르크, 스위스, 네덜란드)의 국철을 정해진 기간 동안 주행거리, 승차횟수, 국경통과에 제한 없이 자유롭게 승하차할 수 있는 매우 저렴하고 편리한 정기 열차승차권이다. 일반적으로 유레일 패스(Eurail nomal pass)는 일정기간 동안 연속적으로 이용할 수 있는 승차권을 지칭한다.

유럽지역의 패스 요금은 대체로 큰 차이가 나지 않으므로 대표적인 유레일 패스(Eurail pass) 요금을 제시한다. 이 요금은 2005년 12월 말 기준으로 〈표 10-21〉과 같다.

〈표 10-21〉 유레일 패스 요금

	기간	성인(1등석)	세이버(1등석)	유스(2등석)
유레일 패스 (연속사용)	15일	588	498	382
	21일	762	648	495
	1개월	946	804	615
	2개월	1,338	1,138	870
	3개월	1,654	1,408	1,075
유레일 플렉시 패스(선택사용)	10일(2개월 내)	694	592	451
	15일(2개월 내)	914	778	594

유레일 패스 요금 규정은 다음과 같다.

- 어린이요금 : 만 4세~11세까지 성인요금의 반액(만 4세 미만은 무료)
- 세이버요금 : 2~5인이 함께 기차여행을 하는 조건으로 한 패스에 발권하는 할인 패스(상기 요금은 1인당 요금)

• 유스요금 : 2등석 탑승 조건으로 만 26세 미만

2) 유로 패스

유로 패스(Euro pass)란 유럽 주요 5개국(프랑스, 독일, 이탈리아, 스위스, 스페인)에 추가해서 인접 4개 지역권 ① 오스트리아~헝가리, ② 베네룩스 3국(벨기에, 네덜란드, 룩셈부르크), ③ 그리스, ④ 포르투갈 중 최대 2개 지역권까지 선택하여 사용할 수 있는 패스로 적용국가에서는 유레일 플렉시 패스와 동일한 혜택과 특전이 있다.

❐ 이용시 유의사항

- 인접지역 선택시 별도의 요금을 지불해야 하며, 최대 2개국까지만 가능하다.
- 여행지가 주요 5개국만이라도 열차가 인접국가를 경유할 시에는 인접국가를 선택해야 한다.
- 5개국 유로 패스로 벨기에를 경유하는 프랑스·독일 구간을 이용하는 경우와 벨기에를 경유하는 경우에도 유로 패스 기본 5개국에 베네룩스를 추가해야 한다. 추가되지 않은 상태에서 벨기에를 경유하게 되면 현지에서 구간요금이 별도로 부과되므로 문제가 될 수 있다.

3) 유로 스타

영국에서 대륙으로 이동하는 교통수단은 유로 스타(Euro Star)가 개통되기 전에는 도버와 칼레간을 잇는 페리나 항공편을 이용하는 것이 전부였다. 그러나 1994년부터 유로 스타가 런던 워털루역에서 파리 북역 구간을 운행하기 시작하면서 대륙으로의 이동이 훨씬 편리해졌다.

최근에 가장 많이 이용되고 있는 유로 스타는 시속 300km의 속도로 해저터널(channel tunnel)을 통해 런던~파리간 평균 3시간, 런던~브뤼셀간은 약 2시간 40분 만에 주파하는 초고속 열차로 런던 도심에서 파리나 브뤼셀의 도심으로 바로 들어가기 때문에 도심 외곽에 있는 공항을 통해야 하는 항공편보다 훨씬 효율적이다. 각 기차마다 한번에 766명의 승객을 운송하며, 실제 도버 해저터널을 통과하는 시간은 약 20분 정도이다. 탑승수속이나 시설과 서비스가 항공편과 거의 똑같으며, 터널 내에는 공항 규모의 면세점도 있다. 최소한 20분 전에 역에서 탑승수속을 해야 한다

4) 영국철도 연속패스

영국철도 연속패스(Britrail pass)란 정해진 기간 동안 아일랜드를 제외한 영국 전역(잉글랜드, 스코틀랜드, 웨일스)의 철도를 무제한 이용할 수 있는 철도패스이다.

5) 영국철도 플렉시 패스

영국철도 플렉시 패스(Britrail flexi pass)란 자유로운 여정으로 영국을 여행하고 싶을 때 기간을 선택할 수 있는 패스로 일정기간 동안 본인이 사용한 날만 기록해가며 사용할 수 있다

6) 북미철도 패스

북미철도 패스(North America rail pass)는 북미 전역 900여 곳을 자유롭게 이동할 수 있는 철도 패스로 캐나다 비아(VIA) 철도와 미국의 암트랙(Amtrak)의 모든 열차를 이용할 수 있다. 30일 기간 내에 해당구간 열차를 탑승 횟수 및 정차역 제한 없이 이용이 가능하다

7) 오리엔트 특급

오리엔트 특급(Orient express)은 소설과 영화로 잘 알려져 있는 영국의 추리작가 아가사 크리스티의 소설 ≪오리엔트 특급살인(Murder on the Orient Express)≫의 실제 무대가 되면서 우리에게 익숙한 이름이 되었다. 1883년 '프랑스 파리~터키의 이스탄불 구간' 운행을 시작으로 호화롭고 우아한 실내 분위기와 최고급 서비스로 당시 사교계의 인기를 독점하며 왕족과 저명인사들의 사교의 장으로 명성을 떨쳤다.

1960년대 이후 교통수단의 고속화 영향으로 잠시 쇠퇴하여 운행이 중단되었던 적도 있었으나, 1982년 미국인 실업가 제임스 B. 셔우드(James B. Sherwood)가 런던과 베니스 왕복을 시작으로 새롭게 부활시켜 오늘날까지 그 전통을 이어오고 있다.

현재 오리엔트 특급은 런던에서 베니스까지 이어지는 베니스 심플론 오리엔트 특급과 방콕에서 싱가포르를 연결하는 동남아시아의 이스턴 & 오리엔털 특급, 광활한 호주대륙을 달리는 그레이트 사우스 퍼시픽 특급을 운행하면서, 로맨틱하고 낭만적인 분위기와 최고의 서비스를 제공하는 호화열차로서의 전통과 품위를 지켜오고 있다.

실내에서 연주되는 우아하고 세련된 음악, 일류 요리사가 만들어내는 최고급 요리와 화려한 파티, 승객의 이름까지 불러주는 세심하고 정중한 서비스로 마치 왕족이 된 듯한 기분을 누릴 수 있다.

3. 버스교통

한국의 자동차운수사업에는 ① 버스여객자동차운송사업, ② 전세여객자동차운수사업, ③ 장의자동차운송사업의 3종류로 구성되어 있다. 이 가운데 여행업과 관련이 있는 것은 전세여객자동차운수사업이다. 이 업종은 본래 관광교통업이었는데 1977년 관광사업법이 개정되면서 전세버스운송업으로 그 명칭이 변경되었다.

국내여행업의 주된 수입원은 이 부문의 판매 여하에 달려 있다고 해도 과언이 아닐 만큼 전세버스의 판매는 국내여행사의 사활이 걸려 있다고 해도 지나치지 않는다.

전세버스 분야의 업무조직은 차량 보유대수 및 여행업의 종류에 따라 달라질 수 있다.

(1) 전세버스의 사용권 판매

전세버스의 판매는 다음과 같이 3가지 유형으로 구분할 수 있다.

첫째, 여행관련 요소로서 여행사를 통한 간접판매로 정규 통근차량에서 고정비를 계상하고 여행사에 대한 대절판매와 여행사를 통한 대리판매에서 수익을 얻고 있다.

둘째, 기업이나 학교의 각종 행사를 위한 판매나 전세버스의 이용률을 높이기 위한 통근버스 판매를 하고 있다.

셋째, 여행자에 대한 직접 판매를 하고 있다.

또한 여행사에서의 전세버스 사용은 외국인의 국내여행에 필요한 여행관련 요소로 판매하거나 내국인의 국내여행에 판매되고 있다.

(2) 관광버스의 전세업무

관광버스 요금은 성수기와 비수기로 구분하며, 금액기준은 행선지에 따라 정해진다. 전세버스 운임은 기본요금(거리운임 + 대기료)을 합하여 산출되며, 성수기는 20% 할증요금을, 비수기에는 20% 할인요금을 적용한다.

일반적으로 성수기(4/1~6/10, 7/21~11/10. 184일 정도)와 비수기(6/11~7/20, 11/11~3/31. 181일)로 적용한다.

버스 임차시 포함된 금액은 차량비와 유류대 및 기사 및 안내비가 포함되며, 그 외에 유료통행료와 주차비와 대기시간의 변동에 따라 변경될 수 있다. 버스의 예약신청을 받았을 때는 계약서를 작성하고 동시에 운임의 10% 정도의 예약금을 받아야 한다. 전세버스의 예약자가 버스예약을 취소할 때는 늦어도 48시간 이전에 통고하여야만 계약금이 반환되며, 취소통보 없이 버스를 사용치 아니한 경우에는 운임의 3/10의 취소수수료를 받는다. 24시간 전에 취소하는 경우는 1/10, 24시간 이내에 취소하는 경우는 2/10의 취소수수료를 받도록 전세버스 약관에 정해져 있다. 단 천재지변 · 파업 · 일기변화 등으로 부득이 운행이 불가능할 경우에는 계약금을 반환한다.

(3) 전세버스의 요금

전세버스의 요금은 성수기 · 비수기 · 주중 · 주말 · 연휴일 등으로 일정하지 않기 때문에 일반적으로 규정하기가 매우 힘들다. 그러나 우리나라의 대표적인 전세버스 사업이 일정하게 지속되고 있는 제주도 지역의 전세버스의 요금은 거의 일정하다고 할 수 있겠다. 그러므로 제주도 지역의 전세버스 요금을 제시하고자 한다.

관광일정에 맞는 코스 설정 및 안내를 포함하여 단체관광 · 수학여행 · 기업연

수 · 골프투어 · 한라산등반 등으로 전세버스만을 이용하는 경우가 많다.

전세버스의 이용조건으로는 운전자 및 연료비를 포함하며, 비수기 할인요금과 성수기 요금으로 구분하고 있다. 연휴 및 하계 바캉스(7/20~8/15) 기간을 성수기로 보고 있다.

차량별 전세버스 요금은 다음과 같다. 참고로 이 요금은 변동될 수 있다.

① 콤비, 카운티 16인승

상품 종류	1일관광	2일관광	3일관광
할인요금	₩ 80,000	₩ 160,000	₩ 230,000
성수기요금	₩ 110,000	₩ 220,000	₩ 320,000
골프투어 및 한라산등반	₩ 70,000	₩ 140,000	₩ 200,000

② 카운티 24인승

상품 종류	1일관광	2일관광	3일관광
할인요금	₩ 90,000	₩ 180,000	₩ 250,000
성수기요금	₩ 120,000	₩ 240,000	₩ 350,000
골프투어 및 한라산등반	₩ 80,000	₩ 160,000	₩ 230,000
수학 · 졸업여행	별도 문의	별도 문의	별도 문의

③ 중형관광버스

상품 종류	1일관광	2일관광	3일관광
할인요금	₩ 120,000	₩ 240,000	₩ 350,000
성수기요금	₩ 150,000	₩ 300,000	₩ 440,000
골프투어 및 한라산등반	₩ 110,000	₩ 220,000	₩ 320,000
수학 · 졸업여행	별도 문의	별도 문의	별도 문의

④ 대형관광버스

상품 종류	1일관광	2일관광	3일관광
할인요금	₩ 150,000	₩ 300,000	₩ 440,000
성수기요금	₩ 200,000	₩ 400,000	₩ 590,000
골프투어 및 한라산등반	₩ 140,000	₩ 280,000	₩ 410,000
수학·졸업여행	별도 문의	별도 문의	별도 문의

4. 렌터카

국내와 국제의 자동차 임대를 추천하고, 심지어 외국차의 구입을 조정하는 것까지도 여행사의 기능이다.

(1) 국내 렌터카

① 전화예약

전국 어디서나, 세계 어디서나 전화예약이 가능하다.

② 인터넷 예약

예약번호를 메모해야 한다.

③ 영업소 방문예약

대여하기를 원하는 차량을 직접 예약할 수 있다.

④ 차량받기

운전면허증과 신용카드를 지참하고 예약한 영업소, 또는 가까운 영업소를 방문하면 된다.

⑤ 배반차 서비스

원거리에 있는 분들을 위하여 배반차 서비스를 실시하고 있다. 예약할 때 차량을 받고, 반납하기를 원하는 장소를 정하면 약속된 시간에 정확히 배달하는 서비스이다.

⑥ **편도 대여**

전국 어디든지 편도대여를 제공한다. 소정의 편도 수수료가 추가될 수 있으며, 예약할 때 반드시 편도대여를 원한다고 해야 한다.

⑦ **반납하기**

차량을 반납할 때에는 꼭 차량에 손상이 있었는지 렌터카 회사 직원과 함께 확인하여야 하며, 유류는 처음 차량을 받았을 때와 동일하게 반납하면 된다. 참고로, 제주지역에서는 모든 차량의 기름이 꽉 찬 상태(full tank)로 출고되니 반납할 때에도 기름이 꽉 찬 상태로 채워서 반납하면 된다.

1) 제주도 지역의 렌터카 정보

- 승용차는 만 21세 이상으로 운전경력이 1년 이상으로 생일이 지나야 하며, 승합차는 만 26세 이상으로 운전경력이 3년 이상이 되어야 한다.
- 차량인수와 반납은 대부분 공항 주차장에서 이루어지며, 상황에 따라서 제주항·서귀포항·숙소 등 원하는 곳에서 차량을 인수받을 수 있다. 제주 시내를 제외한 제주 시외에서 인수나 반납할 때는 위치에 따라서 배차료나 회차료를 지불해야 하므로 렌터카 예약 확정시 담당직원에게 사전에 자세한 차량인수 방법을 문의해야 한다.
- 렌터카회사에서는 렌터카 대여 자격기준을 '운전면허증'으로 확인하기 때문에 반드시 면허증을 소지해야 한다. 만약에 면허증을 두고왔다면 제주경찰서로 가서 '운전경력증명서'를 발급받아야 한다. 이때 운전자 본인의 신분증이 필요하며, 서류는 신청 즉시 발급받을 수 있다.
- 렌터카 대여시 반드시 확인해야 하는 부분은 렌터카 인수시 렌터카 직원과 함께 꼼꼼하게 렌터카에 긁힌 곳은 없는지, 파손부위가 있는지 차량 상태를 정확히 체크해야 한다. 이는 렌터카 반납시 고객과 렌터카회사와 가장 많이 발생하는 마찰문제 중 하나로, 만약에 소홀하게 파손부위나 차량상태를 체크하지 못해서 생기는 문제는 렌터카 반납시 고객에게 파손된 부위를 부담시킨다.
- 렌터카 인수시 차량의 연료의 양을 체크한 후 반납시 체크한 연료의 양

만큼 채워서 넣어야 한다.

- 렌터카 인수시 임대기간 · 임대료 · 반환조건 · 연료 · 보험 등이 기재되어야 하며, 렌터카 직원과 함께 차량상태를 체크하게 되는데 만약의 사고 대비나 차량 반납시 계약서 사본이 반드시 있어야 하므로 계약서 사본을 잘 보관해야 한다.

(2) 해외 렌터카

1) 한국에서 준비하기

① 국제운전면허증

국제운전면허증(international driving permit)이란 자국 운전면허증의 번역판이다. 외국에서 차량대여를 하려면 국제운전면허증과 국내운전면허증을 동시에 지참해야 한다. 다시 말해서 국제운전면허증이란 국내면허증의 번역판이며, 외국에서 차량을 사용할 때에는 반드시 국내면허증과 국제면허증을 동시에 제시해야 한다. 물론 괌(Guam)같이 국제면허증 없이 자국의 면허증만 가지고도 운전이 가능한 나라들이 몇 군데 있기는 하지만, 확실한 방법은 가까운 면허시험장에 가서 국제운전면허증을 만들어서 가는 게 가장 확실한 방법이다.

② 국제운전면허증 발급

국제운전면허증은 면허시험장에 가면 오전 접수–당일발급, 오후접수–익일발급된다. 우리나라의 2종에 해당하는 B타입과 1종에 해당하는 D타입이 있으니 반드시 확인해야 한다. 면허증 속지를 보면 각각의 타입에 스탬프를 찍게 되어 있다.

③ 신용카드 준비

렌터카뿐만 아니라 타국으로의 여행중 일어날 수 있는 예기치 않은 일들에 대비해서도 필요하지만, 차량 대여에는 신용카드가 필수이다. 국제예약이 가능한 대규모 렌터카회사는 신용카드 결제를 원칙으로 한다.

Amex, Diners, VISA, Master 등등 국제적으로 통용되는 어떤 카드도 가능하며, 중요한 것은 카드의 홀더가 반드시 일행 중에 있어야 한다는 것이다. 계약과 동시에 나의 신분이 노출되는 차량계약의 특성상 면허증의 이름과 카드상의 이름이 자연스럽게 체크되므로 반드시 본인 또는 일행 중의 신용카드를 제시하면 된다. 만약 신용카드 사용을 꺼려하는 사람들은 계약시에는 신용카드로 결제하고 반납할 때 현금으로 정산하면 된다.

2) 자격기준

자격기준은 두 가지이다. 운전자는 만 25세 이상이 되어야 하고, 이전에 지불하지 않은 대여료가 남아 있어 시스템에 블랙 리스트(black list)로 등록된 사람만 아니면 누구나 대여할 수 있다.

3) 차종과 요금

차량의 등급은 우리나라의 소형에 해당하는 서브 콤팩트(sub-compact), 중소형에 해당하는 콤팩트(compact), 중형에 해당하는 인터미디에이트(intermediate), 중대형에 해당하는 풀사이즈(full size)와 프레미엄(premium), 4,500cc 이상의 배기량의 럭셔리 사이즈(luxury size), 다인승 미니 밴(mini van), 4륜구동 4휠 드라이브(wheel drive), 그리고 속칭 스포츠카인 컨버터블(convertible)로 분류된다.

4) 예약하기

임차인의 영문성명, 픽업(pick up) 장소, 픽업 일시와 반납장소, 항공편, 신용카드의 종류, 차종 등을 담당자에게 전달한다.

- 예약은 최소 대여일시 24시간 전에 해야 하며, 미니 밴 또는 컨버터블과 같은 특수한 차종의 경우에는 최소 2주 전에 예약을 해야 한다.
- 편도 렌트의 경우 가까운 지역이라도 편도수수료가 추가될 수가 있으며, 편도이용의 가능 여부는 시점에 따라 항상 변화하니 반드시 사전에 편도이용의 편도요금을 확인해야 한다.
- 각종 항공사의 멤버십 카드(전세계 42개 주요 항공사와 제휴) 소지자는 할인과 함께 마일리지 적립 보너스도 받을 수 있다. 카드를 소지하고 있는 사람은 예약시 프로그램의 종류와 회원번호를 공지하는 것이 좋다.
- 예약이 완성되면 예약번호가 적혀 있는 예약증을 전자메일로 손님에게 송부한다. 이 예약증을 지참하여 현지의 렌탈 카운터로 가면 그 이후의 절차는 현지에서 처리된다.

5) 운전하기

렌트시 그 지역의 지도를 요청하고, 또 그 지역의 여러 가지 쿠폰들을 모아놓은 쿠폰북을 비치해놓은 곳, 또는 그림엽서 · 신문 등을 비치해놓은 곳이 많기 때문에 계약 후 필요한 것은 모두 서비스로 가져갈 수 있다.

① 미국지역

렌터카회사에서 제공되는 ≪안전운전≫이라는 책자에서는 다음과 같은 사항을 조심하라고 적혀 있다.

- 미국지역의 구급차량 및 경찰차량의 경광등에는 흰색이 존재하지 않는다. 흰색이 섞인 경광등은 그냥 무시하고 달려도 된다.
- 출발 전 렌터카회사 직원이나 경찰로부터 확실한 위치와 가는 길을 숙지하고 출발해야 한다. 길을 걷고 있는 아무 행인에게 "Can I get a direction?"이라고 말하는 것은 위험할 수 있다.
- 뒤에서 추돌당했을 때 차에서 바로 내리지 말고, 사람들이 많이 있는 장소로 차량을 이동한 후 차에서 내려야 한다.
- 다른 차량의 운전자가 본인의 차량에 무언가 문제가 있다고 알려주더라도 바로 차량을 정차시키지 말고, 사람들이 많이 있는 장소로 이동한 후 확인한다.
- 차량을 정차시켜놓고 무언가 열심히 하고 있는 사람들을 조심할 것. 설령 그 사람들이 도움을 청하더라도 못 본 체하고 그냥 가야 한다.
- 운행시에는 언제나 창문과 문을 잠그고 운행해야 한다.
- 카메라나 지갑 등의 귀중품은 언제나 잘 안 보이는 곳에 보관한다.
- 밝은 곳에 주차하고, 주차 후 다시 승차시 차의 안팎을 잘 살피고 승차해야 한다. 그러나 언제나 보편적인 상식하에 행동한다면 별문제는 없을 것이다. 또한 음주운전, 안전벨트 및 속도위반 등 법규위반에 대한 제재가 상당하다. 특히 음주운전에 적발되고 나서 귀국한 후 500달러짜리 카드청구서가 날아와 어이없어하는 경우도 있다. 밤길에 신나게 과속하고 가다가 헬리콥터가 숙소까지 쫓아와서 결국에는 수갑 차고 경찰서에

잡혀가는 경우도 있으니 절대로 과속하지 말아야 한다.

② 유럽지역

유럽은 기본적으로 길도 좁고 차도 작다. 미국과 우리나라의 중간그룹이 보통 2,000CC인데 반해 유럽의 중간 그룹은 보통 1,600CC이다. 일단 유럽에서의 운전은 매뉴얼 차량(속칭 · 스틱차량)에 익숙한 것이 예산을 절약할 수 있는 지름길이다. 같은 차종도 매뉴얼인가 오토매틱인가에 따라 하루 약 30,000원 정도 차이가 난다. 기름도 적게 든다.

최근에는 유럽의 10개국에서 우리나라 마티즈보다도 더 작은 진짜 귀여운 차량의 렌트를 시작하였다. 벤츠에서 나온 '스마트(smart)'라는 경차인데, 이렇게 작은 차량으로 좁은 골목을 다니는 것이 유럽 렌터카 이용방법 중의 하나이다. 물론 돈이 많다면 하루 200,000원 정도 하는 포르쉐(Porsche)를 빌려서 아우토반을 질주하는 것도 멋지다.

③ 아시아지역

아시아 중에서도 막상 여행을 떠나려고 하면 많은 사람들이 가는 곳이 일본 · 태국 또는 중국 중에 하나이다. 아쉽게도 중국에는 아직 정식으로 오픈을 한 다국적 렌터카회사가 없다.

일본이나 태국 같은 경우는 차량의 진행방향이 우리나라와 반대라는 점과 서울보다 더 심각한 교통정체가 문제로 제기된다. 특히 태국의 경우, 살벌한 더위와 엄청난 매연, 그리고 각종 오토바이와 오토바이를 개조한 '툭툭이'를 비롯하여 무단 횡단자와 불량한 도로상태 등으로 인하여 운전하기가 매우 어렵다.

6) 사고시 대처방법

횡단보도 정지선 앞에 신호대기하고 있는데 뒤에서 갑자기 추돌한 뒷 차량의 운전자는 차에서 내려 절대로 미안하다는 말은 안 한다. 외국에서라도 마찬가지이다. 아무리 세계 공통어 영어일지라도 절대 "I'm sorry"라고 말하지 말아야 한다. 상대방의 문화와 법규, 그리고 언어에 능통한 누군가가 올 때까지 그냥 있으면 된다. 외국에서의 사고시에는 문화 · 법규 · 언어가 상이하기 때문에 당사자가 위축되기 쉽고, 언어의 한계 때문에 낭패를 보는 경우가 종종 있다. 함부로 "Yes, No"를 연발하는 것도 상당히 위험하다. 잘 안 되는 영어로 말하다 보면 본의 아니게 거짓말을 하는 경우가 종종 있다. 여기서 잘못 진술했다가는 전부 뒤집어쓰게 된다.

렌터카 요금에 자차보험을 제외한 모든 보험이 포함되어 있는 국내의 경우와는 달리, 외국에서의 보험은 대략 4가지의 선택보험으로 구성되어 있다. 자차보험, 자손보험, 대인대물보험 그리고 수화물 도난보험의 4가지로 이루어지며, 국가 또는 지역에 따라서는 책임보험조차도 선택사항으로 제공되는 지역이 있으니 차량계약시 보험의 내용을 꼼꼼히 파악하여 각 항목에 정확히 사인하는 게 중요하다. 일단 사고가 나면 해당 렌터카회사로 연락하면 된다.

7) 선택보험 가입하기

외국의 보험체계는 여러 종류의 보험옵션 중에서 선택적으로 가입하는 시스템이다. 계약할 때 각각의 항목에 사인을 함으로써 가입 여부가 결정된다.

보험의 종류는 다음과 같다.

① Personal Accident Insurance

차량에 탑승하고 있는 승객을 위한 보험으로, 보상한도는 보통 25,000달러, 보험요금은 통상 3.00달러에서 5.00달러 정도로 결정된다.

② Additional Liability Insurance

제3자의 신체나 물건에 대한 대인대물보험이다. 책임보험과 추가 대인대물보험으로 구성이 되어 있으며, 제3자에 대한 보험이므로 렌트시 그 조건을 반드시 확인해야 한다.

③ Loss Damage Waiver

차량이 파손되었을 경우에 고객의 책임을 면책 또는 일정금액까지로 축소하는 보험으로, 가입시 면책금(책임한도)이 얼마인지 숙지하여야 한다.

④ Personal Effects Protection or Theft Protection

차량 안의 고객 수화물에 대한 도난보험이다. 현금이나 유가증권, 귀금속 또는 서류나 티켓 등은 보험 적용대상에서 제외되며, 사고발생시 보유하고 있던 수화물에 대한 공증서류를 요구하는 경우가 많다.

8) 차량의 반납

차량을 계약할 때 차량의 상태를 확인하고 일일이 기록하는 것만큼이나 차량 반납시 차에 이상이 없다는 것을 확인하는 것도 매우 중요하다. 회사에 따라 그냥 키만 건네받고 손님을 보내는 경우도 있다. 이런 경우에는 'No Damage'라고 반드시 확인해야 한다. 비행기 시간에 쫓겨서 그냥 키만 건네주고 오면 절대로 안 된다. 반드시 담당직원과 함께 차량을 확인해야 한다. 영수증 및 담당직원의 명함을 받아오는 것도 잊지 말아야 한다.

아프리카에서는 요즘 렌터카회사 직원들과 똑같이 차려입고 키를 고객에게서 건네받아 그냥 자기의 갈 길을 가는 어처구니없는 도난사건이 많이 벌어지고 있다. 반드시 최종 영수증을 받아오고 차량상태도 직원과 함께 직접 확인해야 한다. 1,000만 원을 호가하는 고가품을 대여하는 데 필요한 최소한 상식상의 절차는 누가 뭐라 해도 본인이 스스로 밟아야 된다

제3절 해상교통업무

1. 해상교통의 의의

해상운송은 대외무역의 증대에 따른 수출입화물의 운송수단뿐만 아니라 해상관광자원 개발 및 해안도서 지방의 교통수요에 따라 여객 및 관광객의 운송수단으로서도 그 수요가 날로 증가하고 있다. 그에 따라 해상운송업도 연안여객선에서 카페리, 관광유람선으로 발전을 거듭하고 있다. 특히 최근에는 금강산 개발과 일본·중국 등 해상교통을 이용한 관광객 운송수단으로 활발하게 이용되고 있는 실정이다.

(1) 유람선의 역사

1969년 노르웨이의 3대 선박회사가 단순한 지역간 운송수단이 아닌 순수 레저 목적의 유람선회사를 설립하기 위해 합병하였으며, 각 회사가 보유한 해양무역과 현대식 리조트 운영 기술에 대한 전문지식을 활용하여 로열 캐리비안 크루즈를 탄생시켰다. 1970년 7월, '더 송 오브 노르웨이(the song of norway)'호가 처음으로 로열 캐리비안 크루즈사의 이름으로 출항하였으며, 이후 규모나 속도·수용력 면에서 더욱 진보된 선박이 계속 건조되었다.

현재 로열 캐리비안 크루즈는 세계 최대 유람선인 보이저호(142,000톤)를 포함해 고객의 취향에 부응하는 12척의 선박을 보유하고 있으며, 2000년 10월에는 보이저호와 동급인 익스플로러호가 건조돼 동부 카리브해를 운항하게 되었다. 로열 캐리비안 크루즈는 세계 각처의 여행사가 보다 저렴한 요금과 확실한 정보를 손쉽게 얻을 수 있도록 예약시스템인 '크루즈 매치(Cruise Match) 2000'을 개발 보급하고 있다. 마이애미에 위치하고 있는 로열 캐리비안 크루즈의 본사에서는 항상 더욱 다양한 기항지와 알찬 일정을 개발하기 위해 노력을 기울이고 있다.

1) 세계에서 가장 큰 유람선

세계에서 가장 큰 유람선은 P&O 프린세스(Princess) 회사의 그랜드 프린세스호로 2,600명의 승객이 탈 수 있고, 크기는 침몰한 타이타닉(4만 6천톤)보다 두 배 이상이나 크며, 무게는 10만5천 톤이다. 길이는 280m이며, 높이는 15층 건물 정도이고, 속도는 20노트이다. 영화 〈타이타닉〉으로 우리는 유람선을 잘 알고 있다.

물론 한강에도 유람선은 있고, 인천・부산・충주호 등에도 유람선이 있다. 그러나 우리가 주변에서 쉽게 볼 수 있는 유람선과 세계적으로 유명한 유람선은 규모나 시설에서 많은 차이가 있다. 이와 같이 큰 유람선에는 배 안에 여러 가지 시설이 있는데, TV 프로그램 〈사랑의 유람선〉에 나온 로열 프린세스(Royal Princess)호에는 수영장・레스토랑・미용실・마사지실・사우나・라운지바・카지노・면세점・사진실・회의실・쇼라운지・도서관・병원 등이 있다.

세계 최대의 유람선인 그랜드 프린세스호는 2003년에 영국의 사우스샘프턴항을 출발하여 86년 전 타이타닉호가 항해했던 대서양 항로를 따라 2주일 동안 항해를 한다. 현재는 주로 카리브해를 떠다니면서 영업을 하고 있다.

참고로 한강에서 볼 수 있는 가장 큰 유람선 올림픽1호는 645명이 탈 수 있고, 선박길이는 59.65m이다. 최대 속력은 11.9노트이며, 무게는 430톤이다. 규모가 매우 적기 때문에 특별한 시설은 없고, 배 안에서 간단한 식사와 음료수를 마실 수 있다. 금강산 관광에 이용되는 현대금강호는 2만8천 톤으로 길이가 175m이며, 승무원을 포함하여 1,925명을 태울 수 있다. 현대봉래호는 이보다 규모가 작아서 1만8천 톤으로 길이가 140m이다.

현대금강호에는 수영장・사우나・영화관・도서관・실내체육시설・회의실・사진전시실 등 편의시설을 갖춘 물위에 떠 있는 특급호텔이라고 할 수 있다.

(2) 우리나라 크루즈 산업

1) 한국의 크루즈 산업의 현황과 발전방안

국내에서도 해외여행을 자주 하는 사람이 늘어나면서 눈이 높아진 여행객들의 욕구를 충족시켜줄 새로운 여행상품으로 크루즈 여행이 주목받기 시작하였다. 유람선 여행상품은 미국을 중심으로 30여 년 전부터 시작된 것으로 생활수준의 향상, 여가시간의 증대 및 선박제조 기술의 발달로 매년 10% 이상의 지속적인 발전을 거듭하고 있는 차세대 유망종목이다.

그러나 그 동안 국내에서는 크루즈 여행이 값비싼 호화여행, 또는 돈 많은 노인들이나 즐기는 것으로 잘못 알려져왔다. 또 언어소통에 불편함이 있는 데다 서양인의 파티문화 등에 익숙하지 않아 부담스러운 여행으로 여기는 경향도 없지 않았다.

크루즈 여행업계에서는 이에 따라 최근에 와서, 종전의 호화여행 이미지를 완전히 탈피한 새로운 개념의 상품을 내놓고 국내시장을 파고들고 있다. 올해 들어 선보인 상품들은 최고가의 호화판 유람여행이 아니라 복잡한 현대사회에서 대화가 결여된 가족구성원이나 친척끼리 오붓하게 여행을 할 수 있도록 기획된 가족여행과 효도관광객을 대상으로 한 것들이다. 이들 상품은 가까운 사람끼리 함께 하는 여행성격에 걸맞게 가격도 비교적 저렴해 여행객들의 관심을 끌고 있다.

카니발 크루즈라인 등 세계유수의 크루즈사 국내총판을 맡고 있는 크루즈 홀리데이인 인터내셔널은 필리핀과 하와이행 단기 허니문 상품을 시판, 좋은 반응을 얻고 있다. 필리핀 크루즈는 필리핀에서 가장 아름다운 엘니도섬을 비롯해 일로일로, 시코콘섬 등을 둘러보는 4박5일 상품과 마닐라-엘니도-보라카이를 도는 3박4일 상품 등이 있다. 선박은 1만5천 톤급의 '마브헤이 선샤인호'로 동남아 크루즈에 적합하다.

6박7일의 하와이 크루즈는 호놀룰루가 있는 오아후섬을 비롯 카우아이, 마우이 등 하와이의 아름다운 4개 섬을 모두 둘러보는 코스이다. 이들 신혼여행 크루즈 상품의 성공적인 판매에 자신을 얻은 인터내셔널사는 오는 5월 가정의 달을 맞아 가족여행 겸 효도관광 상품으로 파격적인 가격의 "환상의 알래스카 유람선" 상품을 개발, 판매에 돌입하였다. 배는 최신 초호화 유람선인 8만 톤급 갤럭시호로 1,950명이 탑승할 수 있으며, 1천 명의 승무원이 서비스를 담당한다. 알래스카 빙하 크루즈는 글레시아 베이 등 세계적인 빙하의 만년설을 바라보며 흘러내리는 빙산들과 야생곰 사냥을 관광하는 것이 백미이다. 1주일 정도 일정으로 가격이 1백 만 원 정도인 크루즈 상품은 다른 여행상품에 비해 여러 측면에서 경쟁력을 갖고 있어 크루즈 여행시대의 개막을 예고하고 있다.

미국 등지에서는 전국에 흩어져 사는 가족들이 1년에 한 번 크루즈 여행을 하는 것으로 가족간의 친목과 동질성을 확인하는 기회로 활용하고 있으며, 가정 문제가 심화되고 있는 우리나라에서도 크루즈 여행을 통해 가족구성원간 대화의 광장을 마련한다면 먹고 노는 관광보다 훨씬 의미있는 여행을 할 수 있을 것이다.

삼면이 바다인 한국의 입장에서는 일본과 중국시장을 목표로 동북아지역의 크루즈 여행을 개척하면 많은 관심을 끌 수가 있을 것으로 기대가 된다. 현재까지는 현대그룹의 금강산 크루즈가 운항중에 있으며, 외국선사로는 홍콩의 스타 크루즈가 정기적인 취항을 하고 있다. 그밖에 유사 크루즈의 일종이지만 한강유람선이 운항중에 있다.

2) 우리나라의 크루즈 여행

우리나라에도 대표적인 금강산 관광에 초대형 관광선으로 여행을 시작하고 있다. 현대금강호는 핀란드 워트실라사에서 제작된 2만8천 톤급의 대형관광선으로 고급스런 인테리어와 소품들로 최고의 시설과 최고 수준의 승무원들이 안전은 물론 크루즈 여행의 편안함과 즐거움을 만끽할 수 있도록 모든 준비를 갖추고 있다.

현대에서 보유하고 있는 유람선은 금강호 · 봉래호 · 풍악호 · 설봉호인데 제원은 다음과 같다.

① 현대금강호

현대금강호는 금강산으로 운항되는 총 3척 중의 한 대로 핀란드 워트실라사에서 제작된 2만8천 톤급의 대형관광선이다. 최고의 시설과 최고 수준의 승무원들이 안전은 물론 크루즈 여행의 편안함과 즐거움을 만끽할 수 있도록 준비되어 있다. 길이 205.5m, 폭 25.2m, 객실 405개, 최대승객 1,305명을 태울 수 있다.

② 현대봉래호

현대봉래호는 금강산으로 운항되는 총 3척 중의 한 대로 핀란드 워트실라사에서 제작된 1만8천 톤급의 대형관광선이다. 금강호보다 규모는 작지만 시설면에서는 크루즈 중의 크루즈라 할 만큼 최고수준의 숙박시설과 위락시설을 갖추고 있다. 길이 171.6m, 폭 24.0m, 객실 364개, 최대승객 894명을 태울 수 있다.

③ 현대풍악호

풍악호가 금강산 관광객 수송에 가세함에 따라 그 동안 주 4차례 운항하던 금강산 관광선은 매일 출항할 수 있게 되었다. 특히 부산 다대포항에서 출항하여 그 동안 동해까지 오는 불편함을 감수했던 남부지역 관광객들의 편의를 도모하게 되어, 영·호남, 제주지역의 금강산관광 붐을 일으켰으며, 영국 프린세스 크루즈사 소유의 풍악호는 국내에 방영된 인기 외화드라마 〈사랑의 유람선(Love Boat)〉의 무대로 사용되기도 하였던, 우리에게는 친숙한 배이다. 이 배의 원래 이름은 아일랜드 프린세스호이지만 현대가 가을 금강산의 이름을 따 풍악호로 명명했으며, 세련되고 멋진 인테리어로 젊은이들에게 인기가 있어 최근 KBS주말 시트콤 〈사랑의 유람선〉의 무대가 되기도 했다. 길이 168.75m, 폭 24.9m, 객실 330개, 정원은 승객 650명과 승무원 350명 총 1천 명이 승선할 수 있다.

④ 현대설봉호

1998년에 제조된 최신식 쾌속선이다. 객실이 총70실, 수용 최대인원 264명, 적정인원은 172명으로 실용적이고 안락하게 디자인된 객실은 여행분위기를 더욱 느낄 수 있으며, 나이트클럽과 연회실·레스토랑 등을 갖추고 있다.

3) 한국과 중국간의 카페리

한국과 중국간에 개설된 카페리항로 중 선박이 투입되어 운영중인 항로는 모두 14개 항로이다. 인천과 연계된 항로가 위해·청도·대련·천진·단동·연태·석도·영구·진황도·연운항 등 10개 항로이며, 평택에서 출발하는 항로는 일조와 영성 2개 항로이고 이밖에 군산－청도, 속초－훈춘 항로가 있다.

가장 최근 신설된 한중 카페리 항로는 인천－연운항간 노선으로, 2004년 12월 31일부터 서비스를 개시하였다. 연운항시가 10년 전부터 추진해온 숙원사업의 하나인 연운항 서비스는 중국측의 적극적인 지원으로 개설초기부터 적지 않은 화물을 수송하고 있다. 개설 이후 서비스가 중단된 항로는 인천–상해, 목포–상해, 군산–연태, 부산–연태 4개 항로까지 합하면 현재 개설되었거나 향후에도 서비스가 가능한 항로는 모두 17개 항로이다.

1990년대에 위해항로를 시발로 천진·청도·대련·단동 등 7개 항로가 개설됐으나 이 중 2개 항로가 서비스를 중단한 상태이며, 2000년에 접어들어 불과 5년 만에 10개 항로가 신설, 한중 카페리노선은 거미줄처럼 복잡해져 있다.

〈표 10-22〉 2004년도 한·중 여객선 수송실적

항로별	왕복항차수	여 객(명)		
		수송능력	수송인원	승선율(%)
인천–위해	153.5	196,580	104,281	53.05
인천–청도	155	142,425	60,176	42.25
인천–천진	101	119,592	55,576	46.47
인천–대련	147	163,170	62,420	38.25
인천–단동	151.5	181,497	83,285	45.89
인천–상해	53.5	0	0	
인천–연태	154	120,736	103,679	85.87
속초–자루비노–블라디보스토크	106	99,004	55,555	56.11
평택–영성	153	255,204	97,397	38.69
인천–석도	154	184,492	65,841	35.69
인천–영구	99	58,008	40,603	70.00
군산–청도	18	10,980	4,033	36.73
평택–일조	146	175,200	73,303	41.84
인천–진황도	54.5	37,932	10,169	26.81
계	1,707	1,744,820	816,318	46.79

※ 자료 : 사단법인 황해객화선사협의회

이렇게 한중간 카페리 항로가 급증하자 카페리 시장의 공급이 과잉현상을 빚어냄으로써 동종업계간 경쟁이 심화되고 있다. 14개 항로의 카페리 항로 공급능력은 2004년 말 여객 174만4,820명이었으며, 화물의 선복량은 약 65톤만에 달했다. 공급대비 수요는 여객의 경우 승선률이 47%였고, 화물의 소석률은 38%에 불과했다. 그러나 2003년 승객 및 화물의 수요증가에 따라 여객 승선율의 경우 2003년의 32%에 비해 15% 포인트 늘어났으며, 화물은 2003년의 35%에 비해3% 포인트 증가하였다.

2004년도 한중 카페리 항로가 수송한 화물은 총 24만6,910톤로 전년의 22만7,000톤에 비해 8.7% 증가했으며, 여객은 81만6,318명으로 전년의 52만7,000명에 비해 54.8%의 증가율을 기록하였다.

여객의 경우 위해(10만4,281명)와 연태(10만3,679명), 영성(9만7,397명), 단동(8만3,285명)이 많은 여객을 수송하였다. 이 중 한중 페리가 운영하는 연태항로는 승선율 86%를 기록하며 만선에 가까운 승선율을 기록하였다.

4) 한국의 해안여객선

국내 해양교통수단으로 이용되고 있는 선박은 도서민의 유일한 교통수단으로 연안과 낙도 또는 낙도 상호간을 연결하는 연안여객선 및 일반페리호와 관광지 및 주요 해안도시를 중심으로 운항되고 있는 카페리와 쾌속선으로 구분될 수 있다.

카페리 경우는 제주도를 중심으로 인천·부산·목포·완도 지역과 포항에서 울릉도 지역간 등 주요 해안지역을 거점으로 운항하는 장거리 운항노선이 있다. 대부분 2,000에서 4,000여 급으로 탑승인원이 500~1,000인에 달하는 대형선박으로 일반적으로 선내에 침실(특등실·1등실·2등실) 및 객실(1등실·3등실) 등 모두 6등급의 숙박시설이 구비되어 있으며, 관광객 편익시설로 샤워 및 세면시설·화장실·휴게실·식당 등이 있고, 오락 및 레크리에이션 시설로서 디스코장과 전자오락실이 설치되어 있다. 카페리는 국내해상교통수단 중 숙박이 가능한 유일한 선박이다.

쾌속선은 부산·인천·여수·충무·목포 등 해안도시에서 주변관광지를 연결하거나 순회하는 100에서 300 내외의 중소형 선박형태로 탑승인원 150~300인 25~40노트의 초고속 선박으로 구성되어 있다.

한편 국제여객선으로는 부산과 시모노세끼간을 운행하는 카페리호 2척이 운항되고 있으며, 우리나라 선박으로 부산~오사카간을 연결하는 올림피아 88호가 1986년부터 취항, 우리나라와 일본간의 해상관광 및 교통편익을 도모하고 있다.

카페리와 쾌속선의 이용상 문제점으로는 카페리에 설치되어 있는 각종 시설은 관광객이 이용하기에는 그 시설이 단조로울 뿐만 아니라 이용객에 비하여 그 규모도 적고 시설상태도 미흡하여 이용객에 불편을 초래하고 있다.

〈표 10-23〉 국내 카페리 취항현황(1,000톤 이상)

구분	여객선명	항 로	총톤수 (톤)	정원 (명)	거리 (km)	속력 (마일)	기항지
국내	동양고속페리 2호	제주-목포	3,007	939	94	18	제주, 목포
	동양고속페리 5호	부산-제주	4,043	755	169	17	부산, 제주
	동양고속페리 6호	부산-제주	5,999	770	169	18	부산, 제주
	카페리제주 1호	부산-서귀포	2,408	372	179	14	부산 성산포, 서귀포
	카페리제주 3호	부산-서귀포	2,474	254	179	15	부산 성산포, 서귀포
	선플라워	포항-울릉도	2,394	748	117	45	포항, 도동
	한일 카페리 1호	제주-완도	2,436	872	53	18	제주, 완도
	한일 카페리 2호	제주-완도	3,195	460	53	30	제주, 완도
	세모고속페리	제주-인천	3,872	388	264	17	제주, 인천
	선비치호	제주-녹동	3,095	600	70	18	제주, 녹동
	국제고속페리 2호	제주-목포	4,220	800	96	18	제주, 목포
	대흥고속페리	목포-홍도	1,190	250	73	16	목포, 흑산도
국제	부관페리	부산-시모노세끼	5,632	566	228	21	부산, 시모노세키, 고베
	관부페리	부산-시모노세끼	6,590	689	228	20	부산, 시모노세키, 고베
	올림피아88	부산-오사카	9,995	502	228	19	부산, 오사카
	카메리아	부산-하카다	8,885	628	215	21	부산, 하카다

※ 자료 : 여객선 항로실태 한국해운조합

2. 해상교통의 분류

(1) 연안여객선

육지와 인근 도서지방을 연결하는 선박으로 여행자를 비롯 주로 서민들이 이용하는 선박이다. 여행사로서는 수수료를 기대할 수 없어 매력은 없으나 국내 여행상품의 다양화를 위해서, 또한 최근의 여행은 도서지방을 선호하는 점을 감안한다면 연안여객선을 이용한 여행상품 개발은 필수불가결한 것으로 인식하지 않으면 안 된다.

(2) 카페리

카페리(car ferry)란 승객과 함께 자동차를 실어나르는 배를 일컫는데 한국과 일본을 오가는 부관페리를 비롯 국내에는 부산~제주, 완도~제주, 목포~제주, 포항~울릉도, 부산~서귀포, 진해~거제가 운행중이고, 국제항로에는 부산~시모노세키, 부산~오사카, 부산~하카다, 인천~위해, 인천~청도, 인천~천진 등의 노선이 취항중이다. 이러한 교통수단은 개별관광객 수송이나 대형단체의 행사에 주로 이용하며, 승선권을 예매하거나 판매하는 여행사는 송객에 따른 수수료 수입에 많은 비중을 차지하고 있다.

카페리를 이용한 교통수단은 항공운송에서 제한된 인원에 반하여 대량수송이 가능하므로 특히 단체여행시 대형단체를 원활하게 수송해 줌으로써 많은 도움이 되고 있다 하겠다.

(3) 관광유람선

크루즈(cruise) 여행은 사람 사귀기를 좋아하고, 지적 호기심이 왕성한 여행자가 선호하는 여행의 형태로 취항해역 · 목적 · 시기 등에 의해 각양각색이지만 대체로 다음의 4종류로 구분하는 것이 일반적이다.

1) 오션 크루즈

오션 크루즈(ocean cruise)란 세계일주나 태평양 · 대서양 등을 횡단하는 크루즈 여행이다.

2) 레저 크루즈

레저 크루즈(leisure cruise)란 파티 크루즈(party cruise) 혹은 미니 크루즈(mini cruise)라고도 불리는, 1주일 정도의 단기 크루즈 여행이다.

3) 전세 크루즈

전세 크루즈(charter cruise)란 여행사 등이 배를 전세내어 여행행사를 실시하는 크루즈인데, 해상대학이나 문화탐방 여행, 역사기행 여행 등으로 이용하고 있다.

4) 리버 크루즈

리버 크루즈(river cruise)란 라인강, 볼가강, 아마존강, 미시시피강 등에서 상하로 운항하는 선박여행이다.

3. 크루즈 운항정보와 승선절차

크루즈선의 운항정보를 알 수 있는 자료로는 〈OAG Worldwide Cruise & Shipline Guide〉, 〈Official Steamship Guide International〉, 그리고 〈OHRG Cruise〉 운항정보 책자가 있다.

〈OAG Worldwide Cruise & Shipline Guide〉는 크루즈와 출항선박의 명단을 만든다. 크루즈 명단은 목적지 · 기항항과 선박의 종류로 만들어진다. 보통 월 2회 모든 대형 크루즈선사의 크루즈선의 항구에서 항구까지의 스케줄을 출판한다. 〈Official Steamship Guide International〉은 한 달에 한 번 출판한다. 그리고 세계 대형 크루즈선의 승객을 위한 출발정보를 포함한다. 〈OHRG Cruise〉 목록에는 130개 이상의 다른 크루즈선과 40개 이상의 크루즈선사의 정보를 수록하고 있다.

(1) 출발항 승선절차 레이아웃

탑 승 구

승선수속(신원 확인, 수하물 검색)

접안시설(출국심사장)

관광선 승선

(2) 관광선 룸 체크인 절차

관광선 체크인 절차

*객실키 지급 흐름도

호텔 프런트데스크에서 미리 송부한 루밍(rooming) 리스트(list)대로 키 준비
– 객실별 인원 수만큼 키 지급

승선절차 시작

승선권 확인

신분증을 건네주고 키 수령(주민등록증·운전면허증)

신분증 키 랙(rack)에 꽂아서 보관하고 하선시 돌려받음

개별 룸 체크인

(3) 금강산 관광 및 크루즈 여행시 준비물

항목	체크사항	참조사항
현금	• 소액단위 필요액 준비($100 정도) • 현금은 가능한 한 적게 준비	• 고액 지폐는 문제의 원인, 팁 대비 • 미리 US$로 환전하여야 함
C/D	• 세계적으로 통용되는 것 준비 – 북측에서는 사용 불가	• 신분증명으로도 이용 가능
금강산 관광증	• 명단과 사전 대조	• 여권용 컬러사진(2매), 신분증 지참, 관광경비 영수증, 금강산 교육필증
승선권	• 영문 이름 확인 / 명단과 사전 대조	
가방	• 네임 태그(name tag) 부착(대리점 제공) • 스페어 키(spare key) 준비	• 개인지참(휴대가방)과 탁송용 운반의 짐 가방으로 분리
의류	• 간편한 옷 2~3벌, 잠바나 스웨터, 배낭(환절기 대비) · 런닝셔츠, 팬티, 양말, 손수건, 수영복	• 식당에서는 짧은 반바지, 슬리퍼 차림으로 입장하는 것도 에티켓에 어긋남
귀중품	• 귀중품은 집에 두고감	• 도난 · 통관의 말썽
신발	• 운동화 또는 등산화(가급적 신던 것)	• 신발은 새것이 아닌 것을 신는 게 좋음
세면도구	• 수건 1개, 칫솔 1개, 치약 1통, 휴대용 화장지, 면도기, 빗, 화장품, 선글라스, 선크림, 슬리퍼	• 전기면도기 사용할 때 전압확인 건전지식이나 수동식이 편리함 • 선글라스, 선오일은 하계시즌에만 준비
건강관리	• 소화제 · 감기약 · 소독약 · 반창고 · 우황청심 · 진통제 · 멀미약 · 위장약 · 설사약 · 신경안정제 등 기타 개인 상비약 준비	• 여행시 가장 중요한 것은 건강관리임
필름 카메라	• 필름 3~4통 별도 준비 • 카메라 건전지 예비로 준비	• 면세점에서도 필름 구입 가능 • 고배율 수동카메라는 촬영 불가 • 캠코더는 금강산 관광시 불가
식품	• 현지 음식이 입에 안 맞을 경우가 있으므로 김, 고추장, 통조림, 오징어, 컵라면 등 준비	• 주류는 선내반입 금지
기타	• 신분증(주민등록증 · 운전면허증 · 여권 등)	• 30세 미만은 '주민등록증' 지참
	• 개인용 수첩 및 필기도구	
	• 휴대용 계산기	• 환율 계산시 편리

▧ 여행용어 해설 ▧

- ❒ RCFM(Reconfirmation) : 여행객이 여행도중 어느 지점에서 72시간 이상 체류할 경우 늦어도 항공기 출발 72시간 전까지 그 다음 연결편에 대한 좌석예약 상황을 재확인해야 한다.
- ❒ Refund : 항공권 구입자에게 사용하지 않은 항공권에 대하여 전체나 부분의 운임 및 요금을 되돌려주는 것을 의미
- ❒ Rooming List : 단체여행시 호텔에서 숙박할 여행객들의 명단을 사전에 만들어 호텔의 프런트에 제시하면 객실을 배정해주는 객실배정표
- ❒ Room Service : 호텔에 투숙한 고객의 요청에 의해 객실로 식사·음료 등을 배달해주는 호텔의 서비스
- ❒ Routing : 주 지점간의 항공사에 의해 인가된 노선상의 비행로
- ❒ Stopover : 여행객이 항공사의 사전승인을 얻어 출발지와 도착지의 한 지점에서 일정한 기간 동안 의도적으로 여행을 중지하는 것으로 도중체류를 의미
- ❒ Tariff : 항공여행객 요금이나 화물료율 및 그들의 관계규정을 수록해놓은 요금료율 책자
- ❒ Through Check-in : 여행객이 항공 스케줄상 단일항공편으로 여정이 끝나지 않고 접속항공편을 이용하여 목적지를 가야 할 경우 공항에서 수하물 수속시에 자신의 수하물을 최종 목적지에서 찾을 수 있도록 수속하는 것으로 일괄수속이라 한다.
- ❒ Ticketing Time Limit : 항공좌석을 예약하고 일정한 기간 동안 항공권을 구입하지 않으면 자동적으로 예약이 취소되는 항공권 구입시한 제도
- ❒ Ticket Stock : 여행사가 보유하고 있는 티켓으로 여행사가 법적인 책임을 진다.
- ❒ Tour Conductor : 단체여행객들과 동행해서 전여정을 책임지고 진행하는 책임자로서 우리나라에서는 국외여행인솔자라고 한다.

제10장 Exercise & Role playing

01___ 항공사와 여행사와의 관계에 대해 설명하시오.

02___ 항공권의 구성에 대해 설명하시오.

03___ 국제선 항공운임의 종류에 대해 설명하시오.

04___ 국제선 항공운임 중 할인운임의 종류와 적용기준에 대해 설명하시오.

05___ PNR(Passenger Name Record)이란 무엇인가?

06___ 항공좌석의 등급에 대해 설명하시오.

07___ 항공좌석 예약코드에 대해 설명하시오.

08___ 도시코드(City Codes) "3 letter code"에 대해 설명하시오.

09___ 항공사 코드(Airport Codes) "2 letter code"에 대해 설명하시오.

10___ 국제운전면허증(international driving permit)에 발급에 대해 설명하시오.

제 11 장

여 · 행 · 사 · 경 · 영 · 실 · 무 · 론

여행사 관련업무관리

제1절 숙박 관련업무
제2절 선택관광 관련업무
제3절 관광기념품 관련업무

제1절 숙박 관련업무

1. 호텔객실의 이해

(1) 호텔객실의 개념

여행을 할 때 호텔객실은 여행을 구성하는 한 부분이며, 여행객은 호텔객실의 확보 이외에 현지호텔에 필요한 각종 정보를 여행사로부터 구하려고 한다.

반면에 호텔은 객실 점유율을 높이기 위한 전략의 일환으로 여행사에 판매대리점 형태의 유통전략을 전개해나가고 있다.

호텔경영에 있어 판매에 의한 수익의 핵심은 객실영업으로부터 이루어진다 해도 과언이 아니다. 즉 건물의 외관이나 객실의 유형적인 디자인 등은 고객이 호텔을 선택하거나 혹은 재구매를 할 수 있는 중요한 단서가 된다.

호텔의 상품은 객실상품, 식음료상품, 인적 서비스 상품이 있다. 여기서 객실상품과 식음료상품은 유형의 상품이며, 인적 서비스 상품은 무형의 상품이다. 이들 상품 중에서도 호텔경영의 단위와 척도가 되는 것은 유형의 상품인 객실상품인 것이다.

객실상품은 보관할 수 없는 특성을 갖고 있으며, 판매에 있어서 신축성도 없다. 객실판매로 인한 객실수익은 객실수익 그 자체로만 그치는 것이 아니라 호텔의 영업수익 전반에 영향을 미치는 것으로 식음료 판매와 부대업장의 수익발생은 숙박객 증감에 의존하고 있다. 즉 숙박객이 많으면 그만큼 부대시설의 이용도가 높아지고 영업수익이 향상되기 때문에 호텔에서는 객실수익을 최대한 증대시키는 방법을 중요한 호텔의 경영정책으로 삼고 있다

(2) 호텔객실의 형태

호텔객실은 침대(bed)의 수와 크기에 따른 분류, 이용객의 요구 및 취향에 따른 분류, 객실의 위치에 따른 분류로 구분할 수 있는데, 각각의 분류에 따른 객

실의 특징은 다음과 같다.

1) 침대 수에 의한 분류

침대 수에 의한 호텔객실의 분류는 침대의 형태에 따라 여러 가지 종류의 객실이 있으나 대개 이와 같은 객실의 형태는 고객의 구성에 따라 결정된다. 예를 들면, 일본고객이 많은 호텔에는 싱글이나 트윈 객실의 수가 많으며, 유럽이나 내국인이 많은 호텔에는 더블 객실이 많다.

① 싱글 베드 룸(Single bed room)

객실에 1인용 침대 1개를 설치하여 한사람의 고객이 투숙할 수 있는 객실을 말한다. 과거의 호텔은 욕실시설의 유무에 따라 Single without Bath, Single Room with Shower 등으로 분류하였으나 요즘에는 대개 싱글 객실에도 욕실이 필수적으로 포함되고 있다. 주로 일본 및 유럽 등지에서 흔히 볼 수 있는 종류이다. 우리나라의 특급호텔은 대부분 싱글과 더블을 구분하지 않고 더블 침대만을 설치하고 있다.

② 더블 베드 룸(double bed room)

2인용 침대가 1개 놓인 객실로서 두 사람이 투숙할 수 있는 객실이다. 일반적인 호텔의 객실 형태로서 유럽 사람들은 더블 침대는 2인용일지라도 부부가 아니면 더블침대에 2인이 이용하지 않는다. 내국인의 비율이 많거나 특히 내국인 신혼여행객이 많은 지역의 호텔은 더블베드 객실을 많이 준비해야 한다.

③ 트윈 베드 룸(twin bed room)

1인용 침대 2개를 넣어 친구나 형제자매 같이 여행하는 단체의 일행 등이 사용하기 편리한 객실이다. 신혼여행객일지라도 일본인들은 트윈을 선호하기 때문에 일본 국적을 가진 고객이 많을 경우 트윈 침대의 객실이 많아야 한다.

④ 스위트 룸(suit room)

스위트 룸은 일반객실에 비해 면적이 넓고 일반객실 내에 특별한 어메니티(amenity)가 비치되어 있는 객실로서 침실(bed room)과 응접실(living room)이 분리되어 있는 특별객실이다.

⑤ 스튜디오 베드 룸(studio bed room)

스튜디오 베드 룸(studio bed room)은 일반객실에 비해 넓은 공간에 침실과 응접실이 같이 놓여 있는 준특실급(semi suite) 객실이다.

⑥ 트리플 베드 룸(triple bed room)

트리플 베드 룸(triple bed room)은 한 객실에 3인이 투숙을 원할 때 트윈 베드 룸에 보조침대(extra bed) 하나를 더 추가하여 만든 객실을 말한다. 보통 단체 고객이나 가족을 동반한 고객이 이용한다.

⑦ 싱글-더블 베드 룸(single-double bed room)

일반적으로 가족 여행자를 위한 객실로 사용되며, 싱글 베드 하나와 더블 베드 하나가 준비되어 있는 객실을 말한다. 트리플 베드는 더블 베드에 보조침대를 추가한 객실이지만, 싱글-더블 객실은 처음부터 싱글 침대와 더블 침대를 세팅한 객실이다. 디럭스 트윈(deluxe twin) 혹은 패밀리 트윈(family twin) 등으로 분류되기도 한다. 최근에 휴양지 호텔에서 이와 같은 형태의 객실을 선호하는 경향이 있다.

⑧ 더블-더블 베드 룸(double-double bed room)

객실이 대형화되고 있는 상징의 하나로서 더블 베드 2개가 들어 있는 객실을 말하며, 고급호텔에서는 디럭스 트윈(deluxe twin) 객실을 일반 트윈과 차별화하기 위해서 이러한 침실형태로 운영하는 경우를 볼 수 있다.

⑨ 온돌 룸

온돌 룸(ondol room)이란 한국식 객실(traditional korean style room or Korean style room)을 뜻하며, 바닥에서 수면을 취하는 전형적인 한국식이다.

⑩ 이그제큐티브 룸

이그제큐티브 룸(executive room)이란 비즈니스맨들을 위해 객실 내에 팩스라인, 컴퓨터 등 업무에 필요한 첨단장비나 집기를 설치하여 상용고객이 객실에서 업무를 하면서 휴식을 취할 수 있는 상용객 전용객실을 말한다. 대부분의 특급호텔에서는 이러한 상용객을 위한 객실을 마련하고 있다. 이 외에도 호텔에 따라 여성전용객실(층), 금연객실(층), 장기투숙객 전용객실(층) 등이 운영되고 있다.

2) 객실의 위치에 의한 분류

① 외향객실

외향객실(outside room)은 호텔 건물의 바깥쪽에 위치하는 객실로서 외부의 경관을 내다볼수 있는 전망이 좋은 객실을 말한다. 예를 들면 바닷가 휴양지 호텔에서는 바다가 잘 보이는 객실(ocean view room)을 말하며, 산악지역의 호텔에서는 산의 경치가 잘 보이는 객실(mountain view room)을 말한다.

② 내향객실

내향객실(inside room)은 아웃사이드 객실의 반대 개념으로서 호텔건물의 내부 또는 뒤쪽에 위치하는 객실로서 외부의 경관을 볼 수 없는 객실을 말하는 것으로 바닷가 휴양지 호텔의 경우 바다가 보이지 않은 객실인 Mountain View Room 또는 City View Room을 말한다. 호텔경영을 담당하는 사람들은 이러한 인사이드 룸을 아웃사이드 룸보다 약간 저렴한 가격으로 판매하거나 단체객을 안내하는 가이드나 하우스 유즈 룸(house use room) 등으로 배정하게 된다.

③ 커넥팅 룸

커넥팅 룸(connection room)이란 객실과 객실, 즉 나란히 위치한 객실간에 통하는 문이 있어 복도를 통하지 않고도 객실과 객실간을 왕래할 수 있는 객실을 말하며, 가족단위의 고객들이 사용하기에 편리한 객실이다.

④ 어드조이닝 룸

인접된 객실, 즉 나란히 위치하는 객실을 의미하는데, 이 어드조이닝 룸(adjoining room)도 나란히 위치하는 것은 커넥팅 룸과 동일하나 이 객실은 객실과 객실 사이에 통하는 문이 없어 객실간을 왕래할 수는 없다는 것이다.

2. 호텔 객실요금

(1) 객실요금의 의의

1) 객실요금의 개념

호텔 객실 가격은 숙박객이 판매자인 호텔로부터 특정기간 객실이용 서비스 편익을 제공받는 데 지불하는 대가이며, 흔히 요금이라는 한다. 그리고 실제 거래상 지출한 것과 취득한 것과의 관계이므로 이중적인 속성 때문에 호텔이 일방적으로 제시하는 가격은 실제가격이 될 수 없다.

즉 객실 이용객(expectation)은 지각(perception), 만족(satisfaction)의 과정에 객실상품을 평가하며, 제공받는 객실에 대한 설비 및 서비스의 질과 지불하는 금액의 정도를 비교하는 가치지향적 입장을 취하게 되므로 호텔은 객실 이용객이 판단하는 객실의 가치수준과 이에 따른 지불 의사액이 일치되는 적정수준에서 제시하지 못하면 성립되지 않는다.

2) 객실요금의 특성

첫째, 호텔 객실은 판매시간이 제한되어 있는 비재고성의 상품이기 때문에 호텔에서 제시하는 공표요금의 적용이 용이하지 않고 할인요금의 적용이 일반적이어서 성질상 구매시점에 따라 가격차이가 크게 나타난다.

둘째, 고객은 객실품질의 척도를 가격보다는 가치에 많이 의존하게 된다. 이 점은 무형재가 유형재와는 달리 상품구매 원가의 계산이 명쾌하지 않아 원가와 가격의 유리현상이 발생한다.

셋째, 객실가격은 비교적 가격차별화(price discrimination)가 용이하므로 이를 통해 이익을 증가시킬 가능성이 크다. 서비스 가격은 고객의 지불가능성·구매시기·신분·구매환경 등에 따라 가격을 달리 하여도 가격저항이 약하다.

넷째, 서비스 가격은 수요와 관련하여 베블렌 효과(Veblen effect)가 발생한다. 전통적 경제이론은 가격의 증가는 수요의 감소효과를 동반하지만 서비스는 부분적으로 가격증가가 수요증가를 유발하는 특성을 지니고 있다. 이는 서비스 상품이 세분화된 시장별로 가격 영향력이 제조업보다 균일하지 않기 때문에 발생한다. 그러므로 위신가격 설정(prestige pricing)도 흔히 채택한다.

다섯째, 재무적 측면에서 서비스산업 중 초기 고정자산의 투자비율이 높은 기업은 비용(cost), 조업도(volume), 이익(profit)의 관계에서 비용구조 조정의 영역이 국한되어 있어 손익분기점과 한계이익폭의 조정은 가격수준의 변화에 의존할 가능성이 높고, 판매량 중심의 수요지향적 가격특성을 표출하고 있다.

(2) 객실요금의 종류

객실가격은 고객의 종류에 따라 요금의 할인율을 차등하여 적용하기 때문에 여러 가지 종류의 객실요금이 있다. 대개 호텔의 객실요금은 공표요금과 특별요금, 그리고 추가요금으로 크게 분류할 수 있으며, 또한 호텔 객실의 요금은 객실의 규모, 객실의 위치, 경관 유무, 침대 유형, 가구와 비품 수준, 쾌적 등에 따라 다르다. 보통 가격이 저렴한 객실을 '스탠더드'나 '이코노미'라고 하며, 높은 요금의 객실을 '디럭스'라 부른다.

모든 객실에는 객실을 점유하는 고객의 인원 수에 근거를 두고 랙(rack)을 가지고 있는데, 이 랙 요금은 호텔경영에 의해서 결정되는 신고요금이다.

1) 공시요금(공표요금)

기본요금으로서 호텔 자체에서 객실요금을 책정하여 주무관청에 승인을 받고 공시하는 것이다. 이 요금을 Full Charge 또는 Full Rate라고 하며 호텔 팸플릿이나 브로슈어 등에 객실 종류별로 기재하여 일반대중이 볼 수 있도록 표기하는, 할인되지 않은 정상적인 요금을 말한다.

2) 특별요금

일반호텔에서는 원칙적으로 공시요금(정상요금)을 적용하고 있으나 호텔의 정책에 따라 특별요금을 실시할 수도 있다.

특별요금이란 객실요금을 무료로 제공하거나 공시요금에서 할인해주는 요금을 의미한다. 호텔에서의 랙 레이트(rack rate)는 룸 랙(room rack)의 랙 카드에 부착되어 있으며, 프런트 오피스 컴퓨터의 기억장치에 랙 요금이 저장되어 있다.

한편 특별요금은 다음 두 가지의 이유로 고객이나 단체에게 적용시키는데, 첫째는 홍보목적이고, 둘째는 비수기 동안의 객실판매 유지요금으로 고객에게 랙요금보다 조금 낮은 금액에서부터 무료로까지 주는 특별요금인 것이다.

특별요금의 종류는 다음과 같다.

① **무료요금**(complimentary)

호텔의 판매촉진을 위하여 특별히 접대해야 할 고객이나 호텔의 판매촉진을 위하여 고객에게 요금을 받지 않는 것이다. 보통은 컴프(comp)라는 약자로 많이 사용된다.

② **개인할인요금**(single discount rate)

호텔의 객실요금은 원칙적으로 투숙객의 숫자에 따른 요금산정 방법이 아니라 다른 요금계산 방법을 채택하고 있다. 따라서 더블 룸에 1명이 투숙해도 객실 이용객 수와 상관없이 더블 룸 요금을 지불해야 한다. 그러나 싱글 룸을 예약한 고객에게 원칙적으로 싱글 룸을 제공해야 하나 객실 사정으로 싱글 룸을 제공하지 못하고 더블 룸을 제공하고 요금은 싱글 룸 요금을 받는다.

③ **특별할인요금**(special use)

보통 S/U라는 약자로 표기되며, 특별히 사용한다는 뜻이 아니라 당연하게 사용되는 객실로 이해하는 것이 적절하다. 이 요금은 각종 단체행사를 위하여 사전답사하는 협회의 이사나 국가와 지방대회 입상자, 카지노 고객 및 여행사 투어 가이드 또는 단체를 수행하는 여행사의 직원 등에게 적용된다.

④ **비수기요금**(off season rate)

비수기의 경영대책으로 호텔의 이용률이 낮은 계절에 한하여 공표요금에서 할인해주는 요금을 말한다. 우리나라의 호텔들은 도심지호텔이나 휴양지호텔에서는 계절별 할인요금을 적용하는 경우가 대부분이다. 이것은 호텔에서 비수기에 고객을 유지하기 위하여 공시요금에서 10~20%를 할인하여 저렴하게 판매하는 요금이다.

⑤ **단체할인요금**(group discount rate)

국내외 여행사의 단체관광객이나 공공단체에서 개최하는 컨벤션·세미나 등의 단체행사에 대하여 특별히 할인되는 요금으로 많이 활용되는 단체요금으로 호텔에서는 일정 수 이상의 단체고객에게 단체요금을 적용하여 할인된 요금으로 객실을 판매한다. 단체고객에게는 객실가격이나 객실의 형태에 관계없이 균일요금제도라 할 수 있는 표준객실요금으로 적용하여 제공한다.

⑥ **상용요금**(commercial rate)

특정한 기업체와 계약에 의하여 어느 정도 할인해 주거나 공공단체 또는 상용목적인 장기투숙객, 그리고 단골고객 등에게 일정한 금액을 할인해주는 요금이다. 거래처의 거래실적에 따라 10%~30%를 할인해주는 요금제도로 주로 상용호텔이나 도심지호텔의 경우 커머셜 요금의 비율이 점점 증가하고 있다.

⑦ **가이드요금**(guide rate)

여행사 단체손님을 받아들이는 호텔측과 여행사 사이에 적용되어 보통 15명의 단체고객당 가이드 1명의 객실료와 무료식사가 제공된다. 또는 여행사 근무자 및 해당업계 종사자에 대한 홍보차원의 객실요금으로 해당 객실요금의 50%에 해당하는 할인율을 적용하는 경우가 일반적이다.

3) 추가요금

① Hold Room Charge

예약을 접수한 고객이 예약한 시간에 도착하지 않았을 때 그 객실을 타인에게 판매하지 않고 보류시킨 경우에 보류기간 동안 객실요금을 적용한다.

② Keep Room Charge

숙박한 고객이 단기간 지방여행을 떠났을 때 수화물을 객실에 두고 가거나 다른 목적으로 이 객실에 투숙하지 않더라도 다른 고객에게는 판매가 불가능하므로 객실요금을 징수한다.

③ **초과요금**(over charge)

호텔이 정한 퇴숙시간(check-out time)을 넘긴 후에도 계속하여 객실을 이용할 경우 연장된 시간만큼 추가요금을 징수하는 것이다. 2시간 이내는 무료로 처리되지만 2시간을 초과시 50%를 적용시키고, 18:00 이후에는 공시요금(full charge)이 적용된다. 그러나 재구매고객(repeat guest), 단골고객, VIP에게는 초과요금을 부과하지 않는 경우도 있다.

④ **심야요금**(midnight charge)

객실을 예약한 고객이 그날 한밤중에 도착하거나 새벽에 도착한 경우 객실을 판매하지 않고, 고객이 도착하면 야간요금을 징수한다. 그 이유는 호텔의 체크아웃 타임(check out time)이 12:00이므로 전날의 정오부터 다음날 정오를 1일 객실요금으로 계산하기 때문이다.

⑤ **취소요금**(cancellation charge)

예약한 고객이 당일 또는 하루 전에 예약한 객실을 취소했을 경우 취소요금을 징수한다.

⑥ **Part Day Charge**(day use)

낮시간만 객실을 이용하고자 하는 고객에게 부과하는 요금이다. 일반적으로 1시간~6시간 동안, 또는 오후 6시 이전까지 객실을 이용할 때 부과하는 대실요금을 말한다. 보통 객실요금은 정규요금의 50%를 적용한다.

(3) 숙박형식에 따른 객실요금

① **유럽식 요금제도**

우리나라 호텔도 마찬가지로 대부분의 호텔이 채택하고 있는 방식으로 객실요금과 식사요금을 분리하여 별도로 계산하는 방법이다. 유럽식 요금제도(european plan)는 유럽에서 이용되고 있는 제도라고 생각하기 쉽지만 유럽에서는 대륙식 요금제도를 채택하고 있다

② **미국식 요금제도**

휴양지호텔이나 유람선호텔에서 많이 적용하는 제도로서 숙박요금에 식사요금을 포함한다. 이 미국식 요금제도(american plan)에는 객실요금을 조식·중식·석식 모두를 포함시키는 풀 펜션(full pension)과 객실요금에 조식이나 중식·석식 중 하나를 포함시키는 세미 펜션(semi pension) 등 두 가지가 있다.

③ **대륙식 요금제도**(continental plan)

객실요금에 컨티넨털 블랙퍼스트(continental breakfast) 아침식사를 포함하는 요금제도로서 유럽대륙에서 많이 이용한다.

④ **혼합식 요금제도**(dual plan)

혼합하여 채택하고 있는 요금제도로서 고객의 의사를 반영한다. 보통 객실요금에 조식과 석식을 포함한다.

(4) 기타 객실요금

① Third Person Charge

2인 이상이 한 객실에 숙박을 원할 경우 적용되는 요금을 말하며, Extra Bed Charge와 같은 개념으로 생각하면 된다. 우리나라는 객실당 요금을 책정하고 있으나 유럽에서는 객실당의 요금이 아니라 고객당의 요금이 적용되고 있다.

② Family Plan

부모와 같이 동행한 14세 혹은 18세 미만의 자녀에게 무료로 엑스트라 베드를 제공하는 것을 말한다.

③ Hospitality Room

총지배인이나 FOM의 허락하에 단체의 수하물을 임시 보관한다든지, 의상을 갈아입는 등의 특수목적으로 제공되는 객실이며, 이는 객실요금을 징수하지 않는다.

④ Up Grading / Down Grading

업그레이딩이란 호텔의 사정상 또는 고객의 예우 차원에서 고객이 예약한 객실보다 가격이 비싼 객실에 투숙시키고, 요금은 고객이 예약한 요금으로 처리하는 경우를 말하며, 다운그레이딩은 고객이 예약 요청한 객실보다 가격이 낮은 객실을 제공하게 되는 경우를 말한다. 이때 고객의 기분이 상하지 않도록 호텔의 사정을 충분히 설명해야 한다.

3. 호텔정보의 입수방법

호텔에 관한 정보라는 것은 방문예정 도시에 어떠한 호텔이 있는지, 그 호텔에 대해서 요금·객실수·위치 등 보다 상세한 정보를 생각할 수 있다. 호텔정보의 입수방법은 과거에 비해서 현재는 아주 간편하고 편리하고 매우 다양하게 입수할 수가 있다 하겠다.

과거에는 문헌에 의해서, 즉 〈세계호텔안내〉 〈Hotel and Convention Directory〉 〈Hotel Index〉 〈각국 정부 관광국에서 발행하는 숙박기관 리스트〉 등을 활용하여 정보를 입수하였다. 그러나 지금은 수많은 현지의 여행사나 호텔의 예약사무소가 한국에서 예약을 받고 있고, 더욱이 호텔예약을 전문으로 하고 있는 회사들이 많기 때문에 인터넷 홈페이지를 통해서 실시간으로 정보를 제공받고 있는 것이 현실이다.

호텔 정보를 입수하는 방법은 다음과 같다.

(1) 호텔예약사무소

세계의 유수의 호텔과 계약하여 예약·안내 업무를 하고 있는 호텔예약사무소와 특정 호텔체인의 직영 예약사무소 등 두 가지가 있다.

예약사무소에서는 호텔의 객실예약 상황을 알 수 있고, 숙박 1주 전까지는 자유판매(free sale)로 불리는 제도가 있어 현장에서 예약 OK를 주는 경우가 많다. 온라인 예약을 하고 있는 곳에서는 즉시 예약결과를 알 수 있고, 만실로 예약이 불가능한 시기도 일러준다. 호텔에 따라서는 직영사무소를 가지고 있으며, 더욱이 호텔예약안내소를 통해서 예약을 접수하고 있는 곳도 있다.

(2) 항공사의 호텔정보

항공사의 호텔정보(SAHARA 프로그램)는 자사계열의 호텔시스템에 한정되지만 항공예약의 컴퓨터에 입력되어 있는 정보에 대해서는 당연히 회신도 빨리 준다. 특히 CRS의 활용으로 항공 예약·발권 기능뿐만 아니라 렌터카·호텔 등의 부대예약 기능서비스를 제공하고 있으며, 백 오피스(back office) 기능(예약발권 사무지원 등 부대기능) 또한 함께 지원하고 있다.

궁극적으로 CRS는 기존의 기능 외에 버스·철도·공연·스포츠 등 여행·레저에 관계된 모든 분야에서 종합적인 정보를 제공하는 전산시스템으로 발전해 나가고 있다.

(3) 현지주재원 또는 여행경험자

이 방법은 가장 손쉬우면서도 여행자 본인에 맞는 조언을 들을 가능성이 크다. 특히 주재원은 한국인들이 잘 이용하고 있는 호텔을 숙지하고 있으며, 최신 정보를 가지고 있기 때문에 그곳을 선택하면 무난하다. 어디까지나 주관적 판단이므로 무조건 받아들이는 것은 부적절하다.

(4) 인터넷을 통한 정보입수

인터넷을 통해 얻을 수 있는 관광정보는 다양하다. 예를 들면 관광목적지의 도시정보를 비롯하여 교통, 항공편, 해당지역의 숙박, 식당, 문화, 공연 등의 상세한 안내를 볼 수 있다. 특히 호텔에 관한 정보는 전세계 어느 지역이든지 원하는 날짜와 시간에 맞추어 실시간으로 객실보유 상황, 객실요금 및 예약가능 객실 수 등을 관련정보를 아주 상세하게 제공하고 있다.

❐ **호텔에 관한 인터넷 정보**

http://www.hotelpass.com
http://www.hotelguide.co.kr/old_home/korea/main.htm
http://www.hannet-tour.co.kr/hotel/hotel.html
http://www.10kvacationrentals.com
http://www.hoteldiscounts.com
http://www.hoteldc.com/start.asp
http://www.hotelro.com
http://www.yeshotel.com
http://www.hotelnetkorea.com/korean
http://www.82ok.com
http://www.hotelonline.co.kr
http://www.hornet.co.kr/tour
http://www.sejongworld.com

4. 국가별 호텔의 특징

(1) 동남아시아

최근 10여 년간 동남아시아 지역은 새로운 호텔을 각 관광지에 건설하였다. 대표적인 호텔은 한국의 호텔보다도 시설이 좋고, 호텔의 본고장이라 일컫는 미국보다도 서비스가 좋은 곳도 많다. 이와 같은 현상은 각국 정부가 외화를 벌어들이기 위해 관광행정에 힘을 쏟아 호텔시설 투자를 촉진한 것이지만 각지 모두 각국의 특색을 반영한 환대태도(hospitality)를 보이고 있다.

구미 제국의 호텔에 비해서 종업원 수가 많고 식당이나 룸서비스 등 서비스도 빨라서 좋다. 한국인 여행자의 약 절반 이상이 동남아여행에 집중되어 있고, 시기에 따라서는 매우 혼잡할 때도 있다.

일반적으로 동남아지역의 호텔은 비교적 신규호텔이 많아 호텔의 시설면에서는 아무런 불편이 없는 것이 장점인데다 숙박요금도 저렴한 것이 특색이라 하겠다.

(2) 일 본

일본의 숙박시설은 호텔·여관·국민숙사·유스호스텔·캡슐인 등 다양하다. 일본의 호텔은 서구식 경영이 기본으로 되어 있어 유럽이나 미국과 대동소이하나 크게 다른 점은 객실 내에 잠옷을 구비하고 있는 점과, 각종 부대물품이 객실 내에 비치되어 있는 점이다. 비즈니스호텔에서는 심지어 커피포트도 있어 객실 내에서 간단한 음료를 마실 수 있게 되어 있다.

온천지에는 일본식 잠옷과 나막신만으로 거리를 활보할 수 있다. 일본식 전통여관은 말이 여관이지 요금도 만만치 않다. 여관은 개개 오랜 전통을 유지하고 있는 곳이 많으며, 서비스 요원도 대개 기모노를 입고 서비스하고 있다. 개인고객의 식사는 대개 객실에서 들 수 있도록 배려하고 있는 등 일본 분위기를 만끽할 수 있어 좋다. 가격이 저렴한 숙박시설을 원하는 고객에게는 국민숙사나 유스호스텔을 선택할 것을 권유한다.

일본의 호텔의 객실요금의 측정은 1인당 요금제가 원칙으로 되어 있는 것이 특징이다. 객실요금에 포함된 사항은 객실사용 요금+소비세5%+서비스 요금 10%이다. 일부호텔은 객실 사용 정원의 조식요금이 포함된 요금이 많으며, 조식 불포함인 경우도 있으므로 식사 유무를 반드시 확인해야 한다.

온천호텔은 호텔에 따라 다소 차이는 있으나 대부분이 1박 조식·석식이 포함된다. 그러나 이벤트기간, 연말연시, 일본의 오봉연휴 기간 등에는 요금이 변동되는 경우도 있다.

(3) 유 럽

유럽은 미국이나 유럽 내의 여행자를 많이 수용해온 까닭에 전통적으로 고도의 서비스를 자랑하고 있는 곳이 많으며, 숙박시설이 매우 다양한 것이 특징이다. 시내의 호텔에는 객실 수가 100~200실 정도인 중규모 호텔이 많고, 외관도 고전적이다. 최근에는 내부의 확장 및 개량으로 거주성이 좋아지고 있으며, 유럽의 격식과 전통을 가진 호텔에서는 상류사회의 사교장이 되어 있어 지금도 유럽의 독특하고 우아한 분위기를 볼 수 있다.

최근에는 교외지역이나 시내 중심지에서 신규호텔들이 신축되어 현대식 호텔로서 설비와 경치가 좋은 호텔들도 많다. 유럽에서는 인력이 부족하기 때문에 포터·웨이터·도어맨 등은 아프리카·파키스탄·인도 등 외지에서 온 사람이 많은 것이 특징인데 유럽지역 내에서도 이탈리아 스페인 사람도 이 분야에 상당수가 종사하고 있다.

오래된 호텔은 욕조가 없는 곳도 상당수 있으므로 체크인 전에 반드시 욕조의 유무를 확인해두는 것이 좋다.

(4) 미 국

도시호텔·리조트호텔·모텔 등 다양한 숙박시설이 있다. 외관·설비·요금 등이 서로 다르지만 선택의 폭이 넓다. 고속도로 주변에는 모텔이 많다. 모텔은 대개 자동차 여행자들이 주로 이용하고 있다.

미국의 연쇄경영회사(chain hotel)들로 대표적인 회사를 살펴보면 다음과 같다. 힐튼, 쉐라톤, 알벗 픽 호텔(Albert Pick Hotels), 놋트 호텔(Knott Hotels), 메리엇

모터 호텔(Marriot Motor Hotels), 쉼멜 호텔(Schimmel Hotels), 웨스턴 인터내셔널 호텔(Western International Hotel), 인터콘티넨탈 호텔(Intercontinental Hotels), 홀리데이 인(Holiday Inn), 로우스 호텔(Loews Hotel), 하워드 존슨(Howard Johnson) 등을 들 수 있다.

시카고(Chicago)의 오헤르 국제공항(O'Hare International Airport)에 위치한 오헤르힐튼은 886개의 객실과 39개의 회의실 및 7개의 식당시설을 갖추고 있었다. 미국의 계획도시인 라스베이거스에는 카지노 고객 유치증대를 위한 대형호텔이 등장하였는데, 특히 라스베이거스 MGM호텔은 5,009개의 객실을 보유하고 있다. 이러한 호텔들은 미국 내는 물론 전세계에 널리 펴져 있기 때문에 한국에서도 예약이 가능하다.

미국의 호텔들은 대형호텔들이 많은데 이들 호텔들은 가족을 위한 패밀리 플랜(family plan) 제도를 채택하고 있어 가족여행자들의 여행경비 절감에 적극 협조하고 있다.

대형호텔들은 자주 서비스의 신속성에 문제를 유발하고 있어 투숙한 경우에 체크아웃시에 각별한 신경을 써야 한다. 실제로 숙박요금을 지불하는 데 1시간 이상이나 소요된 경우도 있다.

5. 호텔의 선정과 예약

호텔을 예약하는 경우 다음 3가지 점이 관건이 된다. 즉 어디에 예약을 의뢰하여야 하는가, 예약을 넣을 때 필요한 정보는 무엇인가, 객실의 유형, 식사조건 등의 특별 의뢰는 있는가 하는 것이다.

숙박시설 예약시의 선정방법은 다음과 같다.

- 위치(location)
- 교통(transportation)
- 환경(environment)
- 접근성(accessibility)
- 안전성(safety)

위의 사항을 고려하여 선정하는 것이 좋다. 또한 국가별·지역별로 고객의 여행비와 비교하여 알맞은 예산편성을 하여 선정하고, 특히 동일객실일 경우에는 객실등급이 낮더라도 호텔등급을 높여서 선정하는 것이 일반적이라 하겠다.

여행자의 종류와 목적에 따라서도 호텔선정을 달리 할 수 있다. 즉 개인여행자의 경우는 조용한 분위기와 교통이 편리한 호텔을 선호할 것이고, 단체여행자일 경우에는 동일형태의 객실이 많은 지역의 호텔을 선정하는 것이 좋다. 또한 여행목적에 따라서는 일반여행자들은 쇼핑센터의 접근이 용이한 다운타운을 원할 것이고, 업무방문자는 방문하고자 하는 지역에 가까운 곳을 선택할 것이고, 회의참석자는 회의가 열리는 호텔이나 그와 가장 가까운 지역의 호텔을 선호할 것이다.

(1) 호텔예약 및 확인방법

1) 현지호텔에 직접예약

현지호텔에 편지·전화·텔렉스·팩시밀리 등으로 직접 예약하는 경우를 말한다. 이 방법은 한국에 예약사무소(representative)가 없거나 대형단체나 시리즈단체(series tour) 등 공급물량이 있을 때 현지호텔과의 유리한 요금교섭이 가능할 때 주로 이용되고 있다. 예약확인은 현지에서 예약을 확인한 예약확인서(group contract)를 수령하고, 예약의 일치 여부를 점검함으로써 가능하다.

2) 국내 예약사무소를 통한 예약

업무출장이나 관광객의 증가에 따라 호텔의 숙박수요가 크게 늘어남에 따라 세계의 유수호텔, 특히 체인호텔은 각국에 예약사무실을 설치하고 있거나 예약의 대행기관을 지정하여 판촉활동을 전개하고 있다.

예약사무소의 형태는 ① 국외 호텔체인 직영의 한국사무소, ② 세계 여러 나라의 호텔과 계약하여 그 호텔의 예약안내 업무를 하는 호텔 예약사무소가 있다. 이 방법은 예약신청과 동시에 가부가 판명되며, 요금도 알 수 있기 때문에 여행사에서 많이 이용되는 방법 중의 하나이다. 일반적으로 투숙일 3일 전이 아니면 예약이 불가능한 곳이 많다. 예약확인은 예약확인서(confirmation)를 수

령함으로써 가능하다.

3) 항공사를 통한 예약

여행사로서는 이 방법이 바람직한 방법은 아니나 항공사를 통한 호텔예약도 가능하다. 항공사는 많은 승객을 수송하거니와 연결편의 접속이 원활하지 못할 때 고객을 호텔에 안내해주고 있어 자사의 지정호텔에는 강력한 힘을 가지고 있다. 이 방법으로 예약을 할 때는 최초 탑승구간 이용항공사(initial carrier)에 예약을 의뢰하여야 하며, 현지에 일일이 조회하여 확인되므로 예약확인까지 시간이 걸린다는 점을 각오해야 된다. 이 방법을 이용할 경우 여행사로서는 수수료가 없으므로 충분히 고려해야 한다. 예약확인은 항공사의 소정양식에 유효인(validation)을 받음으로써 가능하다.

4) 지상수배업자를 통한 예약

이 방법은 여행일정이 길고 몇 나라를 순회하는 경우 각국에 일일이 수배가 번거로울 때 이용하는 방법으로서 일반적으로 다른 관광수배업무와 병행해서 예약할 때 주로 이용하고 있다. 예약확인은 여행상환권(travel voucher)을 받아 해당호텔에 송부하고, 보증금을 송금한 경우에는 호텔에 통지하고 송금통지서를 여행안내원 또는 고객에게 지참시킴으로써 가능하다.

❐ 아래의 홈페이지로 들어가면 랜드사 명부를 참조할 수 있다.
http://www.travelinfo.co.kr/dataroom/

5) 신용카드에 의한 예약

1994년 이후 실시된 이 방법은 예약문화에 대한 올바른 정착을 위해 실시되는 것으로 새로 도입된 제도이다. 이 예약방법으로 예약할 경우 예약자는 접수번호, 접수일시, 접수자 성명, 위약금 내용을 안내받지 않으면 안 된다.

6) 숙박 전문예약업체를 통한 예약

여행상품의 유통이 다양화하면서 숙박상품만을 별도로 취급하며, 이의 예약만을 전문적으로 취급하는 회사가 등장하였다. 주로 호텔 온리(hotel only) 고객들이 주 이용대상이다.

6. 호텔 내의 안전수칙

여행사의 수배과에서 예약이 정확하게 잘 되어 있다 하더라도 호텔에 종사하는 객실부문 종사원과의 협조체제가 원만하지 못하면 객실배정시 불이익을 당할 우려가 있다. 객실부문의 종사원과의 인간적 유대관계 형성이 원만한지의 여부가 여행업무 수행에 중요한 관건이 된다. 또한 자사고객의 불편과 불만을 없도록 하고, 원활한 여행업무를 수행하기 위해서는 호텔에서의 업무수행시 여행안내원은 다음과 같은 사항에 주의를 기울여야 한다.

- 호텔에 지불하도록 위임한 방값과 투숙호텔의 프런트에 기재된 예약요금을 상호 비교한다. 만약 요금이 상이한 경우에는 즉시 수배과에 연락을 취하여 지시를 받도록 한다.
- 고객의 여권이나 항공권 및 기타 귀중품의 도난방지를 위하여 가능한한 귀중품 보관소(safety deposit box)에 맡기도록 권유한다.
- 예약조건과 예약된 내용이 실제로 부합되고 있는지를 확인한다.
- 고객에게 객실 내에 비치된 호텔의 구조도(layout)를 확인하도록 안내한다.
- 숙박기간의 연장, 단축, 객실등급의 상향조정(up grading) 및 하향조정(down grading) 등이 있을 경우에는 프런트에 미리 연락해둔다.
- 객실의 출입구의 잠금장치를 확실히 해두도록 안내하고, 모르는 사람이 객실로 침입을 하지 못하도록 항상 확대경 또는 걸림장치(night latch)가 걸린 상태에서 확인하도록 당부한다.
- 외출시에는 열쇠를 지참하게 하고, 이를 프런트나 컨시어지(concierge)에 보관시키도록 한다.
- 퇴숙일 전일에 모든 지불관계를 가급적 정산하도록 안내한다.
- 퇴숙일 전날 벨맨에게 퇴숙시간을 연락하고, 짐의 하강(baggage down)

작업을 차질없이 할 수 있도록 당부하는 한편 가능하면 짐을 실을 차량 번호도 명기해준다.

- 퇴숙일에는 투숙고객의 객실 내에서 사용한 음료대·전화료 등 개인적 비용 유무를 확인하고, 이를 정산토록 유도하는 한편 귀중품 보관소에 맡긴 물품을 찾지 않은 고객이 있는지를 점검하고, 객실열쇠의 반납 유무를 확인한다.

제2절 선택관광 관련업무

1. 여행과 레저산업

현대의 관광의 형태가 단순히 눈으로 보는 관광이 아니라 직접 체험하고 경험하는 관광의 형태로 변화하고 있으며, 또한 단순 단체관광에서 가족단위의 소단체의 형성, 특정집단의 단체에서 그 단체의 특성에 맞는 관광을 선호한다. 특히 각종 레포츠를 즐기는 관광객의 수요가 꾸준히 증가함에 따라 레저산업과 관련한 관광산업은 날로 발전하고 있다.

집단의 특성에 따라 다소 차이는 있겠지만 골프, 카지노, 스키, 낚시, 등산, 수렵, 스킨스쿠버, 경마, 자가용, 렌터카, 크루즈, 승마, 각국 전통민속쇼 등 다양하며, 여행사에서는 집단의 특성에 맞는 레저산업을 하나의 선택관광으로 선정하여 다양한 프로그램을 만들어 제시할 필요가 있다.

2. 선택관광의 종류와 요금표

(1) 선택관광의 계획

국내여행이나 해외여행시 여행자들의 만족도를 높이기 위해서는 자유시간을 이용하여 사전에 선택관광에 관한 정보를 수집하고 계획하여야 한다. 이러한 선택관광은 여행객들의 흥미의 대상이지만 여행자들의 욕구와 취미가 다르기 때문에 신중하게 고려하여야 한다. 이를 위해서는 평소에 그 지역의 선택관광의 대상에 대한 정보를 충분히 수집하는 것이 무엇보다도 중요하다.

선택관광에 관한 정보는 현지여행업자나 가이드로부터 입수하는 방법도 좋은 방법이다. 일반적으로 선택관광은 강요로 인하여 이루어진다는 생각을 여행자들은 할 수 있기 때문에 선택관광에 대한 상세하고 정확한 정보의 제공과 가장 경제적인 방법을 제시해주는 것이 중요하다.

선택관광이 인솔자나 가이드를 위한 것이 아니라는 인식을 심어주고, 단지 여행업무 관계자는 여행자들이 즐겁게 체험을 함으로써 여행에 대한 만족을 증가하기 위해서라는 것을 충분히 설명할 필요가 있다.

최근에는 여행상품에 사전에 기본적인 선택관광 상품을 포함하여 기획하는 경우도 많다. 이는 사전에 선택관광을 예약함으로 인한 할인혜택과 더불어 고객들로부터 오해를 받지 않는, 아주 경제적이고 효율적인 방법이라 하겠다.

선택관광(option tour)의 속성은 ① 현지 유명 탈거리 상품, ② 현지 유명 볼거리 상품로 구분할 수 있다. 선택관광을 할 수 있는 상품은 너무나도 다양하며, 특히 국가별 특색에 따라 새롭고 신비한 형태의 선택관광을 선정할 수 있다. 여행상품을 기획하여 고객에게 그 상품을 판매하고 실제적인 여행일정에 따라 행사를 함에 있어서 선택관광은 필수적이다. 최근에는 그 지역 또는 그 나라의 유명 볼거리·탈거리를 여행일정상에 선택관광 상품에 포함하여 상품을 만드는 경우도 많다. 왜냐하면 선택관광을 많이 하면 할수록 고객의 만족도는 높아질 수밖에 없기 때문이다.

(2) 선택관광시 행동요령

자유시간을 이용해 하는 선택관광에 대하여 어떻게 할 것인가 망설이지 말아야 하며, 이미 신청을 받은 참가희망자에 대해 재확인하고 수배 가능한 새로운 참가희망자를 모집한다. 하루 종일 걸리는 Excursion이 될 때에는 중식예약도 사전에 해두어야 한다.

선택관광을 능숙하게 추천하는 요령은 다음과 같다.

- 팀의 건강상태나 기호를 파악하여 적절한 시기에 권하는 것이 좋다.
- 선택관광을 지나치게 권해서는 안 된다. 관광의 진행중 자유시간이 충분하거나 재미있고 흥이 났을 때 하는 것이 좋다. 일정 이외의 관광이므로 여행객들의 자발적인 의사에 따라 결정할 사항이지 인솔자의 강요에 의해서 결정되어서는 안 된다.
- 고객의 성향을 잘 파악해서 추천해야 한다.
- 나이트 투어는 일정중 한번 정도 하는 것이 좋다. 팀 컬러에 따라서 선

택을 하되 가능하면 남자·여자가 함께 할 수 있는 이색적인 나이트 투어를 하는 것이 효과적이다.

- 호기심이 많은 고객(회장·총무)에게 선택관광에 대한 설명을 사전에 하는 것이 좋다.
- 여러 가지의 옵션투어가 있을 때 가급적 한쪽으로 의견통일을 시키는 것이 인원 통제상 바람직하다. 극소수의 여행객만이 참가할 경우 다음날로 연기해보는 것도 좋다
- 나이트 투어를 할 경우, 향락장소가 많다. 그러므로 인솔자는 가능하면 술을 많이 먹는 장소나 낯 뜨거운 장소에는 인솔자는 가급적 동행하지 않는 편이 좋다.
- 야간관광은 고객들의 건강과 다음날 일정을 위해서 너무 늦게까지 하는 것은 바람직하지 않다.

(3) 국가별 선택관광 홈페이지

- 기항지와 선택관광(하와이, 유럽, 남미 운하지역, 카리브해, 버뮤다) : http://www.celebritycruise.co.kr/frame-se.html
- 미주지역 : http://hosting.hanatour.co.kr/package/westopt.html
- 하 와 이 : http://www.tournet-hawaii.com/korean/option.htm
- 태 국 : http://www.deedeetour.com/option_list.htm
- 괌 : http://www.tourspace.co.kr/data/gum/option/main.htm
  http://www.toursarang.co.kr/info/info_choise.html
- 사 이 판 : http://my.dreamwiz.com/jgbum/main.htm
- 홍콩, 싱가포르 : http://www.daeshintour.co.kr/package/ch-c_04.htm
- 기타 선택관광 : http://www.bestbali.co.kr/choise.html

(4) 선택관광의 종류

선택관광은 여행중의 나라마다 거의 있다고 해도 과언이 아니다. 가장 일반적인 선택관광은 주로 해변 관광지에서 이루어지고 있으므로 해변관광지의 선택관광에 대해 살펴보고자 한다.

다음은 해변관광지(괌)에서 선택관광을 할 수 있는 내용들이다.

1) 해양스포츠

선택관광의 대표적인 것이 해양스포츠이다. 각 회사마다 독특한 프로그램을 갖고 있으며, 한국인이 즐겨 찾는다. 각각 제트스키, 바나나보트, 스노콜링, 점심, 비치발리볼 등을 즐길 수 있으며, 특색은 제트스키가 강력하여 활동적인 스피드를 좋아하는 사람들에게 인기가 매우 좋다는 점이다. 각 회사의 제트스키는 시동 거는 법과 속도를 조절하는 법만 간단하게 숙지하면 쉽게 즐길 수 있다.

2) 선셋 크루즈

황혼이 깔린 바다에 멋진 요트를 타고 나가 일몰과 함께 낭만이 가득한 저녁을 만끽할 수 있다. 흥겨운 여흥을 즐기며, 잊지 못할 추억을 만들어볼 수 있다. 크루즈의 저녁메뉴로는 스테이크와 간단한 랍스타가 제공되며, 무제한의 음료와 주류가 제공된다.

식사 후에는 외국인이 펼치는 마술쇼와 함께 귀에 익은 음악과 익살이 관광객을 사로잡을 것이다. 모든 일정이 끝나고 돌아올 즈음 관광객은 소중한 추억을 마음 속 깊이 간직하게 될 것이다(괌의 선셋 크루즈 소요시간은 4시40분부터 8시까지이다).

3) 승마투어

괌에는 미국 텍사스(Texas) 스타일의 농장과 같은 곳이 있는데 바로 이곳에서 승마 교관의 가이드를 받으면서 길이 잘 들여진 말을 타고 초보자라 해도 누구나 쉽게 본인이 직접 산 정상까지 올라갈 수 있고, 산 정상에서 바라보이는 에메랄드 빛 남태평양을 바라보는 기분은 이루 말할 수 없는 황홀감을 불러일으키기에 충분하다. 또한 동물농장에는 수많은 가축들을 기르고 있어 아이들 정서에도 많은 도움을 줄 수 있는 장소로 아주 좋다. 하루 중 아무 때나 이용이 가능하지만 가능한 한 저녁노을이 질 무렵인 오후 5시경에 이용하는 것이 더욱 낭만적이다.

4) 체험 스쿠버다이빙

체험 스쿠버다이빙의 소요시간은 2시간 정도이며, 한국인 강사의 지도 아래 수영을 못하는 초보자라 할지라도 상세한 교육 및 실습을 통하여 바다 속의 우주를 체험할 수 있는 과정으로 적극 추천하는 상품이다. 아마 이 경험은 평생 잊지 못할 추억이 되리라고 생각한다. 라이센스 코스는 4박5일 이상의 경험을 가진 사람들만이 가능한 코스이다.

5) 샌드캐슬 칵테일쇼

1990년 12월 이 극장이 탄생되었으며, 괌에서는 가장 훌륭한 시설을 자랑하고 있다. 전통적인 미국 라스베이거스 쇼를 그대로 옮긴 화려한 조명·의상·음악과 치밀하게 기획이 된 춤은 가히 최정상의 쇼이다. 이국에서 즐길 수 있는 가장 미국적인 전통쇼이다. 칵테일쇼의 소요시간은 9시부터 10시 50분까지이다.

6) 아틀란티스 잠수함

첨단과학기술의 레저용 아틀란티스 잠수함(atlantis submarine)을 타고 바다의 비경을 관람할 수 있다. 아름다운 열대어, 신비한 각양각색의 산호 굴락을 가까이서 볼 수 있으며, 경이로운 바다 속 신비를 체험할 수 있다.

7) 언더워터 월드

언더워터 월드는 세계 최장 터널식 수족관으로 터널을 걸어 지나가면서 물고기들을 감상할 수 있는 특이한 형태의 수족관이며, 터널의 길이는 세계 최장 길이인 100m에 달한다. 200kg에 달하는 그루퍼, 상어, 레이, 나폴레옹 등을 포함한 100여 종의 4.000여 물고기들을 관찰을 할 수 있다. 2층에서는 각양각색의 관상어와 자그마한 상어·가재·조개 등을 직접 만져볼 수도 있다.

언더워터 월드는 'Education(교육), Entertainment(오락), Environment(환경)'이라는 캐치프레이즈를 걸고 총 3,000만 달러를 투자하여 설립한 세계 최대의 터널식 수족관이다. 1, 2층으로 되어 있으며, 미국 샌프란시스코, 미네소타, 괌 3곳을 운영하는 회사이다. 3, 4층에는 하와이에서 유명한 샘초이 레스토랑이 위치해 있다. 1천여 마리의 어종이 있으며, 어디에서도 볼 수 없는 희귀종도 많고, 마치 바다 속 같은 신비로운 해저세계를 그대로 재현해놓았다.

8) 차모리따 민속쇼

석양이 노을진 해변가에서 아가나 만을 바라보며, 괌 원주민 미녀들의 전통적인 폴리네시안 춤을 경험할 수 있는 신비한 축제의 장이 추억에 남을 것이다. 원주민식 저녁 부페가 포함된 상품이며, 쇼 중간중간에 무희들과 함께 흥겨운 시간을 보낼 수 있다.

9) 스카이다이빙

괌에서 잊을 수 없는 짜릿한 모험을 하고 싶다면 스카이다이빙(sky diving)에 도전해볼 수 있다. 5,000피트 상공까지 경비행기로 날아오른 뒤 안전요원과 함께 몸을 묶어 뛰어내린다. 32초 가량 자유낙하를 한 뒤 페러글라이드를 펴고 지상으로 내려온다. 만 18세 이상, 체중 95kg 이하이면 누구나 스카이 다이빙을 체험할 수 있다. 소요시간은 2시간 30분이 걸리며, 스카이다이빙 후 체험 인정서를 준다.

10) 트롤링 낚시

낚시를 잘 못하여도 선장의 지도하에 트롤링 낚시(reef bottom fishing)를 체험할 수 있다. 보트를 타고 수심이 깊고 물고기가 많은 곳에서 물고기와 벌이는 전쟁은 흥미진진하다. 낚시로 잡은 열대어 및 돔 등은 즉석 회를 떠서 먹게 되는데 그 맛은 일품이다. 이때 겨자와 간장과 소주를 가져가면 좋다. 어떤 선장은 미리 준비하지만, 거의 준비가 안 되어 있다. 그리고 서운한 면이 있지만 잡은 물고기는 모두 선장의 소유가 된다. 도구 이용료, 식사 및 음료가 비용에 포함되어 있다. 소요시간은 4시간이 걸린다.

11) 윈드 서핑

보드 위에 세워진 돛에 바람을 맞으며 바다 위를 달리는 스릴을 즐겨보자. 괌은 연간 선선한 무역풍이 불기 때문에 윈드 서핑(wind surfing)을 하기에 적당한 곳이다. 바다에 떠 있는 윈드서핑을 보기만 해도 한번쯤 해보고 싶은 물놀이이다. 보기보다 실제 바다에서는 40~60km의 상당한 속도가 나며, 바다에 빠졌을 때 산호에 발을 다칠 염려로 수중 신발을 신어야 하며, 규정된 안전지역을 벗어나지 않는 등 안전에 주의를 해야 한다.

12) 골프 투어

골프의 대중화 현상에 따라 골프인구도 점점 증가하고 있으며, 골프를 목적으로 한 관광과 선택관광으로 골프를 즐기는 인구는 지속적으로 증가할 전망이다. 여행사의 인솔자나 종사원도 골프 투어를 하기 위해서는 골프는 기본이다. 그러나 아직까지 자신이 골프를 실제로 치지 못하고 안내만 하는 경우도 있다. 그러나 골프용어조차 모르고 있으면 고객과의 의사소통에 지장을 받게 되어 원활한 안내업무를 진행할 수 없을 것이다.

따라서 향후에는 여행사 근무자는 누구나 할 것 없이 반드시 골프를 할 수 있어야만 한다. 그래야만이 골프를 목적으로 하는 패키지 상품이나 선택관광 상품을 판매할 수 있다.

❐ **골프에 관한 사이트 소개**
http://www.golfinform.co.kr/pro-main.htm
http://www.golfasia.co.kr/

❐ **골프상식, 규칙, 용어해설**
http://www.golfgj.com/
http://members.tripod.lycos.co.kr/intergolf/main/mainguide.htm

❐ **한국의 골프장 명단**
http://members.tripod.lycos.co.kr/intergolf/country/country1.htm

13) 래프팅 투어

물살이 센 계곡의 급류를 헤엄쳐나가는 모험으로 가득한 레포츠로 여러 사람이 호흡을 맞추고 힘의 조화를 이루어야 할 수 있기에 협동심·인내심을 기르는 데 좋으며, 온몸의 힘을 모아 물살을 헤치며 노를 저어야 하기에 운동의 효과가 크고, 신선한 공기를 마음껏 마실 수 있어 건강에 좋은 스포츠이다.

강에서 수렵생활을 하던 원시인의 생활수단인 뗏목타기를 스포츠로 승화시킨 래프팅은 1980년대 중반 우리나라에 도입된 후, 처음 참가하는 초보자라도 안전하게 래프팅의 묘미와 진수를 맛볼 수 있다는 장점 때문에 해마다 폭발적으로 증가하고 있다.

(5) 주요 국가의 선택관광 요금표

〈표 11-1〉 세계각국의 선택관광 요금표(2004년 2월 현재기준)

지역	도시	상 품	가격($)	지역	도시	상 품	가격($)
필리핀	마닐라	팍상한 폭포	90	태국	방콕과 파타야	악어농장	20
		푸에르토아줄	80			디스코	30
		카일나부네이	85			호랑이공원	30
		빌라에스쿠데로	90			낚시	50
		히든발리	105			씨 워킹	80
		코레히돌	120			비디오	100
		수빅	120			가든 뷔페	50
		따가이따이	60-80			샹그릴라 뷔페	60
		코코넛팔라스	10			선상 디너	50
		말라카냐 궁	20			나이트 투어	50
	보라카이	스킨스쿠버	100			신혼앨범	150
		호핑 투어	5			요트	150
		바나나보트	15		푸켓	환타지아쇼	70
		오일마사지	10			타이민속쇼	20
		오토바이섬 일주	20			씨 카누 1	100
		통돼지 바베큐	25			씨 카누 2	30
		씨푸드	25			비디오	40
	세부	체험다이빙	100			스쿠버다이빙	100
		호핑 섬 일주투어	60			씨 워킹	80
		씨 워킹	100			무인도투어	80
		파라세일링	100			섬일주 관광	70
		제트스키	100			낙하산	20
		바나나보트	15			사파리 투어	60
		마사지	30			미니골프	20
태국	방콕과 파타야	알카자쇼	30			바다낚시	150
		태국 전통지압	20-40			전통안마	40
		코끼리 트레킹	50			스피드 보트 투어	150
		씨푸드	40			나이트 투어	50
		라이브쇼	30			시티 투어	40

지역	도시	상 품	가격($)	지역	도시	상 품	가격($)
호주	시드니	포트스테판	200	뉴질랜드	타우포	번지 점프	80
		울릉공북부 투어	150			번지(사진)	30
		시드니 야경 (오페라하우스, 수족관, 시드니 타워 맥주 및 커피 제공)	70			번지(비디오)	40
						번지(사진, 비디오)	60
						래프팅	125
						헬리곱터 15분	130
						헬리곱터 25분	190
	골드 코스트	무비월드	130		오클랜드	각종 씨푸드	50
		야경(카지노쇼, 맥주 및 음료 제공, 리무진)	130		로투루아	말타기	30
						번지점프	70
						제트보트 팜투어	각각 50
					퀸스 타운	제트보트	95
						번지점프	95-160
						헬리곱터 30분	195
		파라다이스 농장	130			헬리곱터 45분	265
미국	LA	유니버설 스튜디오	70	캐나다	밴쿠버	곤돌라 전망 대식사	50
		디즈니랜드	80		밴프	야외 온천욕	20
	그랜드캐년	I-MAX 영화	10			야외 바베큐	20
	라스베이거스	쥬블리쇼	80			래프팅	40
		야경	30			말타기	50
	센프란시스코	유람선	18		토론토	스카이론 타워	30
캐나다	빅토리아	왁스박물관	20			미놀타 타워 중식	30
		꽃마차	20			레드랍스터	45
	밴쿠버	캐필라노 브리지	30		킹스턴	천섬유람선	40
		휘슬러 곤돌라	50		나이아가라	제트보트 경비행기	각 80
프랑스	파리	에펠+유람선	70-80	영국	런던	뮤지컬	70-130
		리도쇼	170	이탈리아	베니스	곤돌라	50
		리도+에펠 또는 유람선	190-200		피사	피사의 사탑	30-50
		물랭루즈 쇼	170		카프리	카프리섬 관광	100-130
		유람선+샹젤리제	50-60		로마	마차(승용차)	50

제3절 관광기념품 관련업무

1. 관광기념품의 개념과 사후면세제도

관광기념품이란 관광자가 방문하는 방문국가 또는 방문지의 고유한 전통성과 지역적 특성이 표출되는 민예품·공예품 등의 토산품(특산품)으로서 관광객이 취득 가능한 상품으로 이해할 수 있다.

공예품과 민예품은 그 국가, 그 지역의 특정지역에서만 생산되는 원료나 소재로 만든 공산품이나 그 지역에서 많이 생산되는 농수산물을 통틀어 토산품으로 정의하고 있다. 공예품은 산업공예품인 도자기, 도자기인형, 커피잔, 금속장신구 등이 있고, 미술공예품은 목각제품·목기제품·죽세공품 등 기계에 의하여 않고 장인이 수공예적 기법으로 제작한 제품들이 있다.

이렇게 볼 때 관광기념품이란 어떤 지역, 또는 어느 국가의 전통성을 지닌 공예품등의 토산품과 일상용품 등 여행자가 여행방문지에서 구입할 수 있는 모든 상품으로 정의할 수 있다.

(1) 관광기념품에 대한 사후면세제도

사후면세제도란 자국을 방문한 외국인 관광객(국내주재 외교관·군인은 제외됨)이 관할 세무서장이 지정하는 면세사업장에서 물건을 구입하는 경우, 물품대금에 포함되어 있는 부가가치세와 특별소비세를 구입한 관광객에게 사후에 환급해주는 제도로서 많은 유럽국가와 싱가포르, 그리고 캐나다 등지에서 시행하고 있는 제도이다.

1) 한국의 외국인 관광객 대상 사후면세제도 지정점 안내

① 근거규정

'조세특례제한법' 제107조 및 '외국인관광객 등에 대한 부가가치세 및 특별소비세 특례규정'에 의거

② 외국인 관광객에게 면제되는 세금

부가가치세(10%), 특별소비세

2) 환급방식

① 송금형식

외국인 관광객이 출국시 세관장으로부터 물품반출 확인을 받은 후 본국으로 돌아간 다음 면세사업자가 송금을 통해 환급

② 출국시 즉시환불

환급창구 운영사업자가 환급업무를 대행하여 출국장에서 외국인 관광객에게 일정한 수수료를 제하고 환급을 한 후 면세사업자로부터 환급액을 돌려받는 방식

3) 사후면세판매장

1999년 56개, 2000년 141개 업체가 지정을 받았으며, 2001년 8월 현재 전국에 798개 업체가 지정을 받는 등 지정업체가 지속적으로 증가하고 있다.

① 판매물품

총포 · 도검 · 문화재 · 마약 등을 제외한 물품. 현재 도자기 · 홍삼 · 유리제품이 판매물품의 주종을 이루고 있으나 앞으로는 의류 · 신발 · 식품류 등 다양화될 예정이다.

② 환급가능 구매 한도액

사후 면세판매장으로 지정받은 업체 내에서 구입한 물품의 합계가 5만 원 이상시 환급이 가능하다.

4) 사전면세제도와 사후면세제도의 비교

사전면세점의 경우 판매장 출입에 제한이 있으나 사후면세점의 경우에는 사후면세점으로 지정이 되더라도 판매장 출입에는 전혀 제한이 없으며, 단지 외국인 관광객에 대하여만 환급전표를 발행하여 사후에 해당세액을 환불해주게 된다.

〈표 11-2〉 사전면세제도와 사후면세제도의 비교

구 분	사전면세제도		사후면세제도
	보세판매장 (공항면세점 등)	외국인전용 관광기념품판매장	
근 거	관세법	부가가치세법 시행령	조세특례제한법 제107조
면 세	부가가치세, 특별소비세, 관세	부가가치세	부가가치세, 특별소비세
대상자	외국인 관광객, 출국내국인	외국인 관광객	외국인 관광객
물 품	수입물품, 모피, 보석류, 보세가공물품, 인삼제품 등 국산품	관광기념품과 일상용품 (국내생산 원료로만 제작된 물품)	도자기・홍삼・악기・의류 등
방 법	세제 외 가격으로 판매(단 공항출국장에서 물품 인도)	세제 외 가격으로 판매	세금포함 가격으로 판매 후 세금환불
지정업체	23개소	114개소	798개소

5) 출국장에서의 환급

사후면세판매장에서 물품을 구입한 외국인 관광객이 출국 전 세관으로부터 물품판매 전표에 확인을 받은 후 출국장 보세구역 내의 환급창구 운영사업자에게 전표를 제출하면 해당세액을 현금으로 환급받게 되는 절차를 말한다. 다만, 외국인 관광객이 출국장에서 환급받지 못할 경우 환급전표를 우편으로 환급창구 운영사업자에게 송부할 경우 송금형식으로도 환급이 가능하며, 환급창구 운영사업자와 제휴를 맺은 은행으로부터의 환급도 가능하다.

① 환급창구 운영사업자의 역할

환급창구 운영사업자란 출국장에서 환급이 가능하도록 출국장 내 보세구역 내에서 해당세액을 현금으로 환급을 대행해주는 용역업체를 말한다. 그 외에도 환급창구 운영사업자는 환급위탁 계약을 체결한 사후면세판매장에 대한 해외홍보와 마케팅을 통해 매출액이 증가될 수 있도록 지원하는 역할도 하고 있다.

6) 사후면세점으로 지정받으면 좋은 점

① 외국인 관광객의 이용 증가

사후면세제도는 유럽 · 싱가포르 · 태국 · 캐나다 등지에서 시행하고 있는 제도로 이미 많은 관광객이 이용하고 있으며, 우리나라의 경우 부가가치세율(10%)이 높은 편이기 때문에(싱가포르 : 3%) 더욱 많은 관광객이 관심을 갖고 이용할 것으로 기대된다. 특히 일본인들의 사후면세점에 대한 인지도가 높기 때문에(유럽의 경우 사후면세점 이용 관광객 중 일본인이 가장 높은 비중을 차지) 우리나라의 최대시장인 일본인 관광객 유치효과가 클 것이다. 환급창구 운영사업자와 환급위탁 계약을 체결한 업체에 대하여는 사후면세판매장 홍보 표식을 부착하게 되어 판매업소의 홍보 및 이미지에도 커다란 도움이 될 것이다.

② 해외홍보 마케팅 지원

환급창구 운영사업자 또는 한국관광공사 해외지사를 통해 사후면세판매장에 대한 해외홍보 및 마케팅을 지원할 경우 많은 외국인이 찾게 될 것이다.

7) 지정을 받기 위한 조건과 절차

① 판매물품의 범위

총포 · 도검 · 화약류 · 문화재로 지정받은 물품, 약사법에 의한 중독성 · 습관성 의약품을 제외한 대부분의 물품(특례규정 시행령 제3조)

② 면세판매자 범위

- 간이과세자가 아닌 사업장
- 기타 외국인 관광객의 이용도가 높다고 인정되는 장소(관광특구 등) 중 국세청장이 지정하는 장소
- 종전에는 백화점 · 쇼핑센터 · 대형판매장 등으로 면세판매장의 지정요건을 제한하였으나 현행 특례규정 하에서는 일반 소매점에서도 면세판매장을 운영할 수 있도록 판매장 지정범위를 대폭 확대하였다.

③ 지정절차

- 지정신청서를 관할 세무서장에게 제출해야 한다. 구비서류는 다른 법령

에 의해 허가 또는 지정을 받거나 등록을 한 경우 허가증·지정증 또는 등록증이다.

- 관할 세무서장은 신청일로부터 7일 이내에 면세판매장 지정 여부를 결정한다.
- 관할 세무서장은 지정요건을 갖춘 경우에 한하여 지정(지정증 교부)외국인 관광객의 이용도가 높다고 인정되는 장소에서 판매장 경영, 판매에 필요한 인원 및 인력을 갖추어야 한다.

2. 면세점의 종류와 및 특성

(1) 면세점의 개념

쇼핑관광의 중요한 몫을 차지하는 면세점은 외국인 여행자들과 출국하는 내국인 여행자들에게 매력요인으로 작용하고 있다. 또한 국내의 면세점은 외화획득과 내국인의 외화유출을 감소시킬 수 있어 관광산업뿐만 아니라 국가경제에도 크게 기여하고 있어 정책적으로도 보호·육성되고 있는 분야이기도 하다.

관광의 경우 각국의 국제공항에는 외국물품을 외국으로 반출하거나 관세의 면제를 받을 수 있는 자가 사용하는 것을 조건으로 판매하는 구역을 설정하고 있다. 국제공항의 출국장에는 면세점이 있어 외국으로 반출할 외국물품을 판매하는 장소가 있다. 이와 같이 면세제도의 취지는 국내에 반출 우려가 없는 국외여행자가 구입하는 물품에 대하여 부가가치세·특별소비세·관세 등을 사전에 면세해주는 데 있다.

(2) 면세점의 특성

관광사업과 관련된 면세점의 특성은 다음과 같이 정리할 수 있다.

- 관세법상 특허가 가능한 지역이나 장소로서 외국인 여행자가 이용하는 사업으로 그 수를 제한하고 있다.
- 외화획득에 이바지하며, 외국인을 대상으로 수출사업의 역할을 한다.

- 면세물품의 반입이나 반출에는 세관이 엄격한 관리통제를 한다.
- 여행사의 협조를 필요로 한다. 즉 면세점의 주요 고객은 외국인 및 출국하는 내국인으로 제한되고 있기 때문에 이를 관장하는 여행사의 협력이 필요하다.

(3) 면세점의 종류

- 외교관 전용지점
- 해 · 공항 출국인 전용지점
- 시내 출국인 전용지점

(4) 면세점의 형태

1) 공항면세점

공항면세점(airport duty-free shop)이란 국제공항의 보세구역 내에 설치된 면세점인데 출입국의 내외국인의 국제여행시에 활용하는 면세점으로 상품의 종류도 다양하고, 그 지역의 특산품도 함께 구입할 수 있다.

2) 항공기 내 면세점

항공기 내 면세점(in-flight duty-free shop)이란 국제선 항공기 내에서 탑승고객에게 면세물품을 판매하는 면세점으로서 이는 공항면세점에서 시간부족으로 물품을 구입하지 못한 여행자에게 면세물품의 이용기회를 부여하기 위한 것이라 볼 수 있다.

3) 페리면세점

페리면세점(ferry duty-free shop)이란 국가와 국가간을 운항하는 국제 페리면세점이나 항구에 설치된 면세점으로서 자동차도 판매하며, 다종다양한 상품이 준비되어 있어서 저렴한 가격으로 구입이 가능하다.

4) 기타 면세점

기타 면세점(other duty-free shop)에는 시내면세점, 국경면세점, 외교관 면세점, 군인면세점, 국제유람선 면세점 등이 있다. 외국인 전용면세점이나 백화점·호텔 면세점에서는 국내유출을 막기 위해 선 주문 후 공항납품제도(pre-order system)를 도입 적용하고 있다.

내국인 여행자 또한 면세점을 이용할 수는 있으나 출국시 공항에서 물품을 인도받을 수밖에 없다.

3. 인터넷 면세점 이용방법

인터넷 면세점은 출국예정 내국인과 한국을 방문한 외국인만 이용할 수 있다. 일반 전자상거래와 달리 인터넷 면세점은 자택에서 상품을 받을 수 없다.

(1) 물품 구입방법

1) 회원가입

인터넷 면세점의 회원으로 가입한다.

2) 주문하기

원하는 상품을 고른 후 주문하고 결제는 신용카드로만 가능하다.

3) 출국자료 입력

- 출국일과 출발지, 항공편을 입력한다.
- 주간주문(9:00~19:00)은 출국 6시간 이전
- 야간주문(19:00~다음날 9:00)은 다음날 13시 이후에 출국해야만 주문이 가능하다(단, 지방공항은 출국 48시간 전에 주문하여야 한다).

4) 주문확인

주문한 내용을 확인하신 후 교환권 번호와 상품수령 장소를 확인(교환권 번호는 상품 수령시 필요하다)

5) 상품수령

출국 당일 각 공항의 면세점 인도장에서 수령하면 된다.

- 주문완료시의 주문번호 확인, 페이지의 사본 또는 주문번호를 메모해두어야 한다.
- 출국자(구매자)의 여권

(2) 쇼핑시 알아두어야 할 사항

- 여권과 항공권을 지참해야 한다(항공편명과 출발시간).
- 이용대상자 : 해외 출국예정자
- 쇼핑 가능시기 : 항공편이 확정된 후부터 출국 6시간 전까지
- 이용한도 : 내국인은 쇼핑 가능한 금액이 제한되어 있다.
- 대금결제 : 원, 달러, 엔, 신용카드(할부 가능)로 결제한다.
- 쇼핑 후 면세품 대금은 매장에서 지불하고, 쇼핑한 물품은 공항에서 인도하므로 영수증과 교환권을 꼭 받아야 한다.

(3) 면세품 수령방법

- 영수증과 교환권을 지참
- 면세품은 출국당일 교환권을 꼭 지참하고 공항 내 상품 인도장에서 출국 1~2시간 전까지 교환권을 제시하고 수령하면 된다.

여행용어 해설

- Tour Operator : 현지의 지상수배업자를 말하며, 현지의 예약과 수배를 하고 여행 일정과 새롭고 정확한 정보를 제공해주는 업자
- Transfers : 최종 목적지까지 가기 위해서 중간 기착지에서 비행기를 갈아타는 것
- Transit : 여행목적까지 가는 사이에 교통기관이 도중에 들러가는 지점
- TWOV(Transit Without VISA) : 비자 없이 여행객이 특정국가에 단기 체류하는 것으로서 여행객이 규정된 조건하에서 입국비자 없이 입국하여 짧은 기간 동안 체류할 수 있는 경우를 말한다.
- Traveler's Check : 여행자수표
- UM(Unaccompanied Minor) : 생후 3개월 이상에서 12세 미만의 유아나 어린이가 성인의 동반 없이 혼자서 항공여행을 하는 경우를 의미
- Up Grade : 항공좌석의 상급 클래스(class)로 등급변화
- VIP(Very Important Person) : 특별히 정중하게 취급해야 할 고객이나 인사
- VISA : 사증이라 하며, 방문국의 정부에서 입국을 허가해주는 입국허가증이다. 소지여권의 사증란에 인증하는 제도이다.
- Voucher : 재화나 서비스로 교환되는 서류이며, 지불이 이미 완료되었음을 입증하는 것
- Wagon-Lit : 유럽식 침대차를 의미한다. 유럽철도의 침대차로서 침대 · 베개 · 담요 · 세면대가 있다.
- Wholesaler : 여행도매업자
- Yellow Card(Book) : 예방접종 증명서
- Youth Hostel : 청소년을 위한 저렴한 숙박시설

제11장 Exercise & Role playing

01___ 호텔의 객실위치에 의한 객실의 유형에 대해 설명하시오.

02___ 호텔객실 요금의 종류에 대해 설명하시오.

03___ 단체여행시 이용하는 Hospitality Room이란 무엇인가?

04___ 호텔에 관한 정보를 입수하는 방법에 대해 설명하시오.

05___ 동남아시아와 일본지역 호텔의 특징에 대해 설명하시오.

06___ 호텔의 예약 및 확인방법에 대해 설명하시오.

07___ 선택관광시 행동요령에 대해 설명하시오.

08___ 사후면세제도에 대해 설명하시오.

09___ 면세점의 이용방법과 면세물품 수령방법에 대해서 설명하시오.

10___ 세계 주요지역의 선택관광의 현황과 요금을 분석하시오.

부 록

1. 국내여행 표준약관
2. 국외여행 표준약관

1. 국내여행 표준약관

제1조(목적) 이 약관은 00여행사와 여행자가 체결한 국내여행계약의 세부이행 및 준수사항을 정함을 목적으로 합니다.

제2조(여행업자와 여행자의 의무) ① 여행업자는 여행자에게 안전하고 만족스러운 여행서비스를 제공하기 위하여 여행알선 및 안내·운송·숙박 등 여행계획의 수립 및 실행과정에서 맡은 바 임무를 충실히 수행하여야 합니다.

② 여행자는 안전하고 즐거운 여행을 위하여 여행자간 화합도모 및 여행업자의 여행질서 유지에 적극 협조하여야 합니다.

제3조(여행의 종류 및 정의) 여행의 종류와 정의는 다음과 같습니다.

1. 희망여행 : 여행자가 희망하는 여행조건에 따라 여행업자가 실시하는 여행
2. 일반모집여행 : 여행업자가 수립한 여행조건에 따라 여행자를 모집하여 실시하는 여행
3. 위탁모집여행 : 여행업자가 만든 모집여행상품의 여행자 모집을 타 여행업체에 위탁하여 실시하는 여행

제4조(계약의 구성) ① 여행계약은 여행계약서(붙임)와 여행약관·여행일정표(또는 여행 설명서)를 계약내용으로 합니다.

② 여행일정표(또는 여행설명서)에는 여행일자별 여행지와 관광내용·교통수단·쇼핑횟수·숙박장소·식사 등 여행실시일정 및 여행사 제공 서비스 내용과 여행자 유의사항이 포함되어야 합니다.

제5조(특약) 여행업자와 여행자는 관계법규에 위반되지 않는 범위 내에서 서면으로 특약을 맺을 수 있습니다. 이 경우 표준약관과 다름을 여행업자는 여행자에게 설명하여야 합니다.

제6조(계약서 및 약관 등 교부) 여행업자는 여행자와 여행계약을 체결한 경우 계약서와 여행약관, 여행일정표(또는 여행설명서)를 각 1부씩 여행자에게 교부하여야 합니다.

제7조(계약서 및 약관 등 교부 간주) 다음 각 호의 경우에는 여행업자가 여행자에게 여행계약서와 여행약관 및 여행일정표(또는 여행설명서)가 교부된 것으로 간주합니다.

1. 여행자가 인터넷 등 전자정보망으로 제공된 여행계약서, 약관 및 여행일정표(또는 여행설명서)의 내용에 동의하고 여행계약의 체결을 신청한데 대해 여행업자가 전자정보망 내지 기계적 장치 등을 이용하여 여행자에게 승낙의 의사를 통지한 경우
2. 여행업자가 팩시밀리 등 기계적 장치를 이용하여 제공한 여행계약서, 약관및 여행일정표(또는 여행설명서)의 내용에 대하여 여행자가 동의하고 여행계약의 체결을 신청하는 서면을 송부한데 대해 여행업자가 전자정보망 내지 기계적 장치 등을 이용하여 여행자에게 승낙의 의사를 통지한 경우

제8조(여행업자의 책임) ① 여행업자는 여행 출발시부터 도착시까지 여행업자 본인 또는 그 고용인, 현지여행업자 또는 그 고용인 등(이하 '사용인'이라 함)이 제2조제1항에서 규정한 여행업자 임무와 관련하여 여행자에게 고의 또는 과실로 손해를 가한 경우 책임을 집니다.

② 여행업자는 항공기, 기차, 선박 등 교통기관의 연발착 또는 교통체증 등으로 인하여 여행자가 입은 손해를 배상하여야 합니다. 단 여행업자가 고의 또는 과실이 없음을 입증한 때에는 그러하지 아니합니다.

③ 여행업자는 자기나 그 사용인이 여행자의 수화물 수령·인도·보관 등에 관하여 주의를 해태하지 아니하였음을 증명하지 아니하는 한 여행자의 수화물 멸실, 훼손 또는 연착으로 인하여 발생한 손해를 배상하여야 합니다.

제9조(최저 행사인원 미 충족시 계약해제) ① 여행업자는 최저행사인원이 충족되지 아니하여 여행계약을 해제하는 경우 당일여행의 경우 여행출발 24시간 이전까지, 1박2일 이상인 경우에는 여행출발 48시간 이전까지 여행자에게 통지하여야 합니다.

② 여행업자가 여행참가자 수의 미달로 전항의 기일 내 통지를 하지 아니하고 계약을 해제하는 경우 이미 지급받은 계약금 환급 외에 계약금 100% 상당액을 여행자에게 배상하여야 합니다.

제10조(계약체결 거절) 여행업자는 여행자에게 다음 각 호의 1에 해당하는 사유가 있을 경우에는 여행자와의 계약체결을 거절할 수 있습니다.

1. 다른 여행자에게 폐를 끼치거나 여행의 원활한 실시에 현저한 지장이 있다고 인정될 때
2. 질병 기타 사유로 여행이 어렵다고 인정될 때
3. 계약서에 명시한 최대행사인원이 초과되었을 때

제11조(여행요금) ① 기본요금에는 다음 각 호가 포함됩니다. 단, 희망여행은 당사자간 합의에 따릅니다.

1. 항공기, 선박, 철도 등 이용운송기관의 운임(보통운임기준)
2. 공항, 역, 부두와 호텔 사이 등 송영버스요금
3. 숙박요금 및 식사요금
4. 안내자경비
5. 여행 중 필요한 각종 세금
6. 국내 공항·항만 이용료
7. 일정표내 관광지 입장료
8. 기타 개별계약에 따른 비용

② 여행자는 계약 체결시 계약금(여행요금 중 10% 이하의 금액)을 여행업자에게 지급하여야 하며, 계약금은 여행요금 또는 손해배상액의 전부 또는 일부로 취급합니다.

③ 여행자는 제1항의 여행요금 중 계약금을 제외한 잔금을 여행출발 전일까지 여행업자에게 지급하여야 합니다.

④ 여행자는 제1항의 여행요금을 여행업자가 지정한 방법(지로구좌, 무통장입금 등)으로 지급하여야 합니다.

⑤ 희망여행요금에 여행자 보험료가 포함되는 경우 여행업자는 보험회사명, 보상내용 등을 여행자에게 설명하여야 합니다.

제12조(여행조건의 변경요건 및 요금 등의 정산) ① 위 제1조 내지 제11조의 여행조건은 다음 각 호의 1의 경우에 한하여 변경될 수 있습니다.

1. 여행자의 안전과 보호를 위하여 여행자의 요청 또는 현지사정에 의하여 부득이하다고 쌍방이 합의한 경우
2. 천재지변, 전란, 정부의 명령, 운송·숙박기관 등의 파업·휴업 등으로 여행의 목적을 달성할 수 없는 경우

② 제1항의 여행조건 변경으로 인하여 제11조제1항의 여행요금에 증감이 생기는 경우에는 여행출발 전 변경분은 여행출발 이전에, 여행중 변경분은 여행종료 후 10일 이내에 각각 정산(환급)하여야 합니다.

③ 제1항의 규정에 의하지 아니하고 여행조건이 변경되거나 제13조 또는 제14조의 규정에 의한 계약의 해제·해지로 인하여 손해배상액이 발생한 경우에는 여행출발 전 발생분은 여행출발 이전에, 여행중 발생분은 여행종료 후 10일 이내에 각각 정산(환급)하여야 합니다.

④ 여행자는 여행출발 후 자기의 사정으로 숙박·식사·관광 등 여행요금에 포함된 서비스를 제공받지 못한 경우 여행업자에게 그에 상응하는 요금의 환급을 청구할 수 없습니다. 단, 여행이 중도에 종료된 경우에는 제14조에 준하여 처리합니다.

제13조(여행출발 전 계약해제) ① 여행업자 또는 여행자는 여행출발 전 이 여행계약을 해제할 수 있습니다. 이 경우 발생하는 손해액은 '소비자피해보상규정'(재정경제부고시)에 따라 배상합니다.

② 여행업자 또는 여행자는 여행출발 전에 다음 각 호의 1에 해당하는사유가 있는 경우 상대방에게 제1항의 손해배상액을 지급하지 아니하고 이 여행계약을 해제할 수 있습니다.

1. 여행업자가 해제할 수 있는 경우
   가. 제12조제1항제1호 및 제2호 사유의 경우
   나. 여행자가 다른 여행자에게 폐를 끼치거나 여행의 원활한 실시에 현저한 지장이 있다고 인정될 때
   다. 질병 등 여행자의 신체에 이상이 발생하여 여행에의 참가가 불가능한 경우
   라. 여행자가 계약서에 기재된 기일까지 여행요금을 지급하지 아니하는 경우
2. 여행자가 해제할 수 있는 경우
   가. 제12조제1항제1호 및 제2호 사유의 경우

나. 여행자의 3촌 이내 친족이 사망한 경우
다. 질병 등 여행자의 신체에 이상이 발생하여 여행에의 참가가 불가능한 경우
라. 배우자 또는 직계존비속이 신체 이상으로 3일 이상 병원(의원)에 입원하여 여행 출발시까지 퇴원이 곤란한 경우 그 배우자 또는 보호자 1인
마. 여행업자의 귀책사유로 계약서에 기재된 여행일정대로의 여행 실시가 불가능해진 경우

제14조(여행출발 후 계약해지) ① 여행업자 또는 여행자는 여행출발 후 부득이한 사유가 있는 경우 이 계약을 해지할 수 있습니다. 단, 이로 인하여 상대방이 입은 손해를 배상하여야 합니다.

② 제1항의 규정에 의하여 계약이 해지된 경우 여행업자는 여행자가 귀가하는 데 필요한 사항을 협조하여야 하며, 이에 필요한 비용으로서 여행업자의 귀책사유에 의하지 아니한 것은 여행자가 부담합니다.

제15조(여행의 시작과 종료) 여행의 시작은 출발하는 시점부터 시작하며 여행일정이 종료하여 최종목적지에 도착함과 동시에 종료합니다. 다만, 계약 및 일정을 변경할 때에는 예외로 합니다.

제16조(설명의무) 여행업자는 이 약관에 정하여져 있는 중요한 내용 및 그 변경사항을 여행자가 이해할 수 있도록 설명하여야 합니다.

제17조(보험가입 등) 여행업자는 여행과 관련하여 여행자에게 손해가 발생한 경우 여행자에게 보험금을 지급하기 위한 보험 또는 공제에 가입하거나 영업보증금을 예치하여야 합니다.

제18조(기타사항) ① 이 계약에 명시되지 아니한 사항 또는 이 계약의 해석에 관하여 다툼이 있는 경우에는 여행업자와 여행자가 합의하여 결정하되, 합의가 이루어지지 아니한 경우에는 관계법령 및 일반관례에 따릅니다.

② 특수지역에의 여행으로서 정당한 사유가 있는 경우에는 약관의 내용과 다르게 정할 수 있습니다.

2. 국외여행 표준약관

제1조(목적) 이 약관은 ○○여행사와 여행자가 체결한 국외여행계약의 세부 이행 및 준수사항을 정함을 목적으로 합니다.

제2조(여행업자와 여행자의 의무) ① 여행업자는 여행자에게 안전하고 만족스러운 여행서비스를 제공하기 위하여 여행알선 및 안내·운송·숙박 등 여행계획의 수립 및 실행과정에서 맡은 바 임무를 충실히 수행하여야 합니다.

② 여행자는 안전하고 즐거운 여행을 위하여 여행자간 화합도모 및 여행업자의 여행질서 유지에 적극 협조하여야 합니다.

제3조(용어의 정의) 여행의 종류 및 정의, 해외여행수속대행업의 정의는 다음과 같습니다.

1. 기획여행 : 여행업자가 미리 여행목적지 및 관광일정, 여행자에게 제공될 운송 및 숙식 서비스 내용(이하 '여행서비스'라 함), 여행요금을 정하여 광고 또는 기타 방법으로 여행자를 모집하여 실시하는 여행
2. 희망여행 : 여행자(개인 또는 단체)가 희망하는 여행조건에 따라 여행업자가 운송·숙식·관광 등 여행에 관한 전반적인 계획을 수립하여 실시하는 여행
3. 해외여행 수속대행(이하 수속대형계약이라 함) : 여행업자가 여행자로부터 소정의 수속대행요금을 받기로 약정하고, 여행자의 위탁에 따라 다음에 열거하는 업무(이하 '수속 대행업무'라 함)를 대행하는 것.
   1) 여권, 사증, 재입국 허가 및 각종 증명서 취득에 관한 수속
   2) 출입국 수속서류 작성 및 기타 관련업무

제4조(계약의 구성) ① 여행계약은 여행계약서(붙임)와 여행약관·여행일정표(또는 여행 설명서)를 계약내용으로 합니다.

② 여행일정표(또는 여행설명서)에는 여행일자별 여행지와 관광내용·교통수단·쇼핑횟수·숙박장소·식사 등 여행실시일정 및 여행사 제공 서비스 내용과 여행자 유의사항이 포함되어야 합니다.

제5조(특약) 여행업자와 여행자는 관계법규에 위반되지 않는 범위내에서 서면으로 특약을 맺을 수 있습니다. 이 경우 표준약관과 다름을 여행업자는 여행자에게 설명해야 합니다.

제6조(계약서 및 약관 교부) 여행업자는 여행자와 여행계약을 체결한 경우 계약서와 여행약관, 여행 일정표(또는 여행설명서)를 각 1부씩 여행자에게 교부하여야 합니다.

제7조(계약서 및 약관 등 교부 간주) 여행업자와 여행자는 다음 각 호의 경우 여행계약서와 여행약관 및 여행일정표(또는 여행설명서)가 교부된 것으로 간주합니다.

1. 여행자가 인터넷 등 전자정보망으로 제공된 여행계약서, 약관 및 여행일정표(또는 여행설명서)의 내용에 동의하고 여행계약의 체결을 신청한데 대해 여행업자가 전자정보

망 내지 기계적 장치 등을 이용하여 여행자에게 승낙의 의사를 통지한 경우

2. 여행업자가 팩시밀리 등 기계적 장치를 이용하여 제공한 여행계약서, 약관 및 여행일정표(또는 여행설명서)의 내용에 대하여 여행자가 동의하고 여행계약의 체결을 신청하는 서면을 송부한데 대해 여행업자가 전자정보망 내지 기계적 장치 등을 이용하여 여행자에게 승낙의 의사를 통지한 경우

제8조(여행업자의 책임) 여행업자는 여행 출발시부터 도착시까지 여행업자 본인 또는 그 고용인, 현지 여행업자 또는 그 고용인 등(이하 '사용인'이라 함)이 제2조제1항에서 규정한 여행업자 임무와 관련하여 여행자에게 고의 또는 과실로 손해를 가한 경우 책임을 집니다.

제9조(최저행사인원 미충족시 계약해제) ① 여행업자는 최저행사인원이 충족되지 아니하여 여행계약을 해제하는 경우 여행출발 7일전까지 여행자에게 통지하여야 합니다.

② 여행업자가 여행참가자 수 미달로 전항의 기일 내 통지를 하지 아니하고 계약을 해제하는 경우 이미 지급받은 계약금 환급 외에 다음 각 목의 1의 금액을 여행자에게 배상하여야 합니다.

가. 여행출발 1일 전까지 통지시 : 여행요금의 20%

나. 여행출발 당일 통지시 : 여행요금의 50%

제10조(계약체결 거절) 여행업자는 여행자에게 다음 각 호의 1에 해당하는 사유가 있을 경우에는 여행자와의 계약체결을 거절할 수 있습니다.

1. 다른 여행자에게 폐를 끼치거나 여행의 원활한 실시에 현저한 지장이 있다고 인정될 때
2. 질병 기타 사유로 여행이 어렵다고 인정될 때
3. 계약서에 명시한 최대행사인원이 초과되었을 때

제11조(여행요금) ① 여행계약서의 여행요금에는 다음 각 호가 포함됩니다. 단, 희망여행은 당사자간 합의에 따릅니다.

1. 항공기, 선박, 철도 등 이용운송기관의 운임(보통운임기준)
2. 공항, 역, 부두와 호텔 사이 등 송영버스요금
3. 숙박요금 및 식사요금
4. 안내자경비
5. 여행 중 필요한 각종세금
6. 국내외 공항・항만세
7. 관광진흥개발기금
8. 일정표 내 관광지 입장료
9. 기타 개별계약에 따른 비용

② 여행자는 계약체결시 계약금(여행요금 중 10% 이하 금액)을 여행업자에게 지급하여야 하며, 계약금은 여행요금 또는 손해배상액의 전부 또는 일부로 취급합니다.

③ 여행자는 제1항의 여행요금 중 계약금을 제외한 잔금을 여행출발 7일 전까지 여행업

자에게 지급하여야 합니다.

④ 여행자는 제1항의 여행요금을 여행업자가 지정한 방법(지로구좌, 무통장입금 등)으로 지급하여야 합니다.

⑤ 희망여행요금에 여행자 보험료가 포함되는 경우 여행업자는 보험회사명, 보상내용 등을 여행자에게 설명하여야 합니다.

제12조(여행요금의 변경) ① 국외여행을 실시함에 있어서 이용운송·숙박기관에 지급하여야 할 요금이 계약체결시보다 5% 이상 증감하거나 여행요금에 적용된 외화환율이 계약체결시보다 2% 이상 증감한 경우 여행업자 또는 여행자는 그 증감된 금액 범위 내에서 여행요금의 증감을 상대방에게 청구할 수 있습니다.

② 여행업자는 제1항의 규정에 따라 여행요금을 증액하였을 때에는 여행출발일 15일 전에 여행자에게 통지하여야 합니다.

제13조(여행조건의 변경요건 및 요금 등의 정산) ① 위 제1조 내지 제12조의 여행조건은 다음 각 호의 1의 경우에 한하여 변경될 수 있습니다.

1. 여행자의 안전과 보호를 위하여 여행자의 요청 또는 현지사정에 의하여 부득이하다고 쌍방이 합의한 경우
2. 천재지변, 전란, 정부의 명령, 운송·숙박기관 등의 파업·휴업 등으로 여행의 목적을 달성할 수 없는 경우

② 제1항의 여행조건 변경 및 제12조의 여행요금 변경으로 인하여 제11조제1항의 여행요금에 증감이 생기는 경우에는 여행출발 전 변경분은 여행출발 이전에, 여행중 변경분은 여행종료 후 10일 이내에 각각 정산(환급)하여야 합니다.

③ 제1항의 규정에 의하지 아니하고 여행조건이 변경되거나 제14조 또는 제15조의 규정에 의한 계약의 해제·해지로 인하여 손해배상액이 발생한 경우에는 여행출발 전 발생분은 여행출발 이전에, 여행중 발생분은 여행종료 후 10일 이내에 각각 정산(환급)하여야 합니다.

④ 여행자는 여행출발 후 자기의 사정으로 숙박·식사·관광 등 여행요금에 포함된 서비스를 제공받지 못한 경우 여행업자에게 그에 상응하는 요금의 환급을 청구할 수 없습니다. 단, 여행이 중도에 종료된 경우에는 제16조에 준하여 처리합니다.

제14조(손해배상) ① 여행업자는 현지여행업자 등의 고의 또는 과실로 여행자에게 손해를 가한 경우 여행업자는 여행자에게 손해를 배상하여야 합니다.

② 여행업자의 귀책사유로 여행자의 국외여행에 필요한 여권, 사증, 재입국 허가 또는 각종 증명서 등을 취득하지 못하여 여행자의 여행일정에 차질이 생긴 경우 여행업자는 여행자로부터 절차대행을 위하여 받은 금액 전부 및 그 금액의 100% 상당액을 여행자에게 배상하여야 합니다.

③ 여행업자는 항공기·기차·선박 등 교통기관의 연발착 또는 교통체증 등으로 인하여

여행자가 입은 손해를 배상하여야 합니다. 단, 여행업자가 고의 또는 과실이 없음을 입증한 때에는 그러하지 아니합니다.

④ 여행업자는 자기나 그 사용인이 여행자의 수하물 수령 · 인도 · 보관 등에 관하여 주의를 해태(懈怠)하지 아니하였음을 증명하지 아니하면 여행자의 수하물 멸실 · 훼손 또는 연착으로 인한 손해를 배상할 책임을 면하지 못합니다.

제15조(여행출발 전 계약해제) ① 여행업자 또는 여행자는 여행출발 전 이 여행계약을 해제할 수 있습니다. 이 경우 발생하는 손해액은 '소비자피해보상규정'(재정경제부 고시)에 따라 배상해야 합니다.

② 여행업자 또는 여행자는 여행출발 전에 다음 각 호의 1에 해당하는 사유가 있는 경우 상대방에게 제1항의 손해배상액을 지급하지 아니하고 이 여행계약을 해제할 수 있습니다.

1. 여행업자가 해제할 수 있는 경우
   가. 제13조제1항제1호 및 제2호 사유의 경우
   나. 다른 여행자에게 폐를 끼치거나 여행의 원활한 실시에 현저한 지장이 있다고 인정될 때
   다. 질병 등 여행자의 신체에 이상이 발생하여 여행에의 참가가 불가능한 경우
   라. 여행자가 계약서에 기재된 기일까지 여행요금을 납입하지 아니한 경우
2. 여행자가 해제할 수 있는 경우
   가. 제13조제1항제1호 및 제2호의 사유가 있는 경우
   나. 여행자의 3촌 이내 친족이 사망한 경우
   다. 질병 등 여행자의 신체에 이상이 발생하여 여행에의 참가가 불가능한 경우
   라. 배우자 또는 직계존비속이 신체 이상으로 3일 이상 병원(의원)에 입원하여 여행출발 전까지 퇴원이 곤란한 경우 그 배우자 또는 보호자 1인
   마. 여행업자의 귀책사유로 계약서 또는 여행일정표(여행설명서)에 기재된 여행일정대로의 여행실시가 불가능해진 경우
   바. 제12조제1항의 규정에 의한 여행요금의 증액으로 인하여 여행 계속이 어렵다고 인정될 경우

제16조(여행출발 후 계약해지) ① 여행업자 또는 여행자는 여행출발 후 부득이한 사유가 있는 경우 이 여행계약을 해지할 수 있습니다. 단, 이로 인하여 상대방이 입은 손해를 배상하여야 합니다.

② 제1항의 규정에 의하여 계약이 해지된 경우 여행업자는 여행자가 귀국하는 데 필요한 사항을 협조하여야 하며, 이에 필요한 비용으로서 여행업자의 귀책사유에 의하지 아니한 것은 여행자가 부담합니다.

제17조(여행의 시작과 종료) 여행의 시작은 탑승수속(선박인 경우 승선수속)을 마친 시점으로 하

며, 여행의 종료는 여행자가 입국장 보세구역을 벗어나는 시점으로 합니다. 단, 계약 내용상 국내이동이 있을 경우에는 최초 출발지에서 이용하는 운송수단의 출발시각과 도착시각으로 합니다.

제18조(설명의무) 여행업자는 계약서에 정하여져 있는 중요한 내용 및 그 변경사항을 여행자가 이해할 수 있도록 설명하여야 합니다.

제19조(보험가입 등) 여행업자는 이 여행과 관련하여 여행자에게 손해가 발생한 경우 여행자에게 보험금을 지급하기 위한 보험 또는 공제에 가입하거나 영업보증금을 예치하여야 합니다.

제20조(기타사항) ① 이 계약에 명시되지 아니한 사항 또는 이 계약의 해석에 관하여 다툼이 있는 경우에는 여행업자 또는 여행자가 합의하여 결정하되, 합의가 이루어지지 아니한 경우에는 관계법령 및 일반관례에 따릅니다.

② 특수지역에의 여행으로서 정당한 사유가 있는 경우에는 이 표준약관의 내용과 달리 정할 수 있습니다.

참고문헌

1. 국내문헌

김경호·고승익, ≪관광학원론≫. 형설출판사, 2003

김성혁, ≪서비스경영론≫, 대왕사, 1992

______, ≪여행사경영관리론≫, 형설출판사, 1999

김연화·윤중신, ≪여행사·항공사 실무용어≫, 학문사, 2000

김영규, ≪여행사경영과 실무≫, 대왕사, 2003

<대한항공 TOPAS 예약매뉴얼>, 2005

문화관광부, <관광동향에 관한 연차보고서>, 2005

미국대사관, <비 이민비자(NIV) 방침발표> 자료, 2003

서철현, <여행사종사원들의 직무관련태도요인들이 이직의향에 미치는 영향>, 대한관광경영학회, 2000

______, ≪관광통역안내사 특강≫, 대왕사, 2004

______, <항공사 직원의 직무관련 태도에 관한 연구>, ≪관광이벤트연구≫, 관광이벤트학회, 2003

손대현·장병권, ≪레저관광심리학≫, 백산출판사, 2001

안대희·전영상 외, ≪여행사경영론≫, 백산출판사, 2003

여행신문, <소비자들의 여행상품구매 "ASTA" 설문결과> 보도자료, 1999

외교통상부 영사과, <일본 입국사증의 항구적 면제 실시> 보도자료, 2006

__________ 여권과, <사진전사식 신여권발급 안내> 보도자료, 2005

윤대순, ≪여행사실무론≫, 기문사, 1999

이교종, ≪여행업실무≫, 백산출판사, 2000

이선희, ≪여행업실무론≫, 대왕사, 1999

______, ≪관광마아케팅론≫, 대왕사, 1993

______, ≪여행사창업성공백과≫, 대왕사, 2003

이수길, ≪관광기업경영론≫, 한올출판사, 1999

이정훈, ≪여행사경영론≫, 형설출판사, 1999

임붕영, ≪서비스쿠데타≫, 형설출판사, 2002

______, ≪서비스리더십≫, 백산출판사, 2003

정익준, ≪최신여행사경영론≫, 형설출판사, 1989

______, ≪항공여행업무관리론≫, 대왕사, 1999

정찬종, ≪여행사경영론≫, 백산출판사, 2003

조송빈, ≪여행사경영관리론≫, 백산출판사, 1991

조현호, ≪관광학개론≫, 대왕사, 1998

하헌국·조문식·김영규, ≪여행사경영론≫, 대왕사, 2000

한국관광공사, <연도별 출입국 관광통계>, 2006

____________, <세계 100도시 체재비 순위>, 2006

한국일반여행업협회, <기획여행신고 일반여행업체 현황> 2005

황해객화선사협의회, <여객선 수송실적>, 2004

2. 기타 자료

모두투어, http://www.modetour.co.kr
미국대사관, http://usembassy.state.gov/seoul
여행신문, http://www.traveltimes.co.kr/
인천국제공항, http://www.airport.or.kr/home.jsp
투어스페이스, http://www.tourspace.co.kr/data/gum/option/main.htm
하나투어, http://www.hanatour.co.kr
한국일반여행업협회, http://www.kata.or.kr/
한국철도공사, http://www.korail.go.kr/
호텔여행나라 다음카페, http://cafe.daum.net/Tourguide
http://www.celebritycruise.co.kr/frame-se.html
http://hosting.hanatour.co.kr/package/westopt.html
http://www.tournet-hawaii.com/korean/option.htm
http://www.deedeetour.com/option_list.htm
http://www.toursarang.co.kr/info/info_choise.html
http://my.dreamwiz.com/jgbum/main.htm
http://www.daeshintour.co.kr/package/ch-c_04.htm
http://www.amtrak.co.kr

3. 외국문헌

Alister Mathiesonanc Geoffrey Wall, Tourism; *Economic, Physical and Social Impact*(N.Y. Langman Inc), 1984
Assael, Hemry, *Comsumer Behavior & Marketing Action*, 4th ed., pws-kent, 1992
Gunn, Clare A, *Tourism Planning*, 2nd ed.,(New York : Taylor & Francis), 1988
Maclntosh, Rovert W. and Charles R, Goeldner, *Tourism : Principles*, Practices Philosophies, 6th edition, 1990
P. Kotler, Marketing Management, 8th ed., Prentice Hall, 1994
W.F. van Raaij, D.A. Francken, "Vacation Decisions, Activities and Satisfaction", *Annals of Tourism Research*, Vol. II, No. I, p.103, 1984
WTO, "Guide Lines for Collection and Presentation of International Tourism Statistics", B.2.2.2

찾아보기

▤ 저자 약력 ▤

■ **서 철 현**

- 경희대학교 대학원 관광경영학과 수료(경영학 석사)
- 대구대학교 대학원 경영학과 관광경영학전공 수료(경영학 박사)
- 대구산업정보대학 교수 및 평생교육원장 역임
- 호텔지배인 양성과정 주임교수 역임
- The Manchester Metropolitan University 연구교수
- 한국관광학회 상임이사
- 서울특별시 관광종사원 면접시험관 역임
- 대구광역시 관광종사원 면접시험관 역임
- 경상북도 관광종사원 면접시험관 역임
- 호텔지배인시험 출제위원 역임
- 대구광역시 호텔등급심사 자문위원 역임
- 관광통역가이드(영어, 일본어, 중국어) 면접시험관 역임
- 국외여행인솔자 양성과정 주임교수
- 문화체육관광부 위촉 문화관광축제 선정위원 역임
- 대한관광학회 부회장
- 관광경영학회 상임이사
- 대구대학교 입학처장 역임

현) 대구대학교 관광축제연구소 소장
관광이벤트학회 회장
대구대학교 호텔관광학과 교수

■ **이 현 동**

- 계명대학교 대학원 관광경영학과 수료(경영학석사)
- 대구대학교 대학원 관광경영학과 박사수료
- 수도통역관광학원 원장 역임
- (주)명준항공여행사 대표이사 역임(한국여행학회 위촉여행사)
- 대구산업정보대학 관광계열 외래교수
- 경주대학교 관광학부 외래교수
- (주)여행나라 총괄이사 역임
- 영남외국어대학 관광계열 초빙교수
- 영남외국어대학 문화관광교육센터 기획홍보팀장 역임
- 영남사이버대학교 관광경영학과 전임강사

현) 한국산업인력공단 원격훈련과정 심사위원
경일대학교 관광비즈니스학부 외래교수
대구대학교 호텔관광학과 외래교수
경운대학교 관광학부 연구교수

여행사 경영실무

1판 1쇄 발행 2009년 3월 15일

저 자 서철현 · 이현동
발행인 남 승 우

발행처 남두도서

서울특별시 동작구 사당3동 220-43
TEL : (02) 595-1692~4
FAX : (02) 595-1394
E-mail : namdoo6@unitel.co.kr
등록번호 : 제 5-76호

정가 24,000 원

ISBN 978-89-5780-101-7 93980